한국, ROE 금리를 이기는 시대진입

- 자기자본 이익률(ROE)이 실세 금리를 이기는 시대에 진입
- 자기자본이익률이 실세금리를 이기는 것은 주식시장의 중장기 상승 시그널
- 1999년 제조업체 순이익 사상 최대 기록(14조 4천억(484개 상장사))

회사채금리와 ROE 추이

	전체업종 ROE	연평균 회사채 금리
1991	8.25	18.90
1992	9.18	16.20
1993	7.99	12.60
1994	10.08	12.90
1995	13.30	13.77
1996	4.63	11.87
1997	0.10	13.41
1998	(8.88)	14.99
1999	7.67	9.00
2000(E)	10.70	10.00
2001(E)	12.60	9.0

자료 : Monrgan Stanley Dean Witter, 통계청

ROE와 KOSPI 추이

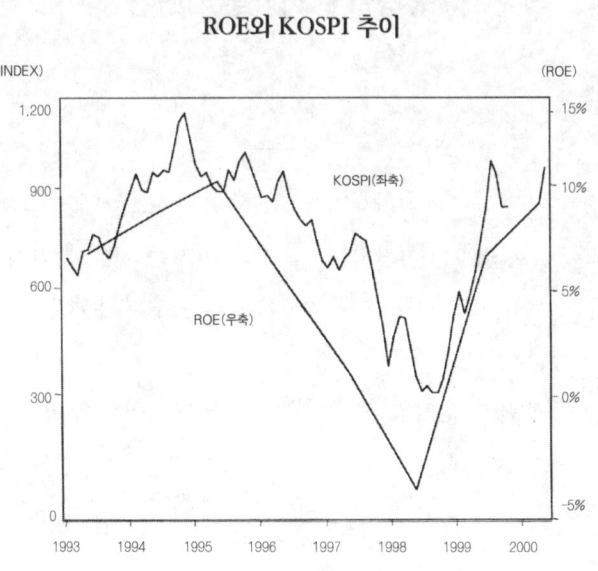

산업별 ROE 전망

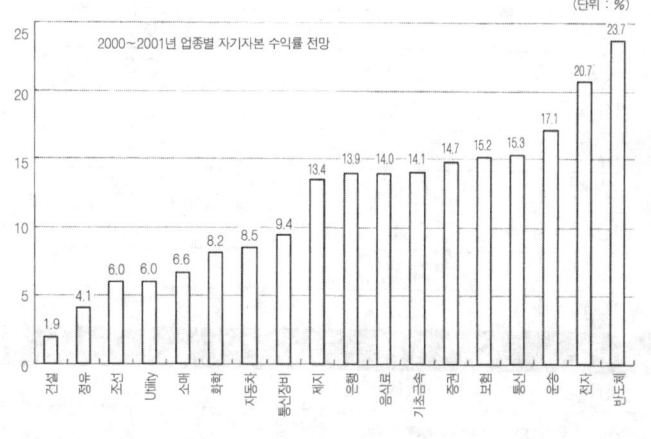

나스닥 종합지수 vs 나스닥 업종별 지수의 비교

- 나스닥의 첨단 3대 업종은 1999년 큰 폭의 주가상승을 시현
- 이에 반해 전통적 산업군은 침체 → 주가양극화 심화

뉴욕증권거래소와 나스닥의 비교

업종지수	종합	컴퓨터	통신	바이오	은행	보험	기타금융	Industrial	운송
1998년말	2192	1134	500	437	1811	1796	2601	1304	981
1999년말 (등락률)	4069 (85.5)	2325 (105.0)	1015 (103.0)	881 (101.6)	1691 (-6.6)	1896 (5.6)	3380 (30.0)	2238 (71.6)	999 (1.8)
2000 3.13 (등락률)	4,706 (15.9)	2748 (18.22)	1136 (11.92)	1143 (29.74)	1342 (-20.6)	1602 (-15.5)	3297 (-8.8)	2636 (17.78)	952 (-4.7)

뉴욕증권거래소와 나스닥의 비교

	상장회사수	시가총액	일평균 거래대금	상승률
뉴욕증권거래소	3,025	$11.5조	361억달러	-7.8%
나스닥	4,797	$5.8조	694억달러	17.63%

코스닥시장 흐름

- 전고점 돌파 후 나스닥 지수 및 세계성장주와 함께 동반 하락

	1998.12.28	2000.3.16
상장회사수	331(벤처114)	487(벤처159)
시가총액	7.9조원	106.28조원
벤처기업 주요분류 기준	·매출의 30% 이상이 특허 기술에서 발생하는 기업 ·매출의 5% 이상을 R&D에 투자하는 기업 ·정부가 벤처산업으로 지정한 산업을 영위하는 기업 ·정부가 지정한 벤처산업에 관한 1개 이상의 특허기술을 보유한 기업	

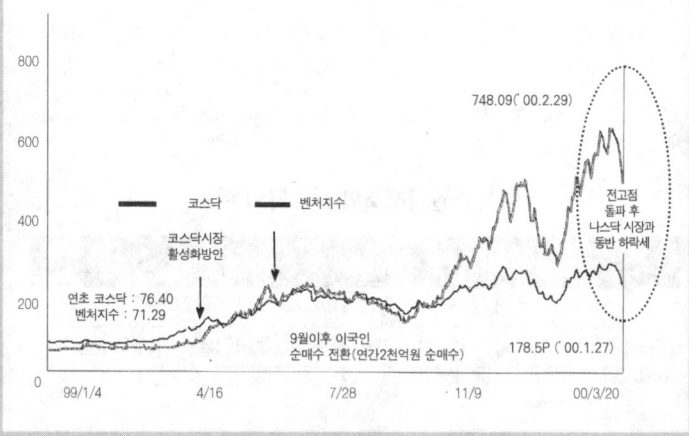

미국증시 상승률 50선

종목명	업 종	1998년 12월31일 주가	2000년 03월14일 주가	1998년 대비 등락률
ARIAD PHARM	DIVERSIFIED INDUSTRY(기타업종-바이오산업)	0.06	17.5	29,066.7
LEISUREPLANET HDG.	FOOD PROCESSORS(음식료)	0.06	10.38	17,200.0
VIRTUAL COMMNS.	SOFTWARE(소프트웨어)	0.05	5.5	10,900.0
SENSAR	ENGINEERING, GENERAL(일반 제조)	0.86	72.5	8,330.2
LIGHTPATH TECHS.WTS.	MED EQUIP + SUPPLIES(의료기기)	0.63	44.75	7,003.2
DSY.LABS.WTS.B	DIVERSIFIED INDUSTRY(기타업종-바이오산업)	0.03	1.94	6,366.7
BOS BETTER ONLINE SLTN. WTS	INTERNET(인터넷)	0.13	8	6,053.8
POPMAILCOM	BREWERIES, PUBS, RESTS(주류, 레스토랑)	0.03	1.81	5,933.3
VIRTUAL COMMNS	SOFTWARE(소프트웨어)	0.05	2.88	5,660.0
USOL HDG	TELECOM FIXED LINE(유선통신)	0.06	3.25	5,316.7
DIGITAL LIGHTWAVE	COMPUTER SERVICES(컴퓨터 서비스)	2.31	123.75	5,257.1
PUMA TECHNOLOGY	SOFTWARE(소프트웨어)	3.38	173.13	5,022.2
US WIRELESS	TELECOM WIRELESS(무선통신(전화))	1.03	46.63	4,427.2
MEDAREX	DIVERSIFIED INDUSTRY(기타업종-바이오산업)	3.03	132.69	4,279.2
NEOWARE SYS	COMPUTER SERVICES(컴퓨터서비스)	0.09	3.88	4,211.1
NETOPTIX	ENGINEERING, GENERAL(일반 제조)	4	159.88	3,897.0
ESHED ROBOTEC 1982	DISTRIB. IND. COMPS.(유통)	0.38	14.75	3,781.6
CONDUCTUS	ELECTRONIC EQUIPMENT(전기기기)	1.56	57.94	3,614.1
INTERLEAF	SOFTWARE(소프트웨어)	2.09	77.38	3,602.4
AMPLIDYNE WTS.	TELECOM EQUIPMENT(통신기기)	0.13	4.56	3,407.7
DSY. LABS. WTS. A	DIVERSIFIED INDUSTRY(기타업종-바이오산업)	0.06	2	3,233.3
CYBER-CARE	HOSPITAL MANAGEMENT(병원관리)	0.69	22.25	3,124.6
SILICON STORAGE TECH.	SEMICONDUCTORS(반도체)	2.44	77.63	3,081.6
PREMIER CONCEPTS	HOTELS(호텔)	0.06	1.84	2,966.7
AMYLIN PHARMS.	PHARMACEUTICALS(제약)	0.5	14.5	2,800.0
CHINA PROSPERITY INTL.HDG.SPN.	BUILDERS MERCHANTS(건설)	0.38	11	2,794.7
VION PHARMACEUTIC ALS WTS.	PHARMACEUTICALS(제약)	1.56	45.06	2,788.5
MRV COMMUNICATIONS	COMPUTER SERVICES(컴퓨터서비스)	6.19	176.44	2,750.4
NETCURRENTS	LEISURE FACILITIES(관광)	0.28	7.88	2,714.3
LEISUREPLANET HDG.	FOOD PROCESSORS(음식료)	0.16	4.5	2,712.5
VION PHARMACEUTICALS	PHARMACEUTICALS(제약)	0.63	17.69	2,707.9

종목명	업 종	1998년 12월31일 주가	2000년 03월14일 주가	1998년 대비 등락률
NHANCEMENT TECHNOL GIES	COMPUTER HARDWARE(컴퓨터 하드웨어)	0.63	16.88	2,579.4
IIS INTELLIGENT INFO. ORD. SH.	ELECTRICAL EQUIPMENT(전기기기)	0.31	8.25	2,561.3
PRECISION OP. MASS.	ENGINEERING, GENERAL(일반 제조)	0.88	23	2,513.6
SIMPLAYER	SOFTWARE(소프트웨어)	0.5	13	2,500.0
INFOSPACE	INTERNET(인터넷)	9.53	231.31	2,327.2
CAL. AMPLIFIER	ELECTRONIC EQUIPMENT(전기기기)	1.94	46.31	2,287.1
ECHELON	ELECTRONIC EQUIPMENT(전기기기)	3.88	92.13	2,274.5
GLOBIX	COMPUTER SERVICES(컴퓨터서비스)	2.5	59.13	2,265.2
EXTENDED SYSTEMS	ELECTRICAL EQUIPMENT(전기기기)	5.13	120.75	2,253.8
ORTEL CORP.	ELECTRONIC EQUIPMENT(전기기기)	8.75	204.94	2,242.2
ELECTROSOURCE	ELECTRONIC EQUIPMENT(전기기기)	0.63	14.63	2,222.2
ELANTEC SEMICONDUCTOR	SEMICONDUCTORS(반도체)	3.75	82.13	2,090.1
INTERLINK ELTN.	ELECTRONIC EQUIPMENT(전기기기)	4.5	97.25	2,061.1
VERTEL	SOFTWARE(소프트웨어)	1.69	36.5	2,059.8
BROADVISION	SOFTWARE(소프트웨어)	10.67	229.5	2,050.9
HARMONIC LIGHTWAVES INC	SOFTWARE(소프트웨어)	6.22	133.31	2,043.2
NORSAT INTL.	ELECTRICAL EQUIPMENT(전기기기)	1	21.38	2,038.0
CLARUS	SOFTWARE(소프트웨어)	6	128	2,033.3
SILICONIX	ELECTRICAL EQUIPMENT(전기기기)	6.92	144.5	1,988.2

최근 1년간 세계 증시 움직임

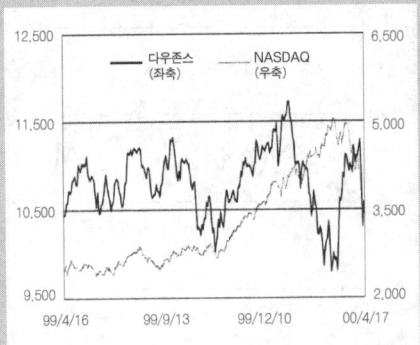

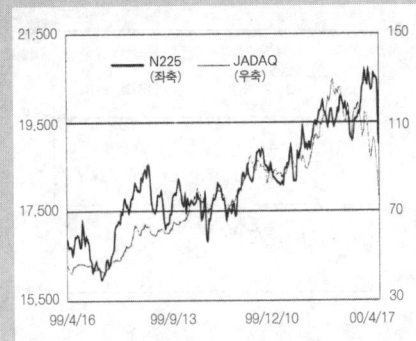

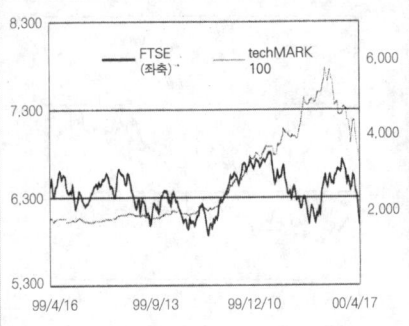

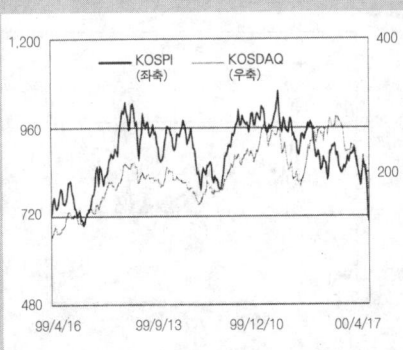

최근 1년간 세계 증시 움직임

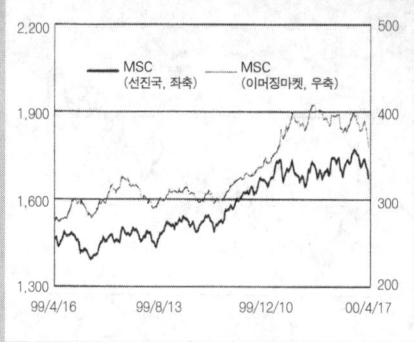

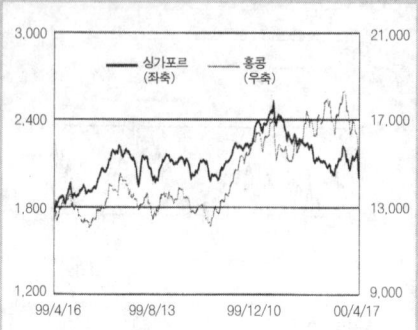

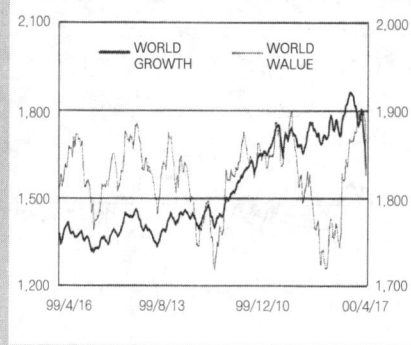

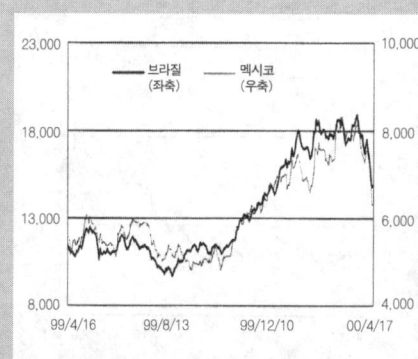

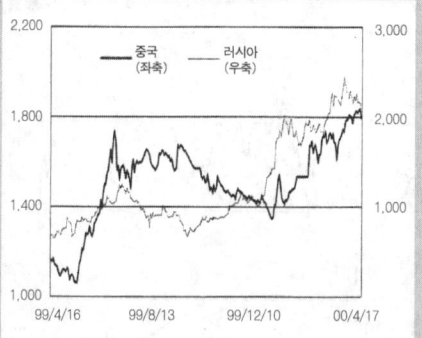

※ 본 그래프는 KTB자산운용 사이트(http://www.i-ktb.com)를 통해 매일 보실 수 있습니다.

알고 하자!
돈되는 주식투자

뉴 밀레니엄 주식투자전략 · 06

돈 알고 하자!
되는 주식투자

이길영(FM Research 대표 컨설턴트) | 홍춘욱(굿모닝증권 이코노미스트) | 이운덕(SK텔레콤 IBS 사업팀 과장) 공저

가림 M&B

뉴 밀레니엄 주식투자전략

알고 하자!
돈되는 주식투자

2002년 4월 15일 제1판 1쇄 발행
2002년 5월 15일 제1판 2쇄 발행

지은이/이길영 · 홍춘욱 · 이운덕
펴낸이/강선희
펴낸곳/가림M&B

등록/1999. 1. 18. 제5-89호
주소/서울시 광진구 구의동 57-71 부원빌딩 4층
대표전화/458-6451   팩스/458-6450
홈페이지 http://www.galim.co.kr
e-mail galim@galim.co.kr

값 12,500원

ⓒ 이길영 · 홍춘욱 · 이운덕, 2002

ISBN 89-89107-27-X 13320

가림출판사 · 가림M&B · 가림Let's의 홈페이지(http://www.galim.co.kr)에
들어오시면 가림출판사 · 가림M&B · 가림Let's의 신간도서 및 출간 예정 도서
를 포함한 모든 책들을 만나실 수 있습니다.
온라인 서점을 통하여 직접 도서 구입도 하실 수 있으며 가림 홈페이지 내에서
전국 대형 서점들의 사이트에 링크하시어 종합 신간 안내 및 각종 도서 정보,
책과 관련된 문화 정보를 받아보실 수 있습니다.
또한 홈페이지 방문시 회원으로 가입하시면 신간 안내 자료를 보내드립니다.

재테크가 화두다. 재테크를 하지 않으면 미래 생존이 불투명한 시대에 접어들었기 때문이다. IMF 이전 우리나라의 금융환경은 일반투자자들에게 적극적인 재테크를 강요하지 않았다. 금리가 충분히 높았으며, 고민스런 선택 없이 고금리 상품을 선택하면 그뿐이었다. 그러나 지금은 금융환경이 근본적으로 바뀌고 있다. 한국의 대표적인 투자신탁회사인 K투신사의 분석에 따르면 자사 거래 고객의 평균 금융자산은 3억원 정도라고 한다. 이 3억원에 대한 이자소득을 IMF 전과 IMF 후를 비교해 보면 너무나도 큰 변화가 있다. IMF 이전에는 금융권에 확정형 금리상품은 아니지만 15% 내외의 금융상품이 많았다.

향후 우리나라도 경제성장률이 낮아지면서 5% 내외 금리가 일반화될 전망이다. 3억원의 금융자산은 15% 금리하에서는 연간 4천5백만원의 이자소득이 발생하나 5% 금리하에서는 1천5백만원의 이자소득만이 발생한다. 4~5인 가족 기준으로 5% 금리하에서는 생활이 불가능하다는 결론이다. 이에 재테크 전략도 과거의 방어적이고 소극적인 전략에서 적극적이고 능동적인 변화가 요구되어지고 있다.

앞으로는 재테크 전략에 있어 포트폴리오 전략과 함께 코스트 개념이 중요한 문제로 대두될 것 같다. 재테크 전략의 가장 기본은 포트폴리오 투자다. 특정 부분에 대한 과도한 투자는 일순간에 회복 불능의 손실로 돌아오기 때문이다.

우리는 흔히 3대 재테크 수단으로 금융자산, 부동산, 주식을 들고 있다. 이들은 시대와 환경에 따라 서로 다른 비중을 갖는다. 인플레이션이 심한 고금리 시대에는 금융자산과 부동산이, 인플레이션이 없는 저금리 시대에는 주식이 상대적으로 투자매력이 높다. 그러나 이러한 환경분석을 통한 재테크 전략 수립은 일반 투자자들이 직접 행하기에는 어려움이 많다. 재테크 전문가들의 도움이 반드시 필요한 시대에 접어들고 있는 것이다.

그동안 우리나라 투자자들은 재테크 어드바이스에 대한 수수료(Fee) 개념이 대단히 약했다. 재테크에 대한 어드바이스는 당연히 무료라는 인식이 강했다. 앞으로는 양질의 재테크 어드바이스를 받기 위해서는 반드시 코스트를 물지 않으면 안될 전망이다. 코스트란 곧 차별화된 서비스를 의미하기 때문이다. 이와 관련 미국시장을 분석한 흥미로운 내용이 있어 잠깐 소개한다.

미국의 경우 1994년부터 1996년까지 2년간을 조사(투자신탁협회)해 본 결과, 고객의 예탁자산 중 플래닝(Planning)을 받았다는 60%와 플래닝을 받지 않았다는 23% 중 플래닝을 받은 고객은 수익률이 플러스(+) 45%를 기록했으나, 받지 않은 고객은 마이너스(-) 11%를 기록해, 플래닝을 받은 고객이 월등한 초과수익률을 나타내고 있다. 같은 기간 중 미국증시가 활황국면에 있는 등 전반적인 투자환경이 양호했음에도 불구하고 이처럼 큰 차이를 나타낸 것은 시사하는 바가 대단히 크다.

　이제는 일반투자자들도 경제마인드를 제고시키는 노력을 게을리해서는 안 된다. 좋은 책이 좋은 스승이 될 수 있다. 주식시장에는 모든 경제현상이 녹아 있어 경제의 거울이라고 한다. 특히 미국, 일본, 한국 주식시장을 중장기적인 관점에서 분석한 책을 접하기란 쉽지 않은 일이다. 이 밖에 금융 상품종합분석, 제3시장 진입 유망종목분석 등 일반투자자들이 꼭 필요로 하는 정보들로 가득차 있어 재테크에 관심 있는 분들께 꼭 추천하고 싶은 책이다.

2000년 4월
KTB자산운용 대표이사 펀드매니저
장 인 환

한국 주식시장을 전망하는 일을 직업으로 삼아 10년 넘게 고민해 온 본인이지만, 사실 한국 주식시장의 전망에 결정적인 변수로 작용하는 미국과 일본 주식시장의 역사를 제대로 모른다는 점은 항상 마음 한구석에 안타까움으로 남아 있었다. 기회가 나면 언제 한번 일본과 미국 주식시장의 역사를 제대로 정리해봐야겠다고 마음을 먹은 지 오래되었지만, 매일같이 쌓이는 업무 속에서 늘 '마음'은 '마음'으로만 남아 있었다. 그런데 이번 FM Research 이길영 대표 컨설턴트, 굿모닝증권 홍춘욱 이코노미스트, SK텔레콤 이운덕 IBS 사업팀 과장이 어려운 일을 했다니 더없이 큰 도움이 될 것 같다.

1950년 한국전쟁부터 일본 주식시장의 역사를 되짚어 보노라면, 정말 한국 주식시장과 비슷한 점이 많다는 것을 절실히 느끼게 된다. 무역수지가 악화될 때 정부의 긴축정책이 실시되며 주식시장이 약세로 돌아선 것, 외국인투자자의 비중이 확대되며 저(低) PER 장세가 출현한 일, 그리고 경제규모가 커지며 정부의 간섭이 줄어들어야 할 때 정부가 주식시장의 버블을 부추김으로써 큰 위기를 맞이한 것 등은 우리에게 정말 많은 시사점을 제공한다. 본인이 이 책에 씌여진 내용을 몇 년만 일찍 알았더라도 많은 투자자와 고객들에게 큰 이익을 돌려드릴 수 있었을 텐데라는 아쉬움이 절로 든다.

일본편만 이런 생각이 드는 것은 아니다. 1929년 대공황의 전야, 미국 주식시장의 혼란스런 현상은 '버블'의 징후를 가장 잘 보여주는 최고의 사례이다. 그리고 1960년대의 Go-Go 펀드, 1970년대의 멋진 50종목(Nifty Fifty) 등 미국 투자자들이 겪었던 시행착오를 살펴보며 미국 주식시장이 어떻게 하여 오늘의 이 자리에 설 수 있었는지 이해하게 된다.

IMF 이후 주식시장의 선진화와 국제화란 이야기를 수도 없이 들었지만, 가슴에 쉽게 다가오지 않은 게 사실이었다. 그러나 이제는 조금 감이 잡히는 것 같다. 국제화란 무조건적인 미국 증시의 모방이 아니라 그들의 역사속 경험으로부터 실패의 원인을 찾으며 차이를 따라잡으려는 노력을 의미한다는 것을 말이다. 난마처럼 얽힌 현재의 주식시장을 이해하기에 이만큼 도움되는 책은 없는 것 같다. 본인부터 열심히 공부해야겠다는 다짐을 하게 된다.

2000년 4월

이코노미스트(經博) 김 한 진

　책을 쓰고보니 한 권에 너무 많은 내용을 집어넣으려는 욕심을 부렸음을 느끼게 된다. 지금까지 나와 있는 대부분의 책들은 전문 섹터별로 나누어져 있는 게 일반적이다. 주식시장, 제3시장, 금융상품, 부동산 등 개별 섹터별로 나누어 발간해도 몇 권의 소그룹으로 다시 나눌 수 있는 내용을 책 한 권에 정리해 넣기란 쉽지 않았다. 특히 미국, 일본, 한국 주식시장을 중장기적으로 상호비교 분석한 내용의 책은 흔치 않다. 이같은 내용의 책을 만들 수 있었던 것은 각기 다른 섹터에서 전문성을 가진 전문가들의 공저였기에 가능했다.

　요즘같은 정보의 홍수 속에서 책 한 권을 정독한다는 것은 대단한 인내를 요한다. 그러나 이 책에 대해서는 한 번의 인내심을 발휘해 주었으면 한다. 다양한 고급정보를 얻을 수 있으며 궁극적으로는 '정보격차가 빈부격차'라는 말을 실감할 수 있기 때문이다.

　"한국 주식시장의 미래가 어떻게 될 것 같습니까?"라는 질문을 받으면 가슴이 답답해지곤 한다. 해줄 말은 많지만, 한마디로 정리하기란 어렵기 때문이다. 그냥 개인투자자들의 질문이면 "잘될 겁니다"라고 간단히 답하면 되지만, 기관투자가들이 물으면 "현재는 일본 주식시장 체질이지만, 점차 미국 주식시장 체질로 바뀌는 것 같습니다"라는 아주 어려운 듯한 말로 대신한다.

"그럼 일본 주식시장 체질과 미국 주식시장 체질의 차이는 무엇입니까?"라고 물으면 대답하는 목소리는 더 작아지기 마련이다.

이런 경험을 하면서 "이 문제에 대해 진지하게 생각해 본 일이 있는가?"라는 질문 아닌 질문은 결국 이 책을 쓰게 된 계기가 되었다. 일본 주식시장의 체질, 그것은 "정부의 정책에 의존하는 것" 또는 관치(官治) 경제를 의미한다. 1950~1960년대 일본 주식시장의 천정을 예측하는 가장 좋은 방법은 무역수지 악화에 이은 일본은행의 금리인상이었으며, 1970~1980년대에는 엔화가 강세에서 약세로 전환할 때였다. 엔화가 강세로 전환하면 저물가에 힘입은 저금리 시기가 끝나며 일본은행이 금리를 올리고 정부의 재정지출이 줄어들기 때문이었다. 따라서 일본 주식시장, 아니 과거의 한국 주식시장은 정부의 눈치를 잘 살피는 사람이 가장 뛰어난 투자자가 될 수 있었다. 실제로 1998년 9월, 정부가 금융개혁의 완결을 선언했을 때 이를 진지하게 받아들였던 투자자들은 "금융주"를 매입하여 큰돈을 벌 수 있었지만, 이를 무시했던 사람들은 두고두고 후회를 했었다.

그런데 1999년 7월, 대우사태가 터진 이후로 모든 것이 변했다. 정부는 "걱정 없다"고 외치며 저금리를 유지하기 위해 안간힘을 다했으며, 또 대부분의 투자자들은 정부의 호언장담을 믿었다. 그렇지만, 그 결과로 한국 주식시장에는 한국 사람만 있었던 게 아님을 잊어버린 대가는 정말 컸다. 대부분의 펀드 수익률은 급전직하, 개인투자자들은 실패의 쓴잔을 마셔야 했다. 그렇다. 이게 바로 미국 주식시장의 체질이다. 정부가 아니라, 기업의 내재가치와 경제의 건전성이 주식시장을 좌우하는 것이다. 그 이유는? 기관투자가들이 정부의 지시를 기다리지 않고, 수많은 외국인투자자가 시장에서 자유롭게 투자하기 때문에 누구의 지시를 받을 것 없이 자유로운 투자가 이루어지기 때문이다. 따라서 아무리 연방준비이사회가 금리를 올리며 주식시장의 조정을 유도해도 끄떡하지 않는 것이고, 또 정부의 개입이 없어도 시장 내의 투자전략가들이 '매수' 또는 '매도' 보고서를 쓰며 시장의 자율적인 조정을 이끈다.

물론 한국 주식시장이 완전히 미국화되었다는 것은 아니다. 아직 코스닥기업에 대한 '매도' 리포트를 구경하기 힘들고 투자전략가들은 '주식에 대한 비중 축소'를 이야기하기 힘들다. 그렇지만 이제는 주식시장 외적인 힘에 의해 시장이 움직이는 일은 서서히 줄어들 것이며, 한국 주식시장은 미리 조정 받으며 또 미리 상승하는 '선견지명'을 보여주기 시작할 것으로 판단된다. 이런 변화하는 주식시장의 환경에 적응하는 유일한 방법, 그것은 대세를 인정하고 과학적인 투자기법을 배우기 위해 노력하며 항상 주식시장에 대한 주의를 기울이는 것이다.

한국 주식시장의 또 다른 한 축인 제3시장이 증권거래소, 코스닥시장에 이어 지난 3월 27일에 개설되었다. 제3시장은 증권거래소 상장 또는 코스닥 등록요건을 충족하지 못하여 제도권시장에 진입하기 어려운 기업들이 발행한 주식이나 거래소·코스닥시장에서 상장 또는 등록이 폐지된 주식들에 대해 유동성을 부여하는 새로운 개념의 주식시장이다. 즉 지금까지의 주식시장과는 달리 장외거래시장이 제도권으로 편입된다는 것이 제3시장의 가장 큰 의미라고 할 수 있다.

본문에서는 제3시장 진입기업 및 예상기업 215개사의 일반적인 상황을 정리해 놓았다. 아무쪼록 제3시장 투자에 조금이나마 도움이 되었으면 한다.

마지막으로 이 책이 발간되기까지 적극적으로 후원해 주신 KTB자산운용의 장인환 사장님, 안영희 이사님, 김동일 이사님과 자료수집에 많은 도움을 준 최민재 과장, 김수연 님께 감사드린다.

2002년 4월
금융전쟁의 최전선 여의도에서
이길영, 홍춘욱, 이윤덕

CONTENTS

CONTENTS

CONTENTS

CONTENTS
CONTENTS

CONTENTS

CONTENTS
CONTENTS

KOSDAQ

제 **1** 장

일본 주식시장 분석

1. 일본시장에 주목해야 하는 이유

● '한국 주식시장'은 '일본 주식시장'의 복제판?

'재테크'에 입문하거나 본격적으로 주식투자를 하려는 사람들이 '일본 주식시장에 주목'해야 하는 이유는 한국 주식시장의 과거, 현재, 그리고 미래가 모두 담겨 있기 때문이다. 한국 주식시장의 장기 추세와 일본 주식시장의 장기추세를 비교해 보면 놀라울만큼 비슷한 것을 알 수 있다.

1980년대 후반, 한국증시는 정말 무서운 상승세를 그렸다. 엔화강세뿐만 아니라 산유국의 증산억제 노력이 실패로 돌아가면서 원유가격이 급격하게 내린 데다, 국제 금리가 내리면서 한국경제는 '단군이래 최대 호황'을 누렸다.

같은 시기 일본도 '메이지(明治)유신'이후 최대의 호황을 누렸다. 2.5% 수준으로 떨어진 초저금리를 배경으로 15,000엔 대에 머물러 있던 닛께이(日經) 225 지수는 무려 39,000엔 가까이 수직 상승했

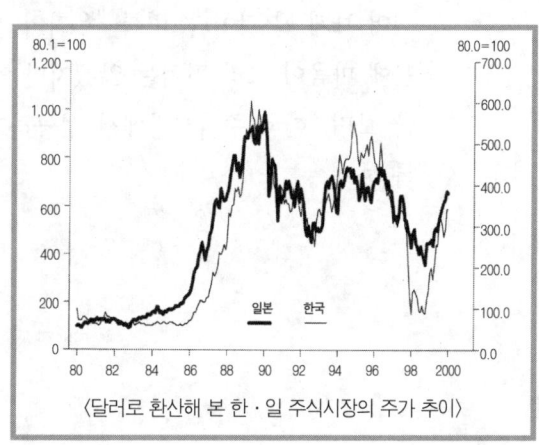

〈달러로 환산해 본 한·일 주식시장의 주가 추이〉

다. 주식 가격뿐만 아니라 지가도 거의 4배 이상 상승해 졸부들이 숱하게 양산되었다. 그렇지만 한국증시가 1989년 4월 네 자리 수 지수를 기록한 후 1992년 8월 18일 462.1포인트까지 폭락하자, 일본증시도 1990년 초부터 허무하게 무너졌다.

이렇듯 한국 주식시장과 일본 주식시장이 '우연'으로 돌리기에는 너무나 비슷한 점을 많이 가지고 있다는 점을 주목해야 할 것 같다. 한국은 '일본'을 모델로 성장해오면서 일본의 장점을 많이 배웠지만, 그에 못지 않게 일본의 '단점'도 많이 따라하게 되었다. 그 대표적인 예가 '부동산 투기'이다. 두 나라 모두 부동산으로 돈을 번 경험을 너무 많이 가지다보니, 대부분의 자산을 토지로 보유하고 있는 실정이다. 더욱이 은행들의 대출은 그 기업이나 사람의 신용도 보다는 '담보'에 의해 결정된다. 이런 공통점 때문에 한국 주식시장은 항상 일본 주식시장이 걸어간 길을 따라갔던 것으로 생각된다.

이제 이 장에서는 '일본 주식시장'의 과거, 그리고 현재를 되짚어 보게 될 것이다. 비록 '우리의 자화상'을 보는 느낌이기 때문에 마음이 그리 편치는 않겠지만 일본 주식시장이 걸어 온 길을 보며, 한국 주식시장에서 성공하기 위한 비결을 배워나가도록 하자.

2. 일본 주식시장의 회복기

● 진무(神武)경기와 주식시장

일본의 1955년은 '패전 후 가장 좋은 해'라고 불리는데, 그 이유는 정부의 수입억제 노력과 해외의 경기회복에 힘입어 무역수지가 5억 3,500만 달러의 흑자를 기록한 데다, 쌀의 대풍작, 그리고 중앙은행의 금융완화 정책이 함께 이뤄졌기 때문이다. 그렇지만 이런 대형 호재에도 불구하고 주식시장은 그 해 중반까지 거의 반응을 보이지 않았다. 한국전쟁 종전과 함께 시작된 1년 반에 걸친 불황으로 증권회사와 투자신탁 모두 기진맥진해 있었던 것이다.

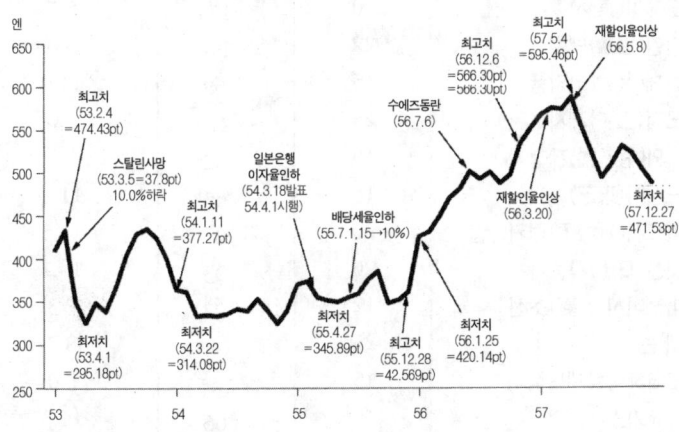

〈진무(神武)경기를 전후한 닛께이(日經) 225종목 주가와 주요사건〉

그러나 당시의 주가는 정말 쌌던 것으로 평가된다. 예를 들어 전기세탁기가 본격적으로 보급되며 대표적인 '성장주'로 손꼽히던 산요전기(三洋電機)는 40%의 배당을 하였음에도 불구하고 주가는 153엔에 불과했다. 액면가가 50엔이니까, 약 13%의 배당수익률(배당액/주가×100)로 은행예금보다 높은 수익을 기대할 수 있었던 것이다. 그러나 이런 저평가 상태가 오래 지속되지는 않았다. 1955년 여름, 일본은행의 금융완화로 자금을 운용할 곳을 찾아 헤매던 은행을 비롯한 기관투자가들이 주식을 매입하며 본격적인 주가상승을 기록하기 시작하였다.

일본 주식시장 역사상 처음으로 '금융장세'가 출현한 것이다. 실적은 바닥을 기고 있지만 불황을 타개하기 위한 정부의 '금리

1955년 7월말 주요 종목 주가와 배당

종목	배당(엔)	주가(엔)	배당수익률(%)
도요보(東洋)방직	22	136	8.0
도레이(東レ)	20	174	5.7
기린(麒麟)맥주	22	196	5.6
다께다(武田)약품	15	68	11.0
오지(王子)제지	25	219	5.6
야와따(八幡)제철	10	52	9.6
도시바(東芝)	15	65	11.5
마쯔시따(松下)전기산업	20	86	11.5
닛산(日産)자동차	20	93	10.7
미쯔비시(三菱)조선	12	82	7.3
캐 논	25	143	8.7
도쿄해상화재보험	15	245	3.0
도쿄가스	15	66	11.3

※ 주 : 주가는 1955년 7월말 현재

인하' 및 재정지출 증대를 계기로 은행을 비롯한 장기투자자들이 저가에 주식을 매입한 것이다. 1955년 가을 들어 금리인하 추세가 완연해지자 시중은행뿐만 아니라 보험권과 투자신탁, 그리고 증권회사 등 중소형 금융기관의 주식매입이 본격화되었다. 진무경기의 초반을 장식하였던 주식들은 철강, 전기, 전자, 석유화학 등 새로운 설비투자를 집행하기 시작한 일본의 성장산업에 속한 주식들이었다.

1956년 한해 민간의 설비투자는 1955년에 비해 76% 증가한 1.4조엔을 기록해 기업의 설비투자가 본격화 되었으며, 추가적인 금융완화의 영향으로 상승종목이 확산되기 시작하였다. 그런 가운데 1956년 7월 6일 이집트의 나세르 대통령이 수에즈 운하의 국유화를 선언하며 촉발된 중동위기로 세계의 주요 상품가격이 폭등하는 사건이 벌어졌다. 이 사건을 일본 주식시장은 '악재'가  아닌 '호재'로 해석하면서 새로운 주가상승 계기로 삼는 모습을 보였다. 그 이유는 다름 아니라, 수에즈 운하를 통해 화물의 운송이 불가능해짐에 따라 수에즈 동쪽의 상권을 일본이 휘어잡을 수 있게 되었다는 것이었다. 2차 대전이후 침체되어 있던 일본경제의 분위기가 일신되었다는 것은 이 일을 통해서도 쉽게 짐작할 수 있을 것이다.

더욱이 그 해 12월 20일, 대표적인 케인즈 이론의 신봉자였던 이시바시(石橋) 내각이 출범하면서 시장은 점점 상승폭을 높여가기 시작하였다. 이시바시 내각은 원재료 수입의 자유화를 허용하는 한편, '완전고용'을 목표로 1,000억엔 규모의 세금감면 혜택 및 1,000억엔 규모의 재정지출 증가를 결정하여 불타오르는 주식시장에 기름을 부었다.

1957년 봄, 실적호전과 적극적인 경기부양정책에 힘입어 주식시장에서는 소위 '작전'이 불붙기 시작하였다. 이 때 주도주로 떠오른 것은 오사카 거래소에 상장되어 있는 나까야마(中山)제강소였다. 1956년 3월 200엔 대에 머무르던 것이 연말에는 811엔, 1957년에는 1,010엔을 기록한 것이다. 이처럼 소형주가 대세 상승장의 막판에 인기를 모으는 이유는 대형주들은 물량이 많은데다, 대세 상승과정에서 이미 주가가 많이 오른 상태이지만 소

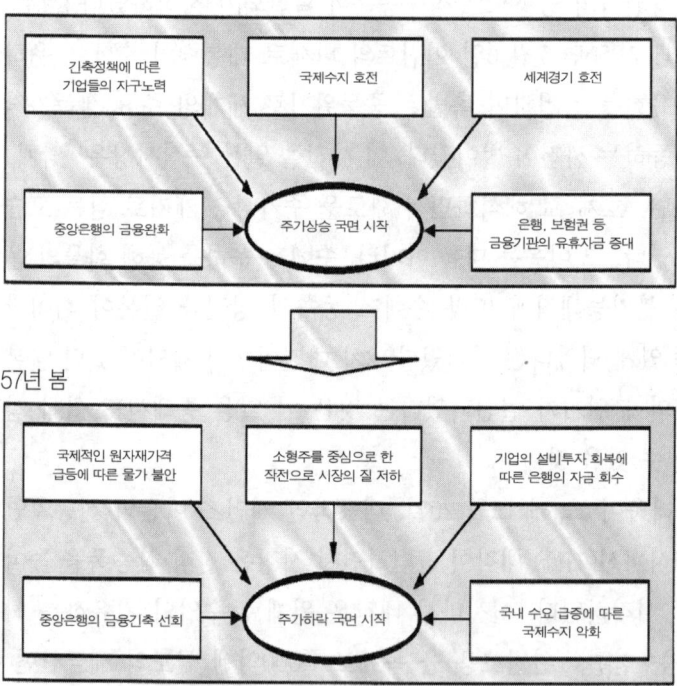

〈진무(神武) 경기 당시 주식시장의 주변 여건 변화〉

형주는 시장의 관심에서 소외되어 주가가 아직 낮은 데다 거래 물량도 많지 않아 '작전'에 용이하기 때문이었다.

드디어 1957년 3월 20일, 일본 중앙은행이 국제수지의 적자 및 금융시장의 과열 방지를 목적으로 재할인율을 인상하였지만, 주식시장은 이를 거들떠보지도 않고 5월 4일 595.16엔의 최고치를 기록하였다. 이런 시장의 반등에 대해 일본 중앙은행은 5월 7일 재할인율을 8.395%까지 올림으로써 더 이상의 경기과열을 용인할 뜻이 없음을 밝히게 된다. "FRB(중앙은행)와 싸우질 말라"는 미국 주식시장의 격언이 그대로 적용되었다. 정부를 지나치게 믿는 것도 바보짓이지만, 정면으로 거스르는 것은 더더욱 어리석은 일이다. 일본 주식시장은 그 어리석음의 대가를 톡톡히 치르게 된다.

주식시장의 4계절 - 우라가미 구니오

증권회사 직원들이 가장 많이 보는 주식관련서는? 피터린치의 여러 책들? 아니면 워렌 버펫의 "완벽투자기법"? 그것도 아니면 "소로스가 말하는 소로스"? 모두 다 틀렸다. 우리나라 증권회사 직원들이 가장 많이 보는 책은 바로 일본의 애널리스트, 우라가미 구니오(浦上邦雄)가 쓴 "주식시장 흐름 읽는 법(한국경제신문사 발행)"이라는 얇은 소책자이다.

우라가미 구니오는 주식시장의 대세적 흐름을 '금리'와 '실적'이라는 두 가지 변수만을 이용하여 대단히 명쾌하면서도 간단 명료하게 정리해 놓았다.

이 구분법은 우리 증시에서 아주 일반화되어 있다. 한번쯤 "금융장세", "실적장세", "역금융장세", "역실적장세"라는 용어를 들어본 적이 있을 것이다. 먼저 최초의 출발점, '봄'에 해당되는 첫 번째 국면이 바로 "금융장세"이다. 경기가 극도로 침체되어 있을 때 기업들은 설비투자의 규모를 줄이고 있지만, 정부는 경기를 살리기 위해 통화공급을 늘리는 단계가 그것이다. 이렇게 되면 자금의 수급에 불균형이 발생해 금리가 떨어진다. 금리가 떨어지면 고금리를 노리고 채권이나 예금에 몰리던 시중의 자금이 주식시장으로 몰리기 시작하고, 장기투자에 앞장서는 기관투자가들이 주식을 저가에 매입하며 주식시장은 가파르게 오르게 된다.

그 다음의 단계, "실적장세"는 여름에 해당하는 시기로 금리는 바닥을 치고 조금씩 상승하기 시작한다. 워낙 금리가 낮아 기업들의 설비투자 욕구를 자극하는 데다, 개인들도 주식투자를 위해 대출을 받으면서 시중의 돈이 조금씩 마르기 시작하는 것이다. 대신 기업들은 금리의 하락으로 금융비용이 줄어들고 경기가 나아지면서 실적이 크게 좋아지게 된다. 금리의 상승에도 불구하고 실적이 워낙 좋아 주가가 오르는 것이다.

"역금융장세"와 "역실적장세"는 각각 가을과 겨울에 대응하는 장세로서, 각기 "금융장세"와 "실적장세"에 대칭되는 단계이다. "역금융장세"는 경기과열에 대한 우려로 정부가 통화공급을 죄면서 금리 상승의 부정적인 효과가 실적호전의 긍정적인 효과를 뛰어넘을 때 벌어진다. "역실적장세"는 말 그대로 금리상승의 부작용이 전면에 나타나고 주가가 하락하며 민간의 소비심리가 악화됨에 따라 기업의 실적까지 받쳐주지 못할 때 나타나는 약세장을 의미한다.

이렇듯 명쾌하고 간명한 "주식시장 4계절" 이론은 주식시장의 분석에 큰 도움을 주는 것은 사실이지만, 그 한계도 분명하다. 1980년대 후반 한국 주식시장의 주도주는 증권주와 은행주였다. 그러나 우라가미 구니오에 따르면, 이런 주식들은 "금융장세"에 빛을 발한다고 하였으나 1980년대 후반 내내 주도주로서 시장을 리드하지 않았던가?

그리고 1990년대 일본의 주식시장은 금리가 0.5%까지 내렸음에도 불구하고 왜 "금융장세"가 나타나지 않는 걸까? 결국 우라가미 구니오의 분석은 시장이 아직 개방되지 않고 정부가 절대적인 영향력을 행사하는 개발도상국의 주식시장을 분석하는 데는 효과가 있을지 모르나, 경제의 구조가 선진국 형으로 변화하고 경제전반의 구조가 빠르게 바뀌는 시기에는 적합하지 않은 "하나의 분석 틀" 정도로 받아들이는 것이 바람직할 것이다.

우라가미 구니오의 주식시장의 4계절

구분	금리	실적	주가
금융장세	↓	↘	↑
실적장세	↗	↑	↗
역금융장세	↑	↗	↓
역실적장세	↘	↓	↘

🔵 이와또(岩戸)경기와 주식시장

1957년 봄과 여름의 금리인상으로 주식시장은 심각한 타격을 받았으며, 산업계는 재고증가 및 제품가격의 하락으로 심각한 불황을 겪게 된다. 섬유산업의 타격이 특히 컸으며, 진무경기를 주도했던 철강산업도 20%의 조업단축을 실시할 정도로 어려운 상황의 연속이었던 것이다. 당연히 기업의 수익도 악화되어 1958년 3월 및 9월의 결산실적은 대폭적인 이익 감소가 나타날 수밖에 없었다. 그럼에도 불구하고 주식시장은 1958년 초부터 강한 상승세를 보이기 시작하였다.

'상승장세는 비관 속에서 태어난다'는 주식시장의 격언이 이처럼 맞아떨어진 적도 드물었을 것이다. 1958년 개장일의 주가 475.20엔이 1958년 주가의 최저점이었으며, 최고점은 납회일인 12월 27일의 666.54엔으로 좀처럼 보기 힘든 막대모양의 그림이 나타난 것이다.

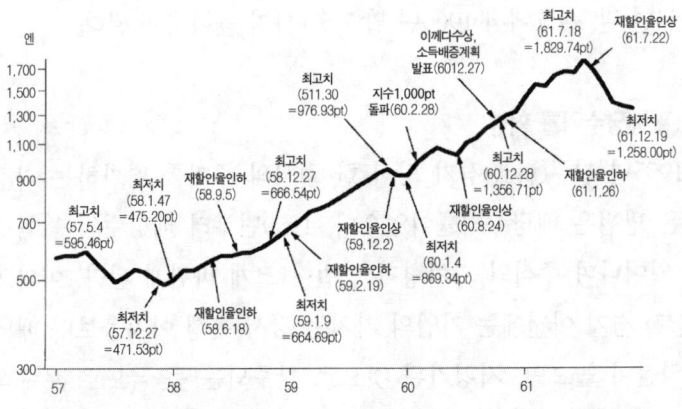

〈이와또(岩戸)경기를 전후한 닛께이(日經) 255종목 지수와 주요 사건〉

이런 강세장이 나타난 이유는 예상보다 경상수지가 호전된 데서 찾을 수 있다. 일본정부는 1957년 총 4.7억 달러의 경상수지 적자를 예상했지만, 그 해 9월부터 흑자로 돌아서면서 연간 1억 달러의 적자에 그쳤던 것이다. 일본정부는 경상수지의 악화를 막으려고 금리를 계속 인상했지만, 그 때를 고비로 경상수지는 호전되기 시작한 것이다. 어떻게 본다면 시장이 정부보다 훨씬 정확한 정보를 지니고 있었던 것이다. 지난 진무(神武)경기가 '경상수지의 악화'로 끝났던 것을 경험 속에서 체득했던 투자자들이 경상수지가 호전되자 저점 매수에 나섰던 것이다.

1958년부터 증권계는 투자신탁회사의 부상이 눈에 띄기 시작하였다. 투자신탁회사들은 1957년 '자동차도로 건설법' 제정을 계기로 건설주를 매입하고 자동차 및 가전제품의 보급을 예상하며 도요다(豊田)자동차, 혼다(本田)기연공업, 산요(三洋)전기 등의 주식을 매입하며 일대 붐을 형성하였다. 시대를 앞서 간 투자전략과 대중투자의 붐을 타고 투자신탁회사의 주식보유 비중은 1955년 말 4.1%에서 1960년 말 7.5%까지 높아지게 된다.

● 배당수익률 혁명

1955년 진무(神武)경기 당시 한 회사의 주가를 평가하는 가장 좋은 방법은 배당수익률이었으나, 1959년부터 배당수익률 혁명이 일어나며 주식의 가치평가 방법이 크게 바뀌게 된다. 이와또(岩戸) 경기 이전에는 기업의 가치는 당시 은행 이자율보다 배당수익률이 높으면, 저평가된 것으로 간주되는 등 극도로 보수적인 평가가 주류를 이루고 있었다. 이런 보수적인 태도가 주류를 이룬 이유는 전쟁과정에서의 극심한 인플레이션과 20년대의 주가공황을 경험한 대중들의 주식시장에 대한 무관심에서 찾을 수 있겠다.

그러나 이와또(岩戸) 경기를 전후한 주식시장은 과거와 다른 큰 변화를 경험하게 된다. 바로 투자신탁회사를 중심으로 기관투자가의 역할이 크게 증대되며 대중투자자들의 역할이 증대되었던 것이다. 기관투자가들은 성장산업의 주도기업(TV 및 자동차, 세탁기 관련주식)을 선호했으며, 이 기업들은 보다 빠른 성장을 위해 이익을 재투자했기 때문에 배당수익률(배당/주가×100)이 크게 떨어진 것은 당연했다.

그뿐만 아니라 성장산업의 주도기업들은 상대적으로 신용도가

동경증권거래소 상장회사(1부)의 배당수익률 추이

	상장회사(개)	배당회사(사)	주가평균(엔)	배당평균(엔)	배당수익평균(%)
1949년	518	169	89.96	12.18	6.77
50	560	333	73.15	13.94	9.53
51	568	443	89.76	21.38	11.91
52	564	487	130.69	25.75	9.85
53	584	488	150.12	22.34	7.44
54	595	477	104.67	19.77	9.44
55	591	446	109.21	17.37	7.96
56	594	472	123.67	16.52	6.68
57	598	539	107.91	15.42	7.14
58	600	517	107.15	14.27	6.66
59	600	494	148.75	13.51	4.54
60	599	529	167.54	6.71	3.93
61	662	601	187.39	6.63	3.24

떨어져 은행의 대출을 받기 쉽지 않고, 당시의 주가상승으로 시장의 인기를 모으고 있었기 때문에 1년에도 몇 번씩 증자를 실시하며 자본을 끌어들이고 있었다. 당시의 증자는 액면가인 50엔 수준에서 주식을 받는 액면증자가 주류를 이루고 있었기 때문에, 투자자들로서는 배당수익률보다는 증자에 따른 이익에 초점을 맞추는 투자패턴이 정착되는 것이다. 이런 현상은 비단 일본에 국한되는 것이 아니었다. 1958년 여름, 미국에서도 역사상 처음으로 배당수익률이 장기국채 수익률을 하회하는 사건이 벌어진 것이다. 일부에서는 '주가폭락'을 경고하기도 했지만, 기관투자가들의 참여로 체력이 더욱 강해진 미국 주식시장은 1960년대 후반까지 지속적인 상승을 기록하여 '배당수익률'에 대한 집착을 끊어버리게 된다.

● 중앙은행의 금리상승으로 막을 내리다

1961년 당시 증권가는 사상초유의 호황을 만끽하고 있었다. 1961년 1월, 공사채형 수익증권의 신규설정이 있었는데, 확정이자 및 높은 수익에 대한 기대로 단기간에 460억엔이라는 당시로는 엄청난 자금을 모을 수 있었다.

당시 이께다(池田) 내각은 1961년 예산편성의 성장계획 7.2%가 낮다면서 향후 3년간의 성장률 목표치를 8.0%로 수정하는 한편, 일반회계 예산을 20%나 증가시키고 금리를 또 다시 내리는 공격적인 정책을 단행하게 된다. 이런 정부의 적극적인 경기부양정책은 우량주보다는 2~3류의 부실기업들의 주가가 폭등세를 보이는 등 내용이 크게 나빠지기 시작하는 계기가 된다. 호황이 4년이나 지속되어 국제수지가 서서히 악화되고 있는 판국에 경기를 부양하는 정책을 사용함으로써 기업주와 투자자 모두 이성을 잃어버린 것이다. 결국 1961년 1월을 고비로 경상수지는 적자로 돌아서고 그 적자폭이 날로 늘어나기 시작했다.

1961년 7월 18일, 제 2차 이께다(池田) 내각이 성립함으로써 경기확장이 지속될 것이라는 낙관론이 시장을 지배하며 사상 최고치를 갱신하자 일본 중앙은행은 드디어 칼을 빼들게 된다. 그로부터 3일 후인 7월 21일, 일본 중앙은행은 재할인율의 인상을 발표함으로써 시장에 결정적인 타격을 안긴 것이다. 4년에 걸친 주가상승으로 모든 주식이 품귀상태에 이르고 무역수지가 악화되었는데도 주가가 더 상승할 것이라는 믿음을 가졌던 당시 일본의 주식투자자들은 전후 한번도 경험하지 못했던 주식시장의 장기침체를 경험하게 된다.

3. 일본 주식시장의 성장기

● 올림픽 경기와 증권공황

1962년은 경기조정의 해였다. 자금경색에 의한 충격으로 투신에 대한 환매요구가 빗발치고 개인투자자들의 투매가 겹쳐 주가가 폭락한 것이 1961년 하반기의 일이었지만, 당시 주식시장은 시원한 '바닥'의 모습을 보여주지 못했다.

'역 금융장세'는 경기의 속도 조절을 위한 정부의 금융긴축 정책을 계기로 채권의 투자 매력이 커지며 상대적으로 높게 평가되어 있는 주식에 대한 투자비중을 줄이는 데서 시작된다.

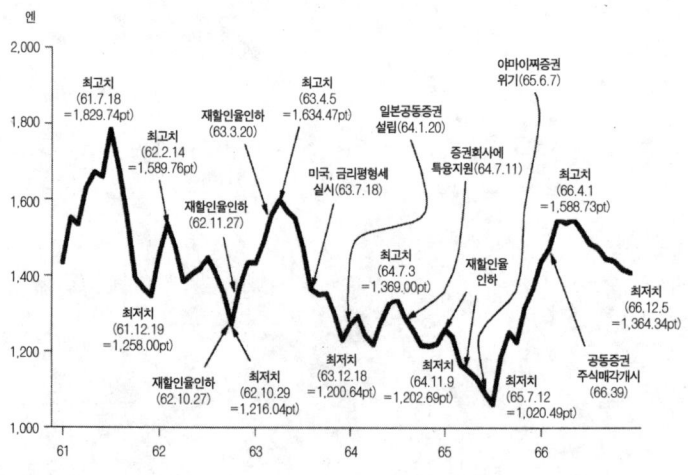

〈올림픽경기 및 증권공황(1965년)을 전후한 닛께이(日經)225종 지수와 주요 사건〉

1961년 하반기 이런 '역 금융장세'가 출현하게 되었다. 그러나 이 '역 금융장세'는 약세장의 시작에 불과할 뿐, 곧 기업 실적까지 악화되는 '역 실적장세'라는 보다 힘든 시절을 맞이하게 된다. 물론 약세장의 와중에도 시장에서는 자율적인 반등이 나타나지만, 이 반등 폭은 하락 폭의 1/3 또는 1/2에 그치는 것이 보통이다. 1962년 일본 주식시장은 금융긴축의 충격에서 벗어나는 듯 했으나 소형주만 활발한 모습을 보였을 뿐, 실적이 나빠지기 시작한 대형주들은 약세에서 벗어나지 못했다. 더욱이 증권회사의 자금난도 심각해져 1962년 10월 3일 4대 증권회사에 공사채 담보융자 60억엔이 실시되는 등 '금융긴축 → 주가하락 → 투신잔고 감소 → 금리상승·실적악화 → 주가하락'의 악순환이 본격화되기 시작함으로써 바닥을 알 수 없는 나락으로 떨어지기 시작한 것이다.

물론 금융시장의 붕괴에 놀란 일본 중앙은행이 1962년 10월 26일 재할인율을 0.365 %나 인하하면서 금융완화정책으로 전환하였지만, 이미 무너지기 시작한 수급을 되돌릴 수는 없었다. 1962년 11월말과 1963년 3월 20일, 두 번에 걸친 금리인하가 결정되면서 시장은 안정을 찾았으나 1961년 7월에 기록한 1,800엔대에 크게 미치지 못하는 1,634.47엔이 반등의 한계였다. 동경올림픽 개최 등 호재에도 불구하고 주식시장이 나락의 길로 굴러 떨어지게 된 것은 그 나름의 이유가 있었다. 바로 '외환보유고의 증가세 둔화'로 표현된 국제수지의 악화가 그것이다.

1950~1960년대 일본기업들은 '무역입국(貿易立國)'의 깃발 아래 적자수출도 마다하지 않고 수출을 신장시켰고 정부 또한

수출면세조치, 수출우대조치를 취해 이를 뒷받침하고 있었다. 당시 국제 환율제도는 '금본위제'로 달러는 금 1온스 당 35달러로 교환되는 '고정환율제'를 채택하고 있었기 때문에 외환보유고를 많이 쌓는 것이 곧 나라의 국력을 증진시키는 길로 해석되고 있었던 때였다. 그런데 4년에 걸친 호황을 누린 것까지는 좋았지만, 긴 호황에 도취된 기업들이 경쟁적으로 설비를 증설하고 토지를 매입하면서 국제수지가 악화되기 시작한 것이다.

이렇게 경제의 체력 약화로 힘겨운 나날을 보내던 주식시장에 치명타를 가한 것은 1962년 7월 19일, 미국의 케네디 대통령이 달러화 가치를 방어하기 위해 '금리평형세(최고 세율 15%)'를 신설한 것이었다. '금리평형세'란 해외로 자본이 빠져나가는 것을 막기 위해 자금이 유출될 때 세금을 붙이는 것을 의미한다. 자유시장 경제를 표방하는 미국으로서는 정말 하기 싫은 일이었을 것이나, 이를 통해 달러화에 대한 투기적인 공격을 막는데는 성공하게 된다. 1998년 봄, 말레이시아가 투기자본의 공격을 막기 위해 '금리평형세'를 도입했을 때 미국의 정치 및 경제계는 쌍심지를 돋우며 공격했었지만, 사실은 이미 1962년 미국이 취했던 정책을 말레이시아가 모방한 것에 불과했다.

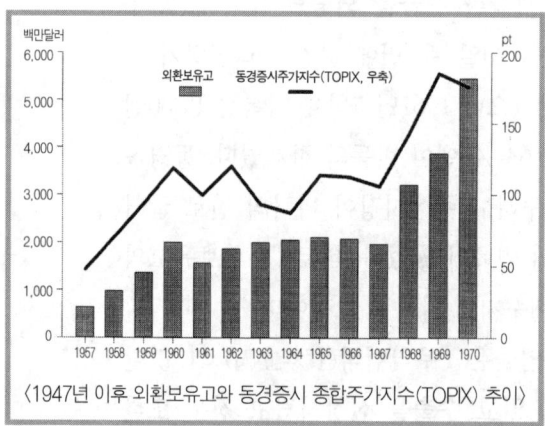

〈1947년 이후 외환보유고와 동경증시 종합주가지수(TOPIX) 추이〉

'금리평형세'의 도

입으로 미국은 한숨을 돌렸을지 모르나, 일본 주식시장은 마지막 구원군이 전멸하는 것을 보는 심정이었다. 유일한 매수세력이라고 볼 수 있는 외국인들이 일본의 주식을 살 수 없게 된 것이었다. 물론 정부도 '주식시장의 위기'를 그대로 지켜볼 수 없어 1964년 1월 10일, 주가의 폭락사태를 저지하기 위한 목적으로 대장성과 일본 주요은행의 주도 하에 '일본 공동증권(이는 훗날 한국 '증권안정 기금'의 모델이 된다)'을 설립한데 이어 1965년 1월 5일에는 '일본 공동증권'을 세워 주가 부양에 안간힘을 다하게 된다.

그러나 이런 인위적인 주가부양책으로 주가의 하락을 저지할 수 없었다. 일본 공동증권의 외로운 노력에도 불구하고 닛께이 (日經) 225종 지수는 1,200엔을 지키기에도 힘에 겨웠고, 채산성을 무시한 기업들의 판매경쟁으로 기업의 이익은 3기 연속 감소함에 따라 드디어 '증권공황'이 발생하게 된다.

더욱이 1965년 5월 21일, 4대 증권사 가운데 하나인 야마이찌 (山一) 증권이 경영위기에 빠져 은행의 구제를 기다리는 입장이라는 소식이 전해지면서 주식시장의 폭락을 막을 수 있는 것은 아무 것도 없게 되었다. 1965년 7월 12일, 닛께이(日經) 225종 지수는 1,020엔까지 떨어져 연초 주가대비 30% 이상의 폭락을 기록하게 된다.

● 투자신탁회사의 과욕 – 증권공황의 원인

한국에 있어 투자신탁의 황금시대가 지난 1999년 개막했다면, 일본 투자신탁의 황금시대는 1950년대 후반에 열렸다. 개인투자

추가형(Open Type) 및 단위형(Unit Type) 투자신탁의 수익 분배금

추가형 투자신탁			단위형 투자신탁		
연도	최고(엔)	최저(엔)	연도	최고(엔)	최저(엔)
1955	150	26	1958	8.1	7.0
56	150	150	59	7.5	7.0
57	100	80	60	7.0	7.0
58	117	74	61	7.0	5.0
59	254	110	62	5.0	4.2
60	177	67			
61	144	11			

※주 : 세금 포함

자들의 소액자금을 투자신탁이라는 저축상품을 통해 힘을 합침으로써 과거 '작전세력'을 대체하는 주도세력으로 떠오른 것이다. 1959년에는 'Open(추가형 투자신탁) 장세'라는 말이 유행할 정도로 투자신탁회사의 위세가 대단했으며 그 운용실적 역시 놀라운 것이었다.

이런 성과를 바탕으로 주식형 투자신탁의 잔고는 급증추세를 밟기 시작하였다. 1955년 말 595억엔을 바닥으로 증가하기 시작하여 1961년 말에는 드디어 1조엔을 돌파하는 경이적인 성장을 보인 것이다. 1961년 발족한 공사채형 투자신탁의 잔고를 포함할 경우 1조 1만 9828억엔이라는 경이적인 숫자에 달한다. 1961년 말 당시 대부신탁의 잔고는 6,477억엔, 우편저금(우체국 예금) 잔고는 1조 2,728억엔, 생명보험의 자산잔고는 8,971억엔에 불과한 시절이었다.

그러나 이런 투자신탁의 황금시대는 1961년의 주가폭락사태로 너무나 빨리 끝나고 만다. 몸집이 엄청나게 커진 투자신탁으로서는 '올바른 시황관'이 절실하게 필요했지만, 결정적인 순간에 시장과 정반대 되는 행동을 취해버린 것이다. 현금비중을 늘리기는커녕 펀드에서 주식이 차지하는 비중이 75%를 넘어설 때 주가폭락사태를 맞이했던 것이다.

더욱이 1961년 발족한 공사채형 투자신탁도 문제를 일으키게 된다. 금리상승기에 접어들자 기존에 편입된 채권의 원본손실이 발생한 것이다.

그런데 더더욱 큰 실수를 저지름으로써 투자신탁의 황금기는 종막을 고하게 된다. 큰 실수라 함은 주가하락을 저지하기 위해 억지로 주식을 샀던 것이다.

이것만큼 일본인 특유의 '줄서기' 행동이 잘 나타난 것도 없었다. 다른 투자신탁회사의 매매내용에 너무 지나친 신경을 쓴 나머지 모두 같은 패턴으로 움직이는 일이 벌어진 것이다. 그러니, '투자신탁'이 시장의 안정을 가져오기는커녕 오히려 주가의 하락 폭을 확대시키는 부작용을 낳게 되는 것은 불을 보듯 뻔한 일이었다.

결국 1964년 7월의 증권공황이 발생했을 때 투자신탁회사의 잔고는 불과 5,098억엔이 남아 있었다. 한창 때에

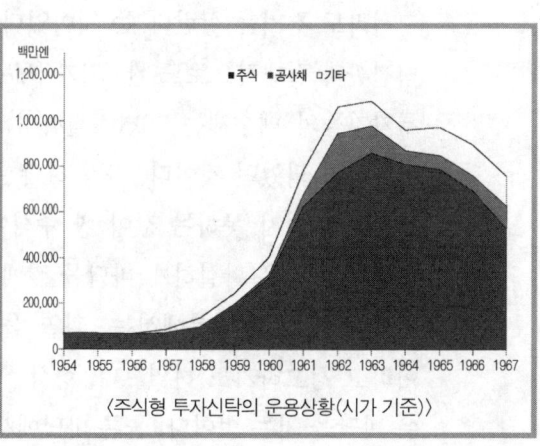

〈주식형 투자신탁의 운용상황(시가 기준)〉

비해 잔고규모는 불과 1/4, 이후 투자신탁회사들은 두고두고 투자자의 원망을 받는 골칫덩어리 취급을 받게 된다.

● 이자나기(いざなき) 경기의 주식시장

1965년 7월의 큰 바닥은 7월 12일의 닛께이(日經)225종목 지수의 1,020엔이었으나 반등이 시작된 것은 7월 28일이었다. 1998년 7월 종합주가지수(KOSPI)가 280포인트까지 무너졌을 때 모두들 '200포인트까지 하락한다' 고 아우성쳤을 때가 가장 좋은 매수시점이었던 것처럼, 닛께이(日經) 225종목 지수는 1,000엔 근처에서 강한 반등이 나왔다. 이런 '저가매수' 의 세력에 힘을 실어준 것이 바로 7월 27일 발표된 '종합경기대책' 이었다. 1965년 초, 일본 정부는 불황으로 세금이 잘 걷히지 않자 재정지출을 줄여서라도 재정수지의 균형을 맞출 생각이었으나 주식시장의 상태가 심각해지자 서둘러 정책의 전환에 나선 것이다.

경기종합대책의 주요 내용은 한 마디로, '재정적자를 무릅쓰고서라도 경기를 살린다' 는 것이었다. 이런 적극적인 정부의 정책전환과 절대적으로도 싼 '저가(低價)' 의 메리트를 살리기 위한 투자자들의 매수세는 70년 4월까지 이어지는 대세상승 국면의 시발점이 되었던 것이다. 가장 하락 폭이 컸던 증권, 은행 등 액면가에 미치지 못하는 값이 싼 주식에 건설관련 주식들이 가세하면서 시장은 확실하게 바닥을 찍게 된다. 거짓말과 같은 시장의 회복에 대해 일부에서는 '과열' 을 경계하며, 재차 폭락할 것이라고 경고하기도 하였으나, 항상 '비관론이 가득 찰 때' 주식은 바닥을 치는 법이다. 물론 바닥에서 주식을 사기란 쉽지 않다.

그러나 모든 언론과 분석가들이 '공황' 및 '위기' 라는 표현을 쓰며 투매를 부추길 때가 항상 '주가의 바닥' 이었음을 역사는 가르쳐주고 있다.

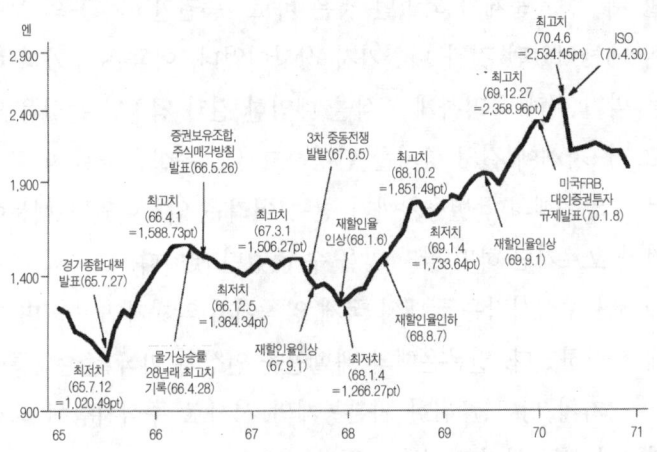

〈이자나기(いざなぎ) 경기를 전후한 닛께이(日經)225종 지수와 주요 사건〉

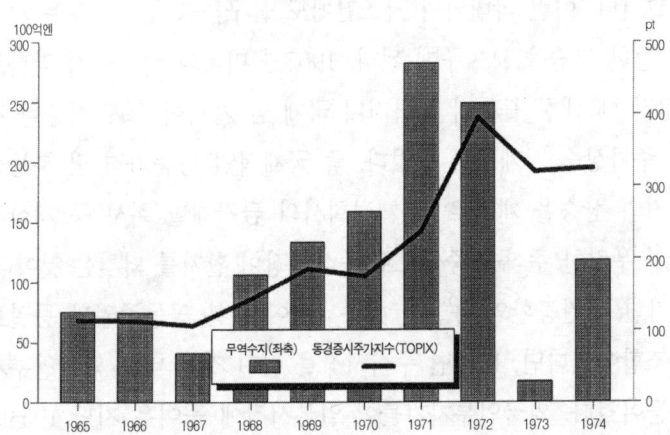

〈이자나기(いざなぎ) 경기를 전후한 무역수지 및 동경증시주가지수(TOPIX) 추이〉

그러나 1966년 일본 주식시장은 시작에 비해 끝이 좋지 않았다. 일본 공동증권과 증권보유조합이 '주가상승'을 계기로 보유주식들을 매각하기 시작했기 때문이다. 지난 1992년 7월, 우리 주식시장이 1989년부터 시작된 기나긴 침체의 터널을 벗어나 상승할 때 가장 문제가 되었던 것은 바로 '증권안정기금'의 보유주식 매물이었던 것과 마찬가지 상황이었다. 이들은 주가의 하락을 막기 위해 무리하게 주식을 매입한 결과 엄청난 손실을 입었고, 수 차례에 걸쳐 증자를 단행하고서도 손실을 메우지 못해 일본 중앙은행의 특별융자까지 받는 어려운 입장이었기 때문에 주가가 오르기만 하면 팔지 않을 수 없었던 것이다.

1968년 주식시장은 국내와 국제 양쪽에서 악재가 노출되며 힘들게 시작하였다. 일본은행의 재할인율 인상과 미국 존슨대통령의 달러가치 방어를 위한 자본통제의 시사로 주식시장에 대한 비관론이 가득 찼던 것이다.

그러나, 이런 국내외의 악조건에도 불구하고 주식시장은 의외로 강한 모습을 보여주게 된다. 1967년 미국의 국제수지 악화로 '달러'에 대한 불신이 높아지며 국제 금 가격이 크게 상승한 것이 주가상승의 계기가 되었다. 즉 국제적인 상품가격 및 부동산 가격의 상승을 계기로 금 제련회사와 금광개발 회사 등 자산가치가 우량한 주식을 중심으로 주식시장이 활기를 되찾은 것이다.

지난 증권공황의 유일한 매수세력이 일본 공동증권과 증권보유조합이었다면, 1968년 주식시장을 건진 것은 바로 외국인투자자들이었다. 외국인투자자들이 일본시장에 들어온 지난 1963년 부터였지만, '주식투자 원금의 본국 송환 금지' 규정이 해제된 것을 계기로 외국인 투자가 본격화된다. 1992년 주식시장의 개방이후에 한국 주식시장이 회복되었던 것을 생각하면 쉽게 이해될 것이다. 증권공황 당시 일본 주식시장의 상황과 1992년 한국 주식시장은 ① 증권안정기금 같은 정부 주도의 주가 부양정책의 부작용이 나타났고, ② 증권시장의 개방과 함께 이 물량을 외국인이 받아낸 데다, ③ 소재산업을 중심으로 실물경기가 회복되었다는 공통점을 지니고 있다.

1967년, 일본 주식시장에서 외국인투자자들의 주식보유 비중은 불과 1.8%에 불과했다. 그러나 1967년 7월, 외국인에 대한 주식취득의 제한규정이 완화되어 15~20%의 한도 안에서 자유롭게 살 수 있게 되자 일본 주식시장에서도 드디어 그 유명한 '저(低) PER' 열풍이 시작된다. 외국인투자자들이 보기에 일본의 주식들은 '잘못된 평가'를 받고 있었던 것이다. 외국인투자자들은 소니, 마쓰시다(松下)통신공업, TDK, 파이오니아, 알프스전기,

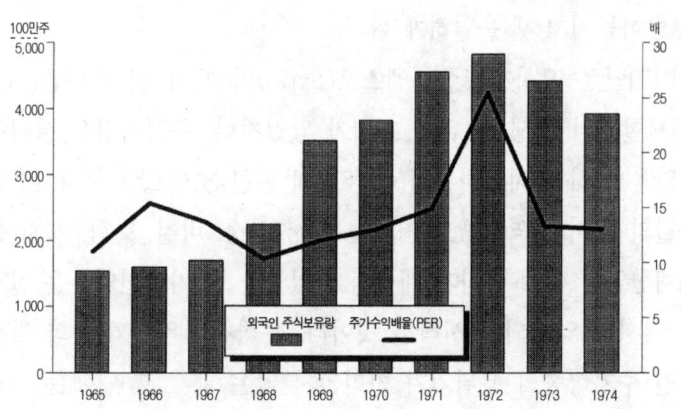

〈이자나기(いざなぎ) 경기를 전후한 외국인투자 동향과 PER〉

니혼빅터(JVC), 무라다(村田)제작소 등 저평가되어 있는 국제적인 우량주들을 집중공략하며 엄청난 주가상승을 유발하게 된다.

1969년 6월 10일, 닛께이(日經) 225종 지수는 2,029엔의 최고치를 기록했지만, 경기과열을 막기 위한 일본 중앙은행의 금리인상설이 유포되면서 6월 11일 닛께이(日經) 225종 지수는 폭락하였다. 사실 시장의 예상이 틀린 것은 아니어서, 1969년 9월 1일 일본 중앙은행이 재할인율을 5.84%에서 6.25%로 인상하고 은행의 예금지급준비율 역시 인상해 긴축기조로 전환하게 된다. 그러나 이 재할인율의 인상이 오히려 주식시장의 호황을 부추기는 계기로 작용하게 된다.

일본 중앙은행은 국제수지가 악화될 때마다 금리를 인상해 왔으나, 1969년 9월의 금리인상은 국제수지의 흑자기조가 이어지는 가운데 진행되어 상대적으로 그 충격이 약했던 것이다. 금리인상의 목적이 물가의 상승 및 높은 임금상승의 억제를 위한 예방의 성격을 띠고 있었기 때문에 시장은 오히려 '악재의 노출'로 받아들이고 새 출발하게 된다.

1970년은 오사까(大板) 엑스포(Expo)의 개최 및 신니혼(新日本)제철소의 탄생 등 많은 호재가 있었지만, 주식시장은 서서히 종막을 고하기 시작하였다. 약 5년에 걸친 호황으로 주식시장은 과열의 기미가 역력했고 기업들 역시 철강, 비철, 화학, 제지 등 소재산업만 이익 증가가 계속되고 있었을 뿐 기타산업들은 실적이 서서히 악화되기 시작한 것이다. 주식시장은 1969년의 열광적인 주가상승의 분위기가 가라앉지 않은 채, 1970년에는 가격이 싼 소형주들이 시장을 주도하는 모습을 보였다. 앞서 말한 것처럼 소형주로 시장의 매기가 옮겨 붙을 때는 대부분 장기 상승 국면의 마지막 단계에 접어들었음을 보여주는 신호로 해석하면 틀림이 없다. 아니나 다를까, 1970년 4월 6일 닛께이(日經) 225종 주가지수는 2,534.45엔의 신고가를 갱신한 후 1971년 1월까지 지루한 하락을 시작하게 된다.

● 제 1차 석유위기(Oil Shock) 이전 70년대 초반의 강세장

1971년은 1970년의 폭락사태를 겪은 다음이라 비관론이 시장을 지배했지만, 주식시장은 오히려 보기 드문 주가상승을 경험하였다. 1971년 주가상승의 제 1공신은 단연 세계적인 저금리정책에 있는 것으로 보여진다.

그러면 어떻게 세계적인 금리인하의 환경이 조성되었는지 자세히 살펴보도록 하자. 1970년대 초반, 세계의 금융질서는 '금본위제'에 기초를 두고 있었다. 그런데 이 '금본위제'는 언제라도 1온스 당 35달러의 비율로 금을 교환하기로 약정되어 있었지만,

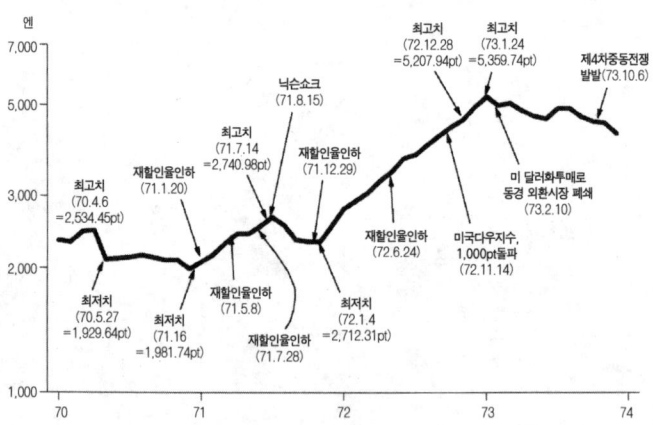

〈제 1차 석유위기를 전후한 닛께이(日經)225종 지수와 주요 사건〉

미국의 물가가 오르면서 이런 고정가격이 무너지게 된 것이다. 더욱이 체력에 걸맞지 않게 높은 평가를 받고 있던 영국 파운드화가 투기세력의 공격에 무릎 꿇는 것을 보면서, 세계의 주요국가는 환율의 가치상승을 막기 위해 금리를 일제히 내리게 되었다.

수출에 목을 메고 있던 일본의 입장에서는 투기세력의 엔화 매입으로 엔화의 가치가 상승(엔화 강세=엔화 평가절상)하는 것을 무조건 막아야 한다는 의견이 지배적이었다. 당시 일본정부는 엔화가치의 상승을 막기 위해 어떤 정책을 택했을까? 보통 통화의 가치상승을 막는 방법은 두 가지를 들 수 있다.

첫 번째는 시장을 개방하고 관세를 내려 무역수지의 흑자규모를 줄이는 것을 들 수 있다. 이 방법은 1988년 당시 한국의 노태우 정권이 썼던 방법이다. 그리고 두 번째 방법은 금리를 내려 엔화를 보유하는 실익이 없도록 만드는 것이다. 엔화를 들고 있으면서 얻는 환차익(환율 변동으로 생기는 이익)은 불확실하지만, 금리는 '확정' 되어 있기 때문에 다른 나라보다 일본의 금리가

낮다면 투기세력들이 얻는 이익이 거의 없어지게 되는 것이다.

당시 일본정부는 첫 번째의 정책은 안중에 없었다. 패전 이후 정책의 제 1과제를 성장에 뒀다면, 두 번째 순위는 국제수지의 흑자

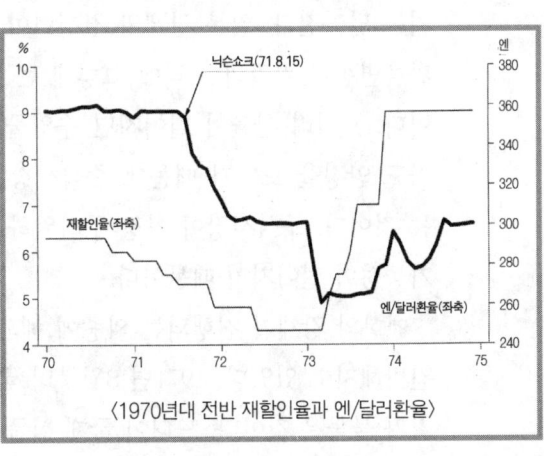

〈1970년대 전반 재할인율과 엔/달러환율〉

에 두고 있는 만큼 주변국가들이 뭐라고 비난하든 상관없이 자기만 잘 살면 된다는 생각에 가득 차 있었던 것이다. 드디어 1970년 10월 27일, 제 1차 재할인율 인하를 시작으로 1972년까지 총 7회의 재할인율을 인하함으로써 새로운 대세상승국면이 시작된다.

● 닉슨 쇼크와 엔화강세의 시작

금리와 주식시장의 관계에 대해서는 1950년대와 1960년대 일본시장의 사례를 통해 충분한 설명이 되었다고 생각된다. 그런데 또 하나의 중요한 변수, 환율이 떨어지면(통화가치가 오르면) 주식시장은 어떤 반응을 보이게 될까?

그 답은 불분명하다. 1960년대까지의 개발연대였다면 환율의 하락은 주식시장에 큰 악재로 작용하게 된다. 수출경쟁력이 떨어지고 무역수지가 악화되기 때문에 기업의 수익이 악화되고 정부도 금리를 올리게 되기 때문이다. 그러나 1970년대라면, 이야기는 달라진다. 일본 경제의 경쟁력이 세계 수준에 도달한 이상 환율변동이 기업의 수익에 그렇게 큰 영향을 미치지 않게 된 것이다. 오히려 환율이 떨어지면 수입물가가 하락하고, 국내의 물가도 안정을 보이기 때문에 주식시장은 공전의 호황을 맞게 되는 것이다. 주식시장이 가장 두려워하는 '금리인상'이 이루어질 가능성이 멀어지기 때문이다.

엔화의 강세가 진행되는 와중에 해외 금융시장의 여건은 더욱 긴박해지고 있었다. 1971년 8월부터 국제 금시장에서 맹렬한 투기가 불붙은 것이다. 드디어 국제 상품시장에서 금 1온스의 가격이 44달러까지 상승하자 프랑스와 벨기에 정부가 미국에게 달러를 금으로 바꿔달라는 요구를 하기에 이른다. 당시 금과 달러의 공식교환비율이 35달러였으니까, 그냥 미국에서 달러를 금으로 바꿔 국제시장에 내다 팔기만 하면 1온스 당 9달러의 이익이 생기는 것이었다. 미국으로서는 정말 참을 수 없는 사태가 아닐 수 없었다.

당시 미국에게 남은 선택은 두 가지였다. 첫 번째는 금과 달러의 교환비율을 재조정하는 것이었고, 또 하나는 '금본위제'를 포기하는 것이었다. 그러나 첫 번째의 안은 '투기세력'의 압력에 굴복하는 형식이 되어, 추가적인 금 투기를 가져올 가능성이 높아 포기할 수밖에 없었다. 드디어 1971년 8월 15일, 미국의 닉슨 대통령은 금과 달러의 교환을 정지하는 한편, 수입품에 10%의 수입과징금을 신설(닉슨 쇼크)함으로써 새로운 금융질서가 수립되게 된다.

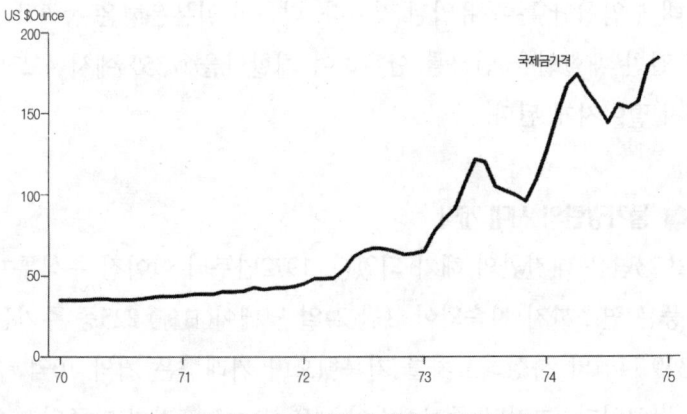

〈1971년 닉슨 쇼크를 전후한 국제 금 가격 변동〉

이제 달러는 금으로 가치를 보증 받지 못하는 한낱 '휴지조각'에 불과하게 되어 전 세계의 금융 및 실물거래는 큰 충격을 받게 된다. 1930년대 이후 처음 겪는 '금본위제' 포기에 따른 혼란을 해결하기 위해 1971년 12월 19일 워싱턴의 스미소니언 자연사박물관에서 선진 10개국 재무장관 회담이 열렸다. 이 회담에서 선진 10개국 재무장관들은 달러를 주요 통화에 대해 평균 12% 평가 절하하는 한편, 엔/달러환율은 기존의 360엔에서 308엔으로 크게 떨어뜨리기(엔화 16.88% 가치상승)로 합의하게 된다.

닉슨 쇼크로 충격상태에 빠졌던 일본 주식시장은 스미소니언 협정의 의미를 파악하게 된다. 즉 환율이 떨어지는 게(엔화 가치상승) 결코 악재가 아니라는 것이다. 오히려 물가안정을 가져오고, 일본 국민의 구매력을 증가시켜 새로운 호황을 낳을 수 있다는 점을 이해하게 된 것이다. 엔/달러 환율에 따른 경기후퇴를 막기 위해 정부는 아낌없이 돈을 쏟아 부었고 엔/달러환율의 급격한 하락을 막기 위해 달러를 계속 매입(=엔화 매도) 함으로써 국내에 엄청난 돈이 유입된 것이다. 더욱이 일본은행은 총 6차례에 걸친 재할인율 인하를 단행하여 재할인율 6.35%에서 4.25%까지 떨어지게 된다.

● 물가광란의 시대 개막

1973년은 대전환의 해가 되었다. 1972년부터 이어진 주식투자 열풍은 연초까지 지속되어, 1월 24일 닛께이(日經) 225종 주가는 5,359.74엔의 사상최고치를 기록했으며 거래량은 거의 10억 주에 달하였다. 그러나 주식시장이 과열상태로 흘러가면 중앙은행은 항상 브레이크를 걸게 되는 법. 더욱이 당시 국제상품가격의 동향이 심상치 않았기 때문에 긴축 쪽으로 정책을 전환할 수밖에 없었다.

당시 상품가격이 일제히 폭등한 것은 '금본위제'의 붕괴와 밀접한 관계를 가지고 있었다. 미 달러화는 당시 가장 인플레이션에 강한 상품인 '금'과 고정된 가격에 교환되었기 때문에 대부분의 중앙은행과 부호들은 자산의 상당부분을 달러 자산으로 보유하고 있었다. 그런데 어느 날 갑자기 달러화를 '금'과 교환하지 않으며, 달러화의 가격은 시장에서 결정된다고 발표된 것이다. 대부분의 기업과 부호들은 달러화 대신 금이나 은, 그리고 석유 같은 실물자산을 가지는 게 훨씬 이익이 된다고 판단하였으며, 여기에 달러 이외의 자산을 외환보유고에 편입시켜야 하는 각 국 중앙은행까지 가세함으로써 상품가격이 오르기 시작한 것이다.

더욱이 1973년 10월 6일 제 4차 중동전쟁이 발발함으로써 일본뿐만 아니라 세계경제는 큰 충격에 휩싸이게 되었다. 이스라엘을 지지하는 미국에 대해서는 원유공급을 제한하며, 아랍우호국에 대한 공급은 유지한다는 발표와 함께 전 세계 원유가격은 급등하기 시작했다. 본격적인 석유위기가 시작된 것이다. 1971년 2월의 테헤란협정 이전, 배럴당 1.8달러였던 원유가격은 1973년 12월 11.651달러까지 폭등함으로써 역사상 유례를 찾기 힘든 인플레이션이 발생하게 된다.

원유가격의 인상으로 일본의 국제수지는 2년 연속으로 적자를 기록했고 인플레이션이 심화됨에 따라 '임금상승 → 물가상승

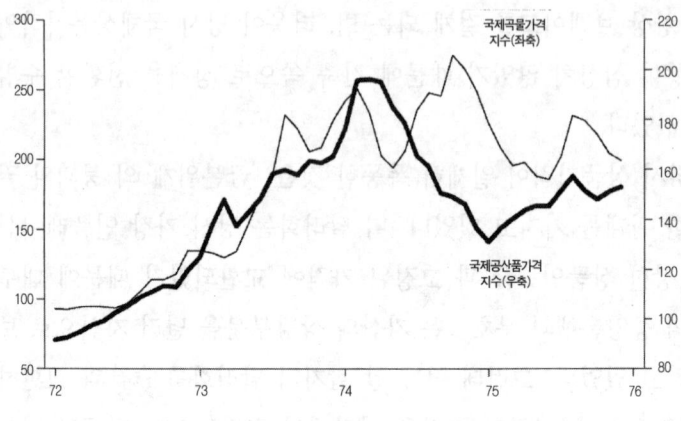

<제 1차 석유위기(1973년)를 전후한 국제상품가격 지수 추이>

→ 임금상승'의 악순환이 시작되기 시작했다. '불황 속의 인플레이션'으로 정의되는 스태그플레이션(Stagflation)이 발생한 것이다. 1974년 일본 경제성장률은 −0.6%, 한국전쟁 이후 이렇다할 불황 한번 없이 고도성장을 달성한 일본경제로서는 처음 맞이하는 마이너스 성장이었다. 그러나 종전 이후 최악의 불황을 맞이했음에도 불구하고 주식시장은 신니혼(新日本)제철, 스미모토(住友)화학, 미쓰이(三井)유화 등 상품가격 상승의 혜택을 입을 것으로 기대되는 소재산업을 중심으로 대폭적인 상승을 경험하게 된다.

그러나 이런 투기적인 시세가 오래 갈 수 없는 법. 금융긴축의 효과가 나타나며 주택건설 경기가 얼어붙고 부실기업의 도산이 잇따르면서 1974년 주식시장은 심각한 후유증을 남기며 '폭락'으로 마무리하게 된다.

● 1975~1977년의 BOX권 장세

1975년 주식시장은 '주식시장의 인플레이션 헤지(Hedge) 효과'와 '세계적인 금리인하'의 영향으로 강세를 보이게 된다.

주식시장에 상장된 주요 기업들은 대부분 대기업들로 구성되어 있기 때문에, 인플레이션이 발생하면 기업들의 수익도 같이 좋아지게 된다. 더욱이 물가상승기에는 모두 현금보다는 '상품'을 사려고 노력하게 되며, 금융시장에서 주식만큼 인플레이션에 강한 '상품'이 없기에 주가가 높아지는 것이다.

이런 현상을 '주식시장의 인플레이션 헤지 효과'라고 부른다. 물론 지나친 물가상승으로 경제가 함께 침체의 늪에 빠지면 주식시장도 어려움을 겪는 경우도 있기 때문에 인플레가 발생할 때는 주식을 보유하는 게 현금을 쥐고 있는 것보다 낫다는 정도로 이해하면 될 것이다.

1975년 일본의 미키(三木) 내각은 물가안정을 최우선 과제로

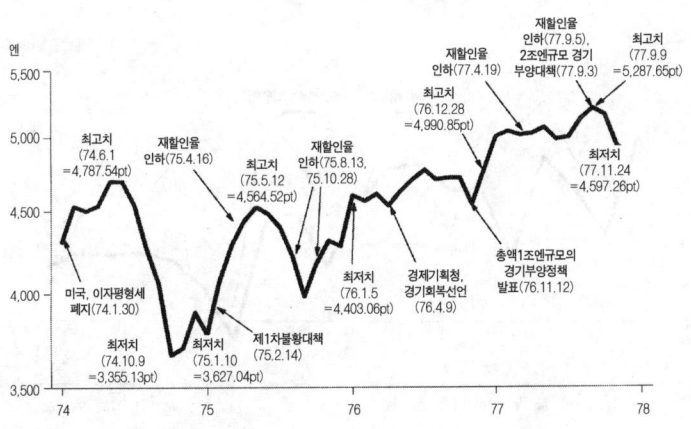

〈제 2차 석유위기 이전 닛께이(日經)225종 지수와 주요 사건〉

삼고 있었기 때문에 금리인하에 소극적이었으나, 1975년 봄의 노동조합과의 임금 협의에서 그 상승폭이 1974년의 32.9%에 비해 크게 낮은 13.1%로 결정되며 '물가불안'의 우려가 희석되자, 재할인율 인하에 나서게 된다. 1976년의 주식시장은 경기회복의 부진으로 일진일퇴의 장세를 보이게 된다. 1945년의 세계 2차 대전이후 일본경제는 아무리 어려운 상황에 빠졌더라도 일단 '금리를 내리고 재정지출을 늘리면' 금방 회복되었으나, 제 1차 석유위기를 겪은 다음부터는 아무리 금리를 내리고 경기부양정책을 실시해도 성장률이 회복되지 않게 된 것이다.

1950~1960년대 일본은 패전에서 일어선 상황이었기 때문에 건설투자의 비중이 높고 정부의 역할이 컸지만, 1970년대에 접어들며 고속도로 및 신칸선과 같은 대규모 토목사업이 일단락되고 민간경제의 규모가 커지면서 해외에 대한 경제의 의존도가 높아진 것이다. 수출이 전체 국민총생산(GNP)에서 차지하

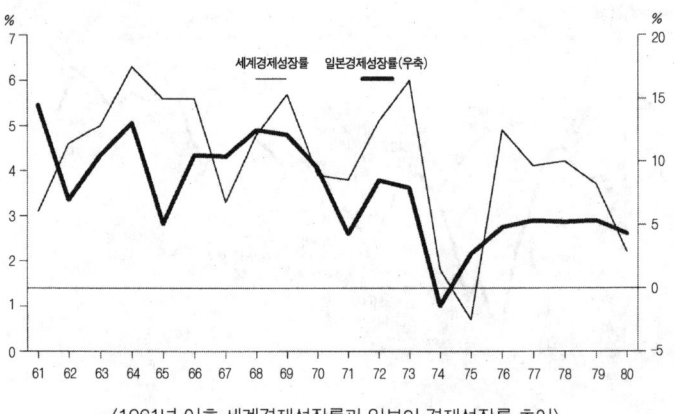

〈1961년 이후 세계경제성장률과 일본의 경제성장률 추이〉

는 비중은 10% 남짓했지만, 그 파급효과는 훨씬 컸던 것이다. 그런데, 제 1차 석유위기로 세계경제가 동반 침체되자 일본의 수출증가율이 크게 떨어져 일본경제도 침체를 벗어날 길이 없게 되었다.

● 제 2차 석유위기를 전후한 일본 주식시장

1978년이 되자 시장의 분위기는 크게 바뀌기 시작한다. 불황에 대해 기업들의 적응력이 강화되고 물가 및 경상수지가 호전된 데다, 일본 중앙은행이 재할인율을 3.50%까지 내린 것이 주가상승의 계기를 만들었다. 기다리고 기다렸던 금융장세가 출현한 것이다.

1978년 3월 28일, 닛께이(日經) 225종 지수는 5,360.34엔의 신고치를 갱신하며 5년 전(1973년 1월)에 기록했던 최고치를 경신하는 감격을 누리게 된다. 1998년 2/4분기부터 엔화가 강세로 돌아서면서 주식시장은 '수출기업의 실적악화'에 대한 우려로 조정을 거치기도 했으나, 1979년 3월 결산에서 상장기업들의 실적이 역사상 최고의 성적을 기록한 것으로 밝혀지면서 다시 상승추세를 타기 시작한다.

당시 기업들의 경상이익이 증가한 것은 기업의 구조조정이 효과를 보고 고유가 시대에 적응하기 위한 에너지 절감노력 때문이었다. 특히 에너지 소비가 많은 철강, 화학 등의 소재산업들은 그 이익개선의 정도가 굉장해 신니혼(新日本)제철과 히다찌(日立)제작소, 도요따(豊田)와 같은 기업들이 순이익 10위에 들 정도였다. 한 나라가 위기에 빠졌다가 일어설 때 가장 돋보이는 기업들

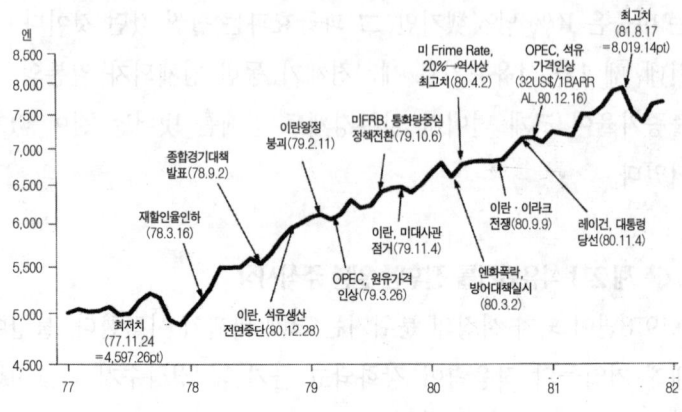

〈1979년 제 2차 석유위기를 전후한 닛께이(日經)225종 지수와 주요 사건〉

은 바로, 그 위기에 정면으로 대응하며 가장 혹독한 구조조정을 거친 기업들임은 우리도 1999년의 장세에서 경험한 바와 같다.

1979년은 제 2차 석유위기가 시작된 해였다. 2월 이란에 혁명이 발생하고 OPEC의 석유가격 인상결정이 내려지는 등 제 1차 석유위기에 못지 않은 위기가 엄습한 것이다. 그럼에도 불구하고 1979년 일본 주식시장은 이렇다할 파란 없이 한 해를 보내게 된다. 엔화강세의 진행으로 수입단가가 내리던 중이어서 원유가격 상승의 영향이 크지 않았고, 국민들도 제 1차 석유위기와 달리 임금인상을 자제하고 '매점매석'이 자취를 감추는 등 성숙한 모습을 보였던 것이다.

더욱이 국제적인 상품가격의 상승으로 이익을 보는 기업들, 예를 들어 데이코구(帝國)석유 및 니혼(日本)석유, 마루젠(丸善)석유, 아라비아석유, 코아(興亞)석유 등 자원개발 관련주식들이 시장을 주도하였다. 자원개발 관련주식에서 시작된 시장의 과열분

위기는 5월에 취해진 신용매매 증거금률 인상과 재할인율 인상에도 가라앉지 않아 1979년 5월 닛께이(日經) 225종 지수는 6,341엔의 신고가를 기록했을 정도였다.

그러나 1979년 10월 미국의 연방준비제도 이사회(FRB) 의장으로 재직하고 있는 볼커(Volker)가 재할인율을 무려 12%로 인상하는 한편, 기존의 '금리' 중심이 통화정책에서 벗어나 '통화량'을 중심에 둔다고 발표하는 사건이 벌어짐으로써 일본 주식시장도 큰 충격을 받게 된다.

볼커 의장은 프리드만(M. Friedman) 교수를 중심으로 주창된 통화주의 이론(Monetary Theory)을 받아들여 금리보다 M1을 비롯한 통화공급에 신경을 쓰겠다고 밝힌 것이다. 즉 거듭된 재할인율의 인상에도 불구하고 실물투기가 가라앉지 않자, 최후의 방법을 쓰겠다는 것이다. 지금까지 볼 수 없던 새로운 정책의 도입에 대한 불안과 FRB의 강경 입장이 '금리상승' 으로 이어질

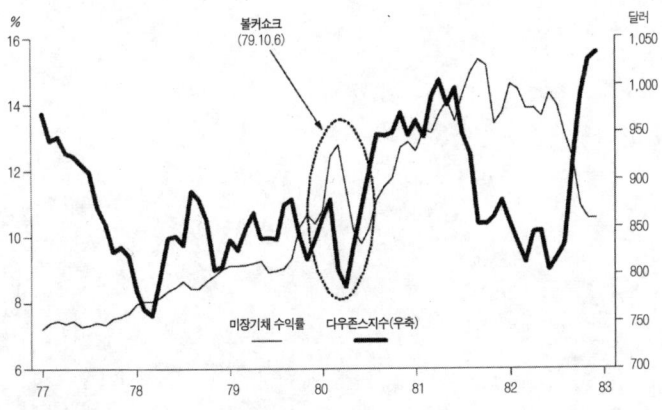

〈볼커 쇼크를 전후한 미국 다우존스지수와 10년만기 국채 수익률 추이〉

것이라는 예측이 나오면서 미국뿐만 아니라 동경과 런던, 프랑크푸르트 등 세계 주요 주식시장은 함께 폭락세를 연출하게 된다.

5. 1980년대의 대호황

● 1982년의 세계적인 대전환

1982년은 세계경제가 두 차례에 걸친 석유위기에서 벗어나는 해가 되었다. 물가불안을 해결하기 위한 주요 선진국 정부의 금리인상으로 세계경제는 1980년부터 심각한 경기침체를 경험했지만, 1981년을 고비로 물가상승의 고삐가 잡히고 경기침체가 너무 심해지자 각 국의 중앙은행들이 1982년 가을을 고비로 일제히 금리를 인하한 것이 계기가 되었다.

그 계기가 된 것은 1982년 7월 부실채권의 증가 및 채권투자의 손실을 견디지 못한 미국 콘티넨탈 일리노이 은행(Continental Illinois Bank)의 위기설이다. 연방준비제도 이사회(FRB)로서는 한 은행의 위기가 1929년 대공황과 같은 연쇄적인 금융시스템의 붕괴로 이어질 수 있음을 인식하고 적극적인 대응에 나섰던 것이다. FRB의 결단을 더욱 부추긴 사건이 1982년 여름 벌어지게 된다. 1982년 8월 13일 멕시코정부가 외화의 유출을 방지하기 위해 외환시장을 폐쇄하고 대외송금을 정지시킴으로써 '외채위기'가 시작된 것이다. 당시 멕시코는 세계 최대의 채무국이었기 때문에 돈을 빌려 준 미국의 은행들이 파산할 가능성이 제기되며 주가가 폭락하기 시작했다. 이때 볼커(Volker) 의장의 대응은 신속하고 정확했다.

멕시코 위기의 위험성을 재빨리 파악하고 신속하게 채무 재연장(Rescheduling)에 나서는 한편, 재할인율을 7번 연속 내려 8.5%까지 떨어진 것이다. 이런 미국의 즉각적인 반응은 전 세계의 환영을 받아 서독도 재할인율을 7.5%에서 4.0%로 인하했고, 일본도 9.0%에서 5.5%로 인하하기에 이른다. 이런 호재를 계기로 뉴욕 주식시장의 다우존스 산업평균(DJIA) 지수는 11월 3일 1,065달러를 기록하여 1973년의 최고치 1,051달러를 갱신하였고 런던, 프랑크푸르트, 동경 등 전 세계 주요 주식시장도 일제히 동

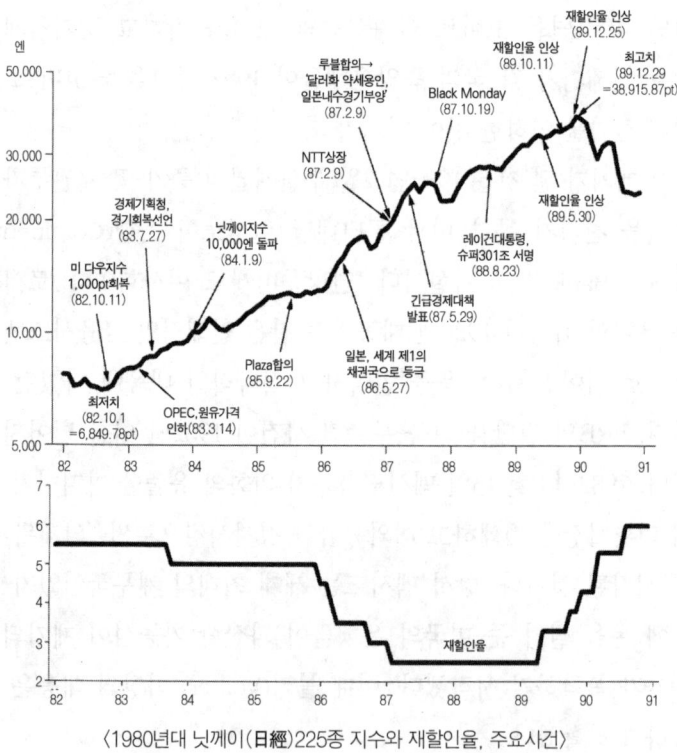

〈1980년대 닛께이(日經)225종 지수와 재할인율, 주요사건〉

반상승하기 시작하였다. 또한 금리인하와 함께 MMF 등 단기상
품에 주로 투자되어 있던 자금이 주식시장과 장기채권시장으로
돌아오면서 시중의 자금사정 및 소비자들의 심리도 호전되어 본
격적인 대세상승 국면의 초입을 형성하게 된 것이다.

● 1984년까지의 제1라운드 - 대호황의 시작단계

1982년 당시 일본경제는 고유가, 고금리, 무역마찰 등 많은 어
려움을 겪고 있었다. 원유의 대부분을 수입에 의존하는 일본경
제로서 배럴당 30달러 이상의 고유가는 경제에 심각한 타격을
가했다. 더욱이 물가불안을 가라앉히기 위한 정부의 긴축정책으
로 대기업의 부도가 속출한 데다, 1980년 봄에 시작된 유가통제
및 고금리 정책의 영향으로 미국 제 3위의 자동차 메이커 크라이
슬러사가 경영위기에 빠진 것을 계기로 일본 상품에 대한 불매
운동이 발생하면서 일본경제는 사면초가에 몰리고 있었던 것이
다.

그런데 1982년 가을부터 시작된 세계적인 금리하락에 일본경
제도 한숨 돌리고 주식시장도 활기를 되찾게 되었다. 물론 주식
시장의 활황이 시장 내부의 요인이 아니라 미국에서 시작된 세
계적인 활황 무드에 편승해 진행되었던 만큼 그만한 대가를 치
르지 않을 수 없었다. 그 대가는 다름 아닌 '증시의 동조화' 현
상이다. 미국시장이 좋을 때는 일본시장도 좋을 수 있지만, 반면
미국시장이 무너지면 일본 주식시장도 큰 충격을 받게 되는 것
이다. 일본으로서는 원했던 게 아니지만, 시장의 흐름이 뉴욕에
서 시작되는 만큼 받아들일 수밖에 없었다.

〈1983~1984년 미국 다우존스지수와 일본 닛께이(日經)225종 지수 추이〉

아니나 다를까 1982 년부터 위기설이 흘러 나오던 콘티넨털 일리 노이 은행이 1984년 정 리절차를 밟은데 이어, 업계 4위의 대형은행 매니화나 은행마저 위 기에 빠짐으로써 뉴욕 증시는 1984년 7월 24 일 1,086달러까지 하락하게 되며 이를 계기로 외국인투자자들마 저 일본에서 주식을 팔기 시작함으로써 일본 주식시장은 2년여 에 걸친 상승장세를 끝내고 조정을 거치게 된다.

● 플라자합의에서 블랙 먼데이까지 일본 주식시장

1984년 5월의 천정 이후 소강상태를 보이던 일본 주식시장은 미국 증시의 반등을 계기로 다시 상승세를 이어가기 시작하였다. 1984년 7월 24일, 볼커 연방준비제도 이사회(FRB) 의장이 상원 에서 '금리인하'를 시사하자 다음 날부터 반등에 성공한 것이다.

미국의 금리인하는 두 가지 경로를 통해 영향을 가져다 준다. 먼저 금리인하로 달러화에 대한 매력이 떨어지는 것이다. 엔/달 러환율을 결정하는 요인은 여러 가지가 있지만, 가장 중요한 것 은 미국과 일본의 금리격차이다. 어느 한 나라의 금리가 지나치 게 높으면, 당연히 그 통화의 가치가 올라가게 되는 것이다. 두 번째 경로는 투자자들의 분위기에 관련된 문제로, 미국 주식시장이 '금리인하'에 힘입어 상승세를 타게 되면 일본시장의 분위기도 좋아지는 것이다.

1984년 가을부터 시작된 엔화의 강세는 일본경제에 많은 이익을 가져다 주었다. 이미 지난 1980년 12월 1일부로 외환법·무역법이 개정되어 외국인투자자의 주식취득에 대한 제한이 철폐됨에 따라 1986년 2월 1일 메릴린치를 비롯한 6개의 미국 투자은행들이 일본에 본격적으로 진출하게 된다. 이런 금융시장 개방을 앞두고 정부는 금융산업의 육성을 위해 많은 지원을 아끼지 않게 된다. 우선 업무영역에 대한 제한을 철폐하는 한편, 정부의 간섭과 통제를 많이 줄이게 되는 것이다. 시대적인 흐름을 타고 은행의 주가가 상승한 것은 당연한 일이다.

그러나, 장이 투기적으로 움직인다는 것은 곧 끝이 멀지 않았음을 의미하며, 이런 투기장은 1985년 9월 22일 플라자 합의를 고비로 그 종막을 고하게 된다.

1985년 9월 22일, 뉴욕 맨해튼 중심에 위치한 플라자호텔에서 열린 선진 5개국 재무장관·중앙은행총재의 비밀 회담에서 환율의 조정을 통해 미국의 국제수지 적자를 개선하기로 합의한 것이다. 플라자합의의 내용을 요약하면, ① 미국의 무역수지 개선을 위해 일본

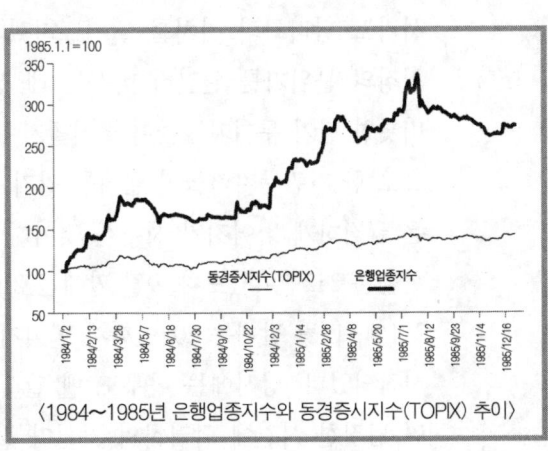

〈1984~1985년 은행업종지수와 동경증시지수(TOPIX) 추이〉

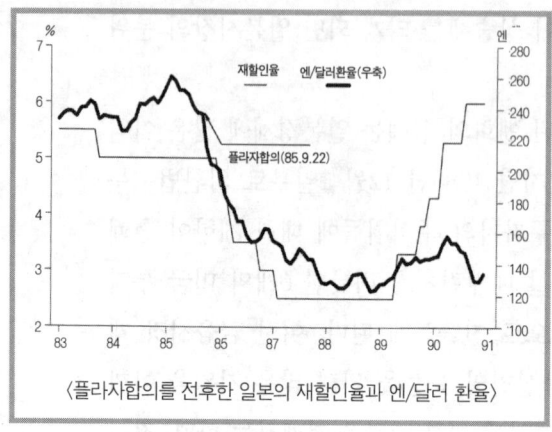

〈플라자합의를 전후한 일본의 재할인율과 엔/달러 환율〉

엔화와 독일 마르크
화의 평가절상을 유
도하며, ② 이것이
순조롭지 못할 때에
는 정부의 협조개입
을 통해 목적을 달
성한다는 것이다.
이것은 정책의 대전
환이었다. 과거 제 1

기 레이건 행정부 시절에는 "강한 달러가 강한 미국을 대표한다"
는 명제를 내세우며 달러화의 강세를 유도했지만, 재정적자 및
무역적자의 확대가 계속되자 부득이 고집을 꺾지 않을 수 없었
던 것이다.

   회담이후 일본과 미국 중앙은행은 달러화 가치 하락을 위한 강
력한 시장개입에 나서는 한편, 단기금리의 급격한 조정을 통해
서라도 달러화의 가치를 떨어뜨리겠다는 의지를 표명함으로써
시장의 분위기를 완전히 바꾸는 데 성공했다. 먼저 헤지펀드를
비롯한 단기 투기자금들이 달러팔자에 나서고 이어 은행을 중심
으로 한 기관투자가들이 달러를 팔기 시작함으로써 엔/달러환율
은 급격하게 떨어지기 시작한 것이다. 플라자합의 직전 엔/달러
환율은 242엔이었으나, 9월 말에는 216엔이 되었고 10월 말에는
211엔, 11월 말에는 202엔까지 떨어지는 등 엔화 강세의 국면이
시작되었다. 당시에는 아무도 엔/달러환율이 120엔, 그러니까 2
년 남짓한 시간에 달러화의 가치가 절반으로 떨어질 줄은 몰랐

을 것이다.

엔화의 강세로 일본 경제계와 언론계는 '비관론' 일색이었지만, 주식시장은 올바른 답을 내 놓았다. 엔화의 가치가 상승한다는 것은 일본의 기업가치를 크게 상승시키는 결과를 가져오고, 물가를 안정시킴으로써 금리를 떨어뜨린다는 것이다. 그러나 '금리인하'의 혜택을 받는 증권업종, 전철, 부동산, 해운, 손해보험, 창고, 건설 등 수출과 큰 관련이 없는 내수업종이 움직이면서 시장이 불붙기 시작하였다. 전형적인 금융장세의 시작이었다.

그러나 쉬지 않고 주가가 오르기에는 힘에 부쳤다. 1986년 9월의 반기(半期)결산에서 흑자를 기록한 업종은 증권업종 뿐이었으니, 개인투자자들과 기관이 마음놓고 주식을 살 수 없었던 것이다. 특히 2부에 소속된 기업들의 실적은 더욱 나빠 주가는 연초의 최저치 수준으로 복귀하고 만다.

시장 참가들이 모두 '아! 다시 주가가 폭락하는 게 아닐까' 하고 불안하던 1986년 11월 1일, 일본 중앙은행은 제 4차 재할인율 인하(3%)를 발표하며 시장에 활력을 불어넣게 된다. 강력한 엔화강세에 맞서 기업들의 경영이 어려워지는 것을 정부로서도 더 이상 모른 채 할 수 없었던 것이다. 이때부터 시작된 재할인율의 5회 연속 인하는 주식시장에 공전의 호황을 가져다 주었다. 더욱이 모든 투자자들이 바라던 꿈의 주식, NTT(일본 전신전화)사의 상장이 2월 9일로 결정되어 일본열도는 주식 붐에 휩싸이게 된다. 정부가 보유하고 있는 1,560만주(액면가 5만엔) 가운데 1차분 195만주가 '국민주'의 형태로 공개되는 것이다. NTT는 일본최대의 기업으로 일본 통신산업에서 지도적인 역할을 하고 있었을

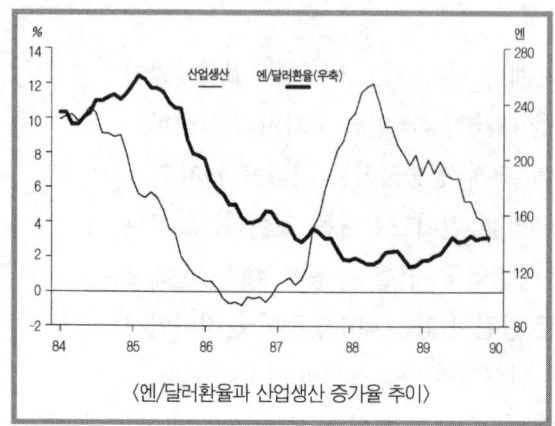

〈엔/달러환율과 산업생산 증가율 추이〉

뿐만 아니라, 향후 일본을 이끌 성장기업으로 주목받고 있었던 터라, 공모주 청약에 쏠린 관심은 대단했다. 2월 9일 1주당 119만 7,000엔으로 등록되었지만 거래가 없는 기세 상한가를 기록했고, 그 다음날 형성된 가격이 160만엔이었다. 연일 최고치를 갱신한 끝에 4월 22일에는 318만엔의 최고치를 기록하게 된다. 태어나서 처음으로 주식을 산 사람들이 속출했고, 언론과 잡지에서는 1주당 500만엔 또는 1,000만엔이 멀지 않았다는 풍문이 시장을 흔들었다.

● 블랙 먼데이 이후 일본 주식시장의 역사적인 버블

1987년 10월 19일, '블랙 먼데이(Black Monday)'로 잘 알려진 이날은 아마 세계 주식시장의 역사에서 영원히 지워지지 않을 날일 것이다. 지난 1929년 10월 24일, 대공황이 발생한 '블랙 먼데이' 이후 최악의 주가폭락사태에 세계경제는 모두 얼어붙어 버렸다. 당일의 하락률은 22.8%, 낙폭도 사상 최대였거니와 하락률도 사상 최대의 수준이었다. 당시 세계의 모든 투자자들은 1929년의 생각하기도 끔찍한 대공황이 발발할지도 모른다는 공포에 휩싸였고 '투매'가 '투매'를 부르는 악순환이 시작되었다. 미국의 주가폭락사태는 곧 일본 동경주식시장에도 이어져 일본 주식시장은 21% 하락했으며 홍콩은 33.8% 하락하는 등 세계 금융시장은 미국에서 비롯된 대지진의 습격을 받게 되었다.

1987년 8월, 그린스펀(Greenspan)이 FRB의 새로운 의장으로 선출될 때부터 불안이 잉태되었다고 보아야 할 것이다. 그린스펀 의장은 달러가치의 지나친 하락을 저지하기 위해 9월 5일 재할인율을 5.5%에서 6.0%로 인상하였다. 달러화의 급격한 가치 하락을 막기 위해서는 미국뿐만 아니라 일본과 독일을 비롯한 우방국가의 협조가 절대적이었지만, 일본만 미국의 의견에 따라 재할인율을 2.5%로 그대로 유지했을 뿐 독일 연방은행(Bundesbank)은 자국의 인플레이션 가능성을 우려하여 금리를 인상한 것이다.

이는 1985년 9월 플라자합의 이래의 국제적인 협조가 붕괴된 것을 의미했으며, 선진국들이 자국의 이익을 위해 자기 길을 가

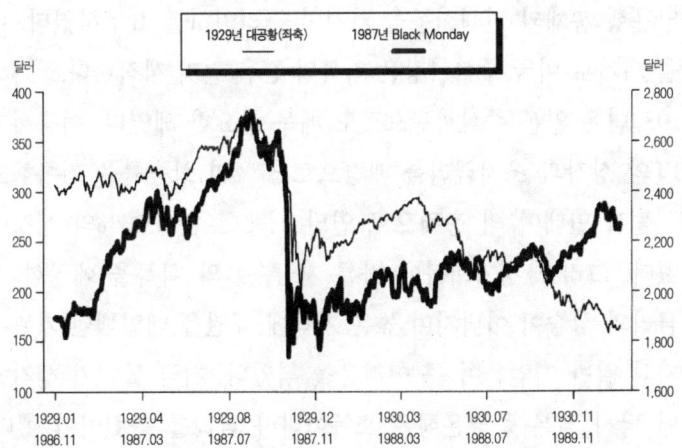

〈1929년 대공황과 1987년 블랙 먼데이를 전후한 미국의 다우존스 산업평균 지수〉

겠다는 신호로 해석되었다. 더욱이 10월 14일 발표된 무역수지
가 사상 최대규모의 적자를 기록했다는 소식이 전해져 시장의
분위기를 어둡게 만들었다. 주식시장이 약세로 돌아설 것이라는
판단을 내린 미국의 기관투자가들은 10월 16일(금) S&P 500지
수의 선물을 비롯한 주요 지수의 선물을 매도하였다. 그 다음날
아침, 선물가격이 약세로 돌아서자 현물매도 차익거래 물량이
출회되었고, 이 현물 매도는 다시 선물가격의 약세를 초래하여
주가의 하락 폭을 더욱 키웠던 것이다.

　　그러나 1982년 멕시코 외환위기의 사례에서 본 것처럼 미국정
부의 대응은 신속하고 정확했다. 1929년 '암흑의 목요일'이 주
식시장 붕괴의 출발점이었다면, 1987년 '블랙 먼데이'는 주식시
장 재건의 출발점이 되었다. FRB의 그린스펀 의장은 즉각 통화
를 풍부하게 공급하고 금리를 내릴 것이라는 성명을 발표하였고,
베이커(Baker) 재무장관은 서독을 방문하여 독일 재무장관 및
중앙은행 총재와 연쇄회동을 가지며 금리인하를 요청하였다. 이
일을 계기로 미국 주식시장은 회복의 길을 걷기 시작한다.

　　1987년은 일본 주식시장으로도 매우 중요한 해였다. 여름까지
NTT의 상장과 초저금리를 배경으로 37%의 상승률을 기록했으
나 '블랙 먼데이'의 충격으로 연말기준으로는 15.3%의 성장에
그쳤다. 그리고 경기회복에 따른 자금수요의 회복을 예상한 장
기금리의 상승이 이뤄지며 높은 가격에 채권을 매입했던 기관투
자자와 일반 기업들이 큰 어려움을 겪었다. 지금 돌이켜 생각해
보면 당시 일본 중앙은행은 소폭이나마 금리를 올렸어야 했다.
기업의 실적이 회복되고 엔/달러 환율도 안정을 찾은 이상 금리

를 올려 주식시장의 과열을 방지하고 기업들의 '부동산 투기'를 억제하는 것이 당연한 정책이었을 것이다.

그러나 당시 일본의 중앙은행은 그런 과단성 있는 조치를 취하지 못했다. 그 이유는 두 가지로 요약될 수 있는데, 첫 번째로 '블랙 먼데이' 이후 세계 금융시장의 혼란 때문에 쉽사리 금융긴축 정책을 취하기 어려운 점이 지적될 수 있을 것이다. 달러화약세에 대한 우려로 미국의 주가폭락사태가 유발된 이상, 일본이 금리를 올리기 위해서는 미국의 양해가 필요했던 점도 배경

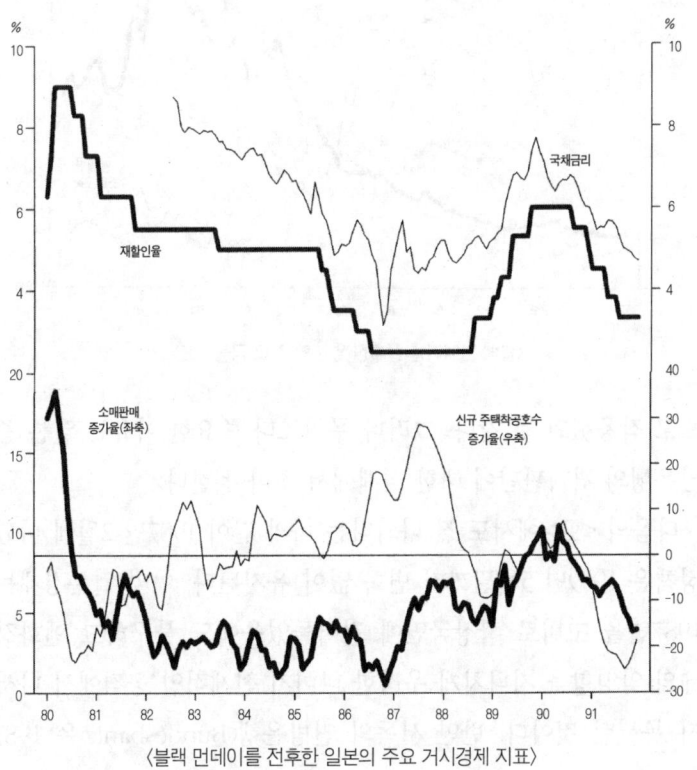

〈블랙 먼데이를 전후한 일본의 주요 거시경제 지표〉

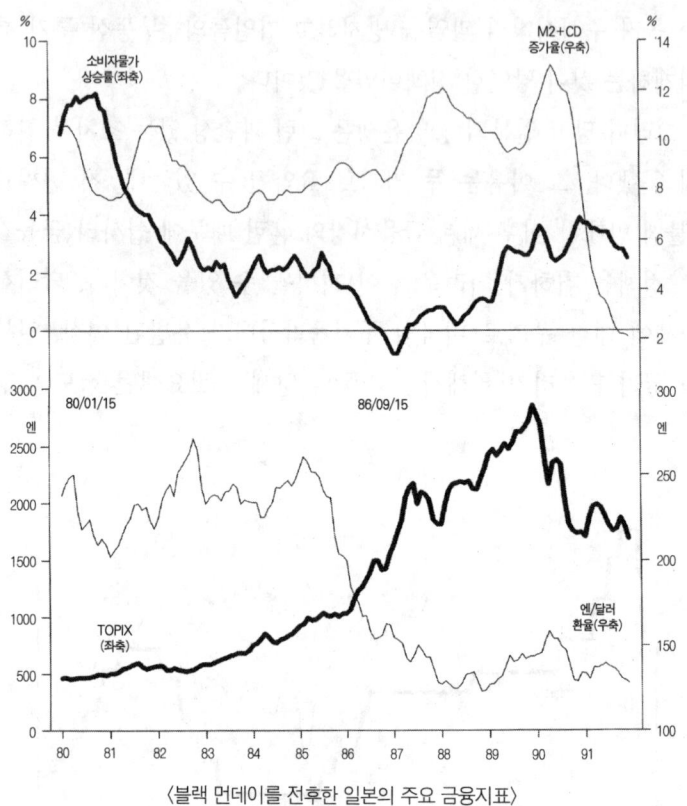

〈블랙 먼데이를 전후한 일본의 주요 금융지표〉

으로 작용했던 것 같다. 그러나 무엇보다 중요한 이유는 일본 중
앙은행의 경기판단에 대한 실책에서 찾아야 한다.

　　다음의 <표>에서도 잘 나타나는 바와 같이 1987년 2월에 바뀐
정책은 1989년 5월말까지 변화 없이 유지된다. 이미 일본경제는
1987년을 고비로 확장국면에 접어들었음에도 불구하고 엔화강
세의 악영향을 지나치게 우려한 나머지 선제적인 공격에서 나서
지 못했던 것이다. 반면 서독의 연방은행(Bundesbank)은 1987

년 12월 2.5%였던 재할인율을 1988년 7월 이후 4차례나 인상해 일본 중앙은행의 우유부단과 좋은 대조를 이룬다.

공전의 주식호황으로 기업들의 증자가 쉬워진 반면, 기업대출

1980년대 후반 재할인율 변경의 이유

정책변경 결정 연월일	정책변화 의 방향	주요정책 목표	주요내용
1986.1.29	금융완화	대외불균형 시정, 외환 시장 안정	금리의 하락을 통한 내수의 확대를 촉진하여 대외불균형(대규모 무역흑자)을 시정하는 한편, 외환시장의 동향에 주의를 기울인다.
1986.3.7	금융완화	대외불균형 시정, 외환 시장 안정	외환시장의 급격한 변동을 회피하고 내수의 확대를 촉진하여 대외불균형을 시정하기 위해 노력한다.
1986.4.19	금융완화	대외불균형 시정, 외환 시장 안정	엔화 환율의 안정적인 움직임을 유도하고, 앞서 발표된 종합경제대책의 효과를 높이기 위해 내수의 확대를 꾀한다.
1986.10.31	금융완화	대외불균형 시정, 외환 시장 안정	일본 중앙은행은 정부의 종합경제대책 발표를 계기로 지속적인 경제성장을 달성할 수 있도록 외환시장의 안정을 위해 노력한다.
1987.2.20	금융완화	대외불균형 시정, 외환 시장 안정	외환시장의 안정을 도모하기 위해서는 내수의 확대가 필요하며, 일본과 미국간에 발생한 제반 문제에 대해 협력을 확인하는 한편 앞으로도 주요국과의 긴밀한 협력을 기대한다.
1989.5.30	금융완화	물가불안, 내수과열, 대외불균형 시정	물가의 안정을 확보하고 내수중심의 지속적인 성장을 도모하는 한편, 대외불균형의 시정을 통한 세계경제의 발전에 기여하기 위해 노력한다.

이 막힌 일본의 은행들은 토지를 담보로 한 중소기업과 가계에 대한 대출세일에 나섬으로써 지가의 폭발적인 상승을 초래하게 된다. 일반 시중은행의 부동산업에 대한 대출잔고가 1988년 31조 4,486억엔이던 것이 1990년에는 42조 44,269억엔에 달했으며, 주택관련 대출잔고는 1988년 25조 164억엔이었으나 1990년 38조 1,509억엔에 도달했다.

가계뿐만 아니라 엔화의 강세로 마땅히 투자할 곳을 찾지 못하던 기업들은 '증자'를 통해 마련된 자금을 부동산과 주식에 운용하는 이른바 '재테크'에 몰두함으로써 자산가격의 상승을 부채질했던 것이다. 1985년까지 연간 4조엔에 불과했던 직접금융(시가증자, 신주인수권부사채, 전환사채 발행 등) 규모는 1989년에는 26조엔으로 크게 증가했다. 그러나 이렇게 조달된 대부분의 자금은 기업의 설비투자에 사용된 것이 아니라 주식, 채권투자 및 CP운용 등 재테크에 집중되어 버블을 더욱 키우는 결과를 초래

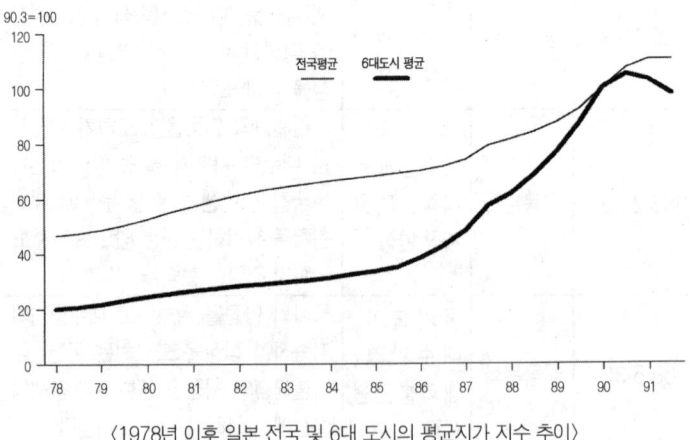

〈1978년 이후 일본 전국 및 6대 도시의 평균지가 지수 추이〉

했다.

'전 국민의 투기꾼화'를 방치한 일본 중앙은행도 할말이 없었던 것은 아니다. 당시 소비자물가는 이례적으로 낮았으며, 급격한 엔화의 강세를 막기 위해 막대한 자금이 투입되고 있었던 것이다. 정부의 제 1 목표를 엔화강세 저지에 두고 있었던 만큼, 그 정도의 부작용은 불가피했다는 것이다. 그러나 당시 일본의 경제규모를 보았을 때 통화증가율 12%를 넘어선다는 것은 아무리 좋게 보아도 비정상적인 것이었고, 이 대부분의 자금이 신규주택 착공과 주식투자에 사용되고 있다는 것을 파악하기란 쉬웠을 것이다. 결국 세계 2차 대전 종전부터 시작된 '무역수지'에 대한 과도한 집착이 일본 경제를 망쳤던 것이다.

6. 버블 붕괴 이후의 주식시장

● 1990년의 주가수준

연이은 금리인하로 주식투자의 이점이 높아졌다고는 하지만, PER(주가수익배율)이 70배라는 것은 거품(Bubble)이라고 부르지 않을 수 없다. PER이란 주가를 주당 순이익으로 나눈 것이니, PER 70배라는 것은 기업의 이익을 한 푼도 쓰지 않고 70년을 모아야 현재의 주가수준이 된다는 것을 의미한다.

물론 일부 성장기업들 중에는 이런 주가수준을 가진 기업들이 꽤 있었지만, 대부분은 창업한지 채 10년도 안되는 고도성장 단계에 있는 기업들이다. 그러나 당시 일본 상장주식의 대부분은 창업 후 10년이 훨씬 지난 중견기업들이고, 또 매출액 수준도 대부분 1,000억엔을 넘어서며 성장률이 점차 둔화되고 있었다.

미국의 경우 PER이 30배만 넘어서도 '과열'이라고 난리가 나고, 한국 주식시장도 PER 20배를 넘어설 때 대세상승이 꺾였던 것

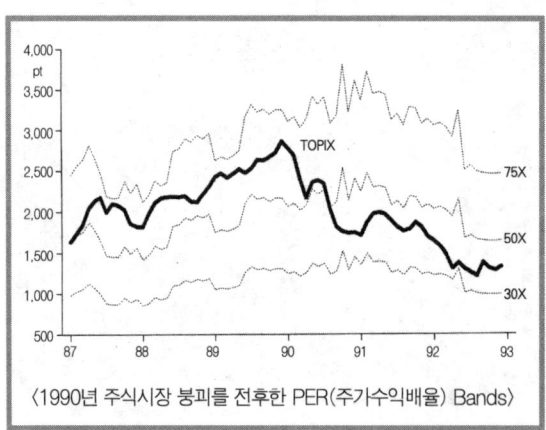

〈1990년 주식시장 붕괴를 전후한 PER(주가수익배율) Bands〉

일본과 미국의 경제력 비교

	일본	미국	비교연도
주식 시가총액	480조엔	310조엔	1988년
국토총평가액	1,600조엔	400조엔	1987년
국민총생산	360조엔	600조엔	1988년

을 생각하면 일본 주식시장의 주가가 얼마나 비쌌는지 짐작이
될 것이다.

일부에서는 주당 순자산가치(순자산/주식수)가 높아 거품이 아
니라고 주장했었다. 즉 일본기업들이 보유하고 있는 유가증권이
나 부동산의 가격이 상승해 실제 장부가격보다 훨씬 높은 가격
에 거래되고 있기 때문에 회사의 주가는 높은 평가를 받아야 한
다는 것이다.

우선 듣기에는 타당한 것처럼 보이지만 자산가격이 하락하기
시작하면, 기업의 주당 순자산가치도 함께 떨어질 수밖에 없음
을 알아야 한다. 물론 기업이 보유한 자산이 유가증권이나 부동
산이 아니라 '특허' 또는 '브랜드 파워', '유전개발권'이라고 할
경우 그 가치가 쉽게 떨어지지 않기 때문에 이를 인정해야 한다.

그러나 일본의 기업들이 보유한 자산의 대부분이 부동산과 유
가증권으로 구성되어 있기 때문에 거품이 꺼지기 시작하면 '부
동산'과 '주식' 등 대부분의 자산가격이 함께 빠지기 때문에 기
업의 순자산가치도 함께 떨어지는 결과를 초래하게 된다.

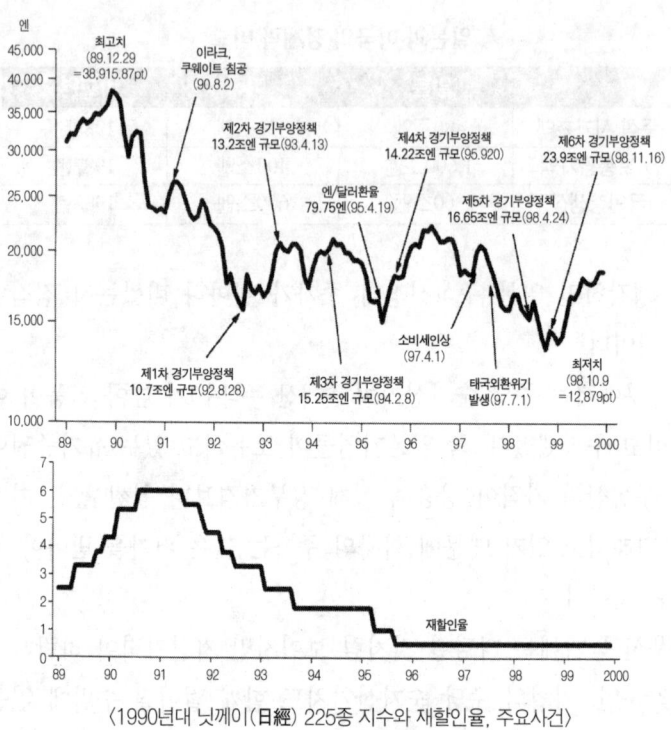

〈1990년대 닛께이(日經) 225종 지수와 재할인율, 주요사건〉

● 일본은행의 정책전환

　주식이 6년째 상승하게 되면 막대한 주식 평가이익이 발생하게 된다. 처음에는 주식투자에 조심스럽던 기관투자가들도 지난날 확보된 막대한 평가차익의 존재를 생각하면, '주가하락'에 대범해지게 되는 건 당연한 것이다. 기관투자가들은 가와사끼(川崎)제철처럼 상장주식 수가 20억에 가까운 초대형 종목조차 1년에 5번 가까이 회전(거래대금/시가총액 = 4.95)시킬 정도로 공격적인 매매에 나선 것이다. 또한 기업들도 높은 주가를 바탕으로 적극적인 직접금융(Equity Finance)에 나서 국내외 증권시장으로

부터 거의 '0'에 가까운 비용으로 막대한 자금을 조달하게 됨에 따라 씀씀이가 헤퍼지기 시작한다. 정치권도 부패에 길들여져 '리쿠르트' 사건으로 다께시다(竹下) 수상이 사임하고 여성과의 스캔들로 우노(宇野) 수상마저 사퇴하고 가이후(海部) 내각이 출범하는 등 사회전반에 어떤 혁신의 분위기를 찾을 수 없는 말기적 현상이 만연하게 된다. 일본경제가 총체적인 '과열' 상태에 빠져있음은 누가 봐도 명확해졌다.

엔/달러환율의 상승과 물가 불안이 표면화된 것을 계기로 1989년 5월 30일 일본 중앙은행이 금리를 인상(2.5→3.25%)하였다. 이는 정말 중대한 경고였다. 지난 1980년 8월 이후 거의 9년 만의 금리인상을 통해 중앙은행은 '거품의 형성'에 강한 경고의 메시지를 보낸 것이다. 그러나 장기호황에 취한 일본인들은 이 경고의 메시지를 무시해 버렸다. 참다 못한 일본 중앙은행은 10월 11일, 12월 25일 재할인 금리를 인상함으로써 '거품의 해소'에 나서겠다는 뜻을 확고하게 밝히기 시작했다.

한편 주식시장에는 이변이 속출하기 시작하였다. 그간 기관투자가들이 선호하는 대형종목을 중심으로 시세가 형성되던 것이, 서서히 소형주 위주로 변화해 가기 시작한 것이다. 컴퓨터 게임업체로 유명한 닌텐도(任天堂)와 같은 소형 성장종목들이 시장을 주도하기 시작한 것이다. 여기에 시장의 주목을 받지 못하고 소외되어 있던 값이 싼 주식(1,000엔 미만)들이 작전세력의 집중 매수에 힘입어 놀라운 상승세를 보이기 시작하였다. 더욱이 당시 일본 제 1의 증권회사인 노무라(野村)증권은 도큐(東急)전철을 강력하게 추천하며 매수하는 일이 벌어졌다. 방대한 자산 평가

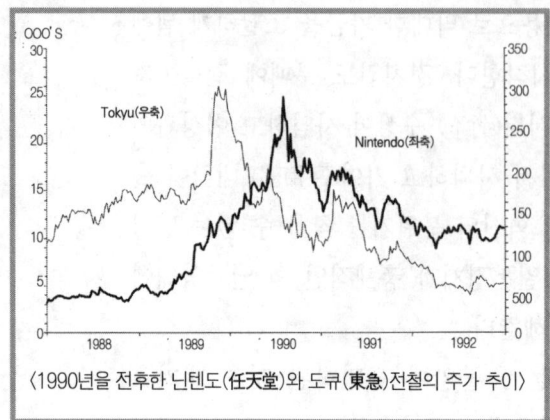

〈1990년을 전후한 닌텐도(任天堂)와 도큐(東急)전철의 주가 추이〉

차익과 300개를 넘는 우량 자회사의 존재를 들어 고객들에게 추천한 것이지만 이 작전의 배후에 관동지역 최대의 조직폭력배 이나까와까이(稲川會)의 두목 이시이(石井)가 있었음을 누가 알았겠는가?

증권회사가 돈의 유혹에 빠져 오랜 고객의 등을 치는 일이 벌어진 것이야말로 주식시장이 갈데까지 갔음을 보여주는 좋은 사례일 것이다.

연이은 세차례에 걸친 재할인율 인상에도 불구하고 주가가 오르기 위해서는 '금리인상'의 뉴스가 이미 반영되어 먼저 조정을 거쳐야 하지만, 일본 주식시장에는 그런 모습이 전혀 없었다. 1989년 12월 29일, 납회일(納會日)에 닛께이(日經) 225종 지수는 드디어 3만 8,915.78엔의 사상최고치를 기록하며 7년에 걸친 상승기조를 이어갔지만, 이게 마지막이었다.

1990년 시장의 개막과 함께 거래량이 크게 줄어들며 주가가 이유없이 약세를 보이기 시작한 것이다. 1990년 2월 18일의 총선거에서 자민당이 승리했으나, 시장의 반응은 전무했으며 선물가격이 서서히 하락하기 시작하였다. 5만엔을 넘어설 것이라는 장미빛 전망이 시장을 여전히 지배하고 있었으나 선물가격이 계속 하락함에 따라 현물가격도 하락하는 일이 빈번해지기 시작했다.

● 외국인투자자의 선물매도로 주가폭락 촉발

1988년 9월 일본에 주가지수 선물시장이 개설된 후, 처음 4개월 동안 선물거래의 매매대금은 현물시장 매매대금의 1/3수준인 96조엔 규모였다. 그러나 불과 3년 만에 주가지수 선물시장의 매매대금은 586조엔으로 주식시장의 거래대금 111조엔을 5.12배 상회할 만큼 커지게 된다.

일본의 기관투자가와 증권회사는 아직 선물시장에 적응하지 못하고 있었지만, 1987년의 블랙 먼데이와 1989년 UAL M&A 등 오랜 경험을 통해 선진적인 투자기법을 체득하고 있던 외국인투자자들은 선물시장을 이용한 투자에 익숙해져 있었다.

1990년 봄의 주가폭락 과정은 외국계 증권회사의 독무대였다. 그 가운데에서도 솔로먼 브라더즈(Solomon Brothers)와 모건 스탠리(Morgan Stanley) 등 미국계 증권사의 역할은 압도적인 것이었다. 1989년 연말 동독의 붕괴를 전후하여 주식시장이 과열의 양상을 보이며 선물과 현물의 가격차이가 1,000엔이나 벌어

지자, 미국계 증권회사들이 선물매도 및 현물매입의 차익거래를 시작하였다.

그 후 1990년 1월 11일 국채입찰에 참가하여 약 600억원 규모의 국채를 매입하여 채권과 주식선물을 결합한

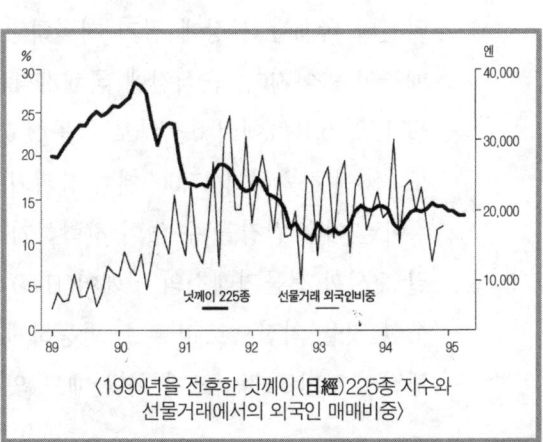

〈1990년을 전후한 닛께이(日經)225종 지수와 선물거래에서의 외국인 매매비중〉

〈1990년 1월 16일을 전후한 닛께이(日經)225종 지수와 10년만기 국채 수익률〉

차익거래를 위한 만반의 준비를 갖추었다.

드디어 1990년 1월 17일 솔로먼 브라더즈는 아메리칸거래소에 닛께이(日經) 225종 지수에 대한 풋 워런트(Put Warrant)를 상장시켜 미국전역에 이를 판매하는 한편, 오사까 선물시장에서도 닛께이(日經) 225종 지수 선물을 대량으로 매도하였다. 솔로먼 브라더즈는 일본의 주가가 너무 높은 데다 정부마저 긴축정책으로 전환한 것을 기회로 일본 주식시장의 폭락을 유도하여 떼돈을 챙길려고 결심했던 것이다.

1990년 1월 16일, 솔로먼 브라더즈는 그들이 이미 매입한 600억원의 국채를 시장에 팔기 시작하였다. 미처 예상하지 못했던 매물이 쏟아지자, 순식간에 국채가격은 폭락하였으며, 금리는 1월 15일 6.18%에서 6.37%로 급등했고, 닛께이(日經) 225종 지수도 666엔 하락하며 37,000엔이 붕괴되었다.

이날 이후 건잡을 수 없이 하락하기 시작한 주식시장은 1월 26일 오사까 선물거래소의 닛께이(日經) 225종 선물이 하한가를 기록한 것을 기점으로 비로소 반등하게 된다. 엄청난 시세차익을 챙긴 솔로먼 브라더즈가 '선물매도'의 포지션을 청산한 것이다.

세계 중앙은행의 악몽 - 조지 소로스

뉴욕 월 스트리트에서 가장 선망의 대상이 되는 직업이 무엇일까? 그 직업은 바로 헤지펀드의 펀드매니저이다. 헤지펀드의 매니저는 증권 감독기구의 구속을 받지 않고 자유롭게 투자를 결정할 수 있을 뿐만 아니라, 투자성과에 대한 보수도 많아 엄청난 돈을 벌 수 있기 때문이다. 이런 헤지펀드 중에서 가장 유명한 것이 바로 1997년 아시아 외환위기의 주범으로 지적 받았던 조지 소로스의 퀀텀펀드(Quantum Fund)이다.

조지 소로스는 1930년 헝가리의 부다페스트에서 상류계층에 속하던 유태인 변호사의 아들로 태어났으며, 헝가리가 공산화되면서 소로스 일가는 1947년 영국으로 이주하였다. 영국에 이주한 소로스는 런던 경제 스쿨에 입학하였으며, 여기서 그는 일생의 스승 칼 포퍼(Karl Popper)를 만나게 된다. 당시 칼 포퍼 교수는 하이젠베르크의 '불확정성의 원리'를 철학적으로 해석, 보는 이의 입장에 따라 전혀 다른 결과가 도출된다는 주장을 폈다. 사회과학에는 객관적인 사실이 존재할 수 없으며, 관찰자의 행위 자체가 관찰 당하는 쪽에 영향을 미치게 된다는 것이다. 이 이론은 소로스의 재귀이론(Reflectivity Theory)의 모태가 된다.

1969년, 소로스는 월급쟁이 브로커의 생활을 청산하고 동료 짐 로저스(Jim Rogers)와 함께 퀀텀펀드를 설립했다. 당시 퀀텀펀드의 고객은 유럽의 부호들로 구성되어 있었으며, 이들은 영국과 미국의 시장을 두루 섭렵한 소로스의 경력을 높게 평가하여 자산의 운용을 맡겼던 것이다. 퀀텀펀드는 1973년 멋진 50종목 (Nifty Fifty) 장세의 붕괴를 예측하고 주식을 공매(Short Selling, 주식을 빌려 파는 투기거래)하여 엄청난 이익을 챙겼으며, 1985년 플라자합의의 결과를 예측하고 달러팔자에 나서 유례를 찾기 힘든 예측능력을 과시하였다.

그의 투자 이론은 간단 명료하다. 객관적인 가치라는 것은 원래부터 없으며, 모든 시장의 가격은 버블과 역(逆)버블의 연속이라는 것이다. 그는 변화의 계기를 포착하여 모든 시장의 참가자들의 관심을 돌려놓을 수 있을 만큼의 어마어마한 물량을 동원하여 주식이나 채권, 통화를 사거나 팔아 버블을 일으키는 데 주력한다. 투자자들은 이에 과잉 반응하여 결과적으로 퀀텀펀드에게 이익을 챙길 수 있는 유리한 여건을 제공하게 된다는 것이다.

1992년 파운드화 위기를 사례로 들어보면, 당시 영국의 파운드화는 독일의 마르크화와 1 : 2.95의 비율로 고정되어 있었다. 불황으로 허덕이던 영국경제의 입장에서는 금리를 낮춰 경기를 부양해야 했으나, 금리가 떨어지면 통화가치의 하락을 기대한 환투기 세력의 공격을 받기 때문에 독일의 금리인상을 기대하고 있었다. 그러나 독일은 통일 이후의 경기호황으로 금리인상이 불가피한 상황이었기에, 영국정부로서는 이자율을 높여 환율을 방어하는 것 이외에 다른 방법이 없었다. 소로스는 1992년 8월부터 영국의 파운드화가 평가 절하될 것이라고 판단하고 시장에서 파운드화를 매도하기 시작했다. 결국 9월 16일, 영국이 두 손을 들면서 퀀텀펀드는 하루아침에 10억 달러를 벌었다.

소로스의 투기로 인해 영국경제는 엄청난 피해를 입었으며, 그 부담은 고스란히 국민의 손실로 돌아갔다. 그러나 소로스의 투기가 아니더라도 파운드화가 그렇게 오래 버티지 못했을 것이라는 게 대부분의 관측이다. 오히려 소로스의 투기로 영국은 경제를 회복시키는 전기를 마련했다고도 볼 수 있다. 소로스의 퀀텀펀드를 비롯한 헤지펀드는 한 나라 경제의 건전성을 시험하는 리트머스 시험지라고 보는 게 올바른 판단일 것이다. 무작정 그들을 두려워하기보다, 그들의 투자기법을 배우는 한편 그들에게 당하지 않는 체질을 만드는 게 중요하지 않을까?

● 엔화의 강세반전과 후세인 쇼크

1990년 4월 2일, 159.95까지 상승했던 엔/달러 환율이 하락세로 돌아서면서 주식시장의 폭락추세도 일단 멈추게 된다. 즉 엔화의 강세전환을 계기로 물가가 안정될 것이니, 금리상승 추세가 꺾일 것이라는 기대가 형성된 것이다. 이런 자율반등 속에서 부동산에 관련된 고도(合同)제철, 도꾜(東京)철강 등이 사상 최고가를 갱신했고 닌텐도(任天堂)와 같은 고가 주식들도 사상 최고치를 갱신하는 등 주식시장에는 낙관론이 다시 등장하게 된다.

그러나 1990년 8월, 이라크의 쿠웨이트 침공을 계기로 주식시장은 영영 돌아올 수 없는 길을 가게 된다. 금과 은을 비롯한 국제 상품가격과 석유가격이 폭등한 반면, 세계의 주요 주식시장이 일제히 폭락한 것이다. 배럴당 17달러 선이던 국제 원유가격은 8월 23일 31.78달러까지 치솟았고, 주가지수 선물가격은 현물가격 이상으로 폭락하는 일이 벌어졌다. 현물가격에 비해 선물가격이 지나치게 저평가 되면, 현물을 팔고 선물을 사는 차익거래가 발생하게 된다. 선물가격이 다시 원상태로 회복되면 현물(닛께이 225종 지수)가격이 안정을 찾을 수 있겠지만, 이미 시장의 분위기가 한번 흔들리면 원상 회복이 불가능하게 된다.

〈1990년 8월 2일을 전후한 닛께이(日經) 225종 지수와 북해산 브랜트(Brent)유 가격〉

더욱이 1990년 8월 30일 일본 중앙은행이 물가불안을 우려하여 재할인율을 6%까지 인상하면서 주식시장은 팔자 일색으로 변하고 만다. 콜금리나 CD금리와 같은 단기금리가 8%선을 넘게되면 은행, 보험 등의 기관투자가들은 주식투자에 몰두할 이유가 없게 되므로, 주식시장은 기관투자가들의 '주식 매각'이 이뤄질까 지레 겁을 먹고 주식을 팔기 시작한 것이다. 더욱이 BIS기준 자기자본비율 8% 달성을 명령받은 일본의 은행으로서는 주가가 하락하면 자동적으로 주식을 팔 수밖에 없는 입장이었다.

주가가 하락하면 은행의 BIS기준 자기자본비율이 떨어지게 되므로 은행들은 자금을 추가로 차입하거나 대출된 자금을 회수하지 않을 수 없게 된다. 은행의 채권매각 또는 대출회수는 기업의 자금난을 가중시키고 시중의 금리를 올리는 역할을 하게 되므로 주식시장은 큰 타격을 받게 된다. 이런 과정을 거쳐 일본 주식시장은 본격적인 '악순환'이 벌어지게 된 것이다.

드디어 1990년 10월 1일, 대폭락의 날이 오고 말았다. 한 때 닛께이 지수 2만엔 선이 붕괴되고 연초 이래의 최저가 종목이 72개나 나와 하루에만 8.4%의 주가하락을 경험한 것이다. 작전세력의 자금난이 심화되며 혼슈(本州)제지 등의 작전종목은 하한가로 떨어졌으

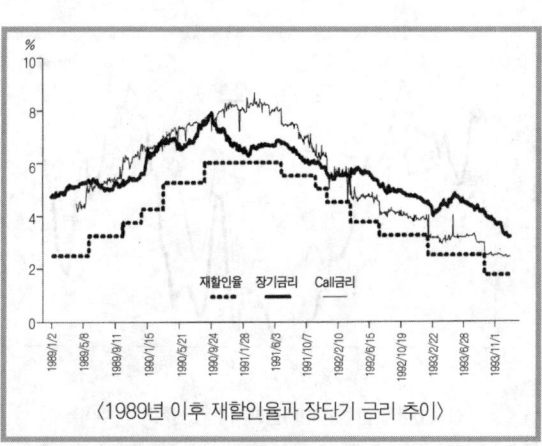

〈1989년 이후 재할인율과 장단기 금리 추이〉

며, 은행, 증권, 부동산 주식의 하락도 심화되었다. 2시를 넘어서며 대장성이 신용거래의 담보율 인상, 선물·옵션거래의 시간단축, 생명보험회사와 손해보험회사의 주식특별금융의 한도 확대 등을 내용으로 하는 주가부양책이 나오면서 간신히 닛께이 지수 2만엔을 유지하였지만, 사실 이것은 중환자의 숨을 잠시 연장시키는 효과 이외에 아무것도 가져다 줄 수 없었다.

● 정부의 연이은 정책판단 실수

1992년 들어 설비투자의 선행지표인 기계수주 규모가 크게 줄어들고 자동차 등록대수도 1991년 봄부터 마이너스를 기록하는 등 일본경제는 불황을 피부으로 느끼기 시작하였다. 그러나 일본의 경제기획청은 '일본경제가 경기확장국면에 있다'고 주장하며 경기부양정책이 필요없다고 판단하고 있었다.

1992년 2월, 경기가 아직 '확장국면'에 있다고 고집을 피우던 경제기획청의 관료들도 민간 전문가들의 예리한 지적과 실물경제의 심각한 침체에 놀라 경기 침체를 인정하기에 이르렀다. 그러나 1992년 일본 주식시장은 정책 미스의 영향이 본격적으로 나타나며 폭락에 폭락을 거듭하게 된다. BIS기준 자기자본비율 8%를 맞추지

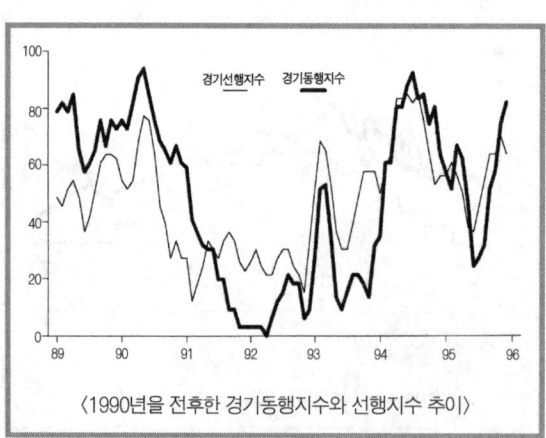

〈1990년을 전후한 경기동행지수와 선행지수 추이〉

못할 것으로 지목되는 은행주를 중심으로 외국인투자자의 팔자 주문이 쇄도했고, 잇따른 스캔들과 주식 평가손실로 만신창이가 된 증권주가 하락을 주도하였다.

이렇듯 어려운 상황에 정부는 제정신을 차리지 못하고 있었다. 1992년 봄 홋카이도(北海島)개발청 장관이었던 아베(阿部) 의원이 교와(共和)상사로부터 거액의 뇌물을 받은 혐의로 구속된 것을 계기로 당리당략이 판을 치고 있었을 뿐만 아니라, 그 해 여름 도쿄의 택배회사 사가와큐빈(佐川急便)이 자민당의 가네마루(金丸) 부총재에 건넨 5억엔 규모의 정치헌금 문제가 폭로되어 국회는 개점휴업상태였던 것이다. 드디어 마지노선으로 여겨지고 있던 닛께이 지수 1만 5,000엔 선이 1992년 8월 11일 일시적으로 깨지고 만다.

당시 시장에서는 주가수익비율(PER) 기준으로 일본의 적정 주가는 닛께이 지수 8,000엔이라는 등의 비관론이 득세하였으며, 신저가 종목이 하루 500개에서 600개에 달하고 있었다. 그러나 이런 극단적인 비관론이 나올 때가 항상 주식시장이 바닥이었음을 잊지 말아야 한다. 1992년 8월 28일 일본정부의 경기부양정책에 총 10조 7,000억엔 규모의 엄청난 자금이 투입된다는 소식이 전해지며 바닥을 확인한 것이다.

● 장기불황의 도래

1992년 주식시장은 급격한 하락국면에서 빠져나올 수 있었지만, 과거와 같은 영광은 영영 회복할 수 없었다. 1980년대 후반 일본경제는 국제수지의 흑자와 기업들의 설비투자 둔화로 엄청

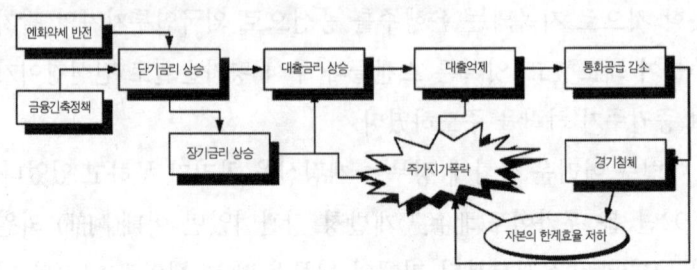

〈1990년 이후 일본경제 장기침체의 원인〉

난 유동자금이 형성된 데다 은행의 규제가 풀려 부동산 및 주식에 대한 투자 붐을 조성함으로써 엄청난 버블을 일으키는 데는 성공했지만, 그 후유증에 대해 아무런 대비책을 세우지 않았기 때문에 그 악영향은 엄청날 수밖에 없었던 것이다.

더욱이 경제가 이미 침체국면에 빠져들고 있었음에도 경기를 낙관한 나머지 경기부양정책을 제시하는 데 인색함으로써 그 어느 것도 '장기불황'을 막을 수 없게 되었다. 1990년에 발생한 버

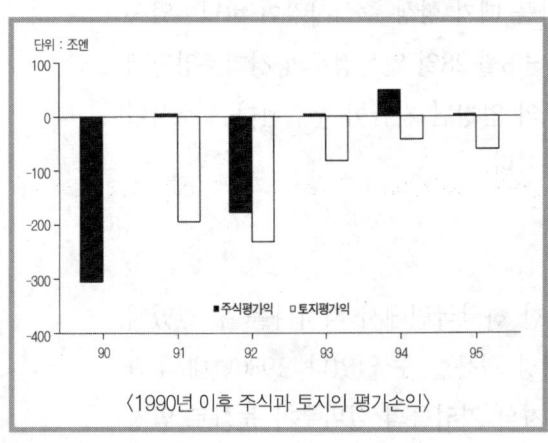

〈1990년 이후 주식과 토지의 평가손익〉

블의 붕괴로 1995년까지 일본의 가계와 금융기관, 기업들은 주식으로만 434조엔의 손실을 입었으며 토지로 616조엔의 피해를 입은 것으로 추정된다. 일본 국민 1인당 약 1,000만엔 상당의 평가손실을 입었

다는 이야기이니, 그 후유증이 오래갈 수밖에 없는 일이다.

우선 은행들은 정부가 돈을 풀건 말건 BIS기준 자기자본비율 8%를 맞추기 위해 대출을 계속 회수할 수밖에 없었고, 기업과 개인들은 빚을 갚기 위해서라도 주식과 토지 등의 자산을 싼 값에 처분할 수밖에 없는 악순환이 지금까지 지속되고 있다. 물론 일본 정부는 이런 충격에서 벗어나기 위해 금리를 낮추고 7차례에 걸친 대규모 경기부양정책에도 불구하고 아무 효과를 보지 못하였다.

● 장기불황시대 주식시장의 양상

1992년 8월 정부의 대규모 경기부양정책의 효과로 주식시장이 바닥에서 탈출한 시기에 일본 주식시장에는 새로운 바람이 불기 시작한다.

바로 진정한 의미의 국제화와 세계화가 이뤄진 것이다. 1992년 이후 일본 주식시장에 나타난 변화 가운데 가장 주목되는 부분은 외국인투자자의 영향력이 커졌다는 것이다. 최근까지 일본 주식시장의 주가상승과 주가하락은 모두 외국인투자자의 순매수 규모와 밀접한 관련을 맺고 있다.

두 번째 새물결은 일

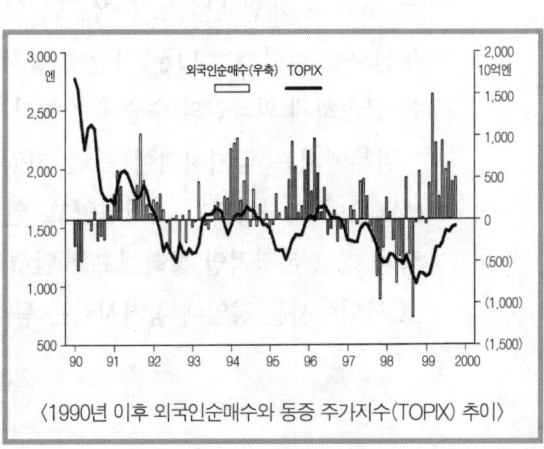

〈1990년 이후 외국인순매수와 동증 주가지수(TOPIX) 추이〉

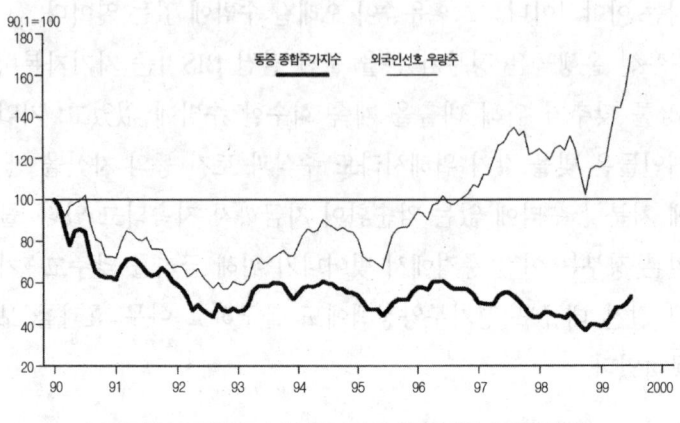

〈1990년 이후 동증 주가지수(TOPIX)와 외국인선호 우량주 추이〉

본 주식시장에 본격적인 주가차별화가 나타났다는 점이다. 소니(Sony)와 도요타(豊田), NTT도코모, TDK, 후지쓰(富士通)와 같이 외국인투자자의 순매수가 집중되는 종목과 그렇지 않은 종목의 명암이 선명하게 갈리기 시작한 것이다.

그리고 마지막 특징은 주식시장의 '미국화' 현상이 나타났다는 것이다. 개인 단위로 들어오던 외국인투자자들이 증권사 및 투신사를 설립하고 일본 시장에 정착하면서부터 일본 주식시장은 급속하게 외국인의 수중에 들어가게 된 것이다.

일본에서는 금기시되어 왔던 기업에 대한 적대적 인수합병(M&A)이 본격화되기 시작하였고, 일본기업들은 평생고용의 관행을 깨고 본격적인 정리해고를 단행하는 한편 주가관리에 힘쓰고 사외이사를 경영에 참가시키는 등 '주주경영'에 힘쓰게 된다.

7. 일본 주식시장이 우리에게 주는 교훈

세계 2차 대전 이후 50여 년에 걸친 일본 주식시장의 역사를 살펴보면서 우리의 주식시장과 정말 비슷한 부분이 많다는 것을 발견하게 된다. 그건 아마 두 나라가 인접한 데다, 역사의 많은 부분을 공유하고 있기 때문이라고 여겨진다.

일본 주식시장에서 가장 중요한 변수는 일본 정부의 정책변화였다. 일본 정부가 다른 여건을 무시하고 성장 제일주의를 고집할 때 항상 주식시장은 거품을 형성시켰고, 정부의 정책변화와 함께 공황에 가까운 위기를 겪었다. 정부의 정책변화를 무시하고 자기의 판단을 고집했던 사람들은 모두 험한 꼴을 당한 반면, 정부의 정책변화를 예측하고 순응한 사람들은 큰 이익을 거둔 게 일본 주식시장의 역사였다.

한국도 비슷한 수순을 겪어왔다. 지난 1998년 9월, 정부가 5개 부실은행을 퇴출시키고 RP금리의 인하에 나섰을 때가 좋은 예가 된다. 정부는 금융 구조조정을 일단락 짓고 금융시장을 회복시키겠다고 마음을 먹었다는 것은 누구나 알 수 있었지만 그 신호를 무시했던 사람들은 주식시장에서 커다란 손실을 보게 된다.

한편 이렇게 정부가 압도적인 역할을 담당했던 일본 주식시장도 1992년 주식시장이 대바닥을 찍은 이후 큰 변화가 나타나기 시작한다. 일본경제의 규모가 커지고 개방되면서, 정부가 할 수 있는 일이 점점 줄어들고 있는 것이다. 정부가 금리를 0.5%까지 내리고 돈을 아무리 풀어도 주가가 2만엔 근처에 머무르고 있는 것이 이를 입증하고 있다. 외국인투자자들은 정부의 정책 자체보다는 일본 주식시장이 다른 시장에 비해 매력이 있는지, 없는지 판단하고 주식을 매매하기 때문에 정부의 정책 변화에 무신경해진 것이다. 한국도 마찬가지이다. '내가 외국인투자자라면 이 주식을 살까' 하는 질문을 항상 마음에 되새기며 주식을 매매해야 한다. 일본에서 배운 가장 중요한 교훈이 이것이다.

마지막으로 일본 주식시장이 우리에게 주는 교훈은 '주식과 결혼하지 말라'는 것이다. 가장 주식투자를 기피해야 하는 순간은 바로 "주식투자 안 하면 안될 것 같고, 주식투자한 사람이 가장 부러울 때"이다.

1990년 초 일본인들은 주식투자를 하지 않은 사람들을 바보 취급했었지만, 이 때가 바로 가장 위험한 순간의 징후가 되었다. 앞으로 미국 주식시장과 한국 주식시장의 모습을 보면, 일본 주식시장에서 얻은 교훈이 보다 구체적으로 다가올 것이다.

다음 제2장에서는 미국시장 번영의 원인이 어디에 있으며, 또 배울 점이 어디에 있는지 자세히 살펴보기로 한다.

KOSDAQ

제 **2** 장

미국 주식시장 분석

우리의 미래, 미국 주식시장

제1장에서 일본 주식시장의 역사를 살펴 보면서 우리의 시장 상황과 유사함을 많이 발견할 수 있었을 것이다. 1997년의 외환위기, 그리고 1990년의 일본 버블붕괴는 한국과 일본 주식시장 모두에게 큰 전환의 계기가 되었다. 적대적인 M&A를 기피했던 일본의 기업들이 서슴치 않고 M&A에 몰두하는가 하면, 한국기업들은 '정리해고'를 단행하였다. 강도의 차이는 있겠지만 일본과 한국시장 모두 자신의 길을 고집하기보다는 지금 잘 나가고 있는 미국시장을 모방하기로 결정한 것이다.

그러나, 모방을 하려면 제대로 해야하는 법. 미국 주가가 오르면 우리도 올라야 한다는 경험법칙보다는 미국시장이 어떻게 해서 지금의 모습을 갖게 되었고 또 문제점은 무엇인지를 파악하는 게 우선적으로 선행되어야 한다. 우리가 걸어 갈 길이 미국 주식시장의 과거 경험에 녹아있다면 먼저 그 경험을 배우는 데서 '재테크'가 시작된다고 생각할 수 있다.

1. 미국 주식투자자들의 믿음, '주식을 장기 보유하라!'

최근 미국 주식시장은 최고치의 주가상승을 보이고 있다. 금리 인상이 연이어 5번씩 계속되고 브라질, 한국, 러시아, 태국 등 유수한 개발도상국이 줄줄이 쓰러지고 그린스펀(Greenspan) 연방준비제도(FRB) 이사회 의장이 주가버블의 위험을 경고해도 끄떡하지 않고 있다. 지난 1987년 10월 19일, 대공황 때보다 주가가 더 빠지는 충격적인 일이 벌어졌지만, 기관투자가들과 개인투자자들은 벌떼처럼 덤벼들어 주식을 사버렸다. 대공황 때는 그 후 4년에 걸쳐 주가가 하락했지만, 1988년 봄에 이미 1987년 10월

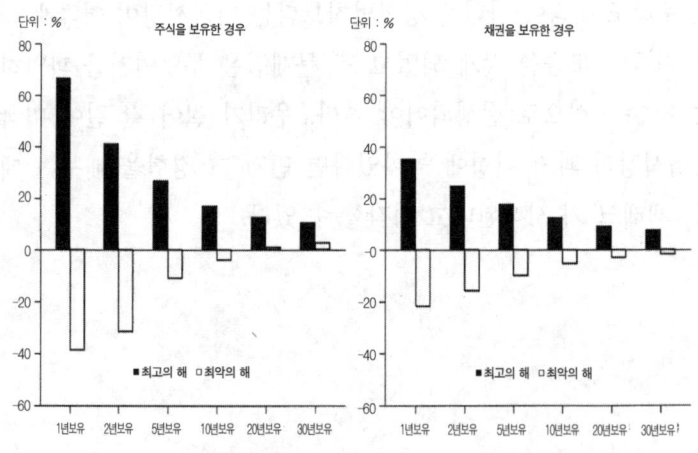

〈1802~1997년 중 금융상품 보유기간별 최악 및 최고의 수익률(연평균)〉

19일의 주가수준을 뛰어넘게 된다. 더욱이 1998년 9월 아시아 외환위기와 브라질 위기가 터져 세계금융공황의 가능성이 제기되었어도 주식시장은 곧 안정을 되찾았다.

이런 안정의 원인은 어디에 있을까? 그것은 미국의 대다수 투자자들이 설사 대공황이 또다시 온다해도 10년만 꾹 참으면 원본회복은 물론 금리 이상의 소득을 올릴 것이라는 믿음이 있기 때문이다.

1925년, 대공황이 발생하기 불과 4년 전에 10달러를 주식과 채권에 투자했을 경우 1999년 말 현재 주식은 1,179.17달러, 장기채권은 384.12달러가 되었다. 만일 주식의 배당금 전액을 주식에 재투자했다고 가정하면 주식에 투자한 10달러는 1999년 말 2,165.75달러가 된다. 75년 동안 216배 이상 주가상승이 이루어졌던 것이다. 데이터를 남북전쟁 직후인 1871년까지 확장해서  살펴보면 더욱 놀랍다. 당시 1달러의 돈을 주식과 채권에 투자했다고 가정하면 1999년 말, 주식은 2,015.49달러, 채권은 314.85달러가 된다. 채권에 투자했을 때에 비해 주식에 투자하면 약 7배의 초과수익을 올릴 수 있었고, 물가상승률을 감안해도 무려 100배 이상의 수익을 올린 셈이다.

가장 안정적인 자산으로 인식되어 온 금이나 은에 투자했다면 어떻게 되었을까? 1871년 금에 1달러를 투자해 지금까지 보유하고 있다면, 1999년 말 12.85달러에 불과하다. 은에 투자했을 경우 그 수익률은 더 떨어져 3.82달러가 고작이다. 결국 금이나 은에 투자했다고 가정하면, 소비자물가의 상승률보다 수익이 뒤쳐져 보유하면 보유할수록 손해를 보게 된다.

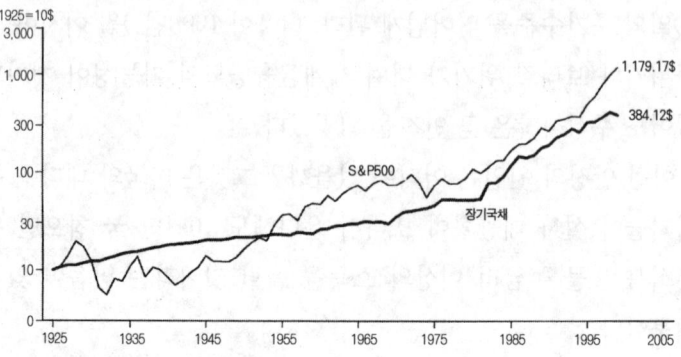

〈1925년 이후 미국 S&P500 지수(배당수익률 제외)와 장기국채 누적수익률 추이〉

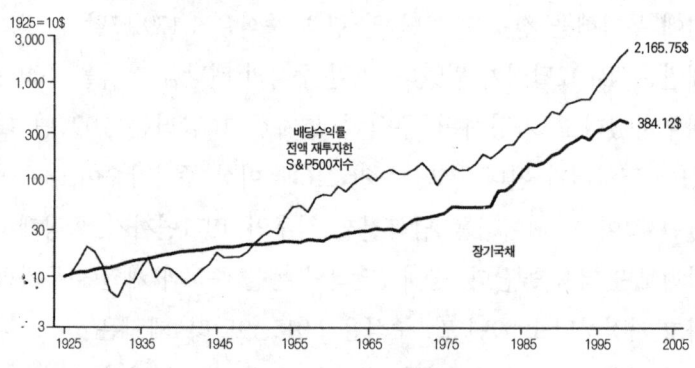

〈1925년 이후 미국 S&P500 지수(배당수익률 제외)와 장기국채 누적수익률 추이〉

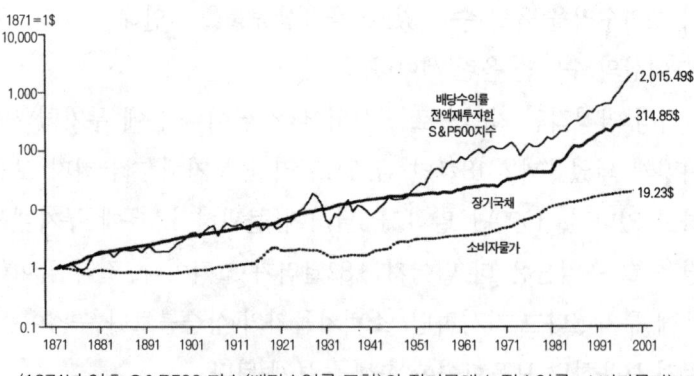

〈1871년 이후 S&P500 지수(배당수익률 포함)와 장기국채 누적수익률, 소비자물가〉

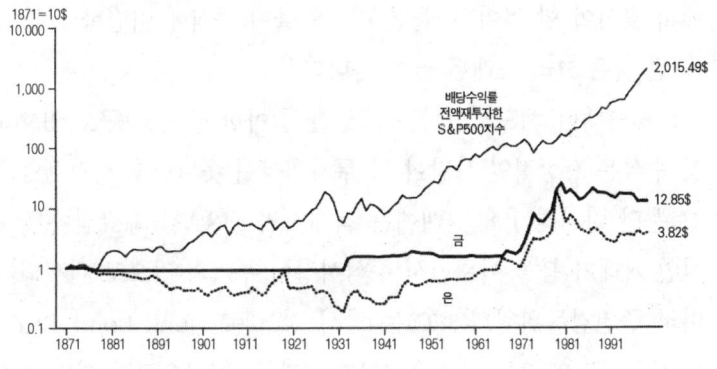

〈1871년 이후 S&P500 지수(배당수익률 포함)와 금·은가격〉

이런 결과가 초래된 원인은 '금본위제'의 붕괴에 있다. 이후 닉슨 대통령 시대의 주식시장을 다루면서 보다 자세하게 설명하겠지만, 1971년 닉슨 대통령이 금본위제(항상 1온스의 금은 35달러로 교환하는 고정환율 제도)를 포기한 이후 각 국의 중앙은행이 금을 의무적으로 보유할 이유가 없어져 내다 팔기 시작했기 때문이다. 더욱이 금을 보유할 경우 보관비용이 많이 들뿐만 아니라, 금 생산량의 증가에 따라 금의 가치가 하락하는 결과를 초래하기 때문에 금에 대한 투자는 극히 일부의 짧은 기간을 제외하고 주식이나 채권 등 금융자산의 수익을 밑돌게 된다.

이만하면 미국의 투자자들이 주식에 바치는 열정을 이해할 수 있겠는가? 주식시장이 이런 놀라운 수익을 기록한 배경에는 뮤추얼펀드(Mutual Fund) 및 연기금을 비롯한 믿음직한 기관투자가의 존재와 연방준비제도이사회(FRB)로 표현되는 효율적인 금융당국이 있었기 때문에 가능하다. 그러나 이 모든 것을 뛰어넘는 요인은 바로, 미국 국민들이 주식에 대해 가지는 애정과 믿음

에서 찾아야 할 것이다. 물론 미국인들이 주식에 이런 신뢰를 갖게 된 것은 그리 오래된 일이 아니다.

1950년대만 해도 '신사는 채권을 좋아한다' 는 경구로 표현되듯 주식은 정상적인 사람이 할 투자대상이 못된다고 생각했었다. 그 뿐만 아니라 1980년대에는 적대적인 M&A를 재료삼아 투기적인 거래가 붐을 이루면서 주식시장이 투기의 장으로 변질되자, 미국 증권감독위원회(SEC)는 당시 정크본드(Junk Bond, S&P사의 신용등급 BB 이하의 투자부적격 채권)의 제왕으로 불리던 마이클 밀켄(Michael Milken)을 구속하고 드렉셀(Drexel)사를 파산시키는 일도 있었다. 멀쩡한 기업을 투기꾼들이 사들여 열심히 일하던 근로자들을 대량 해고하는 일이 벌어지는데, 제대로 된 시장으로 보이기 어려웠던 것이다.

이런 많은 시행착오와 혼란을 겪으며 미국 주식시장은 투자자들의 신뢰를 얻는데 성공했고, 그 결과 현재의 영광을 누리고 있다. 미국 주식시장의 역사를 살펴보며 2000년 한국 주식시장은 미국 주식시장의 몇 년도에 해당되는지 생각해보는 것도 재미있지 않을까?

2. 대공황을 전후한 미국 주식 시장

● 대공황 전야 – "모두 부자가 되리라"

1929년 여름 대공황 발생 직전에, 사뮤엘 크로더(Samuel Crowther)라는 기자는 당시 세계 제2위의 자동차 회사 제너럴 모터스(General Motors)의 금융담당 전무직을 맡고 있던 라스콥(John J. Raskob)에게 개인투자자들이 주식으로 재산을 증식하기 위한 방법을 질문했다.

인터뷰에서 라스콥은 "미국경제가 거대한 산업팽창의 순간에 놓여 있으며, 매월 15달러의 자금을 들여 우량주에 투자한다면 20년 후 약 8만 달러의 재산을 획득할 수 있을 것"이라고 조언하며, 모든 투자자들은 부자가 될 수 있다고 단언했다. 그의 말대로라면 주식의 투자수익률은 약 24%가 되는 셈이니까, 정말 듣기 좋은 예언이었다.

라스콥 뿐만 아니라 대공황이 발생하기 열흘 전인 1929년 10월 15일, 세계적인 명망을 얻고 있던 어빙 피셔(Irving Fisher) 교수는 펀드매니저와 각 회사의 재무담당자들이 모인 회의에서 "주식가격은 곧 지금까지 도달하지 못했던 높은 수준에 이를 것"이라고 예언했다. 피셔 교수는 단순한 경제학자가 아니라, 그 역시도 주식투자를 통해 엄청난 부를 축적한 프로 투자자였기에 '예언'은 더욱 그럴듯했던 것이다.

그도 그럴 것이 1928년 12월 4일, 미국의 쿨리지(Coolidge) 대통령은 퇴임직전 마지막 의회연설에서 "지금까지의 어떤 의회도 현재에 나타나는 것만큼 마음에 드는 전망을 만난 적이 없을 것입니다…. 국내에는 평화와 만족이 있으며 번영기의 최고기록이 있습니다…"라고 했다.

아마 이만한 자신감은 미국 역사에 두 번 다시 볼 수 없었을 것이다. 1925년에서 1929년 사이 미국의 공장수는 18만 4,000개에서 20만 6천 700개로 증가했으며, 산업생산액은 608억 달러에서 680억 달러로 높아졌다. 그뿐 아니라 1921년 67에 지나지 않던 산업생산지수는 1929년 6월 126에 달했다. 불과 8년 만에 경제의 생산규모가 두 배로 커지자, 다우존스 산업평균(DJIA) 지수도 1921년 1월 3일 72.67달러에서 1929년 9월 3일 381.17달러까지 상승하게 된다.

〈1918년 1차 대전 종전 이후 다우존스 산업평균 지수와 주요 사건〉

그러나 경제규모가 2배 남짓 늘어나는 동안 주가는 5배 이상 상승했다는 점에 주목해야 할 것이다. 특히 1925년 4월 28일 영국의 재무장관 윈스턴 처칠(Winston Churchill)경이 주도한 영국의 금본위제 복귀로 미국의 재할인율이 계속 인하된 것이 결정적인 계기가 되었다. 금리가 낮은 데다가 경기마저 호황을 구가하자 미국 국민들은 제일 먼저 부동산에 대한 관심이 증가하였다.

1920년대 중반 플로리다주의 마이애미, 코랄 게이블스, 이스트 코스트 지역은 토지투기의 광풍이 몰아치기 시작했다. 대부분의 투기꾼들은 차입을 통해 토지를 샀으며, 토지가격이 오르면 즉시 팔아 매도차익을 챙기는 일에 몰두했다. 플로리다의 농부들은 자기가 만족스런 가격에 토지를 팔았다고 생각했지만, 곧 2배 혹은 10배까지 토지가격이 뛰는 걸 보고 가슴을 쳐야 했다. 그러나 모든 잔치는 끝이 있는 법이다. 무려 2개의 초대형 허리케인이 플로리다를 강타한 것이다. 때마침 수요자가 서서히 줄어드는 판국에 수 천명의 이재민이 발생하는 참사가 발생하자, 미국인들은 현실을 깨닫기 시작했다.

플로리다의 토지투기로 피해를 본 사람들이 미국의 모든 마을에 한두 명은 꼭 있다고 하니, 그 열기를 짐작할 수 있을 것이다. 주식시장도 이 플로리다 토지버블의 붕괴로 일시 조정을 받았지만, 뉴욕의 은행을 중심으로 한 주식투자용 대출자금의 폭증을 계기로 다시 상승하게 된다.

1928년의 주가수익배율(PER)은 20배를 넘어섰고, '버블'에 대한 경고의 목소리가 높아지기 시작했다. 당시 미국경제가 높

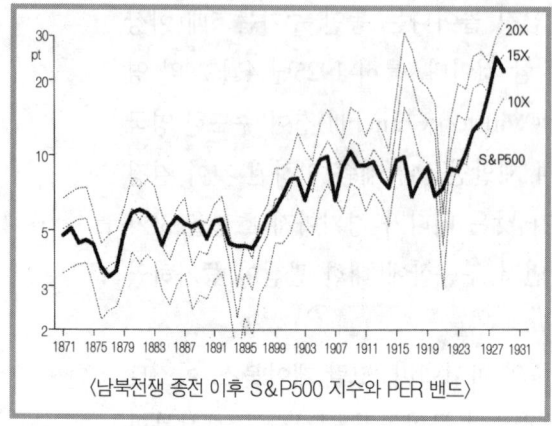

<남북전쟁 종전 이후 S&P500 지수와 PER 밴드>

은 성장률을 기록하고 있었다지만 한 해에 2~3%의 성장을 달성하는 것이 보통이었음을 생각할때 20배의 PER은 어떻게 해도 합리화할 수 없었다.

더 큰 문제로 떠올랐던 것은 주식의 배당수익률이 장기채권의 수익률 수준에 도달한 것이었다. 지불정지의 가능성을 걱정할 필요가 없는 정부가 발행한 국채의 수익률과 주식의 배당수익률이 같다는 것은 주식의 메리트가 크게 떨어지는 것을 의미하게 된다.

당시 미국 주식시장은 1928년 11월 16일의 664만 1,000주가 하루 거래량의 신기록일 정도로 유통물량이 적었다. 더욱이 철도관련 주식을 비롯한 대부분의 기업들은 지리적으로도 멀리 떨어져 있었고 회계장부도 허위로 작성되는 일이 잦았기 때문에 투자기반도 매우 취약한 상태였다. 그런데 주가의 배당률이 장기국채의 수익률을 상회한다는 것은 말도 안되는 일이었다.

이런 불가사의한 주가상승의 뒤에는 '신용거래(또는 중개인 대부)'로 불리는 투기적인 금융거래가 숨어 있었다. 1920년대 초반 신용거래 규모는 10억 달러에서 15억 달러 수준을 오가고 있었지만, 1926년에는 25억 달러로 증가하게 되고, 1927년에는 34억 8,000만 달러에 달하게 된다. 1928년 6월초에는 40억 달러를 돌파하였으며, 1928년 11월에는 50억 달러, 1929년 초에는 이윽고 60억 달러의 벽을 돌파하였다. 처음 신용거래의 창구역할을 했던 것은 뉴욕의 주요 은행들이었지만, 곧 전국의 주요 은행들이 앞을 다

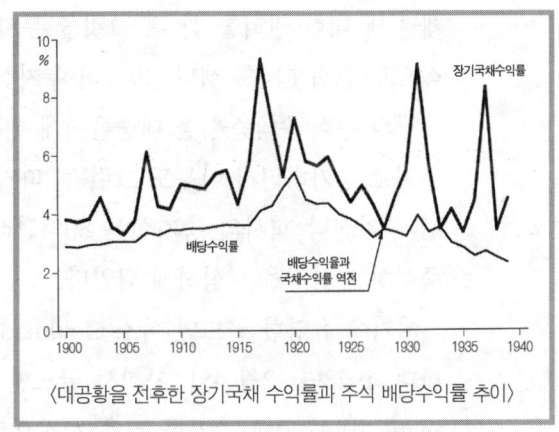

〈대공황을 전후한 장기국채 수익률과 주식 배당수익률 추이〉

퉈 돈을 빌려주기 위해 몰려들었다. 당시 재할인율이 5.0% 수준이었지만 이 신용거래의 이자율은 1928년 말 12%에 달해 '최고의 돈벌이'가 되었다.

뿐만 아니라 투자신탁회사가 처음으로 미국에 등장함으로써 주식투자의 새로운 경지가 개척되었다. 1920년대 초 미국에는 각 기업이 사용할 수 있는 실물자본의 규모에 제약이 있었다. 이를테면 제너럴 모터스가 아무리 다른 회사의 주식을 사고 싶어도 자기자본 이상을 살 수 없었던 것이다. 영국에서 들어온 이 새로운 산업, 투자신탁에는 그런 제한규정이 없었다. 1921년 이전에는 다른 회사의 주식에 투자하는 것을 목적으로 설립된 회사는 극소수에 불과했으나 1927년 초에 160개로 증가하게 된다. 뿐만 아니라 1927년 한 해에만 140개의 투자신탁회사가 설립되었고 1928년에는 186개, 1929년에는 265개가 설립되는 공전의 붐을 형성하게 된다.

초기의 투자자들은 일정한 비율로 혼합된 유가증권(주식이나

채권)에 대한 권리를 산 뒤 그것을 투자신탁회사에 위탁하는 방식으로 간접투자를 했다. 1927년 투자신탁회사들은 약 4억 달러 상당의 주식(수익증권)을 대중들에게 매각했던 것이 1929년 30억 달러로 증가하면서 아무도 그런 걸 따지지 않게 된 것이다. 1929년 투자신탁 회사의 총자산은 80억달러로 1927년 이후 11배나 증가하는 성장을 달성하게 되었다.

여기에 유명한 골드먼 삭스(Goldman Sachs)사의 이름이 등장한다. 1928년 12월 4일, 자회사 골드먼 삭스 트레이딩(Goldman Sachs Trading)에 출자한 것을 시작으로 골드먼 삭스의 신화는 시작된다. 이 회사의 최초 발행 주식수는 100만주였지만, 발행주식 전액은 골드먼 삭스가 출자한 것이었다.

이 회사는 출범 후 3달 만인 1929년 2월 21일에 또 하나의 투자신탁회사와 합병을 했고, 새로 설립된 투자신탁회사의 자산은 2억 3,500만 달러로 평가되었다. 불과 3달만에 약 100%의 이익을 거둔 것이다.

이런 눈부신 성장은 골드먼 삭스의 수완에 대한 대중의 인정에 의한 것이 아니라, 3월 14일 현재 56만주에 해당하는 보유주식의 주가상승에 힘입은 것이었다.

드디어 7월 26일, 또다시 합병을 통해 새로운 회사를 출범시켰고 발행주식수는 1억 250만 달러에 달했다. 이 신규 주식발행에 참가하려는 대중 투자자들의 수가 너무 많아 신청 주식 7주에 대해 불과 1주만 배당되는 열기를 보였던 것이다. 그로부터 수년 뒤 음산한 아침, 상원의 한 청문회에서 다음과 같은 대화가 이루어진다.

> **커즌스 상원의원** – 골드먼 삭스사는 골드먼 삭스 트레이딩의 주식을
> 주당 얼마에 대중에게 팔았습니까?
> **골드먼 삭스씨** – 104달러입니다. 곧 2대 1의 액면분할이 있었습니다.
> **커즌스 상원의원** – 그리고 주가는 현재 얼마입니까?
> **골드먼 삭스씨** – 1달러 75센트입니다.

　미국 안에서만 주식시장에 돈이 몰려든 것이 아니었다. 1927년
만 해도 자본의 유출이 있었지만 1928년을 고비로 미국기업이나
정부가 발행한 유가증권에 대한 수요가 증가하면서 1928년 4억
8,000만 달러, 그리고 1929년 3억 8,000만 달러의 해외자금이 유
입된 것이다. 그뿐만 아니라 미국인들은 전망이 불확실한 외국
증권을 매각하는 대신 자국의 주식시장에 몰려들며 해외에 있던
자금마저 돌아오는 모습을 보이기 시작한다. 물론 대세를 좌우
할만한 규모는 아니었지만, 당시 미국증시는 세계에서 유일하게
성장하는 시장이었음을 보여주는 좋은 지표이다.

　그러나 그 말은 미국 주식시장의 기반이 취약했다는 말과 같

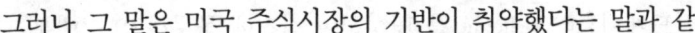

1927~1929년 미국과 외국간의 증권거래

단위 : 백만달러

	국내증권			외국증권		
	외국인으로부터의 매수	외국인에 대한 판매	순판매액	외국인으로부터의 구입	외국인에 대한 판매	순판매액
1928년	624	594	-30	143	336	+193
1928년	490	973	+483	483	389	-94
1929년	917	1,295	+378	307	412	+105

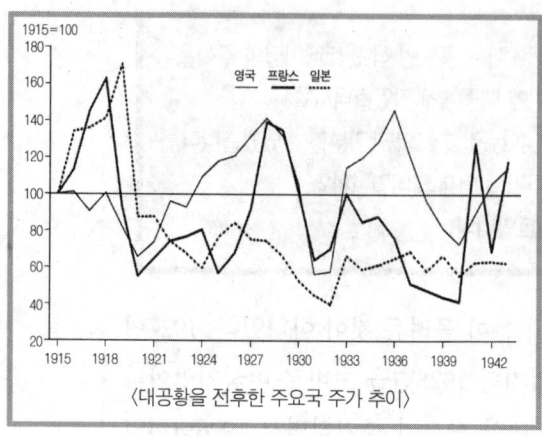

1915=100

영국 프랑스 일본

〈대공황을 전후한 주요국 주가 추이〉

다. 다른 나라의 주식
시장이 침체를 보이고,
특히 일본은 1920년 증
권공황을 경험하며 대
공황이 벌써 발생했던
것을 감안하면 1929년
의 대공황은 미국 한
나라의 문제가 아니라
세계적인 모순이 폭발

한 결과로 보아야 할 것이다.

　1929년 여름, 월 스트리트에는 휴가도 없었다. 대형 투자신탁
회사들의 발족과 함께 사상 최대규모의 주가상승이 벌어지는 판
국에 누구도 휴가 떠날 엄두를 내지 못한 것이다. 라디오와 자동
차라는 시대의 성장산업의 주식들은 한 해 몇 배의 주가상승을
보통으로 기록했고, 돈을 빌려 주식시장에 들어온 투자자들은
신드케이트(Syndicate)를 형성하여 작전에 몰두하였다. 내부거래
가 판을 쳤고 곳곳에서 신흥부자가 탄생하였다.

　주가가 최고치를 기록한 1929년 9월 3일, 뉴욕증권거래소
(NYSE)의 거래량은 443만 8,910주였고 신용거래의 이자율은 9%
였다. 이때 제너럴 일렉트릭(GE)은 396달러였고 아메리카 라디
오(RCA)는 505달러였었다. 당시 증권투자자의 수는 154만 8,707
명이었으며 60만 명이 신용거래를 했던 것으로 이후 상원위원회
의 조사에 의해 밝혀진다. 당시 미국 인구(1억 2,000만 명)의 불
과 1% 정도가 주식투자를 했던 것에 비하면 그 폭락의 충격은

말할 수 없이 컸던 것이다.

2일 뒤인 1929년 9월 5일, 유명한 경제학자 로우저 밥슨(Roger Bobson)은 전국기업회의의 연설에서 "조만간 주식시장의 붕괴가 다가올 것이다. 그것은 무서운 것이 될지 모른다."라고 예언한 것이 주식시장의 급격한 조정을 유발시켰다. 당시 월 스트리트는 밥슨의 예언을 혹독하게 비난하는 분위기였으며 월 스트리트 저널의 자매지, 배론스(Baron's)는 9월 9일자의 논설에서 "누구도 그의 말을 곧이곧대로 믿어서는 안 된다"고 주장했다. 이미 경제는 8월을 고비로 침체국면에 접어들었고 농업공황의 영향으로 미국 제1의 산업이 무너지고 있었으며, FRB의 재할인율 인상으로 금융여건도 악화되고 있었기에 밥슨의 예언은 정말 시의적절했던 것이다. 그러나 10년에 걸친 호황에 도취된 투자자들은 이 예언을 철저하게 무시하게 된다.

그러나 이 때를 고비로 주식시장은 서서히 하락하기 시작한다. 열광적인 주식투자 붐이 지속되고 있었고 대규모 투자신탁이 연이어 설정되고 있었음에도 불구하고 시장은 좀처럼 반응을 보이지 않게 된 것이다. 이는 제1장 일본 주식시장의 경험에서 본 것처럼, 대 상승장세의 마지막에 나타나는 현상이다. 주가가 지나치게 상승함에 따라 이전에 유입된 것보다 더 많은 자금이 유입되지 않는 한 몸이 무거워지는 것이다. 1929년 10월 19일 타임(TIME)지는 몇몇 종목의 증거금이 부족하게 되었으며 J.P.모건(Morgan)사가 상무성장관에게 기부한 요트의 유지비 조달에 애를 먹고 있다는 기사를 보도하게 된다.

1929년 10월 21일 월요일은 609만 1,870주가 거래되는 활발한

시장이었지만 시세 속보기가 따라가기 힘들 정도의 하락이 계속
되고 있었다. 일부 증시 평론가들은 하락이 곧 멈출 것이라고 예
언을 하며 주식시장의 폭락을 막아보려 애썼지만, 공포의 10월
24일이 오고 말았다. 시카고와 버팔로의 거래소는 폐쇄되었으며,
그 날 하루동안 유명한 투기업자 11명이 스스로 목숨을 끊었다.
경찰은 투자자들의 동요를 가라앉히고 폭동을 막기 위해 브로드
웨이에 급파되었으며 시장은 오후에 거래가 이뤄지지 않게 되었
다.

암흑의 화요일 주요 우량주의 주가동향

단위 : 달러

종목명	외국증권		
Air Reduction	100	20	25
Allied Chemical	204	210	35
American Machine & Foundry	175	175	23
Aubun Automobile	120	130	60
Brooklyn Union Gas	29	112	34
Burroughs	82	38	21
Du Pont	50	116	34
Electronic Auto Life	210	50	45
General Electronic	40	222	28
United Aircraft		41	19

대공황 최고의 악역 - 골드만 삭스

세계 제1의 투자은행을 꼽으라면 메릴린치, 살로먼스미스바니, CSFB, 모건스탠리 등등 우리에게 최근 갑자기 친숙해진 이름들이 떠오르지만, 역시 세계 제1의 자리를 차지하기에는 뭔가 모자란다는 느낌을 지울 수 없다. IMF 당시 미국의 재무장관으로 악명을 떨쳤던 제임스 루빈이 사장으로 있었던 회사라고 하면 기억이 나는가? 골드만 삭스가 세계 제1의 투자은행이다. 130년 전 가족회사로 출발해 1999년 5월 1일에야 뉴욕증권거래소에 상장했던, 매우 보수적인 경영으로 이름높은 이 회사는 대공황 당시 최고의 악당이었다.

대공황 당시 투자자들에게 가장 큰 피해를 입힌 게 바로 골드만 삭스였기 때문이다. 골드만 삭스에 세계 1차 대전 이후 하버드 출신의 명성높은 새로운 파트너, 워딜 캐칭스가 가세하였다. 그는 미국경제가 이제까지의 경기 사이클에서 완전히 벗어나 무한히 발전할 것이라고 믿었다. 캐칭스의 낙관주의와 자신감은 강한 전염성을 가지고 있었다. 1918년 골드만 삭스의 파트너들은 그에게 주식의 공개업무를 맡겼고, 그는 대성공으로 보답하였다. 이제 골드만 삭스에서 캐칭스의 의견에 의문을 제기할 수 있는 사람은 없었다. 1928년 12월, 캐칭스는 투자기금 회사의 설립을 제의했고, 물론 아무도 거부하지 않았다. 그는 이 회사의 이름은 골드만 삭스 거래공사(Goldman Sachs Trading Company, GSTC)라고 거창하게 붙였고, 골드만 삭스의 명성은 투자자들을 끌어들이기에 충분했다.

　최초의 계획은 4,000만 달러에서 5,000만 달러의 기금을 모으는 것이었으나, 주식에 대한 수요가 너무 많아 주식의 발행 액수는 1억 달러까지 늘어났다. 당시로서는 엄청난 발행규모였지만, 단 하루만에 모두 팔리는 열기를 보여주었다. GSTC의 주식은 상종가를 치기 시작했다. 처음 거래가 시작된 1929년 2월 2일에 주당 136달러이던 것이, 불과 5일 후에는 222달러로 치솟았다. 그래도 투자자들은 이 회사의 성공을 의심하지 않았다. 그 가격이면 당시 그 회사가 보유한 자산가치의 2배 이상이었지만, 추가로 발행된 주식에 대해서도 인기는 계속 이어졌다.

　이제 캐칭스는 혼자 결정을 내리면서 다른 파트너들은 무시하기에 이르렀다. 1929년 7월 GSTC는 또 다른 투자기금을 설립해서 "셰넌도어"라는 이름을 붙였다. 이 기금의 청약률은 7대 1에 달했으며, 액면가 17.5달러로 출발해 36달러로 마감되었다. GSTC가 이 회사의 지분 40%를 소유했고, 골드만 삭스가 GSTC의 지분 10%를 소유했다. 골드만 삭스는 불과 2,000만 달러의 투자를 통해 5억 달러 이상의 투자기금 회사를 통제할 수 있게 되었다. 골드만 삭스는 당시 거대한 꿈에 부풀어 있었다. 먼저 이 회사들의 성장으로 많은 기업들의 공개과정에서 큰 수수료 수입을 얻을 수 있을 뿐만 아니라, 투자기금의 주식이 계속 상승하고 GSTC가 가진 보유주식의 힘에 기대 골드만 삭스 본래의 영업이 더 활성화될 것이라고 믿었기 때문이었다.

　마침내 1929년 10월 24일, 시장이 무너졌을 때 GSTC는 그 붕괴의 힘을 전면에 받았다. 한 때 326달러까지 치솟았던 GSTC의 주식은 1.75달러까지 떨어졌다. 게다가 GSTC가 보유하고 있던 일부 주식에는 옵션이 걸려 있어서, 가격이 떨어지면 GSTC가 더 많은 주식을 사기로 되어 있었다. 이런 옵션을 이행하기 위해서는 옵션이 걸려있지 않은 다른 주식을 팔아야 했고, 안 그래도 약한 시장의 체력을 감안할 때 GSTC의 주식 매도는 주식시장의 붕괴를 촉진시키는 역할을 하였다. GSTC사건은 20세기의 가장 큰 투자실패 가운데 하나로 골드만 삭스의 명성에 먹칠을 하였다.

골드만 삭스가 왜 이런 미친 짓을 하게 되었는지 몇 년 후에 질문을 받았을 때, 창업자 가족의 일원이었던 월터 삭스는 슬픈 표정으로 이렇게 대답했다.

"세상을 정복하기 위해서였죠. 단지 돈에 대한 욕심만이 아니라 권력에 대한 욕심이 그것을 촉발시켰고, 우리 모두 욕심의 지배를 받았기 때문에 그것이 엄청난 실수로 나타난 거죠."

● 대공황 이후 – "모두 가난뱅이가 되다"

암흑의 목요일 이후 거래가 거의 끊기자 뉴욕의 일부 은행가들은 주식의 직접구입은 물론 신용거래의 불입 청구를 보류하는 등 주가를 유지하기 위해 노력했다.

1929년의 10월 한 달 동안에만 뉴욕의 은행들은 이런 대부를 약 1억 달러 이상 떠맡았던 것이다. 뉴욕 연방준비은행도 시중은행들을 지원하여, 공개시장 조작의 한도액을 1주일에 2,500만 달러로 제한하고 있는 공개시장위원회(Open Market Committee)

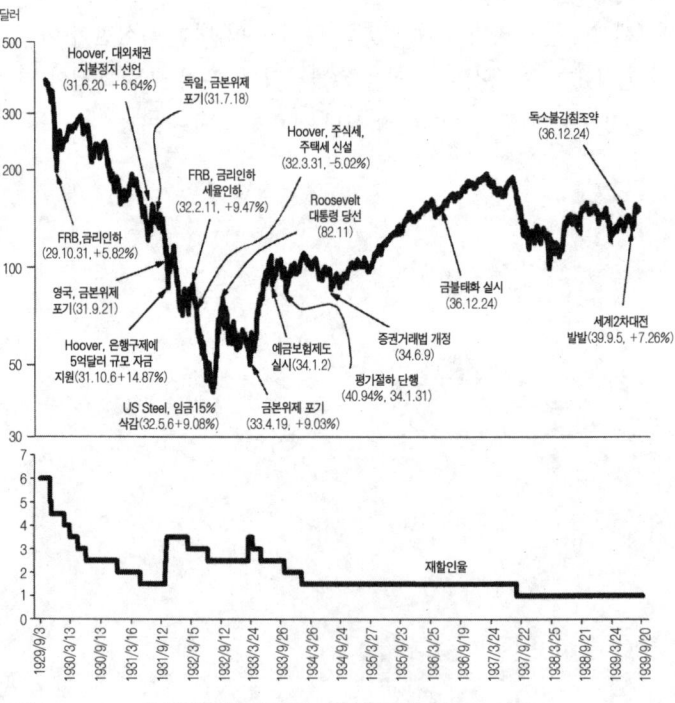

〈대공황 이후 다우존스 산업평균지수와 주요 사건〉

의 규정을 어겨가며, 10월의 마지막 주에 1억 6,000만 달러 상당의 증권을 구입하고 11월 말까지는 총 3억 7,000만 달러를 구입하는 무모한 지원을 단행했다.

이런 조치들은 나중에 미국 연방 준비제도 이사회(FRB)의 사후승인을 받았지만, 이때 빚어진 해리슨(Harrison) 뉴욕 연방준비은행 총재의 행동은 두고두고 비난의 표적이 되었던 것이다. 뉴욕 연방준비은행의 개입이 주식시장의 폭락을 막는데 거의 도움이 되지 않았고, 대부분의 자금이 부실화됨으로써 은행위기를 가속화시키는 결과를 낳았기 때문이다. 아무튼 이런 연방준비은행의 공개시장 조작(중앙은행이 채권을 매입하거나 매각함으로써 시중에 대한 자금의 공급을 관리하는 방법)과 함께 재할인율이 11월 1일에는 5%로, 11월 15일에는 4.5%로 계속 인하되었다.

그럼에도 불구하고 뉴욕 주식시장에서 신용거래에 사용된 콜 자금이 계속 인출됨에 따라 신용거래에 나섰던 개인 및 법인투자자들은 엄청난 손해를 보았다. 이들 투자자들은 당연히 소비를 줄였고, 뉴욕의 주식시장에서 자금을 쉽게 조달하였던 기업들은 운영 자금을 구하기 위해 경쟁에 나서는 한편 지출을 삭감하게 되었다. 미국 연방 준비제도 이사회(FRB)의 금리인하에도 불구하고 자금이 부족한 수요자들은 금리를 올릴 수밖에 없었고, 주택 소유자들은 채무를 변제하기 위해 현금을 구할 수 없어 수많은 주택이 경매에 넘어가게 되었다.

경기의 하락 속도는 역사상 다시 보기 힘들 정도였다. 공업생산지수는 1929년 10월의 110에서 11월에는 105로, 그리고 12월에는 100으로 떨어졌다. 자동차 생산 대수는 1929년 8월의 44만

대에서 10월에는 31만 9,000대로, 그리고 11월에는 16만 9,000
대, 12월에는 9만 2,500대로 감소하였던 것이다. 공업생산보다
더욱 인상적인 것은 상품 가격의 하락과 수입의 감소였다. 옥수
수는 1929년 9월의 92센트에서 3/4분기에는 14센트가 하락하였
고 커피, 코코아, 고무, 생사, 피혁, 주석과 같은 수입제품들은 더
욱 큰 타격을 받았다. 당시 미국 노동 통계국(Bureau of
Labour Statistics)에서 작성한 종합물가지수를 보아도 1929년 9
월 140에서 연말에는 135로 떨어졌고, 이후 3년 동안 내리 하락
하였다.

재할인율은 1929년 11월 두 차례 인하된 뒤에 1930년 2월과 3
월, 5월, 6월에 각각 0.5%씩 모두 네 차례 인하되었다. 그 결과
1930년 6월 20일 재할인율은 1929년 8월의 6%에 비해 3.5% 인
하된 2.5%로 내려가 있었으며 1931년 5월에는 1.5%까지 하락하
게 된다. 이런 금리인하의 영향으로 주식시장은 보합권을 유지
하고 있었지만, 국제 상품가격은 하락 속도가 더욱 빨라지고 있

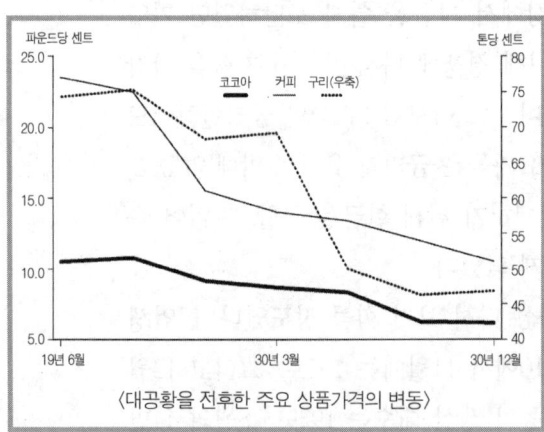

〈대공황을 전후한 주요 상품가격의 변동〉

었다. 커피 1파운드에
대해 1929년 6월에는
23.5센트의 가격이 매
겨져 있었으나 1930년
12월에는 10.5센트까
지 떨어졌고, 면화는
톤당 18.04센트에서
9.16센트까지 떨어진
것이다. 즉 물가하락이

물가하락을 낳는 디플레이션의 악순환이 발생한 것이다. 상품가격은 1930년 말부터 1931년에 걸쳐 계속 하락하였고, 이 추세는 아르헨티나 페소화의 지속적인 하락과 호주 파운드화 및 뉴질랜드 파운드화의 새로운 폭락으로 더욱 심화되었다. 1930년 11월 파리의 아당은행(Banque Adam)이 문을 닫고 우스트리크은행(Banque Oustric)이 도산하면서 금융시장의 경색은 전 세계로 확산되었다. 드디어 오스트리아의 크레디트안슈탈트은행(Credit-Anstalt)이 어렵다는 소식이 전해지면서 예금 인출이 시작되었다.

예금 인출이 시작되자 오스트리아는 이에 대처할 외환이 필요했으나 선진국들의 의견차이로 지원이 지연되자, 참혹한 결과를 초래하였다. 오스트리아의 위기는 인접 국가인 헝가리, 체코슬로바키아, 루마니아, 폴란드 및 독일의 은행으로 이어져 엄청난 자금이 인출되기 시작하였다. 드디어 1931년 6월 5일 독일 정부는 세계 1차 대전의 배상금을 지불할 능력을 상실했다고 발표했으며, 6월 20일 미국의 후버(Hoover) 대통령은 국가 간 채무의 지불을 정지(모라토리엄, Moratorium)할 것을 선언하였던 것이다. 물론 프랑스를 비롯한 주요 국가들은 "세계의 모든 금을 독점하고 있는 미국의 지불정지는 사기"라고 분노하며 모라토리엄을 거부하였지만, 세계 제1의 강대국이 결정한 일을 뒤엎을 수 없었다. 후버 대통령의 모라토리엄 선언은 세계 지도국가로서의 의무를 팽개친 정말 한심한 짓이었지만, 후버 대통령도 할 말이 없었던 것이 아니다. 농업부문과 주식시장의 붕괴에서 시작된 은행파산이 전국으로 확산되면서 금융활동의 마비사태가 미국 전역에 벌어지고 있었던 것이다. 농산물 가격의 하락이 더욱 급격

대공황 당시 미국은행의 도산 현황

단위 : 개, %

	도산은행수	은행 도산율
1929년	659	2.6
1930년	1,350	5.7
1931년	2,293	10.6
1932년	1,453	7.8
1933년	4,000	28.3

하게 진행되면서 농업이 주산업인 주의 은행들이 파산하자, 예금인출 사태가 전국의 은행으로 확산되어 1929~1933년 동안 약 1만개의 은행이 파산한 것이다. 미국 정부로서도 외국 채권자들의 채권지급 요구를 수용할 수 없을 만큼 심각한 위기를 맞이했던 것으로 보여진다.

이 모든 문제의 배후에는 '금본위제'가 있었다. 당시 전 세계적인 은행위기로 모든 사람들이 현금, 다시 말해 금을 소유하려는 욕구가 커졌고, 따라서 시중의 통화공급은 크게 감소하고 있었던 것이다. 오스트리아와 독일의 은행위기가 벌어질 때 미국이나 프랑스 같은 선진국이 자금지원에 난색을 표명했던 것도 다 이유가 있었던 것이다. 결국 모든 나라들은 무역수지를 흑자로 유지해 통화(금)를 더 많이 유입시키려 노력할 수밖에 없었고, 이는 경쟁적인 환율 인상(통화의 평가절하)과 관세 및 무역장벽의 강화를 초래하게 되었다.

남아 있는 마지막 방법은 금본위제를 폐지하여 중앙은행이 인위적으로 통화공급을 늘리는 것이었다. 1931년 9월 영국이 금본위제를 폐지하였고 곧 독일이 그 뒤를 이었다. 세계의 주요 국가들이 금본위제를 폐지하는 것을 보면서도 미국은 마지막까지 버 텼으나, 후버 대통령의 뒤를 이은 루즈벨트 대통령은 1933년 4월 19일 금본위제를 포기하기에 이른다.

금본위제의 폐지를 계기로 다우존스 산업평균지수는 무려 9.03% 상승하며 적극적인 환영 의사를 표명한다. 시대착오적인 금본위제를 고집하며 경제를 파국으로 이끄느니, 인플레이션의 위험을 무릅쓰고서라도 경기를 부양시키라는 시대적인 요구를 수용한 것이다. 루즈벨트 대통령은 대공황이라는 최악의 상황에 서 32대 대통령으로 당선되어 연방정부의 적극적인 개입과 지도 를 통해 실업자를 구제하고, 이를 통해 구매력을 회복시키는 것 을 내용으로 하는 '뉴딜(New Deal)'정책을 시행함으로써 경제 를 서서히 회복시키기에 이른다.

그러나 뉴딜 정책의 시행은 하나의 시작이었을 뿐, 완전한 회 복을 이루는 데는 결과적으로 실패하고 만다. 중앙은행의 소극 적인 대응과 정부의 자유방임 정책, 그리고 부의 불공평한 분배, 농업공황의 영향이 복 합적으로 어우러져 발 생한 '대공황'을 단순 히 정책변화로 치유할 수는 없었던 것이다. 미국경제와 주식시장 이 대공황 이전수준으 로 회복되는 데는 세계 2차대전이라는 큰 계기

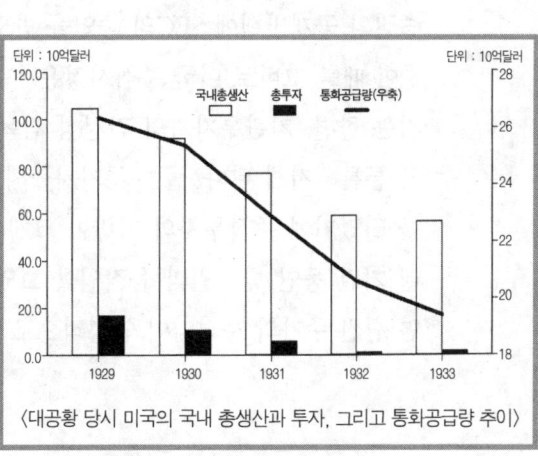

〈대공황 당시 미국의 국내 총생산과 투자, 그리고 통화공급량 추이〉

가 필요했던 것이다. 전쟁이 벌어짐으로써 세계의 과잉설비가 모두 파괴되고 실업자들이 '군대'라는 새로운 직장을 얻으면서 대공황에서 탈출할 수 있었던 것이다.

물론 루즈벨트 대통령의 뉴딜 정책이 완전히 실패로 끝났다는 것은 아니다. 은행공황을 수습하기 위해 연방예금보험공사 (FDIC)를 설립하여 예금보험제도를 도입하는 한편, 부흥금융공사(RFC) 제도를 도입하여 부실은행들을 정리하고 불량자산과 우량자산을 구분, 지급함으로써 위기의 진행을 늦추는 데 성공한 것은 평가받아야 할 부분이다.

뿐만 아니라 대공황을 발생시킨 가장 중요한 원인의 하나가 무분별한 주식투기 붐과 은행들의 신용대출에 있다고 보고, 은행업무와 주식업무를 엄격하게 구분하고 은행의 건전성 통제를 더욱 강화하기에 이른다. 또한 1934년 증권거래소법을 개정하여 은행, 브로커, 딜러의 증권담보대출(신용대출)의 증거금률을 연방준비국이 결정하게 되었고 증권감독위원회(SEC)가 설치되어 증권의 공개발행에 SEC의 승인을 받도록 규정하였다.

이 때를 고비로 미국 주식시장은 투기적인 거래의 비중이 떨어지는 한편, 기관투자가의 건전성 감독이 강화되는 등 체질이 더욱 튼튼해지게 된다. 물론 투자자들의 대부분이 '주식'이라면 치를 떨었기에 주식투자의 기반이 크게 위축되었고 주식시장은 오랜 기간 동안 박스권의 움직임을 보였지만, 대공황 이전에 비하면 훨씬 주가의 움직임이 안정적으로 바뀌게 된 것이다.

● 참으로 좋았던 1960년대

1960년대 미국 경제는 "이보다 더 좋을 수 없다"는 말 그대로였다. 유일한 경쟁자인 소련은 1950년대 후반부터 서서히 성장률이 둔화되며 침체국면에 빠져드는 중이었고, 차기의 경쟁자라고 할 수 있는 일본과 서독은 아직 경제규모 면에서 상대가 되지 않았다. 미국이 기록한 1960년대의 연평균 경제성장률은 6.9%, 소비자물가 상승률은 2.3%로 모든 경제학자들이 그리는 '꿈의 경제'가 현실로 나타난 것이다.

1960년 잠시 소강상태에 빠졌던 경기는 월남전 특수와 개발도

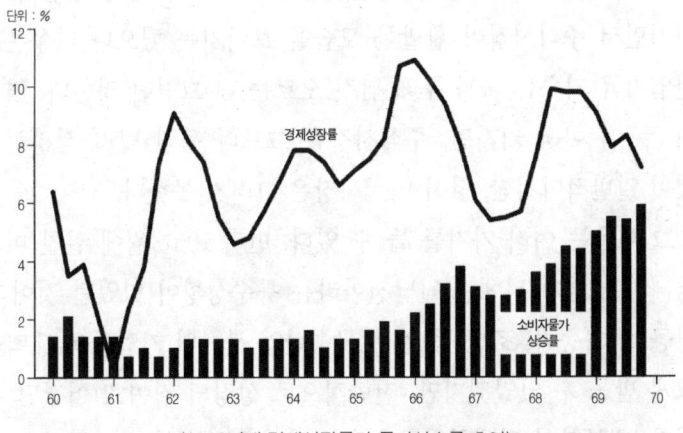

단위 : %

〈1960년대 경제성장률과 물가상승률 추이〉

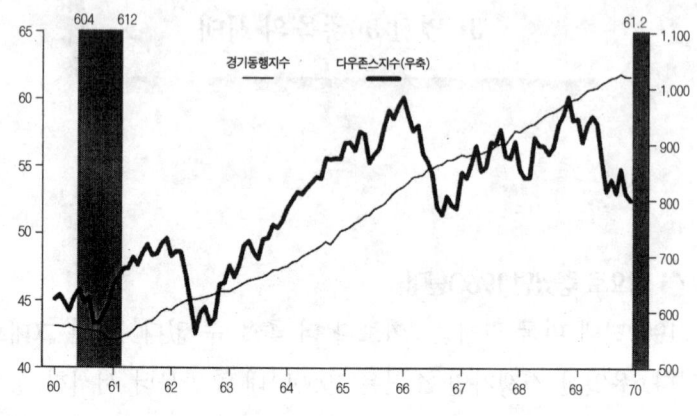

〈1960년대 경기국면과 다우존스 산업평균 지수 추이〉

상국의 성장에 따른 세계시장의 확대, 전자기술의 발전에 힘입어 1961년 2월부터 1969년 12월까지 무려 106개월 동안 지속적인 성장을 달성하는 데 성공했다. 경제의 지속적인 성장에도 불구하고 주식시장은 그다지 뛰어난 성장을 이루지는 못하고 있었다. 기관투자가의 발전과 개인투자자의 주식에 대한 관심이 높아지면서 주식시장이 활발한 모습을 보이기는 했으나 다우존스 산업평균 지수는 불과 두배 남짓 오르는 데 그쳤던 것이다. 경제가 두 배 이상 커지면, 주식시장은 그보다 훨씬 빨리 성장하는 것이 일반적이지만, 당시 미국시장은 그러지 못했다.

그 이유는 여러 가지를 들 수 있다. 먼저 106개월에 걸친 미국 경제의 호경기 뒤에는 월남전이라는 특수상황이 있었던 것이다. 항공기, 자동차, 조선 등 일부 군수산업 분야의 기업들은 혜택을 크게 받을 수 있었겠지만, 전반적으로 성장의 질이 떨어졌던 것이다. 대부분의 경제학자들도 월남전이 없었더라면 미국의 호경기가 그렇게 오랫동안 지속될 수는 없었을 것이라고 보고 있었다.

두 번째 요인은 1928년 이후 처음으로 주식의 배당수익률이 장기국채의 수익률을 하회하는 사건이 벌어진 것을 들 수 있다. 1958년 8월 9일자 비즈니스 위크(Business Week)지는 "악마의 수익률"이라는 표현을 쓰며 주식시장에 일대 위기가 도래했다고 주장했던 것이다. 대공황의 예에서도 알 수 있듯 배당수익률이 장기국채의 수익률을 밑도는 것은 주식시장의 매력이 떨어졌음을 의미하기에 주식시장이 곧 폭락할 것이라고 본 것이다. 물론 1958년 여름 이후 미국 주식시장은 지속적인 성장을 달성함으로써 이런 예측을 웃음거리로 만들었지만, 아무래도 보수적인 투자자의 이탈을 피할 수 없었던 것이다.

마지막 요인은 달러화 가치에 대한 불안이 높아진 것이다. 1960년이 되자 주요 자본주의 국가들은 다시 금본위제로 복귀했고 미 달러화는 금 1온스에 대해 35달러라는 고정비율로 교환이 결정되었다. 금본위제가 많은 약점을 가지고 있었음에도 불구하고 세계 2차 대전이후 금본위제로 복귀한 것은 전쟁으로 불이 붙은 인플레이션의 위험을 회피할 수 있다는 장점 때문이었다. 즉 모든

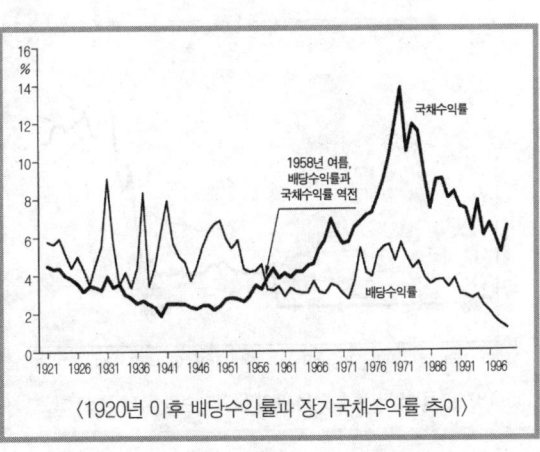

〈1920년 이후 배당수익률과 장기국채수익률 추이〉

나라는 금의 보유량과 통화량을 언제나 일치시켜야 하기 때문에 마음대로 돈을 풀 수 없고, 결과적으로 통화의 가치를 안정적으로 유지시키기 때문이다.

그러나 1960년대 세계 금융시장의 혼란을 초래한 것도 이 금본위제의 본질적인 한계 때문이었다. 유럽경제의 회복을 위해 마샬 플랜(Marshall Plan) 등을 통해 엄청난 달러를 공급한 것까지는 좋았지만, 달러화가 많이 공급됨으로써 달러화의 가치를 하락시키는 결과를 낳았던 것이다.

더욱이 1960년대 후반에 접어들며 미국의 무역수지도 서서히 악화되기 시작한 데다, 베트남 전쟁에 따른 자금부족으로 인플레이션이 기승을 부리기 시작함으로써 고정환율제도가 흔들리기 시작한다. 다른 나라에 비해 미국의 인플레이션이 심해지면, 미국의 달러화 가치는 떨어져야 마땅하지만 고정환율로 그대로 유지되고 있었기 때문에 미국의 기업들은 점차 경쟁력을 상실하기 시작한 것이다. 언젠가 미국이 금본위제를 포기할 것이라는 예측이 떠돌면서 국제 금 가격은 상승세로 돌아섰고 미국정부는 인플레이션을 가라앉히고 환투기를 막기 위해 금리를 인상할 수밖에 없었다.

어느 나라나 마찬가지겠지만, 금리상승은

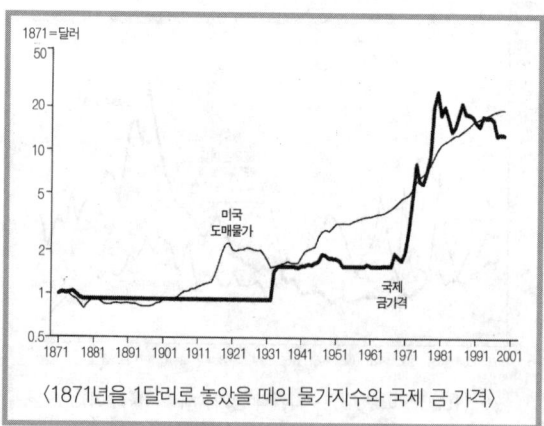

〈1871년을 1달러로 놓았을 때의 물가지수와 국제 금 가격〉

주식시장에 큰 충격을 미치게 된다. 기업들의 차입금리가 상승하면 실적이 나빠질 뿐만 아니라, 투자자들은 주식보다 채권에 관심을 더 보이게 되니 주가가 오르기 어려울 수밖에 없다.

● 기관투자가의 부상

1960년대 미국 주식시장의 안정적인 성장을 이끌었던 것은 뮤추얼펀드를 비롯한 기관투자가들이었다. 대공황 당시 대규모 대출을 이용해 주식투기에 앞장섰던 투자신탁회사들의 악몽을 딛고 투자의 투명성과 개방성을 무기로 새출발한 것이다. 여기에 세계 2차 대전이후 약 20년에 걸친 안정적인 주가상승으로 연기금 등 장기투자자들이 주식시장에 속속 참가하며 힘을 북돋웠던

1960년 이후 기관투자가의 주식 보유

단위 : 10억 달러

	1960년	1965년	1970년	1975년	1980년
생명보험회사	3.2	6.3	11.7	21.6	38.1
손해보험회사	6.0	10.1	12.2	11.6	26.9
개방형 투자신탁	12.4	29.1	39.0	35.0	38.1
폐쇄형 투자신탁	4.2	5.6	4.1	5.5	5.1
주 · 지방 연기금	14.3	35.9	60.7	82.5	166.0
재단	0.3	1.4	9.6	24.4	53.0
교육재단	8.0	16.4	17.0	20.8	32.4
신탁기금	2.9	5.9	6.6	7.7	12.1
기타	1.6	3.7	5.5	32.7	68.5
합계	**52.9**	**114.4**	**166.4**	**241.8**	**440.2**
뉴욕증권거래소 시가총액	307.0	537.5	636.4	685.1	1,242.8
기관투자가 지분율	17.2%	21.3%	26.1%	35.3%	35.4%

것이다. 1960년 말 기관투자가의 주식 보유비율은 17.2%에 불과했지만 1970년 말 35.3%로 크게 증가해 주식시장의 실질적인 주도세력으로 자리잡게 된다.

이 가운데에서도 뮤추얼펀드의 성장은 정말 비약적이었다. 1940년 투자회사법의 제정으로 새롭게 출발한 뮤추얼펀드는 정부의 감독 속에서 투자자들의 신뢰를 회복하는 데 성공했던 것이다. 당시 MMF 등의 초단기 금융상품은 아직 도입되지 않은 상태였지만, 각 뮤추얼펀드는 만기까지 돈을 찾을 수 없게 되어 있는 폐쇄형과 언제라도 정해진 수수료를 물면 돈을 찾을 수 있는 개방형으로 구성되어 있었다. 미국의 뮤추얼펀드 가운데에는 귀금속 또는 이를 제련·가공하는 기업만 투자하는 펀드가 있을 정도로 다양한 펀드가 존재한다.

이런 다양한 펀드의 출현은 고객의 다양한 기호를 만족시킬 뿐만 아니라 주식투자에 관심이 없던 투자자들도 끌어들일 수 있

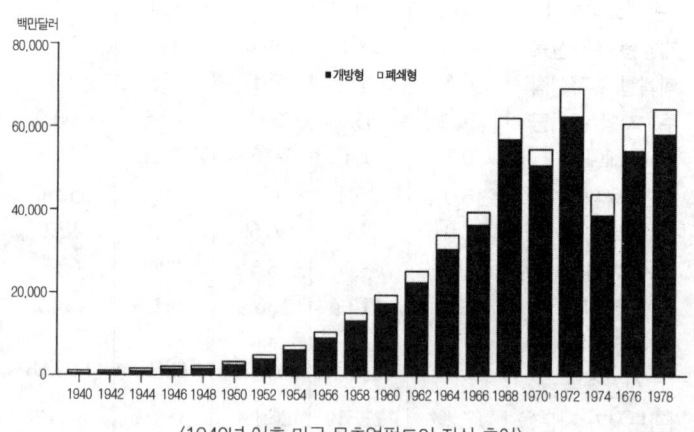

〈1940년 이후 미국 뮤추얼펀드의 자산 추이〉

는 계기를 제공한다는 점에서 투자자의 저변확대에 큰 기여를 했다.

● 나스닥(NASDAQ)의 등장

이렇듯 기관투자가들이 시장의 전면에 나서면서 지금까지 없었던 문제를 발생시키게 되었다.

첫 번째는 다음절에서 다루게 될 멋진 50종목 주식에 관련된 것으로서 지나친 뮤추얼펀드 사이의 경쟁을 촉발시킨 일부 펀드매니저의 투기적인 거래가 그것이다. 일본의 투자신탁회사가 지나친 줄서기로 파국을 초래했다면 미국의 펀드매니저들은 지나친 경쟁의 과열로 한계를 드러냈다.

두 번째 문제는 장내거래의 한계에 대한 것이다.

장내에서 거래되는 주식들은 수많은 구매자와 판매자 사이의 시행착오 속에서 거래가 이뤄지는 게 보통이며, 또한 이런 과정을 거쳐 적정한 가격이 결정된다. 그러나 뮤추얼펀드 등 기관투자가의 운용자산이 커지면서 기관투자가의 일거수 일투족에 따라 가격의 지나친 급변동이 나타나기 때문에, 기관투자가들은 오히려 행동에 제약을 받게 되는 일이 심심찮게 나타난 것이다. 사태가 이쯤에 이르자 기관투자가들은 원하는 종목을 충분히 사기 위해 장외거래 비중을 늘리기에 이른다.

장외시장은 거래소시장의 규율과 제약에서 벗어나 기관투자가들 상호간의 요구에 의해 대량거래를 자유롭게 할 수 있어 뉴욕증권거래소에 비해 장점을 지니고 있었던 것이다.

그렇지만 이런 장외거래는 체계화되어 있지 않고 또한 투자자들의 본거지에 따라 전국의 중소도시에 흩어져 있었기 때문에 발전의 제약을 받고 있었다.

그러나 이런 문제를 일거에 해결할 수 있게 된 계기가 생겼으니, 컴퓨터의 비약적인 발전이었다. 1960년대 후반부터 오텍스(Autex) 및 인스티네트(Instinet) 등 선구적인 컴퓨터 단말기 시스템의 보급에 힘입어 서서히 발전해 온 전산화가 1970년 미국 증권업협회의 새로운 전산 작동시스템인 나스닥의 설립을 계기로 본격적으로 이뤄진 것이다.

수많은 회원으로 구성되어 스페셜리스트에 의해서만 거래가 체결되는 뉴욕증권거래소(NYSE)와 달리 나스닥은 전산처리 시스템을 이용하여 등록주식뿐만 아니라 미등록 주식까지 간편하게 주식을 매매할 수 있다는 점에서 월등한 장점을 가지고 있었다. 그러나 모든 새로운 시스템의 정착에는 필연적으로 기득권 세력의 저항이 뒤따르게 된다.

뉴욕증권거래소의 회원과 거래를 성사시키는 역할을 맡은 중개인(Specialist)들은 자신의 권익이 침해받을 것을 우려해 뉴욕증권거래소에 등록된 주식을 매매할 수 없도록 압력을 행사했던 것이다. 미국 증권감독위원회(SEC)는 처음에 이들의 요구를 받아들일 듯한 태도를 보였으나, 뉴욕증권거래소 이외의 다수의 시장참가자들은 '독점 금지법'을 위반하고 있다고 강력한 항의를 표시하였던 것이다.

결국 1971년 2월 8일 나스닥은 시운전을 개시했고 4월 5일에 30종의 뉴욕증권거래소 주식을 포괄할 수 있도록 확장되었다. 이후 나스닥은 뉴욕증권거래소의 엄격한 상장조건을 만족시키

지는 못하지만 무한한
성장가능성을 지닌 성
장기업들의 등록을 유
도하여 비약적인 발전
을 이루는 데 성공하게
된다.

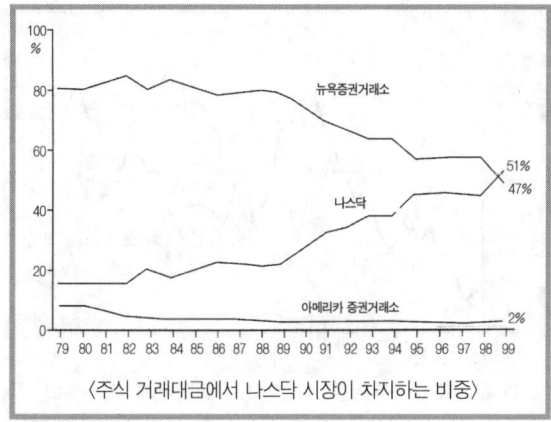
〈주식 거래대금에서 나스닥 시장이 차지하는 비중〉

최근 우리가 나스닥
시장의 동향에 대해 다
우존스 산업평균지수
보다 더 많은 관심을 기울이는 이유는 단 하나, 나스닥의 기업들
이 시장에서 차지하는 비중이 훨씬 커졌기 때문이다. 미국 주식
시장의 시가총액 1위 기업은 오랫동안 제너럴 일렉트릭(GE)이
었지만 최근 그 순위는 마이크로소프트(MS)와 시스코(Cisco)에
의해 뒤바뀌고 말았다(마이크로 소프트와 시스코 모두 나스닥에 상
장된 기업임).

● Go - Go 펀드의 시대

1968년 미국 주식시장은 광란의 도가니에 빠져 있었다. 일부
펀드매니저를 중심으로 소형주에 대한 투기적인 매매가 판을 치
면서 시장에 과열의 기미가 나타난 것이다. 이른바 Go-Go 펀드
를 중심으로 한 소형주의 열풍이 그것이다. 이런 소형주 중심의
투기적인 시장이 출현한 이유는 경제의 성장률이 서서히 둔화되
기 시작한 데서 찾을 수 있다.

월남전의 전비 마련을 위한 정부의 재정지출이 증가하면서 재

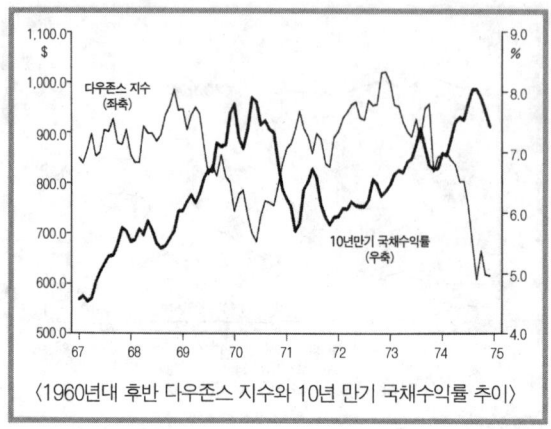

〈1960년대 후반 다우존스 지수와 10년 만기 국채수익률 추이〉

정적자가 크게 확대된 데다 금본위제에 대한 신뢰가 흔들리면서 인플레이션이 시작된 것이다. 경제의 확장국면이 지속되면 지속될수록 과소비가 나타나고 기업들의 매출전망이 상향조정되면서 과잉투자가 나타나는 게 일반적인데, 1960년대 후반 미국경제에 전형적인 호황국면의 말기현상이 나타난 것이다.

106개월에 달하는 장기호황과 전쟁경기로 경제성장이 지속되고 있었지만 인플레이션에 대한 우려가 심화되자 금리가 서서히 상승하기 시작했다. 금리가 상승하고 외국자본이 미국에서 떠나기 시작하는 것은 곧 미국 주식시장의 대세상승이 끝났다는 것을 의미한다.

상당수 뮤추얼펀드가 투자자들에게 높은 수익을 올려주지 못하고 외면받기 시작할 무렵, 반면 젊은층을 중심으로 한 새로운 펀드매니저들은 소형주에 투자를 집중하며 놀라운 수익을 기록함으로써 시장의 인기를 끌기 시작했다. 과거의 펀드매니저들은 간접적으로나마 대공황을 체험하며 주식투자의 위험성을 충분히 인식하고 있어 보수적인 투자에 치우친 반면, 젊은층은 1960년대의 호황만 봤기 때문에 낙관론을 가지고 소형주에 대한 무모한 투자를 감행했던 것이다.

그러나 인플레이션 예방을 위한 FRB의 금리인상과 일부 종목의 지나친 주가상승, 그리고 일부 펀드매니저들의 투매가 겹치며 처참한 결과를 가져오게 되었다.

● 멋진 50종목(Nifty Fifry)의 시대

1960년대가 마무리 될 무렵, Go-Go 펀드의 시대가 마무리되며 한 때 1,000달러에 육박했던 다우존스 공업평균(DJIA) 지수는 800달러대로 떨어졌고 인기를 끌던 펀드매니저들은 짐을 꾸려야 했다. 1970년 증권시장의 불황이 지속됨에 따라 펀드매니저들은 새로운 안식처를 찾기 시작했다. 1970년 5월 대부분의 소형 주식은 1969년 Go-Go 펀드의 전성기 시절에 비해 많게는 거의 절반 이하로 하락한 상태였기 때문에 충분히 높은 수익을 기대할 수 있었지만, 워낙 주가폭락의 상처가 컸던 터라 소형주에 대한 미련을 버리고 IBM이나 필립모리스(Philip Morris), 질레트(Gillette)와 같은 안정성이 뛰어난 성장주에 대한 투자를 늘리기 시작한 것이다.

주식시장의 불황이 마무리 될 때 나타나는 현상은 금리가 하락하고 투자자들이 부도의 위험이 낮고 안정성이 높은 주식에 투자하는 것이다. 당시 이런 종목들을 멋진 50종목이라고 불렀다. 멋진 50종목은 Go-Go 시대의 소형주 투기와는 달리 과거의 놀라운 성장과 함께 앞으로도 꾸준한 성장을 지속할 기업인 것처럼 생각되었기에 펀드매니저들은 너나 할 것 없이 주식을 매입하였다.

펀드매니저들은 1960년대 말의 소형주 투기 때와는 달리 단기

매매를 통해 높은 수익을 올리려 들기보다는 장기 보유를 통해 높은 수익을 올리길 원했던 것이다. 그리하여 이러한 주식들은 '1회 결정 주식(One decision stock)'이라고 불리었고 모든 펀드 매니저들이 이 종목에 뛰어들었다. 아무리 대형주라도 모든 기관투자가들이 주식을 사면 곧 물량이 부족해지기 마련, 품귀상태에 이른 이들 주식은 하늘 높은 줄 모르고 치솟기 시작했다. 1972년 말 주식시장의 PER이 16배 정도였지만, '멋진 50종목'의 PER은 낮은 종목이 20배(First National City Corp.)였고 높은 종목은 즉석 인화 카메라를 만드는 폴라로이드사로 94배를 넘었던 것이다. 당시 폴라로이드사의 주가는 과대 평가된 게 사실이었지만, 아무도 주가가 비싸다고 이야기할 수 없었다.

또한 당시의 시대상황이 펀드매니저들을 몰고 간 측면이 있었다. 1958년을 계기로 배당수익률이 장기채권 수익률을 밑돌면서 보수적인 투자이론에 대변혁이 이뤄진 것이다. 다름이 아니라 "성장주 이론"이 그것이다. 1960년대 후반 들어 미국경제가 성장률 하락과 물가상승률의 상승으로 고통받으며 대부분의 종목이 기대만큼의 성장을 기록하지 못했지만 일부 우량 성장주를 중심으로 높은 수익증가를 기록함으로써 펀드매니저의 신뢰를 굳혔던 것이다.

결국 멋진 50종목이 그렇게까지 높은 수준으로 주가가 오른 데에는 수익의 격차라는 현실이 뒤를 받치고 있었던 것이다. 수급 면에서도 멋진 50종목 중심의 양극화 현상이 나타날 만한 근거가 있었다. 다름이 아니라 연기금을 비롯한 장기투자자의 주식투자 비중 확대와 운용의 폭이 넓어진 투자자문 및 투자은행들의 활동이 확대된 것이다. 기업연금의 자산 순 증가분에서 주식의 비중은 1960년대 불과 50% 수준이었으나, 1960년대 말에는 70%, 1971년에는 126%, 1972년에는 109%로 급속히 증가하였다.

당시 멋진 50종목에 속한 기업들은 의약품, 소비재, 가전제품, 사진, 식료, 담배, 소매, 컴퓨터 등 다양한 산업에 속해 있었지만 공통점이 하나 있다. 이들 기업은 자동차나 철강, 운송, 자본재, 또는 정유산업처럼 경기변동에 수익이 좌우되는 게 아니라 자신의 브랜드 파워(Brand Power)와 기술력, 그리고 상품의 성격에 힘입어 안정적인 성장을 기록한 기업들이라는 점이다. 1972년부터 1996년까지 연평균 주당 순이익(EPS) 증가율을 보면 무려 11.0%라는 믿어지지 않는 기록을 세워왔다. S&P500기업의 연평균 주당 순이익 증가율이 8.0%임을 감안할 때 이들 주식은 펀드 매니저의 마음을 사로잡을 만한 매력이 있었던 것을 알 수 있다.

당시의 멋진 50종목은 세 가지로 구분된다. 그 첫 번째는 수요가 상대적으로 빠르게 증가하는 해외시장에 미리 진출하고, 또한 높은 브랜드 파워를 가지고 있어 높은 이익을 지속적으로 누릴 것으로 기대되는 다국적 기업들이다. 여기에 속하는 회사는 IBM, 이스트맨 코닥, 존슨 앤 존슨, 3M 등이 있다.

두 번째로는 미국시장에서도 수요의 안정적인 성장이 유지되며, 시장점유율이 점차 올라가며 수익이 더욱 증가할 것으로 예상되는 회사로 맥도널드, K마트 등의 기업들이 있다. 그리고 마지막으로는 첨단 기술이 축적되며 비약적인 성장을 달성할 것으로 기대되는 회사들이 있다. 여기에는 휴렛 패커드, 제너럴 일렉

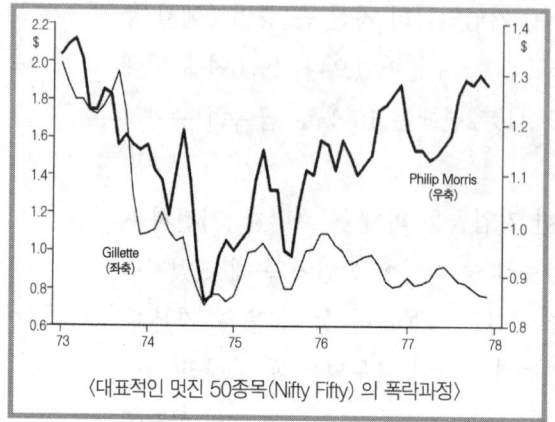

〈대표적인 멋진 50종목(Nifty Fifty) 의 폭락과정〉

트릭, 폴라로이드 등이 포함된다.

멋진 50종목의 평균 PER이 41.9배에 이른 1972년 말과 1973년 초, 갑작스럽게 다가온 석유위기로 경제가 심각한 타격을 받게 된다. 원래 인플레이션이 벌어지면 상품을 잔뜩 보유하고 있는 기업들은 큰 이익을 보며 주가가 오르겠지만, 멋진 50종목의 대부분은 그런 상품을 보유하지 않은 소프트(Soft)한 산업의 기업들이었기에 비용증가의 나쁜 영향만 받게 된 것이다.

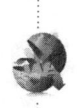

1973~1974년에 걸쳐 먼진 50종목의 대부분은 처참한 결과를 맞이하게 된다. 질레트와 필립 모리스 등 미국을 대표하는 유수한 기업의 주가가 불과 1년 만에 1/3에서 1/2 이하로 하락한 것이다.

돌이켜 생각하면 멋진 50종목을 지금까지 보유하고 있었더라면 큰 이익을 보았을 것이라고 생각하지만 케인즈(Keynes)가 일찍이 말했던 것처럼 '장기에는 모두 다 죽는다' 는 걸 알아야 된다. 어떤 마음씨 좋은 고객이라도 자기가 투자한 뮤추얼펀드가 마이너스의 수익을 몇 년간 지속한다면 참을 수 없을 것이다. 장기투자로 성공한 주식투자의 명인이 그렇게 드문 이유가 여기에 있다.

1972년 말 멋진 50종목의 PER과 1996년까지의 주당순이익 증가율

종 목 명	1972~ 1996년 주가상승률(%)	1972년 PER	1972년 실적 감안 PER	1972~ 1996년 주당순이익 (EPS) 증가율(%)
Philip Morris	19.9	24.0	78.2	17.9
Gillette	18.3	24.3	54.5	10.4
Coca Cola	17.2	46.4	92.2	13.5
Pfizer	16.9	28.4	54.9	12.2
Pepsi Cola	16.7	27.6	52.4	11.2
Bristol-Myers	16.7	24.9	46.4	12.7
Merck	16.1	43.0	74.4	15.1
Heublein	16.0	29.4	47.5	-
General Electric	15.4	23.4	34.7	10.9
Squibb	15.3	30.1	45.1	-
Lilly Eli & Co.	13.8	40.6	46.7	10.9
P&G	13.7	29.8	33.6	13.9
Schering	13.7	48.1	54.4	12.9
Revlon	13.3	25.0	26.9	-
American Home Products	13.1	36.7	38.1	10.5
Johnson and Johnson	12.9	57.1	56.8	14.2
Chesebrough Ponds Inc.	12.4	39.1	36.2	-
Anheuser-Busch Inc.	12.3	31.5	28.7	12.3
First National City Corp.	12.3	20.5	18.9	9.3
Schlumberger Ltd.	12.2	45.6	40.3	11.5
McDonald's	12.0	71.0	59.2	17.5
Walt Disney	11.7	71.2	56.4	14.6
Dow Chemical	11.5	24.1	19.5	12.2
American Express	11.0	37.7	28.4	9.3
American Hospital Supply	10.9	48.1	34.1	-
Minnesota Mining & Manufacturing	10.5	39.0	27.2	8.7

종 목 명	1972~1996년 주가상승률(%)	1972년 PER	1972년 실적 감안 PER	1972~1996년 주당순이익(EPS) 증가율(%)
Upjohn Co.	9.5	38.8	22.8	11.3
AMP Inc.	9.3	42.9	22.5	9.2
Lubrizol Corp	9.1	32.6	18.4	9.4
Texas Instruments Inc.	9.0	39.5	19.4	12.7
Int' l Telephone & Telegraph Corp.	8.7	15.4	9.2	2.7
Sears Roebuck & Co	8.3	29.2	15.7	4.5
Int' I Flavors & Fragrances	8.3	69.1	33.2	9.4
Halliburton Co.	8.3	35.5	16.8	3.9
Baxter Labs	8.3	71.4	30.1	10.5
Penny J.C. Inc.	8.1	31.5	15.8	5.0
Int' I Business Machines(IBM)	7.1	35.5	15.4	6.6
Schlitz Joe Brewing Co.	6.6	39.6	15.0	-
Xerox Corp.	6.3	45.8	18.3	5.1
Louisiana Land & Exploration Co.	5.5	26.6	9.8	1.2
Eastman Kodak Co.	5.5	43.5	15.6	5.9
Avon Products Inc.	4.7	61.2	22.8	3.3
Simplicity Patterns	4.7	50.0	7.8	-
Digital Equipment Corp.	3.8	56.2	7.2	-12.6
Black and Decker Corp.	2.6	47.8	10.1	3.4
Kresge(S.S.) Co.	2.0	49.5	9.6	1.2
Polaroid Corp.	1.7	94.8	16.5	-2.9
Emery Air Freight Corp.	-1.0	55.3	8.8	-
Burroughs Co.	-3.9	46.0	4.2	-16.6
M.G.I.C. Investment Corp.	-8.6	68.5	4.8	-
S&P 500	12.9	16.1	16.1	8.0
Nifty Fifty 평균	12.7	41.9	40.5	11.0

● 칵테일 이론

미국 제1의 펀드매니저로 손꼽혔던 피터 린치(Peter Lynch)는 주식투자의 타이밍을 결정하는 방법으로 칵테일 파티 이론을 제시한다. 이 이론은 피터 린치가 수년간 파티에서 사람들이 칵테일 테이블 주변에 모여서 주식에 대해 주고 받은 이야기에 귀를 기울이면서 얻어진 것이다.

먼저 주식시장의 여러 국면가운데 제1단계에 해당되는 이야기다. 주가가 한동안 내려가 있으면 대부분의 사람들은 '주식'에 넌덜머리를 내고 주식에 대해 이야기하지 않을 것이다. 처음에 파티에 나타나면 사람들이 우르르 몰려들어 관심을 표명하지만, 직업이 펀드매니저 또는 증권회사 직원이라고 이야기하면 아무도 주위에 있지 않고 곧장 흩어지게 된다. 열 명이면 열 명 모두 주식에 대한 이야기를 하기보다는 치과의사와 충치에 대한 이야기를 하려한다면 그건 장세가 반전되기 시작한다는 징조이니 적극 주식을 매입해야 한다.

두 번째 단계에서는 사람들이 직업에 대해 관심을 갖긴 하지만, 조금만 시간이 지나면 머뭇거리며 치과의사에게 옮겨가는 것이다. 아마 주식시장이 얼마나 위험한지 이야기하는 수준에서 대화가 끊기게 된다. 이 때에도 여전히 주식보다는 충치에 대해 이야기하기를 즐겨한다. 이 때는 장세가 제1단계에 비해 약 15% 이상 상승해 있을 때이지만 거의 관심을 기울이는 사람은 없다.

세 번째 단계에서는 주가가 1단계에 비해 30%는 올라가 있을 때이다. 주식에 관심을 막 기울이기 시작한 한 무리의 사람들은 치과의사는 무시한 채 저녁 내내 펀드매니저의 주위, 혹은 증권사 직원의 주위를 둘러싸고 어떤 주식을 사야 할지 묻기 시작한다. 치과의사마저 주위를 어슬렁거리며 어떤 주식을 사야 좋을지 묻게 된다. 파티에 모인 대부분의 사람들은 어떤 주식에 돈을 투자하고 있는 상태이므로 그들 모두가 주식시장에서 벌어진 일에서 이야기한다. 아마 멋진 50종목이 시장의 인기를 독차지 할 때가 이 즈음일 것이다.

네 번째 단계에서는 또 다시 펀드매니저의 주위를 둘러싸지만, 이번에는 펀드매니저에게 종목을 가르쳐 주기 시작한다. 옆 사람들이 펀드매니저에게 종목을 가르쳐 주고, 펀드매니저 또한 그 추천을 받아들일걸 하고 후회를 하게 되는 단계이다. 이 정도에 이르면 1972년 말, 멋진 50종목이 올라갈 만큼 올라간 때를 연상하면 된다. 경험 많은 펀드매니저조차 자신의 신념을 버리고 시장의 유행을 좇지 않을 수 없을 만큼 매력적인 시장의 양상이 나타나는 것이다. 피터 린치는 바로 이때부터 주식을 팔아야 한다고 충고한다.

멋진 50종목의 경험은 우리들에게 많은 교훈을 준다. 먼저 펀드매니저조차 속을 정도로 멋진 종목들이 추천되면 일단 의심하라는 것이다. 모든 사람이 자기가 오래 전부터 가져온 생각을 수정하고 대중들의 투자열기에 동참하는 순간이 가장 위험하다는 것이다. 자제력을 갖지 못하면 주식투자를 포기하는 게 좋다. 그리고 어느 정도의 자제력을 가진 투자자라면 주식을 사기전에 지금 칵테일 파티의 어느 단계에 와 있는지 진지하게 생각하고 주식에 투자하는 게 현명할 것이다.

4. 지긋지긋한 1970년대

● 닉슨 쇼크 – 달러화에 대한 가치 보증이 사라지다

일본의 경험에서 간단하게 살펴보긴 했지만 1971년 단행된 미국 닉슨 대통령의 '금본위제' 폐지는 정말 충격적인 사건이었다. 금 1온스에 대해 미 달러화 35달러를 지불한다는 철칙이 깨지면서 세계의 환율이 널뛰기를 시작했을 뿐만 아니라, 화폐에 대한 불신이 거세지면서 금과 은, 그리고 석유 같은 상품에 대한 수요가 크게 증가한 것이다.

1970년대 2차례에 걸친 석유위기의 원인은 바로 '금본위제'의 철폐에 따른 국제적인 '상품투기'에서 찾을 수 있다. 물론 1970년대 무르익기 시작한 아랍민족의 자원민족주의를 무시할 수는

없지만, 세계의 모든 투자자들이 달러를 버리고 '상품'을 찾아다닌 '실물투기'의 열풍이 없었더라면 원유가격의 상승폭은 상당히 제약되었을 것이라는 게 상당수 경제학자의 의견이다.

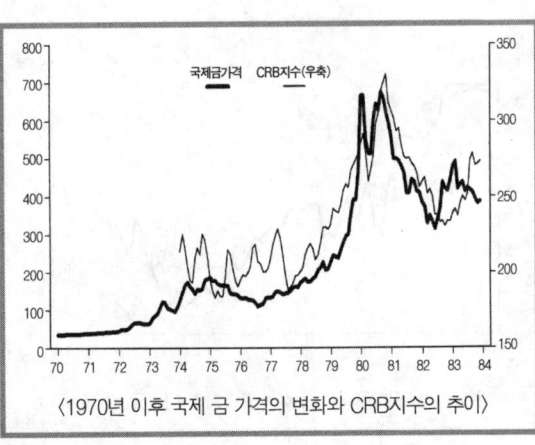

〈1970년 이후 국제 금 가격의 변화와 CRB지수의 추이〉

1970년대 주식시장에서 닉슨 쇼크는 주식시장에 아주 나쁜 영향을 미쳤다. '금본위제'를 철폐함으로써 달러화의 약세를 인정한 결과가 되어 외국인투자자들의 이탈을 불러온 것이다.

1970년대 내내 미국의 달러화는 주요 통화에 대해 약세를 지속해 1980년 달러화의 가치는 1970년의 1/3에도 미치지 못하는 수준으로 떨어지게 된다.

달러화로 1970년에 100달러를 가진 사람이 독일 마르크화로 가지고 있다가 1980년 달러화로 교환했다면 300달러 이상의 돈을 받게 되는 것이다. 한 나라가 전쟁에서 져 망하지 않고서야 통화가치가 이렇게 떨어질 수 없을 것이다.

달러화의 가치가 하락하면 미국에 투자했던 외국인투자자들이 이탈하게 되어 주식시장의 수급이 악화될 수밖에 없다. 뿐만 아니라 통화가치 하락은 곧 수입물가의 상승을 유발시켜 소비자물가의 불안을 가져오는 부작용까지 낳게 된다. 물가가 불안한 이상, FRB로서는 긴축정책으로 정책을 전환하고 긴축정책은 또다시 주식시장의 수급을 악화시키는 '악순환'을 낳게 되었다.

1970년대 미국 주식시장의 평균 PER은 10배, 최근 미국 주식시장의 PER이 32배 수준이라는 것을 감안하면 얼마나 주가가 쌌는지

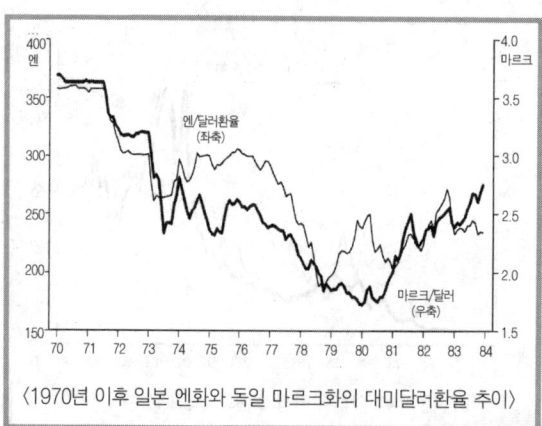

〈1970년 이후 일본 엔화와 독일 마르크화의 대미달러환율 추이〉

알 수 있다. 많은 기업
들이 석유가격 및 국제
원자재 가격의 상승으
로 큰 돈을 벌어들여
수익이 증가했지만, 투
자자들의 마음은 주식
시장에 돌아올 줄 몰랐
다. 국채 금리가 10%를
상회하는 마당에 주식

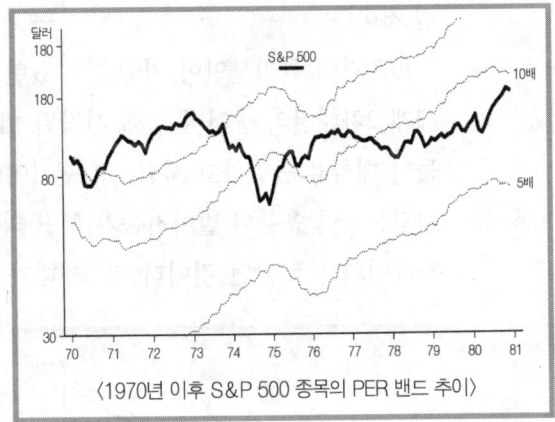

〈1970년 이후 S&P 500 종목의 PER 밴드 추이〉

에 투자할 이유도 없었거니와 일시적인 상품투기의 영향으로 실
적이 좋아진 것을 좋게 보지 않는 대중들의 심리도 한몫 했던 것
이다.

🔵 부동산과 상품에 대한 투기가 주식시장의 기반을 침식

　세계 제1의 경쟁력을 자랑하던 미국의 달러화 가치가 이렇게
떨어진 데에는 여러 가지 이유가 있겠지만, 역시 통화당국의 방
만한 통화공급과 무역수지 적자의 지속적인 확대가 큰 원인이
되었다.

　케인즈 주의에 빠져있던 미국의 정책당국은 경기후퇴를 막기
위해 통화공급을 지속적으로 확대시키는 한편, 경상수지의 적자
폭 확대를 일시적인 것으로 무시하는 경향이 있었던 것이다.

　그러나 사람들이 모두 부동산이나 금, 원유 등의 상품가격이
오를 것으로 기대하는 마당에 이렇게 통화공급을 증가시킨 것은
역설적으로 인플레이션에 대한 기대만 부풀리는 역할을 담당했

던 것이다.

1970년대 물가불안이 기승을 부렸던 원인중의 하나는 1945년 세계 2차대전의 종전과 함께 시작된 베이비붐에도 근거한다. 이들이 대학을 졸업하고 사회에 나온 1970년대에는 히피문화로 대변되는 저항운동이 벌어지는가 하면 다른 한편으로는 엄청난 인플레이션을 낳았던 것이다. 전 세대가 만들어 놓은 교통, 교육, 문화, 주택, 보건의 틀로서는 높은 기대를 지닌 이들 세대의 욕구와 수요를 도저히 감당할 수 없었던 것이다.

베이비 붐의 선두세대는 모든 면에서 혜택을 받은 세대였다. 그들은 진급도 빨리 했고, 빚을 얻어 집을 사더라도 주택가격이 급등하여 금방 모든 빚을 청산하고 큰 집으로 이사갈 수 있었다. 그들이 저축할 나이가 되자 인플레이션이 본격화하며 금리도 두 자리 수까지 치솟아 엄청난

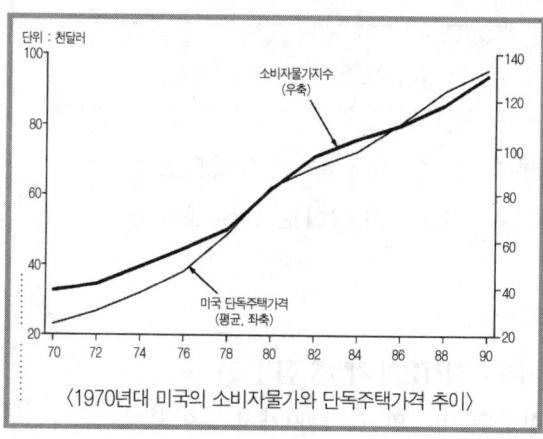

〈1970년대 미국의 소비자물가와 단독주택가격 추이〉

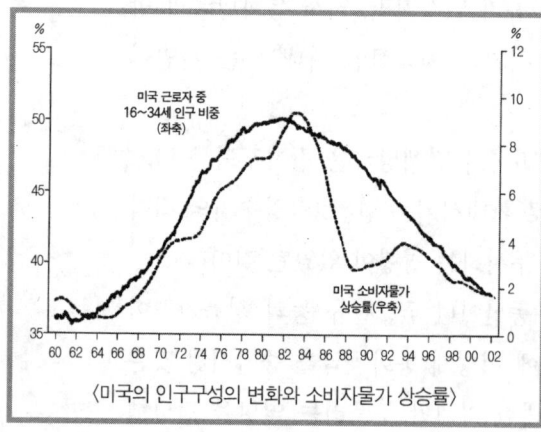

〈미국의 인구구성의 변화와 소비자물가 상승률〉

자본이익을 누릴 수 있었다. 이런 베이비 붐의 세대들이 저축보다 지출을 늘려야하는 순간, 바로 1970년대와 1980년대 초반 미국경제는 평상시로는 유례를 찾기 힘든 물가상승의 압박을 받게된 것이다.

● 장기호황의 뒤끝은 항상 소형주가 장식한다

주식시장의 역사를 살펴보면, 소형주가 빛을 발한 기간들이 있다. 대체로 소형주는 장기호황이 끝나갈 무렵에 빛을 발하게 된다. 1999년말 미국 주식시장에서 잘 나가는 종목의 특징을 고르라면 나스닥에 상장되어 있으면서 시가총액이 5억 달러 미만인 주식들이다. 시가총액이 작은 만큼 기관투자가들의 관심을 받지 않아 소외되어 있었지만, 나스닥에 상장되어 있는 만큼 성장성도 좋다는 것이다. 지금부터 약 20년 전인 1975년~1983년의 기간이 1999년말과 비슷했다.

1970년대 초반까지 기세 좋게 이어지던 기관투자가 위주의 장이 서서히 무너지면서 개미들이 시장의 주도권을 잡았다고 할까? 기관투자가들이 선호하는 대형 우량주는 매물 벽을 뚫지 못하고 기껏해야 박스권에서 움직이는 게 고작이었지만, 소형주들은 무관

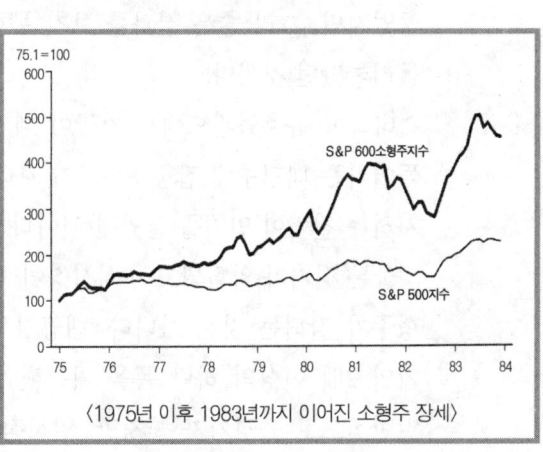

〈1975년 이후 1983년까지 이어진 소형주 장세〉

심의 벽을 뚫고 날아올랐던 것이다. 당시 소형주의 상승배경을 정리하면, 다음의 세 가지를 들 수 있다.

첫 번째는 제대로 평가받고 있지는 못했지만 대공황에서 가장 빨리 탈출했고 전후의 호황으로 발전의 전기를 마련한 기업들의 상당수가 소형주들이었다는 것이다. 원래 회사가 작으니까 일단 부도의 위험에서 탈출하기만 하면 회복의 속도는 훨씬 빨랐던 것이다.

더욱이 OPEC의 석유가격 인상으로 촉발된 비용상승의 압박으로 자동차회사들과 철강회사와 같이 고비용 구조를 지닌 기업들이 줄줄이 쓰러질 때 오히려 힘을 낼 수 있었던 것이다. 또한, 회사가 작은 만큼 에너지 투입에 따른 효율을 높이기도 쉬웠고 노동조합의 저항도 작았던 것이 큰 이점으로 작용하였다.

마지막으로 멋진 50종목으로 집약되는 우량 대형주에 대부분의 투자자들이 많은 손해를 보았던 것을 들 수 있다. 크게는 연기금부터 작게는 개인투자자들까지 멋진 50종목에 일제히 덤벼들었지만, 그리 좋은 결과를 보지 못한 것이 투자자들의 관점을 돌려놓았던 것이다.

더욱이 뮤추얼펀드에서 자금이 빠져나가는 상황에서 큰 돈이 들어가는 대형주에 집중투자하기 보다 장래성 있는 소형주에 투자하는 전략이 인기를 끌었던 것이다.

물론 경기가 악화되고 주식시장이 침체의 늪에 빠질 때마다 소형주가 잘되는 것은 아니다. 대공황 당시 소형주는 대형주보다 거의 2배 이상의 하락 폭을 기록했었던 기억을 되새겨야 한다. 일반적으로는 경기가 좋지만, 일시적인 조정이 있을 때 소형주

가 유망하다. 경제가 무너지고 대다수의 사람들이 실업자로 내
앉는 경우에 소형주는 최악의 실적을 기록하는 것이다.

5. 1980년대의 예상하지 못했던 호황

● 레이거노믹스 출현의 배경

1973년에 벌어진 제 1차 석유위기의 충격을 간신히 넘긴 무렵, 카터(Carter)가 대통령에 취임하였다. 취임 당시 카터 대통령은 대공황 이후 처음 맞이한 국난을 이기기 위해 금리를 인하하고 세율을 인하하는 정책을 취하였다. 그러나 이러한 정책은 성장률의 회복에는 성공했을지 모르나 물가불안을 더 부추기는 결과를 가져왔다. 1978년 가을, 미국의 물가상승률은 9.0%에 달했고 약 310억 달러 상당의 무역적자를 기록한 것이다.

결국 1978년 하반기 카터 행정부는 인플레이션과 달러약세의 위협에 맞서 다음과 같은 행동을 취하게 된다. 먼저 근로자들의 임금을 통제하는 한편 석유류를 중심으로 정부가 가격을 관리하기 시작한다. 다른 한편으로 늘어나는 재정적자를 줄이기 위해 정부의 재정지출 증가율을 낮추고 재할인율도 6.5%에서 9.5%까지 높임으

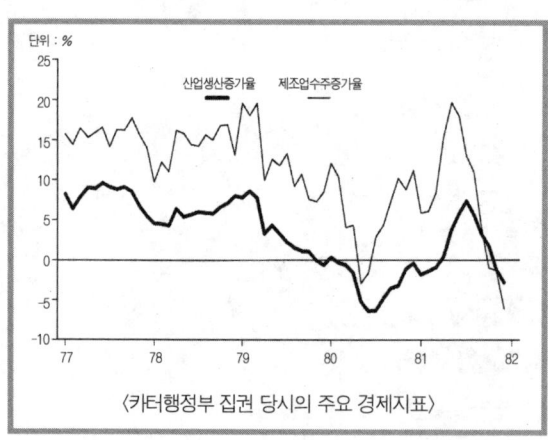

〈카터행정부 집권 당시의 주요 경제지표〉

로써 정책의 대전환을 실시한다. 그러나 1979년, 이런 모든 노력을 헛되이 만드는 일이 벌어지고 만다.

바로 제2차 석유위기가 세계를 강타한 것이다. 1979년 발생한 이란 혁명을 계기로 혁명정부는 원유의 수출물량을 크게 줄인 것이다. 원유가격은 배럴당 14.85달러에서 19달러로 치솟았고 미국경제는 경험하지 못했던 수준의 물가상승에 심각한 타격을 받게 된다. 그 해 미국 전역에 산재한 주유소의 50%가 문을 닫았고 소비자물가 상승률은 12%에 달했다.

1979년 석유위기 이외에 미국경제에 중요한 충격을 주는 두 번째 사건이 벌어졌다. 그 해 7월에 볼커씨가 FRB의장으로 취임한 것이다. 그는 당시 경제학계의 대세로 떠오르고 있던 통화주의 경제학을 채택하여 강력한 통화공급의 긴축을 통해 인플레이션을 잡겠다는 의지를 굳히고 있었다.

통화주의 경제학이란 간단하게 말해, '인플레이션의 원인은 통화공급의 확대에 있으며, 안정적인 통화공급을 통해 인플레이션을 잡을 수 있다' 는 것이다. 기존에는 금리를 통해 물가를 조절하려 노력해 왔으나, 별다른 효험을 보지 못한 이상 통화량을 직접 통제하겠다는 것이다.

그도 그럴 것이 그림에서 나타나는 것처럼,

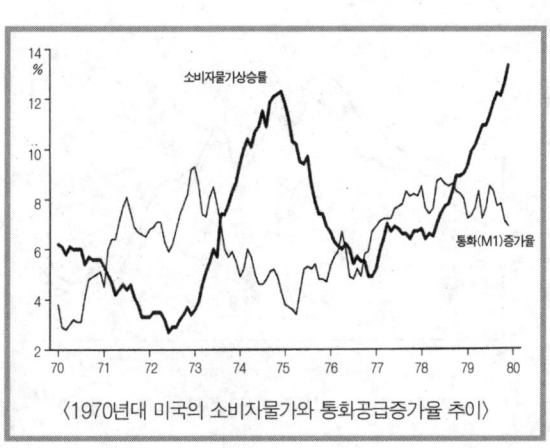

〈1970년대 미국의 소비자물가와 통화공급증가율 추이〉

통화공급을 증가시킨 후 약 18개월(1년 반)을 지나면 소비자물가가 정확하게 반응하는 모습을 보여왔다. 1979년 9월 18일, FRB 의장으로 처음 참석한 회의에서 볼커씨는 "앞으로 통화공급에 대해 정책의 중점을 둘 것이다"라고 밝히며 파란을 시사하게 되었다. 드디어 10월 9일 목요일, "연방기금 금리를 이용한 통화정책을 중단하고 통화공급량을 일정하게 갖고 가기 위해 노력할 것이다"라는 성명을 발표함으로써 레이거노믹스의 한 구성요소가 성립된다. 1979년에서 1980년에 이르는 짧은 기간 동안 미국 경제는 다시 안정을 찾는 것처럼 보였지만 이는 인플레이션이 계속될 것이라는 기대가 형성되어 투기적인 매점매석이 판을 쳤기 때문이었다.

　높아만 가는 물가상승을 참을 수 없게 된 카터 행정부는 선거를 여덟 달 가량 앞둔 1980년 3월 14일 병적인 흥분상태에 빠져 있는 인플레이션을 잡기 위해 더욱 강력한 통제정책을 펼치게 된다. 가솔린에 대해 약 14%의 세금을 도입하고 수입 가솔린에 대해 1갤런 당 10센트의 벌금을 물린다는 것이었다. 더욱이 재원의 마련을 위해 금융소득에 대해 15% 내외의 세금을 부과함으로써 기업과 가계가 부담하는 실제 금리는 크게 증가하게 되었다.

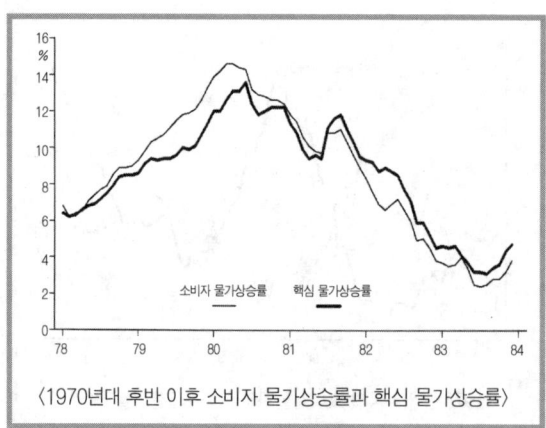

〈1970년대 후반 이후 소비자 물가상승률과 핵심 물가상승률〉

이런 정책의 결과 인플레이션의 고삐를 잡는 데는 성공한 것처럼 보였지만, 경제는 심각한 침체를 경험하게 되었다. 더욱이 미국 제 3위의 자동차 회사 크라이슬러(Chrysler Corp.)사가 불황의 충격을 이기지 못하고 파산의 위기에 처하자, 카터 행징부는 약 10억 달러의 구제금융을 지원하지 않을 수 없게 된다.

크라이슬러사를 살리기 위해 금리를 내리고 돈을 풀게 되자, 20세기 최악의 상품투기가 나타나게 되었다. 댈러스의 대부호 헌트(Hunt) 형제가 은 가격의 추가상승을 기대하고 엄청난 자금을 투입하는 한편 런던의 금속거래시장에서 온스 당 금 가격은 469달러에 이르렀다. 1971년까지 온스 당 35달러 선이었던 것을 감안하면 10배가 넘는 상승이 이뤄진 것이다. 또한 소비자물가에서 석유류 및 공공서비스 제품 가격을 제외한 핵심 물가마저 폭발적인 상승세를 보이기 시작해 미국경제는 백척간두의 위기를 맞이하게 된 것이다. 더욱이 선거가 다가오면서 민주당정부에 의해 임명된 볼커 의장으로서는 강력한 긴축정책을 사용하기에 많은 어려움이 있을 수밖에 없었고, 결과적으로 인플레이션을 용인하는 행동을 취하는 결과를 낳게 되었다.

● 레이거노믹스 – 엉터리 경제정책이 주식시장을 살리다

1981년 집권에 성공한 레이건(Reagan) 대통령은 그 유명한 '감세(減稅)정책'을 실시하게 된다. 먼저 개인소득세율을 1981년 10월 1일 5% 인하한 데 이어, 1982년 7월 1일 10% 인하, 그리고 1983년 7월 1일 또다시 10% 인하한 것이다. 뿐만 아니라 비근로소득에 대한 최고 세율을 70%에서 50%로 인하하고 자본이득세를 28%에서 20%로 인하한다. 이런 감세조치의 효과는 약 4년 간 1,400억 달러 상당의 세금을 경감시키는 것으로 나타나 재정 적자에 대한 부담이 크게 대두되었다.

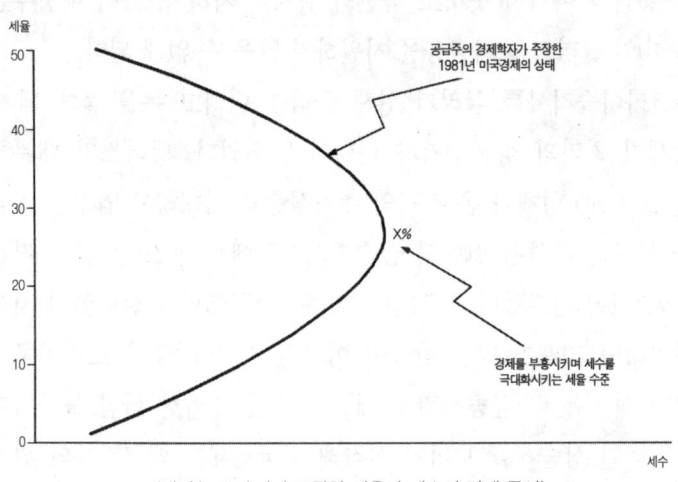

〈래퍼(Laffer)씨가 주장한 세율과 세수의 관계 곡선〉

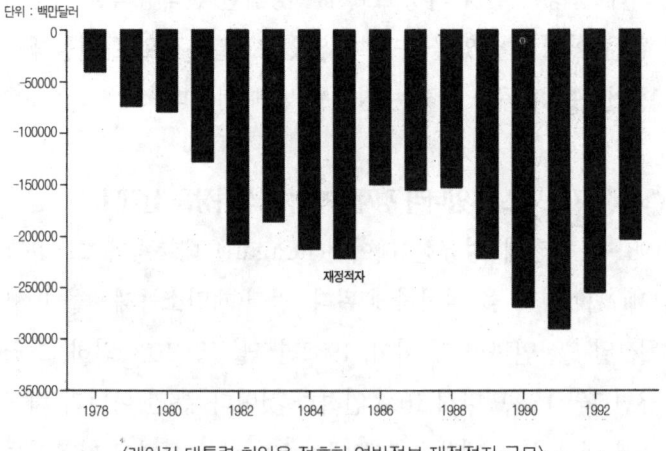

〈레이건 대통령 취임을 전후한 연방정부 재정적자 규모〉

왜 레이건 대통령은 경제학자들의 일치된 반대 의견을 무릅쓰고 감세 정책을 강하게 추진했을까? 감세조치의 효과는 먼 미래의 일이지만, 재정적자는 내일의 문제라는 것을 대부분의 경제전문가들은 알고 있었지만, 레이건 대통령의 고집을 꺾을 수는 없었다. 레이건 대통령과 그의 참모진들은 래퍼(Laffer)를 중심으로 한 경제학자들의 공급중시 주장에 완전히 혹해있었던 것이다. 레퍼와 그의 추종자들은 세율을 낮추고 세금을 적게 내도록 유도함으로써 더 많은 투자와 더 많은 고용을 창출하게 되고, 결과적으로 더 많은 세금을 거두게 된다고 주장했다. 1981년 당시 미국경제는 세율을 내리기만 하면 경제의 총생산과 '세금'을 더 많이 산출할 수 있다는 것이다.

그런데 문제는 레퍼를 비롯한 공급중시 경제학자들이 이 문제를 통계나 그 밖의 조사를 통해 입증하지 못한 채 단지 '하면 된다' 식의 주장을 되풀이 한 데 있다. 식당의 메모지에 그린 간단한 그림 한 장으로 미국의 경제정책이 결정된 것이었다.

그러나 레이건 대통령의 감세 정책은 부자들의 과소비만 부추기는 결과를 초래했다. 세율의 인하로 득을 본 부자들이 소비를 늘리기는 했지만, 대부분의 소비는 건전한 생산활동과 상관없는 유흥과 관련된 것이었다. 또한 생산성의 향상은 기대만큼 이뤄지지 않아 사상 최대규모의 무역적자를 기록하게 된다. 복지예산의 축소와 세율인하의 영향으로 빈부격차가 확대되며, 한 때 완화되는 듯했던 인종간 갈등이 점화되기 시작한 것도 이 시기였다.

그러나 래퍼의 엉터리 이론을 받아들인 결과 확연한 소득을 올린 곳이 있었으니, 바로 주식시장이었다. 레이건 행정부는 주식 투자자들에게 최고의 정권이었다. 먼저 자본소득세를 내려 주식 투자에 따른 이익을 마음대로 누릴 기회를 가져다 준 것은 물론, 기업의 세율을 인하함으로써 안 그래도 쌌던 주가를 더욱 싸보이게 만들었다. 게다가 주식시장의 봄을 더욱 앞당긴 사건이 출현하는데, 그것은 다름 아닌 항공관제사 노조(PATCO)의 파업을 분쇄한 일이었다. 지난 1931년, 제너럴 모터스 노동조합이 임금 인하에 동의하자 주식시장이 9.08% 상승하며 2년에 걸친 하락을 끝내고 바닥을 탈피했던 것과 매우 비슷한 양상이 연출되었던 것이다.

 항공관제사 노조는 레이건의 당선을 공개적으로 지원했던 몇 안 되는 노조로서 매우 강력한 힘을 보유하고 있었지만, 언론과 인플레이션 방어를 희망하는 FRB의 지원을 등에 업은 정부의 공격에 허무하게 무너졌던 것이다. 레이건 행정부 하에서 20%대

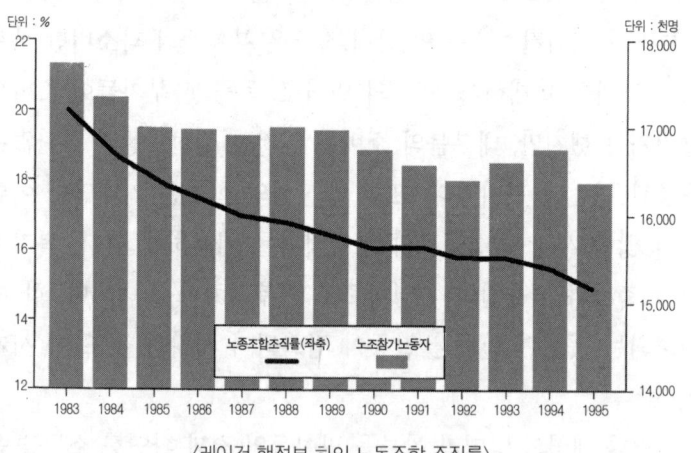

〈레이건 행정부 하의 노동조합 조직률〉

를 웃돌던 노동조합의 조직률은 15%까지 떨어지게 된다. 노동조합의 힘이 약화되고 임금상승이 제약된다는 것은 기업에게 큰 이익이 되는 것이다. 마음대로 인원조정을 단행할 수 있고 다른 회사에 M&A를 당하더라도 별 문제가 없으니 말이다.

● 적대적인 M&A가 판을 치다

1980년대 미국 주식시장을 이야기하며 빼놓을 수 없는 인물이 마이클 밀켄(Michael Milken)이다. 마이클 밀켄과 드렉셀(Drexel)사는 정크본드(Junk Bond), 다시 말해 신용등급이 BB+이하로 투자 부적격 상태에 놓여 있는 채권에 대한 투자를 처음으로 활성화시켰다. 무디스(Moody's)나 S&P와 같은 신용평가기관들은 각 기업의 재무상태와 이익구조, 그리고 불황에 대한 노출정도를 조사하여 신용등급을 매긴다. 그렇지만 여기에도 몇 가지 문제가 있다. 첫 번째 문제는 신생기업과 같이 과거의 경력이 없는 기업들은 이런 평가대상에도 못 오르는 결과가 초래되며, 두 번째 문제는 과거에는 안 좋았지만 회사가 점점 좋아질 경우 이를 과소 평가한다는 것이다.

따라서 이들 신용평가기관들에게 좋은 신용등급, 이를테면 AAA 등급을 얻은 회사들은 대부분 역사가 오래되고 탄탄한 경력을 가진 기업들이 차지하게 되며, 초창기의 마이크로소프트사와 같은 훌륭한 기업들도 투자부적격 상태에 놓여 있었던 것이다. 이런 잘못된 현상에 주목한 게 바로 마이클 밀켄과 그 동료들이었다. 이들은 1981년 레이건 대통령의 취임이후 기업에게 우호적인 환경이 조성되고 금리가 낮아지면서 투자부적격 상태

에 있는 기업들의 실적이 예상보다 빠르게 호전되고 있어, 부도
가 날 위험이 거의 없다는 것을 재빨리 알아차린 것이다.

마이클 밀켄은 기업이 과거에 어떻게 했느냐 보다 앞으로 어떻
게 할 수 있느냐가 훨씬 중요하며, 평가의 기준을 과거에 두고
내린 결론은 믿을 것이 못된다고 생각했다. 그러나 이 뛰어난 아
이디어에 하나의 결정적인 결함이 있었다. 높은 금리를 지불하
고서라도 채권을 발행하려는 수많은 중소기업들이 있기에 정크
본드의 '공급'에는 아무런 문제가 없었지만, '수요'에 문제가 있
었던 것이다. 1970년대의 불황을 겪으며 대부분의 금융기관은
투자 부적격 기업에 대한 불신이 높은 상태였기 때문에 이런 정
크 본드를 매입할 것이라고 생각하기 어려웠던 것이다. 그러나,
마이클 밀켄은 이런 고정관념을 깨뜨렸다.

마이클 밀켄의 아이디어는 정말 간단한 것이었다. 먼저 마이클
밀켄이 일하고 있는 드렉셀사가 정크본드를 다시 사주겠다고 약
속하여 '유동성'에 대한 금융기관의 두려움을 완화시킨 다음, 정
크본드를 발행하는 회
사에게는 그들이 필요
로 하는 자금보다 더 많
은 채권을 발행시켜 다
른 회사의 정크본드를
매입하게 만든 것이다.
마이클 밀켄을 통해 정
크본드를 발행한 회사
들은 그의 요구를 거절

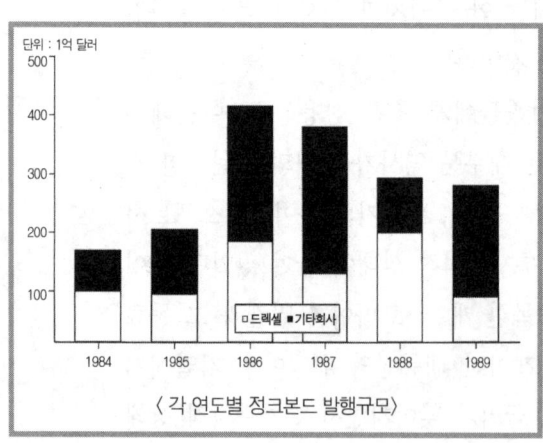

〈 각 연도별 정크본드 발행규모 〉

할 처지가 아니었기 때문에 자동적으로 정크본드를 발행한 회사들은 정크본드의 투자자가 된 것이다.

이런 방식으로 마이클 밀켄은 단기간에 매우 견고한 고객망을 구축할 수 있게 되었다. 더욱이 레이건 행정부가 1982년 추진한 은행 관계법도 정크본드의 시장을 형성하는 데 한 몫 했다. 이 법은 은행과 저축대부조합(S&L) 같은 투자회사가 정크본드에 투자할 수 있는 길을 열어주었던 것이다. 이 법이 제정되기 전까지는 연방정부가 예금에 대해 보험을 들어주는(예금보호) 금융기관들은 정크본드와 같이 위험 부담이 큰 상품에 투자할 수 없도록 되어 있었기에 마이클 밀켄에게 천군만마와 같은 힘이 되었던 것이다. 정크본드 시장이 성장하면서 여기에 투자하려는 투자자들이 줄을 서기 시작했다. 마이클 밀켄의 드렉셀사는 정크본드 시장의 거의 절반 이상을 차지하는 압도적인 우위를 자랑했고 고객들에게 확실한 서비스를 제공했던 것이다.

1983년 마이클 밀켄과 드렉셀사의 경영진은 정크본드의 성공에 힘입어 새로운 사업을 구상하기 시작했다. 이들은 정크본드를 적대적인 M&A(기업 인수합병)의 무기로 사용할 수 있도록 만드는 것이었는데, 이들이 고안해 낸 적대적인 M&A의 방법은 다음과 같았다.

기업사냥꾼(Raiders)이 주가가 싼 기업들 중에서 사냥감을 고른다. 목표가 되는 회사들의 특징은 경영진의 무능이나 일시적인 충격, 금리상승 등 다양한 원인에 의해 시장에서 소외되어 주가가 하락했지만, 원래 좋은 회사로서 실질 자산가치가 시장가치(시가총액)보다 크다는 특징을 지닌다. 사냥감이 선정된다면,

그 다음의 절차는 간단하다. 기업사냥꾼은 드렉셀사로 달려가
정크본드를 발행하겠다고 신청하는 것이다. 이 돈을 들고 먼저
은밀하게 주식을 매입한 다음 공개매수를 신청하는 것이다.

현재 주가가 10달러라면 15달러 정도에 주식을 매입할 테니
나에게 팔라는 공개 구혼을 하는 것이다. 대부분의 소액투자자

1980년대 미국의 10대 M&A

	인수기업	인수대상기업	연도	매수금액 (백만달러)
1	RJR홀딩스 (RJR Holdings)	RJR나비스코 (RJR Nabisco)	1989	25,071
2	쉐브론 (SHevron)	걸프 오일 (Gulf Oil)	1984	13,231
3	필립 모리스 (Philip Morris)	크래프트 (Kradft)	1988	12,891
4	브리스털-마이어스 (Brystol-Myers)	스퀴드게더 오일 (Squibb)	1989	12,656
5	텍사코 (Texaco)	게티 오일 (Getty Oil)	1984	10,129
6	비쳄그룹 (Beecham Group)	스미스 클라인 베커먼 (Smith Kline Beckaman)	1989	8,253
7	브리티쉬 피트로울리엄 (Brtish Petroleum)	스탠더드 오일 (Standard Oil)	1987	7,995
8	듀퐁 (Dupon)	코노코 (Conoco)	1981	7,215
9	타임 (Time)	워너 커뮤니케이션스 (Warner Communications)	1989	7,000
10	캠포 (Cam peau)	페더레이티드 백화점 (Pederated Department Store)	1988	6,520

들은 이 날만 기다리며 살아왔기 때문에 얼씨구나 하며 주식을 팔 것이고, 대주주 입장에서는 거져 회사를 빼앗길 수는 없으니까 더 높은 가격을 제시하며 역 공개매수를 제의하게 된다. 이제 기업 사냥꾼(Raiders)은 행복한 일만 남아 있다. 대주주에게 비싸게 주식을 팔면 그린 메일러(Green Mailer)가 되어 큰 시세차익을 얻을 수 있고, 만에 하나 대주주의 자금이 부족하다면 대주주 지분까지 인수해버리면 되기 때문이다.

이렇게 인수된 기업은 원래 좋은 회사였지만 경영진의 실수나 외부 여건의 변화로 일시적으로 안 좋아진 회사이기 때문에 큰 돈벌이가 된다. 구조조정의 명수를 불러 30%, 또는 그 이상의 근로자들을 해고하고 자산을 분할하여 매각하는 것이다. 레이건 행정부가 아니었다면 절대 불가능했을 일이지만, 레이건 행정부는 이런 일을 매우 좋아했고 적극 지원했었다. 그리하여 기업사냥꾼은 드렉셀사를 통해 발행했던 정크본드를 갚고도 남을 정도의 돈을 손에 넣게 되어 큰 부자가 되는 것이다.

영화 '귀여운 여인(Pretty Woman)'에서 리처드 기어의 역할을 연상하면 된다. 회사를 빼앗기기 싫으면 기업의 주가를 올리고 먼저 사람을 잘라야 하는 것이다. 이런 일이 반복되며 미국식 경영이 자리를 잡게 되었다.

한국이나 일본은 주거래 은행이 기업에 대한 신규 여신을 끊고 워크아웃(Work-Out)이나 법정관리를 통해 경영주를 교체하고 기업을 회생시킨다면, 미국은 시장이 부적절한 경영인과 사주를 퇴출시키는 것이다.

적대적 M&A의 여러 가지 방법들

방법	내용과 가능성		
주식매입 (Stock Accumula -tion)	주식시장을 통해 은밀히 주식을 매입 하는 방법	공개시장 매입 (Open Market Purchase)	- 주식시장에서 매입
		장외시장 매입 (Street Sweep)	- 차익거래를 하고자 하는 투자자들 에게 프리미엄을 제공하여 매입
		그린메일 (Greenmail)	- 시중에서 특정회사의 주식을 대량 으로 매입한 후 대주주에게 매입가 보다 높은 가격으로 재매입하라고 요구하는 것
	단점	- 주식매입 전략시 더 높은 가격을 제시하는 비협조적인 흑기사 (Black Knight)의 등장으로 인수가격이 급증할 수 있음 - M&A 승리를 보장 못함 - 비밀을 유지하기 위해 기관투자가 등 협조자를 구해야 함	
위임장 대결 (Proxy Fighting)	- 주주총회에서 의결권 위임장을 다수 확보함으로서 목표 기업의 지배권을 장악하는 방법 - 위임장 대결은 낮은 대주주지분율, 지분분쟁, 경영자가 부도덕한 기업에서 발생하기 쉬움		
	단점	- 시간이 많이 소요되고 실패율이 높은 편	
주식공개 매수 (Take Over Bid)	불특정 다 수를 상대 로 유가증 권을 시장 밖에서 매 수청약하거 나 매도를 권유하는 방법	현금매수 (Cash Tender Offer)	- 현금지급으로 주식양도
		주식교환 (Exchange Offer)	- 매수대금을 매수회사의 주식이나 기타주식으로 지급
		2단계 가격제시법 (Two-tier Pricing Offer)	- 1단계에서 높은 가격의 현금매수에 응해주지 않은 주주들에게 2단계에 서 합병하고자 하는 기업의 주식을 불리한 조건으로 교환 - 조기에 M&A를 성공시키는 방법으 로 쓰이며 주로 합병시 사용
		토요일 밤 특별작전 (Saturday Night Special)	- 주식의 매매가 끝난 주말에 전격적 으로 매수 - 방어의 기회를 없애기 위한 작전
	단점	- 대상기업의 강력한 방어나 경쟁자가 출현할 경우 인수비용이 크게 증가하여 실패할 가능성이 높아짐	
기타	- 3가지의 적대적 M&A 방법은 혼합해서 사용되는 경우도 있음 - 공개매수 성공률을 높이기 위해서 위임장대결 방법이 병행되는 경우가 많음		

적대적 M&A를 막기 위한 여러 가지 전략

방법		내용과 가능성
재무구조 조정을 통한 방어전략	고주가 전략	·시장가치가 내재가치보다 고평가되도록 함
	자기주식 취득전략	·자기주식 매입 또는 자사주 펀드에 가입 소유구조 변경전략
	소유구조변경전략	·대주주의 지분을 높이는 한편 지주회사를 설립 ·계열사간의 상호주 소유 ·계열사간 합병비율 조정을 통해 대주주 지분을 높임
	자본구조 개편전략	·재무구조를 악화시키는 방향으로 개편(Recapitalization) ·내부유보 현금이 많고 부채비율이 낮은 기업은 차입을 통해 주주에 게 특별배당을 하거나 자사주 매입에 사용
	우선주활용전략	·특별한 경우 보통주로 전환 가능한 무의결권의 전환우선주 발행
	극약처방 (Poison Pill)	·극단적인 방법을 동원해 주식가격을 높이거나 기업가치를 떨어뜨림 ·전환우선주, 전환사채, 신주인수권부사채 등을 발행
	감자전략	·자기주식을 매입하여 소각하는 전략
	제3자 할당증자전략	·우호적 제3자 백지주(White Squire)에게 신주 발행
사업구조 조정을 통한 방어전략	황금알 (Crown Jewel) 매각전략	·매수기업이 노리는 유무형자산, 사업부 또는 자회사를 매각하는 방 법으로 매수자 의욕을 꺾는 전략 ·황금알의 매각의 이익 실현으로 주가상승효과를 가져올 수 있음
	분할설립전략	·M&A 대상이 되는 중요사업부를 분할시켜 주주가 실질적 지배권은 행사하면서 형식적으로는 다른 회사로 이원화시켜 방어하는 것
	타기업 인수전략	·불필요한 인수를 통해 기업 가치를 하락시켜 매수의욕을 떨어뜨리 는 전략
기업정관 개정을 통한 방어전략	황금 낙하산 (Gold Parachute) 전략	·회사정관을 통해 매수자의 매수부담을 증가시키는 방법 ·경영진에게 거액의 주식매입 선택권을 주거나 상여금 보장을 보장 하는 것 등이 있음
	시차임기제전략	·이사진 임기를 분산시켜 매수기업의 과반수 주식을 매입했다 하더 라도 이사진을 교체할 수 없게 하여 경영권을 장악하지 못하게 함
	특별다수결 규정 전략	·특별다수결의 규정을 정관에 두어 M&A 관련 등 중요한 안건은 통상 의 안건보다 더 많은 지지를 얻도록 함
공개매수에 대한 방어전략	반대의견 표시전략	·경영진이 주주에게 인수 반대의견을 표시하도록 권유함
	역공개매수전략	·대상기업이 인수기업의 주식을 역으로 공개매수하는 전략
	공개매수 가격 상위유지전략	·공개매수기간동안 주식가격을 높게 만들어 주주가 청약에 응하지 않도록 유도
기타	소송전략	·매수기업의 주식취득 과정에서의 위반 사항에 대해 소송을 제기
	여론호소전략	·언론매체 등을 이용하여 여론에 호소
	그린메일과 불가침협 정(Standstill)전략	·잠재적 기업매수자가 보유한 대상기업의 주식을 프리미엄을 주고 재매입하고 이에 대해 매수기업이 일정기간동안 매수대상기업에 대해 M&A하지 않겠다고 협정
	백기사 (White Knight)	·공개매수가격을 경쟁, 상승시켜 매수시도를 포기하게 만들기 위해 우호적인 제3의 기업에게 대상기업을 인수해 줄 것을 요청

● 미국식 기준(American Standard)의 정착

1980년대 중반이후 마이클 해머(Michael Hammer)란 인물은 근로자들에게 저승사자와 같은 인물로 취급되었다. 다름 아니라 다운사이징(Downsizing)을 처음으로 이론화하여 기업들에게 보급한 인물이다. 다운사이징은 말 그대로 기업의 규모를 축소시키고 가볍게 만들어 빠르게 바뀌는 경영환경의 변화에 대처할 수 있게 만든다는 것이다. 그러나 이 다운사이징은 주가관리의 하나로 받아들여지는 경향이 강했다. 어떤 기업이 다운사이징을 결정하기만 하면 주가가 일거에 30~40%씩 오르기 때문에 주주들의 눈치를 살펴야 하는 미국 기업의 경영인들은 다운사이징을 안 할 수 없었던 것이다.

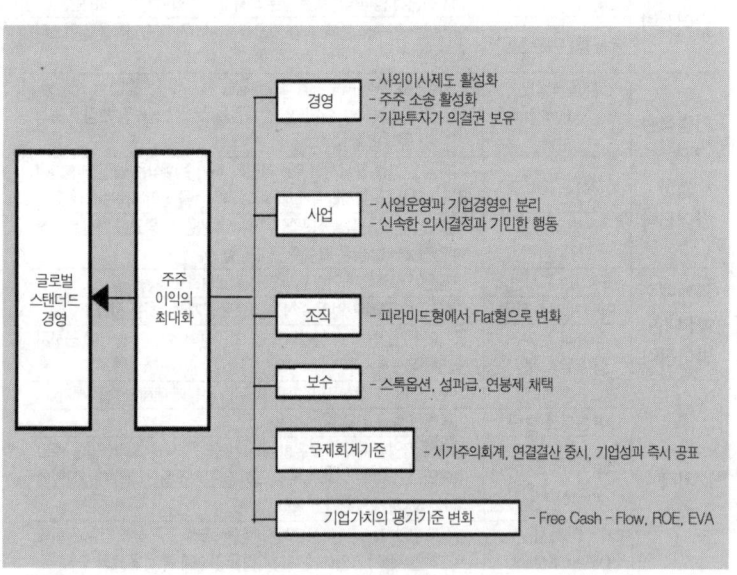

〈글로벌 스탠더드(=미국식 기준)의 주요 내용〉

주식매입 선택권(Stock Option) 부여로 기업들이 얻은 이익

	판관비	스톡옵션 도입에 따른 소득	판관비 억제율 (%)	인건비 억제율 (%)
다우공업주 30종목	588,015	21,168	2.1	4.1
나스닥 시가총액 상위 10개사	41,735	8,596	20.6	41.2
기타 시가총액 상위 10개사	110,685	4,362	3.9	7.9
50개사 총계	740,435	25,126	3.4	6.8

기업들이 이런 식으로 의리를 저버리게 되자 근로자들도 자기 주장을 표출하기 시작한다. 간단하게 말해 평생고용에 대한 미련을 버리고 돈 많이 주고 주식매입 선택권(Stock Option)을 부여할 수 있는 능력이 되는 기업으로 옮기게 된 것이다. 기업들 입장에서 주식매입 선택권을 줌으로써 여러 가지 이점을 누리게 된다. 유능한 인재를 싼값에 부리게 되어 비용을 절감할 수 있을 뿐만 아니라 세금까지 감면받게 되는 것이다. 더 나아가 기업이 잘 되어 주가가 오르면 자기의 소득도 높아지기 때문에 근로자들의 의욕도 높아지게 된다. 마이크로소프트나 시스코 같은 미국의 첨단기업이 성공할 수 있었던 데에는 MIT나 하버드 대학 출신의 수재들이 주식매입 선택권에 이끌려 입사했기 때문에 가능했던 것이다.

6. 블랙 먼데이를 전후한 미국 주식 시장

● 정크본드 시장의 붕괴

마이클 밀켄이 없었다면 장거리 전화회사 MCI의 성공은 없었을 것이다. 1980년대 초반, 미국에서 연 매출 3,500만 달러를 넘는 기업은 모두 23,000개에 달했지만 신용평가회사가 투자적격등급으로 판정한 회사의 수는 불과 800개에 불과했던 것이다.

MCI가 드렉셀사를 통해 10억 달러 상당의 정크본드를 발행하지 않았다면 거대한 경쟁상대, AT&T의 상대가 되지 못했을 것이다. 지금 방송, 언론계의 황제로 군림하고 있는 루퍼트 머독(Rupert Murdoch)도 정크본드를 통해 회사를 발전시킬 수 있었다.

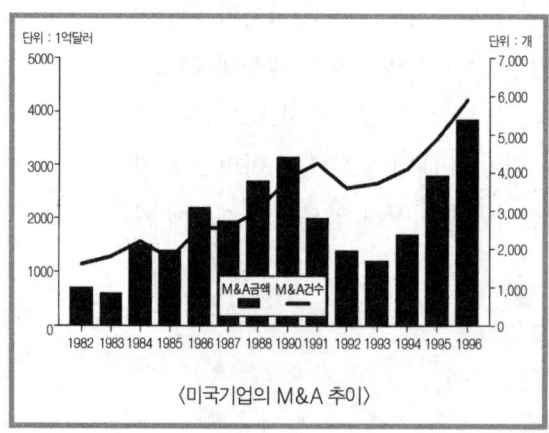

단위 : 1억달러
단위 : 개

M&A금액 M&A건수

〈미국기업의 M&A 추이〉

이런 많은 공로를 세웠지만, 부정적인 영향도 만만찮았다. 정크본드를 손쉽게 발행할 수 있게 됨에 따라 기업들의 재무구조가 크게 나빠졌고 기업들의 재무구조가 나빠짐에 따라 경기가 조금만 어려워지면 수많은 금융기관과 기업들의 연쇄부도가 일어날 가능성이 크게 높아졌다는 것이다. 그리고 마이클 밀켄의 발목을 결정적으로 잡게 되는 약점이 바로 '내부자거래'에 대한 의혹이었다. 1934년 제정된 증권거래법에 따르면 회사의 내부자가 회사에서 얻은 정보를 이용해 주식이나 채권의 투자에 나서는 것을 엄격하게 금지하고 있었다.

그러나 밀켄과 거래관계에 있던 유명한 기업사냥꾼 이반 보에스키(Ivan F. Boesky)가 내부자 거래 혐의로 법망에 걸려들므로써 마이클 밀켄의 신화는 끝이 나게 된다. 보에스키는 벌금 1억 달러에 비교적 가벼운 실형을 선고받는 조건으로 마이클 밀켄을 팔았던 것이다. 마이클 밀켄이 받은 혐의는 수없이 많았지만, 한 마디로 줄이면 "M&A의 정보를 자신의 고객들에게 넘겨 이익을 챙기도록 방조했다"는 것이었다.

운명의 1988년 12월 12일, 드렉셀사는 중범죄 여섯개 조항에 대한 유죄를 인정하여 마이클 밀켄을 해고하는 한편, 6억 5,000만 달러의 벌금을 물기로 합의를 했다. 물론 마이클 밀켄도 1989년 3월 29일 기소되어 6억 달러의 벌금뿐만 아니라 자신으로 인한 피해를 보상하기 위해 별도로 4억 달러 상당의 펀드를 조성하기로 합의를 했다. 그러나 이런 합의에도 불구하고 몇 달 후 열린 선고공판에서 판사는 징역 10년의 중형을 선고했다. 도덕성에 치명적인 타격을 입은 드렉셀사는 1990년 2월 20일 연방 파산법 11조에 따라 뉴욕주 남부지구 연방 파산법원에 파산 신청을 하게 되었다. 당시 드렉셀의 부채총액은 29억 달러로 월 스트리트 역사상 최대 규모였다.

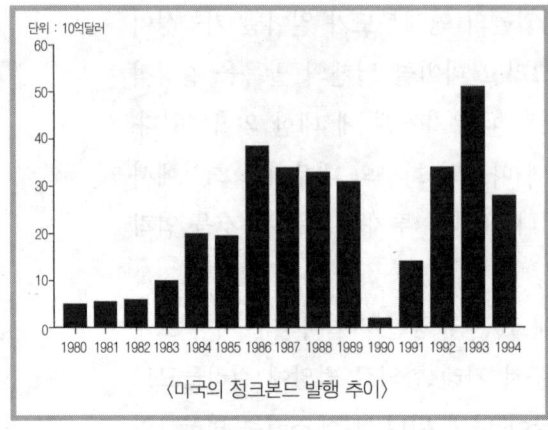

단위 : 10억달러

〈미국의 정크본드 발행 추이〉

정크본드 및 LBO의 황제로 군림하던 마이클 밀켄의 몰락은 주식시장에 심각한 타격을 주게 된다. 드렉셀사의 몰락 이후 정크본드의 발행 규모는 거의 제로 수준으로 떨어졌고 정크본드에 투자했던 저축대부조합(S&L)이 잇따라 부도를 내면서 미국 경제는 심각한 타격을 받게 된다. 물론 기업 인수합병도 크게 줄어들어 한 시대의 종언을 알리게 된다.

● 저축대부조합의 파산

미국의 금융사에서 가장 끔찍했던 위기를 들라면, 무엇보다도 대공황 당시의 은행 파산을 이야기 한다. 그럼 두 번째로 끔찍했던 일이 뭐냐고 물으면, 백이면 백 한결같이 1980년대 후반의 저축대부조합 파산이라고 답하게 되어 있다.

저축대부조합(Savings & Loan)은 대공황으로 내 집 마련의 꿈이 더욱 멀어진 서민들의 주택마련을 도와준다는 취지로 1934년 출범했다. 물론 대공황 이전에 존재하긴 했지만 예금에 대해 연방정부가 보험을 들어주는 저축대부조합은 이때 처음 태동한 것이다.

서민들의 주택마련을 도와주기 위해 설립되었던 저축대부조합

은 각종 세제 혜택을 받는 대신 전체 여신의 80%는 반드시 주택
자금으로 융자되어야 한다는 제한이 있었다. 1934년부터 1960년
대 말까지 30년 동안 이 체제는 별 탈 없이 운영되었다. 저축대
부조합은 경영하기도 정말 쉬웠으며 작은 마을에 자리잡고 있는
저축대부조합의 경영인들은 마을의 유지였다. 사람들은 이들을
3-6-3 클럽 회원이라고 불렀다. 3%에 예금을 받아 6%에 대출해
주고 3시면 골프장에 나갔다고 해서 생긴 별명이었다.

　1970년대에 접어들면서 사정이 달라졌다. 석유위기 이후 금리
가 천정부지로 오른 것이다. 이자율이 오르면 단기 상품을 팔아
장기 저리로 주택 자금을 융자하던 저축대부조합은 큰 손실을
입을 수밖에 없었던 것이다. 저축대부조합이 예금자에게 줄 수
있는 법정 금리는 5.5%로 고정되어 있었으나, 1973년 물가상승

연방 저축대부조합 보험공사(FSLIC) 가입 저축대부조합 통계

	조합수 (개)	총자산 (10억 달러)	순이익 (10억 달러)	유형자본(10억달러)	유형자본/총자산 (%)	부실조합수 (개)	부실조합자산 (10억 달러)	FSLIC 준비금 (10억 달러)
1980년	3,993	604	0.8	32	5.3	43	0.4	6.5
1981년	3,751	340	-4.6	25	4.0	112	28.5	6.2
1982년	3,287	686	-4.1	4	0.5	415	220.0	6.3
1983년	3,146	814	1.9	4	0.4	515	284.6	6.4
1984년	3,246	976	1.0	3	0.3	695	360.2	5.6
1985년	3,246	1,068	3.7	8	0.8	705	358.3	4.6
1986년	3,220	1,162	0.1	14	1.2	672	343.1	-6.3
1987년	3,147	1,249	-7.8	9	0.7	672	353.8	-13.7
1988년	2,949	1,349	-13.4	22	1.6	508	297.3	-75.0
1989년	2,878	1,252	-17.6	10	0.8	516	290.8	파산

률은 13%였으니 사람들이 저축대부조합에 돈을 맡길 이유가 없었던 것이다. 저축대부조합의 문제는 1980년대에 접어들어서도 나아질 기미가 없었다. 증권사에 판매하기 시작한 신상품 MMF(Money Market Fund)의 출현으로 경쟁력이 더욱 떨어진 것이다.

이런 위기를 맞아 레이건 행정부는 저축대부조합의 문제를 해결하기 위해 저축대부조합의 대출 범위를 넓히고 돈을 끌어올 수 있는 길을 열어주기로 하였다. 그러나 이런 무분별한 규제완화는 저축대부조합의 부실을 더욱 키우는 결과를 초래했다. 1982년 제정된 세인트 저메인 법(St. Germain Act)에 따라 저축대부조합의 주택 자금 융자의 이자율은 변동할 수 있게 되었으며 저축대부조합의 자산 운용폭도 넓혀 주었던 것이다. 뿐만 아니라 자산대비 최저 자기자본비율을 5%에서 4%로 낮춰준 데 이어 1982년에는 3%로 낮춘 것이다.

이제 모든 장애가 사라진 저축대부조합은 가장 돈이 많이 들어올 것 같은 곳에 투자하기 시작했다. 그곳은 다름이 아니라 부동산과 정크본드였다. 본업인 주택융자는 뒷전이 되고 투기가 본업이 되었다.

이런 공격적인 투자를 위해서는 돈을 끌어와야 했고, 자금확보를 위해 비싼 이자도 감수하느라 저축대부조합의 재무구조는 더욱 나빠졌다. 도산하는 저축대부조합의 수가 점점 많아졌고, 이를 뒤처리하느라 연방 저축대부조합 보험공사(FSLIC)의 금고는 1987년 바닥이 나고 말았다. 저축대부조합의 위기를 더욱 촉진시킨 것은 1987년 10월의 주가 폭락과 마이클 밀켄에 대한 미국

증권감독원(SEC)의 수사로 정크본드의 가격이 폭락한 것이었다.

그럼에도 불구하고 저축대부조합에 대한 구조조정은 1990년대에야 시작되었다. 그 이유는 단 하나, 저축대부조합이 당시 가장 강력한 이익집단으로 정치권과 줄이 닿아 있었다는 데 있었

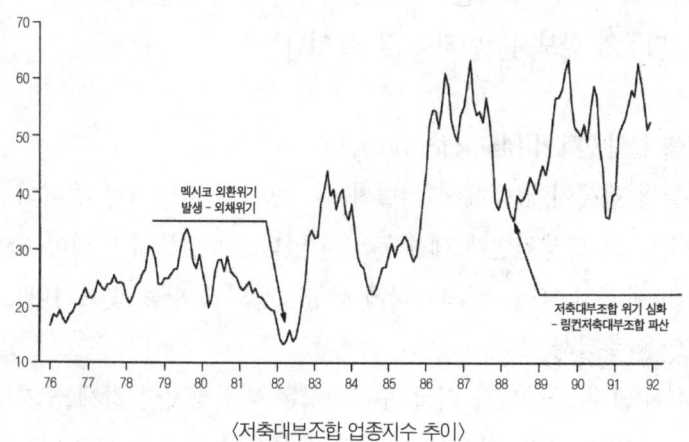

〈저축대부조합 업종지수 추이〉

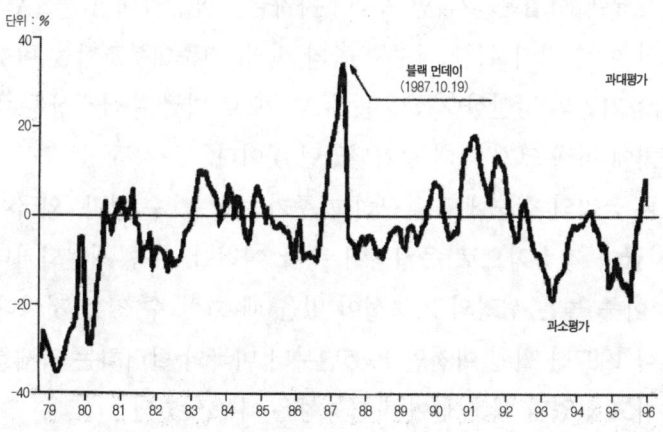

〈FRB(미국연방준비제도이사회) 모형에 따른 주가 수준〉

다. 각 주의 상원의원과 하원의원들은 정치자금의 원천인 저축대부조합의 경영을 돕기 위해 법 제정은 물론 각종 혜택을 주기 위해 모든 노력을 기울였고, 저축대부조합들은 이런 배경을 바탕으로 규제를 두려워하지 않고 탈법행위를 저질렀던 것이다. 물론 그 부담은 고스란히 주식투자자와 일반 국민들에게 넘겨졌다. 미국판 한보사건이라고 볼 수 있다.

● 블랙 먼데이(Black Monday)

블랙 먼데이에 대해서는 벌써 십 수년 전에 벌어진 일이지만 아직도 그 발생원인에 대해 정설이 없다. 이제 블랙 먼데이(1987년 10월 19일) 1년 전부터 국제 금융시장의 상황을 쫓아가며 그 원인을 추적해 보자.

1980년대 중반까지 미국 주식시장은 비정상적인 강세를 지속하고 있었다. 1981년을 고비로 하락하기 시작한 금리, 인위적인 달러강세에 힘입은 외국인 주식투자자금 유입, 적대적 M&A의 시도와 이를 막기 위한 대주주 측의 반격, 저축대부조합을 비롯한 금융기관의 방만한 자산운용의 영향으로 미국 주식시장은 내재가치에 비해 크게 과대 평가되었던 것이다.

물론 금리의 상승에도 불구하고 주가는 오를 수 있다. 외국에서 자금이 지속적으로 유입되어 수급 여건이 계속 개선되거나 향후 아주 높은 성장의 가능성이 있을 때 그럴 수 있는 것이다. 그러나 1987년 훨씬 이전인 1985년부터 미국의 달러화는 약세를 지속하고 있었기 때문에 이런 가능성은 매우 낮았다.

1985년 9월 뉴욕의 플라자호텔에서 열린 선진 5개국 재무장관 · 중앙은행 총재회담(플라자 합의)에서 미국의 무역수지가 더 이상 악화되는 것을 막기 위해 달러화를 평가절하 시키기로 결정한 후, 거의 2년 동안 약세가 지속되었던 것이다. 결국 1987년 2월 프랑스 루블 궁전에서 열린 선진 7개국 재무장관 · 중앙은행 총재회담에서 더 이상의 달러 약세를 중지하자고 결의하게 되었다.

이 때를 고비로 독일과 일본은 한숨을 돌릴 수 있게 되었다. 금

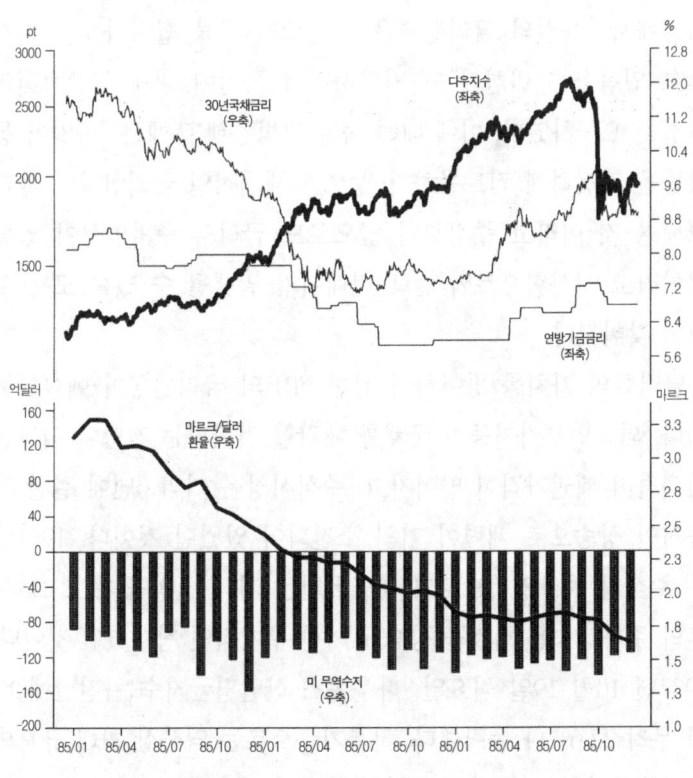

〈블랙 먼데이를 전후한 주요 경제지표〉

리가 떨어진 데다 자국 통화의 강세가 진정되니 내수와 수출이 살아나기 시작한 것이다. 그러나 일본과 독일경제가 회복된 것이 다시 국제적인 갈등의 시발점이 되었다. 루블 합의에 따르면 달러화의 약세를 저지하기 위해 일본과 독일 정부는 금리를 낮게 유지해야 했지만, 경기가 회복되기 시작했음에도 2%대의 낮은 금리를 유지하는 것은 오히려 경기를 과열로 몰고 갈 위험이 있었던 것이다.

1987년 10월 15일, 베이커 재무장관은 백악관에서 가진 기자회견에서 "독일의 금리상승은 지난 2월 루블 합의가 지켜지지 않고 있음을 의미한다"고 지적하면서 독일에 대해 금융정책의  수정을 요구하였다. 이에 대해 독일 연방은행 총재는 "독일이 통화량을 적정하게 컨트롤하지 않으면 세계적인 금리인상이 불가피해질 것"이라고 주장하며 앞으로도 금리의 추가인상이 있을 것이라고 시사함으로써 블랙 먼데이가 발생될 수 있는 모든 조건이 갖춰졌다.

달러화의 가치를 방어하기 위한 FRB의 금리인상이 예상되는데다, 외국인투자자들이 국채를 매각할 것이라는 전망이 시장을 지배하며 채권가격이 떨어지고, 주식시장은 거의 6년에 걸친 지속적인 상승으로 체력이 거의 소진되어 있었던 것이다. 1987년 초 주식형 뮤추얼펀드로의 자금유입은 거의 천정을 쳤고 그 이후의 주가상승은 회전율 상승에 의한 투기적인 장세였던 것이다. 1987년 10월 19일 월요일, 다우존스 산업평균지수는 전날에 비해 무려 22.6%나 폭락했다. 하루기준으로는 역사상 최대 규모의 주가하락이었으며, 대공황 당시 암흑의 화요일(1929년 10월 24일)

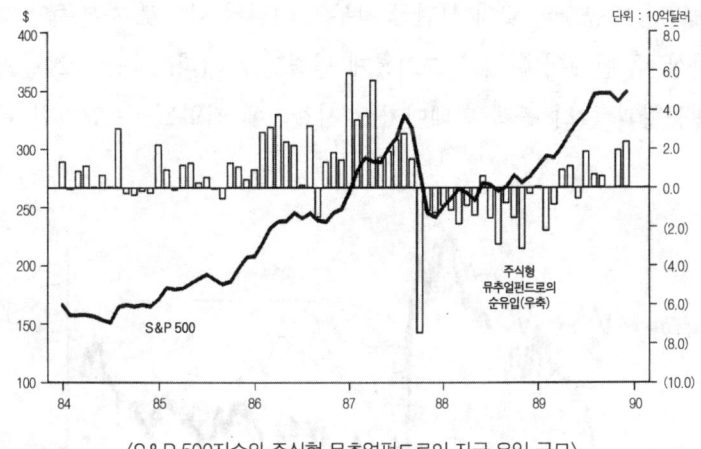

〈S&P 500지수와 주식형 뮤추얼펀드로의 자금 유입 규모〉

12.8% 주가하락의 기록을 뛰어넘는 것이었다.

다음날인 화요일, 세계의 주요 주식시장은 시차에 따라 우선 동경에서부터 개장되었다. 일본은행은 금융조절의 수단을 총동원하여 충분한 자금을 시장에 공급하고 금리를 대폭 낮추는 데 성공했다. 동시에 외환시장에서는 달러화의 폭락을 막기 위해 엄청난 자금을 동원해 달러매입·엔화매각의 시장개입을 개시했다. 그로부터 8시간 뒤인 유럽대륙의 주요 주식시장이 열렸고, 이 시장에서도 충분한 자금공급에 의한 시장금리의 인하와 달러매입의 시장개입이 실시되었다.

드디어 5시간 후인 모든 관계자들의 초긴장 속에서 뉴욕시장이 개장되었다. 뉴욕의 연방준비은행은 전날에 이어 아침부터 대대적인 자금공급을 개시했다. 주식, 채권, 달러 가격이 드디어 폭락세에서 벗어나 반등하기 시작했고 정상적인 거래가 가능해졌다.

지난 대공황과 달리 선진국 정부의 긴밀한 협조로 자본주의 역사상 두 번째의 위기를 슬기롭게 넘겼던 것이다. 지난 1929년의 대공황과 달리 블랙 먼데이가 24시간만에 진화될 수 있었던 이

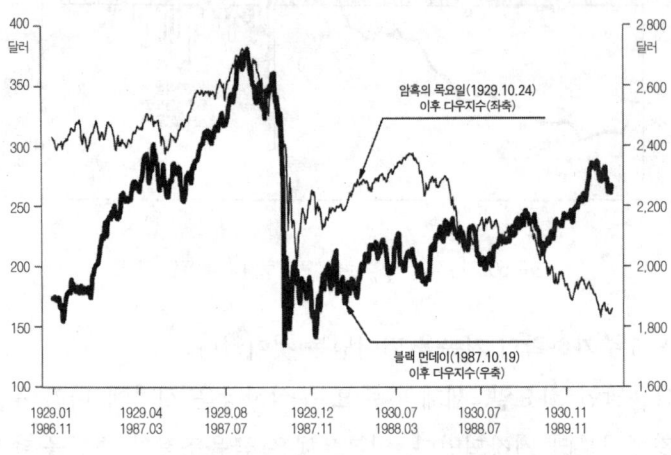

〈암흑의 목요일(1929.10.24)과 블랙 먼데이(1987.10.19) 이후 주식시장의 상황〉

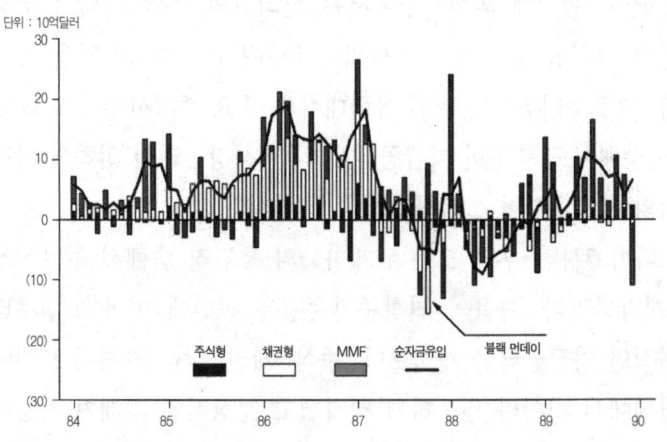

〈블랙 먼데이 이후 뮤추얼펀드의 상품별 자금유입(순증) 규모〉

유는 첫 번째로 1929년과 달리 세계의 실물경제는 매우 건전했다는 것이다. 1987년에는 미국뿐만 아니라 일본과 독일이라는 새로운 엔진이 장착되어 불황을 견디는 힘이 훨씬 커졌던 점을 들 수 있다.

두 번째로 들 수 있는 요인은 1929년 당시 '영국'이 보여주었던 혼란과 이기적인 모습과 달리, 1987년 미국은 아직 그 힘을 잃지 않았었다. 1929년 당시 세계는 경쟁적으로 환율을 평가절하하고 관세를 올려 자기만 살겠다고 발버둥 친 결과 모두 망해버렸지만, 1987년에는 금융시장을 살리기 위해 미국의 리더십을 인정하고 협력했던 것이다.

마지막 원인은 1929년과 달리 환율체제가 '금본위제'에서 완전히 탈피해 있었다는 점이다. 금본위제 아래에서는 자유로운 통화공급이 불가능하기 때문에 중앙은행의 역할이 매우 제약되어 있었지만, 1987년에는 각 국의 중앙은행들은 서슴치 않고 자금을 풀어 위기를 극복할 수 있었다.

● 블랙 먼데이 이후 – 뮤추얼펀드에 대한 신뢰가 시장을 구하다

블랙 먼데이가 생각보다 쉽게 수습되었던 또 다른 원인은 바로 기관투자가에 대한 일반 투자자의 신뢰에서 찾을 수 있다. 1987년 10월 기관투자가들이 그토록 강하게 선물을 매도했던 이유는 자신의 펀드에 자금이 빠져나가고 있었기 때문이었다. 그러나 미국 주식시장에는 자율적인 조정의 메커니즘이 살아있었다.

블랙 먼데이가 벌어지고 금리가 천정부지로 솟으면서 시중의 자금은 모두 MMF로 옮겨갔다. 즉 주식형펀드에서 인출한 돈을 같은 뮤추얼펀드의 MMF로 이동하는 것이다. 주식형펀드에서 인출한 돈을 들고 다른 곳에 갔더라면 미국 주식시장이 그토록 빠르게 회복될 수 없었겠지만, 같은 뮤추얼펀드의 다른 상품에 돈이 몰렸기 때문에 우려했던 뮤추얼펀드의 유동성위기는 없었다. 더욱이 엄청난 시중의 자금이 MMF로 몰림에 따라 먼저 단기금리가 하락하기 시작하였다.

MMF는 초단기 금융상품으로 대부분의 자산을 CD나 CP, Call과 같은 만기가 짧은 상품에 운용하기 때문에 단기금리가 내리기 시작한 것이다. 또한 FRB가 시중에 자금을 풍부하게 풀었기 때문에 단기금리의 하락속도가 더욱 빨라지는 일이 벌어졌다. 1987년 장단기 금리의 격차가 한때 1.5%까지 벌어졌으나, 1988년 말에 이르면 장기금리와 단기금리의 차이가 거의 사라지게 된다. 금리인상에 대한 불안과 달러화 약세가 외국인의 투매로 이어질 것이라는 걱정이 '블랙 먼데이'의 월요일을 일으켰지만,

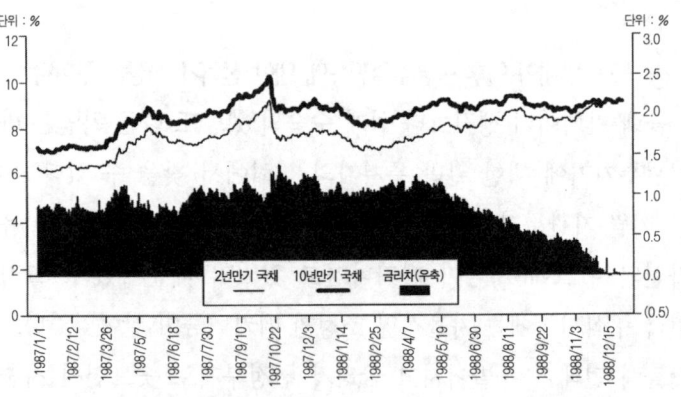

1987년이후 장단기 금리와 금리차 추이

이제 이 모든 걱정거리가 사라진 것이다.

사태가 이렇게 호전되자 MMF에 몰렸던 자금이 다시 채권형과 주식형 상품에 유입되기 시작했고 금융시장은 본격적인 회복 국면을 맞이하게 된다. 이렇게 신뢰를 받고 있는 기관투자가가 있었기에 미국 주식시장이 하루아침에 쉽게 무너지지는 않았던 것이다. 물론 미국의 기관투자가들이 처음부터 이런 신뢰를 받지 못했다. 1929년 대공황 당시에는 돈을 빌려와 주식을 샀을 뿐만 아니라 신디케이트를 결성하여 주가를 인위적으로 끌어올리는 데 앞장섰었다. 뿐만 아니라 1960년대 말에는 Go-Go 펀드를 만들어 소형주에 대한 투기를 부추겼고, 1973년에는 멋진 50종목의 폭락으로 수많은 투자자들의 재산을 허공에 날려버렸다. 그러나 이 모든 과정 속에서 미국의 기관투자가들은 '장기투자' 원칙을 확립하고 고객의 신뢰를 받기 위해 많은 노력을 기울였던 것이다.

뮤추얼펀드 열기의 장본인 - 피터 린치

　뮤추얼펀드가 무엇을 하는 곳인지 모르는 사람은 없을 것이다. 회사형 투자신탁으로 번역되지만, 원래 의미를 살리기는 어려운 듯 싶다. 뮤추얼펀드를 가장 잘 이해하는 방법은 바로 "계(契)"를 생각하면 된다. 계는 여러 사람이 푼돈을 모아 한 사람의 계주(契主)에게 운용을 위탁함으로써 이루어지지만, 나쁜 계주를 만날 경우 계가 깨지면서 많은 사람이 피해를 입게 된다. 이런 위험을 막기 위해 만들어진 게 바로 뮤추얼펀드이다. 뮤추얼펀드는 미국 증권감독위원회(SEC)의 규정에 따라 투자의 내용을 공개하며, 펀드의 순자산가치(NAV)를 항상 발표하도록 되어 있기 때문에 고객들은 안심하고 자산을 맡길 수 있게 된다. 즉 규격에 맞춰 상품화시킨 "계"라고나 할까? 이 뮤추얼펀드가 미국 개인 투자자들의 금융자산에서 차지하는 비중이 얼마인지 아는가? 10년 전인 1989년만 해도 3.2%에 불과했지만 1999년에는 8.9%까지 성장했다.

　이런 눈부신 성공의 뒤에는 바로 피터 린치와 같은 뛰어난 펀드매니저의 존재가 있었다. 피터 린치가 1977년 피델리티(Fidelilty)사의 마젤란(Magellan)펀드 운용을 처음 맡았을 때, 펀드의 자산가치는 불과 2,000만 달러에 불과했지만 그가 은퇴하던 1990년에는 130억 달러에 달했다. 만일 당신이 1977년 1,000달러를 마젤란 펀드에 맡겼다면 1990년에는 2만 7,000달러를 손에 쥘 수 있었다. 그가 별난 투자기법을 가진 것은 아니었다. 오히려 그는 매우 상식적인 사람이었다. 그가 투자해 엄청난 성공을 거둔 타코벨(체인 레스토랑)은 캘리포니아로 가족 여행을 떠났을 때 맛 본 히트 메뉴, 뷰리토(Burrito)의 맛에 감동해 발굴할 수 있었다. 또한 6배의 이익을 안겨준 레그스(L'eggs)는 어떠한가? 그의 부인이 "식품점에서 스타킹을 살 수 있어 정말 편했어요"라고 말하자, 이런 아이디어를 생각해낸 회사가 어디인지 조사해 찾아낸 회사였다. 그의 장점은 "생활 속에서 주식을 발굴"하는 의식의 전환에 있었다. 시장의 타이밍을 맞추는 데 서툴렀고 또 시장의 주도주식을 따라잡은 적도 없었지만, 그는 성실하게 일상생활에서부터 주식을 공부하였기에 놀라운 성적을 거둘 수 있었다.

　최근 수많은 개인투자자들이 '인터넷 주식'에 열을 올리고 있지만, 몇 사람이나 전자상거래를 통해 물건을 사고 정보를 찾아보았을까? 우리나라의 개미들도 "냉장고를 살 때 들인 시간만큼만 주식을 공부하라"는 그의 명언을 잊지 않는다면 틀림없이 좋은 성과를 거둘 것이라 확신한다.

7. 뉴 이코노미(New Economy), 그 빛나는 성과

● 1989년과 1990년의 대전환

1989년 11월 9일, 베를린 장벽의 철거로 2차 대전이후 40여 년에 걸친 양 진영의 대립과 냉전이 종식됨으로써 미국경제는 새로운 발전의 단계를 맞이하게 된다. 선진 7개국과 일부 선진국으로 구성되어 있던 세계시장이 거의 2배 가까이 늘어난 것이다. 1989년을 계기로 구 공산권 경제가 자본주의로 편입되었을 뿐만 아니라, 중국과 인도 등 엄청난 인구와 잠재력을 지닌 개발도상국 시장이 등장한 것이다.

이런 새로운 시장의 가세는 미국기업들에게 엄청난 기회를 제

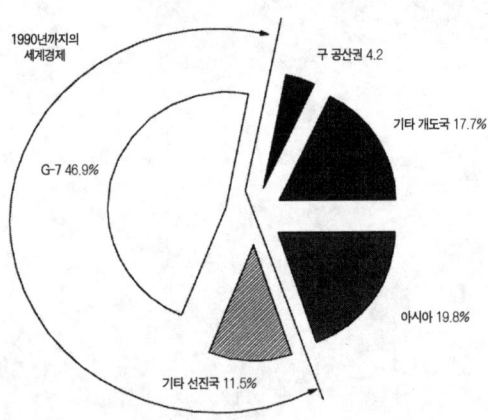

〈1999년말 현재 세계 주요지역의 GDP 비중〉

공하게 되었다. 과거 북아메리카와 유럽의 일부 지역에 편중되어 있던 기업의 매출구성에 중국과 동구권이 추가된 것이다. 광활한 내수시장을 배경으로 치열한 경쟁을 거친 데다, M&A와 다운사이징을 통해 경쟁자들을 차례대로 쓰러뜨리며 강력한 시스템을 구축한 미국 기업들에게 시장의 확대는 곧 이익과 매출증가의 기회를 의미했다.

새로운 시장이 열림과 동시에 또 다른 행운이 미국 경제에 다가왔다. 그것은 다름이 아니라 컴퓨터 및 소프트웨어 관련 기술의 발전, 그리고 인터넷의 보급이었다. 마이크로소프트와 인텔을 필두로 한 주력기업들은 세계의 표준을 장악하며 후발주자의 이점을 박탈해 버렸으며, 시스코와 퀄컴(Qualcomm)을 중심으로 한 미국의 벤처기업들은 통신과 인터넷 망의 기초기술을 선점하였던 것이다.

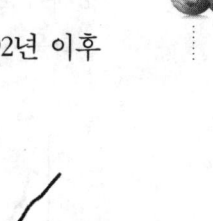

컴퓨터, 반도체, 통신 등 정보통신산업의 생산은 1992년 이후

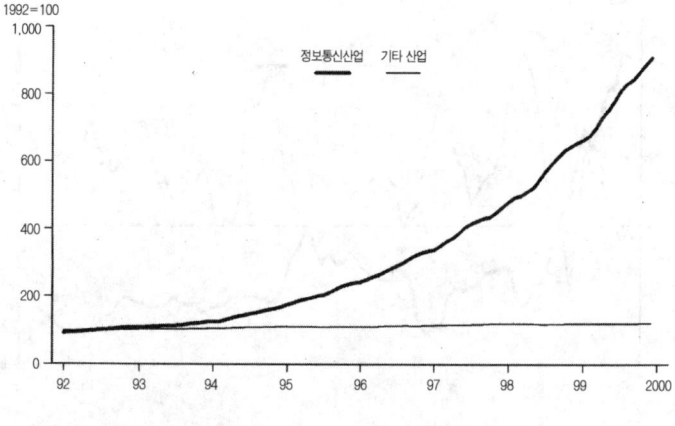

〈정보통신산업과 기타 산업의 산업생산 추이〉

10배 이상 증가한 반면, 자동차, 조선, 철강 등 기타 산업의 생산은 불과 20%증가하는 데 그쳤다는 통계수치는 정말 믿기 힘든 정보통신 산업의 발전을 입증하고 있다. 미국경제의 구조가 얼마나 크게 변화했을 지는 쉽게 짐작할 수 있을 것이다.

치열한 경쟁을 통한 체력의 강화, 주식시장의 활황에 따른 벤처기업에 대한 자금 조달 기회 확대, 세계시장 성장 및 확대, 신기술의 발전 등 미국 경제에 다가온 네 가지의 호재는 역사상 다시 보기 힘들 호황을 선사했다. 그것은 바로 물가상승 없는 장기 호황이었다.

노동 생산성이 비약적으로 향상됨에 따라 기업들 사이의 가격 경쟁이 강화되어 물가는 크게 오를 수 없었고, 또 국내시장에서 조금 밑지고 팔더라도 압도적인 기술의 우위를 바탕으로 해외시장에서 충분히 만회할 수 있었던 것이다.

더욱이 월 마트와 K 마트로 대변되는 할인점들이 유통시장에

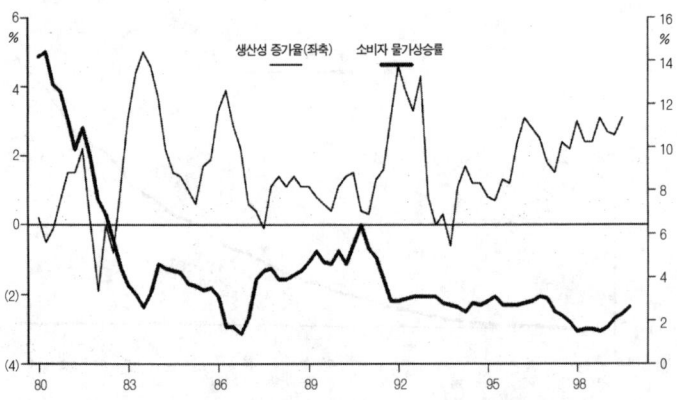

〈1980년 이후 생산성 상승률과 소비자 물가상승률〉

'가격파괴'의 경쟁을 몰고 왔다. 도심에서 벗어나 베이비 붐세대
(Baby Boomer)가 거주하고 있는 교외의 공터에 창고형 할인매
장을 건설한 샘월튼(월 - 마트 창업주)의 아이디어는 자기는 물론,

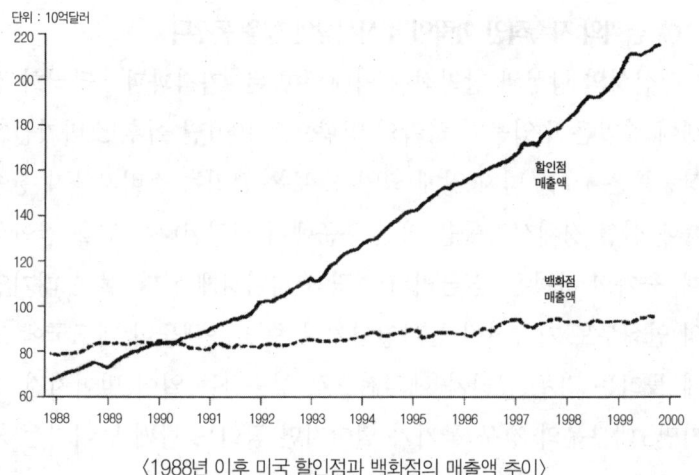

〈1988년 이후 미국 할인점과 백화점의 매출액 추이〉

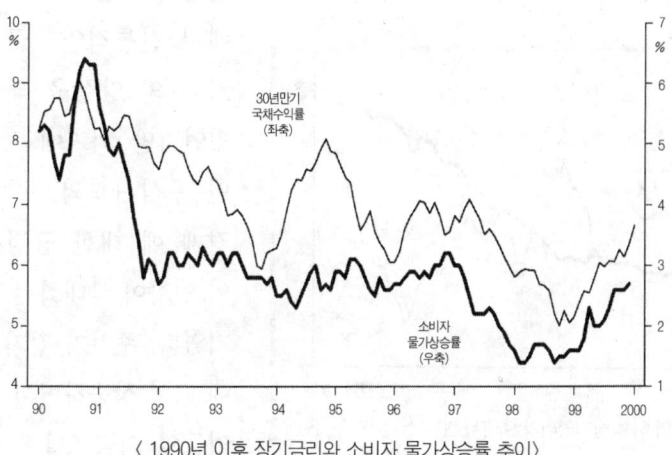

〈 1990년 이후 장기금리와 소비자 물가상승률 추이〉

세상을 함께 바꾸었다. 정보통신 혁명과 수입물가의 하락, 그리고 소매점의 할인경쟁에 힘입어 미국의 소비자물가 상승률은 1960년대 전반 이후 처음으로 1% 수준까지 떨어진 것이다.

● 금리의 지속적인 하락이 주식시장의 힘을 돋우다

생산성의 향상과 할인점에 의해 촉발된 '가격파괴', 달러화 강세에 힘입은 수입물가 하락의 영향으로 1991년 이후 소비자물가 상승률은 4%를 넘지 않게 되었다. 보통 금리는 소비자물가 상승률에 실질 경제성장률을 더한 수준에서 결정된다는 점을 감안할 때, 물가의 하락은 곧 금리의 하락을 의미하게 된다. 물론 대기업의 연쇄부도 가능성이 높아진다거나 주요 은행들이 개도국에 크게 물리는 경우 금리가 예외적으로 상승하는 일이 벌어지긴 하지만, 대부분의 경우 물가가 떨어지면 금리도 함께 떨어지는 게 보통이다.

1990년대에는 금리하락이 주식시장의 활황을 이끌었다는 점에서 전통적인 '금융장세'의 양상을 띠고 있었지만, 과거에 비하면 주식시장의 '실물경제'에 대한 긍정적인 영향이 극대화된 시기였다. 주가가 장기간에 걸쳐 상승하면서 기업들의 자금조달이 쉬

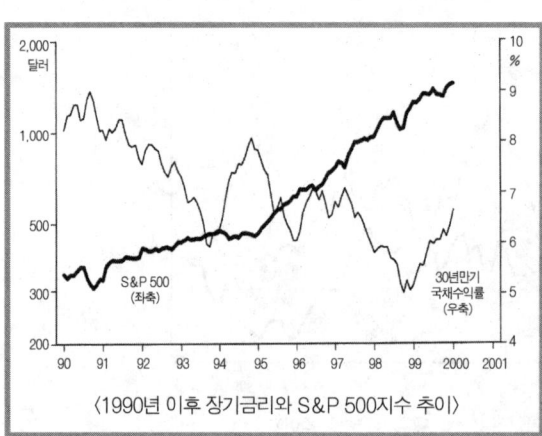

〈1990년 이후 장기금리와 S&P 500지수 추이〉

워졌을 뿐만 아니라, 주식매입 청구권(Stock Option)의 매력에
이끌려 뛰어난 인재들이 저임금을 마다 않고 벤처기업에 입사함
에 따라 임금상승률도 덩달아 떨어지는 효과를 가져왔었다. 성
장기업들은 나스닥과 벤처캐피털을 통해 풍부한 자금을 쓸 수
있었기 때문에 굳이 은행 대출을 이용할 필요를 느끼지 않았고,
은행들은 남아도는 자금을 운용하기 위해서라도 주식에 투자하
지 않을 수 없었던 것이다.

　사실, 이 부분이 미국경제 최대의 위협요인이라고 해도 과언이
아니다. 보수적인 성향을 지녀야 하는 은행 및 보험 등의 기관투
자가들이 벤처캐피털에 지나치게 많은 자금을 투입하고, 성장성

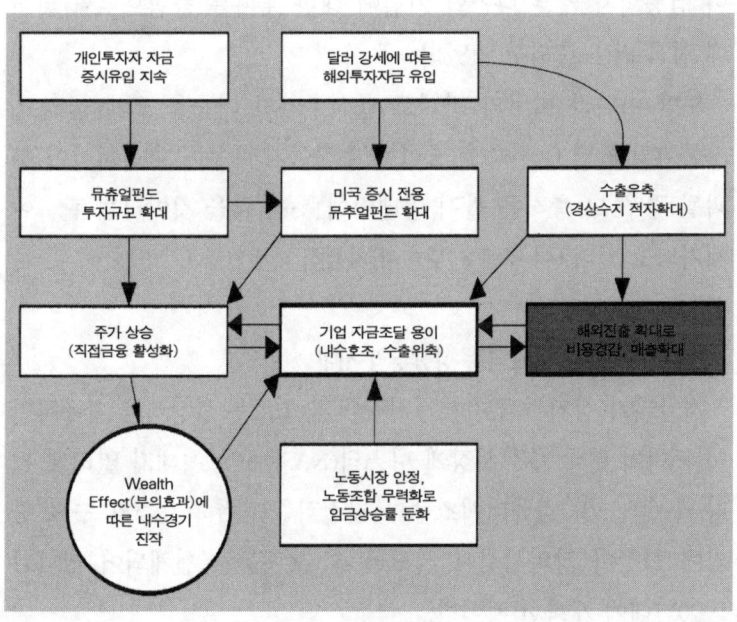

〈1990년 이후 미국 주가상승의 구도〉

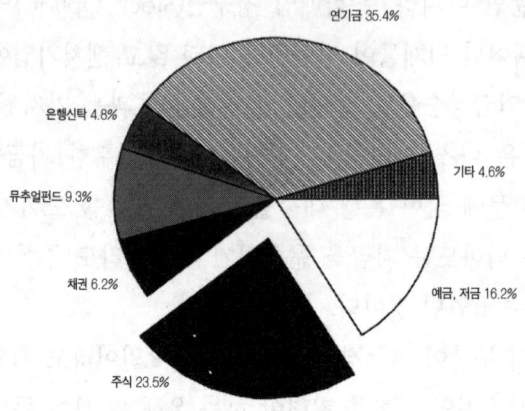

연기금 35.4%

은행신탁 4.8%

기타 4.6%

뮤추얼펀드 9.3%

채권 6.2%

예금, 저금 16.2%

주식 23.5%

〈1998년 말 현재 미국가계의 금융자산 구성〉

이 검증되지 않은 나스닥 기업에 대한 투자를 늘림으로써 위험에 점점 더 노출되고 있었다.

뿐만 아니라 미국의 가계도 주식투자의 비중을 크게 늘리고, 자본이익을 믿고 저축을 줄이는 추세이기 때문에 주식시장이 붕괴될 경우 그 충격은 블랙 먼데이에 못지 않을 것이라는 관측이 제기되고 있다.(이 부분은 뒤에서 자세히 다뤄진다.)

● 나스닥으로 대표되는 성장주의 시대

저금리가 장기화되고 세계시장이 순조로운 성장세를 지속하면서 드디어 미국 주식시장에 나스닥(NASDAQ) 시대가 열리게 된다. 1960년 말 컴퓨터시스템의 발전과 기관투자가들의 수요 증가에 힘입어 장외시장이 시작된 후 오랫동안 침체되어 있다가 1990년대에 개화한 것이다.

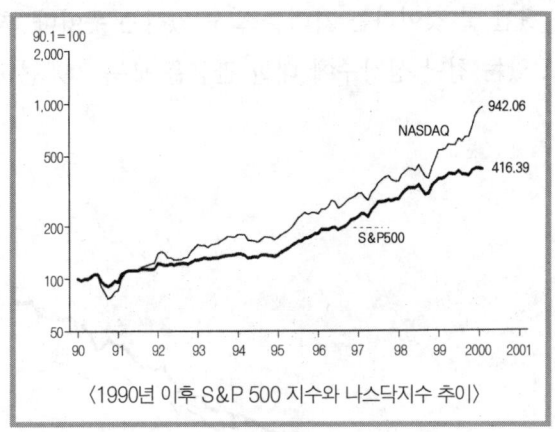

〈1990년 이후 S&P 500 지수와 나스닥지수 추이〉

　1990년 1월을 100으로 환산할 때 1999년말, S&P 500지수는 420을 기록한 반면 나스닥지수는 940을 기록해 거의 5배 이상의 놀라운 성장을 기록한 것이다. 최근 한국의 두루넷, 하나로 통신, e-머신즈 등이 나스닥에 상장할 수 있었던 것도 나스닥시장이 첨단 정보통신 기업의 상장에 매우 너그럽기 때문이다. 뉴욕증권거래소(NYSE)가 전통적인 대기업의 상장을 선호한다면 나스닥은 그 틈새를 노린 것이다.

　1990년 1월을 100으로 성장주와 가치주의 상승률을 살펴보면 10년 동안 성장주는 527% 상승한 반면, 가치주는 280.2% 상승하는 데 그친 것을 알 수 있다. 여기서 '성장주' 라 함은 매출액 증가율이 전 상장기업 중 상위에 위치하고 PER, 주가수익배율이 시장 평균(약 20배)을 상회하는 주식들을 의미한다.

　매출액 증가율이 높다는 것은 회사가 빠르게 성장한다는 것을 의미하고 PER이 높다는 것은 시장에서 이 회사의 미래수익이

지금보다 훨씬 클 것이라는 기대를 걸고 있다는 뜻이다. 최근 한
국에 불고 있는 첨단 성장주에 대한 관심은 모두 1990년대 미국

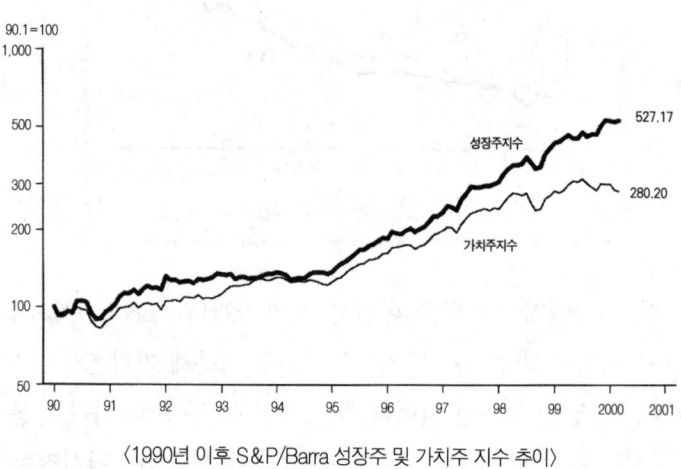

〈1990년 이후 S&P/Barra 성장주 및 가치주 지수 추이〉

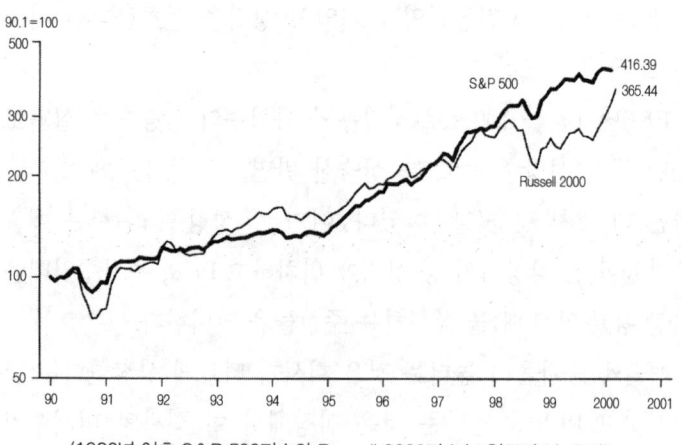

〈1990년 이후 S&P 500지수와 Russell 2000지수(소형주지수) 추이〉

에서 시작된 붐이 옮겨 붙었다고 볼 수 있다.

반면 '가치주'는 PER이 시장 평균보다 낮고 PBR이 낮은 회사들을 지칭한다. 이들 기업들은 장기투자를 선호하는 워렌 버펫과 같은 투자자들이 좋아하는 성격을 지니고 있다. 이들 가치주들은 풍부한 현금과 자산을 보유하고 있고 경기에 별 관련을 맺지 않는 산업들이 대부분이다. 미국에서는 코카콜라, 질레트 등의 생활 필수품 제조업체들이 여기에 해당된다.

● 소형주의 화려한 부활

1975~1983년에 빠른 성장세를 보였던 소형주들은 그 이후에 어떻게 되었을까? 1990년대 미국 주식시장의 주도주 가운데에서 소형주의 이름을 찾기 어렵다. 최근 약 1년을 제외하고 Russell 200지수(소형주 지수)는 S&P 500지수를 지속적으로 하회해 왔던 것이다. 기관투자가들이 이들 소형주를 별로 좋아하지 않는 점이 외면받은 가장 큰 이유였다. 멀리 1960년대 Go-Go펀드의 사례를 들 것 없이, 한국만 해도 1997년 하반기 소형주에 대한 투자는 정말 참담한 결과를 나타냈다. 기관투자가들은 기본적으로 남의 돈을 대신 운용해주는 사람들이다. 따라서 보수적인 운용에 아무래도 치중하게 되며, 소형주나 나스닥 등 변동성과 부도 가능성이 높은 주식의 투자에 소극적일 수밖에 없었다.

그런데 최근 미국시장에서는 소형주 지수가 크게 상승하기 시작하고 있다. 바로 기관투자가의 힘이 떨어지고 개인투자자들이 강한 세력을 형성하기 시작했기 때문이다. 미국에서도 주식시장

워렌 버펫도 이해하지 못하는 나스닥의 주가상승

세계 제1의 주식투자 명인을 꼽으라면? 조지 소로스, 피터 린치 등 여러 이름이 떠오르겠지만, 역시 워렌 버펫(Warren Buffett)을 빼놓을 수 없다. 그는 주식투자로 세계 5위의 부호의 자리에 오른 사람이다. 세계 제1의 부자 빌 게이츠는 그가 창업한 회사 마이크로소프트의 주가상승을 통해 그 자리에 올랐다면, 워렌 버펫은 순수히 주식투자를 통해 그 자리에 올라선 것이다.

어떻게 해야 이런 성공을 거둘 수 있을까? 그의 투자비결은 매우 단순하다. 그는 기업의 내재가치(Intrinsic Value)를 구해 합리적인 가격에 이들 회사의 주식을 매입하는 데 모든 관심을 기울인다. 대신 그가 이해하지 못하는 기업이나 신뢰하지 않는 기업에는 절대 투자하지 않는다. 그는 주식시장의 움직임이 어떻게 될 지에 대해서는 전혀 관심이 없다. 그는 코카콜라의 주가가 6년 동안 5배, 60년 전과 비교하면 600배 상승한 이후였지만, 1988년과 1989년에 모두 10억 달러 이상의 자금을 투자하여 그 회사의 주식을 다량으로 매입하였다. 이 투자에서 버펫은 3년 만에 투자 원금의 4배를 벌어들였지만 앞으로 5년, 혹은 20년 동안 더 많은 수익을 얻게 될 것이라고 예상하고 있다. 버펫은 그가 이해하지 못하는 기업이거나 신뢰하지 않는 기업에는 절대로 투자하지 않는다.

워렌 버펫은 나스닥시장에 등록된 회사를 철저하게 무시해왔지만, 최근 몇 년 동안 버크셔 해더웨이의 실적이 시장의 수익률을 따라잡지 못하면서 "버펫도 이제 끝난게 아니냐"는 이야기가 돌고 있다. 한 때 8만 달러(우리 돈으로 9천만 원)를 넘나들던 버크셔 해더웨이의 주가가 최근 5만 달러 수준까지 떨어진 것이다. 과연 워렌 버펫의 신화가 여기서 끝날까?

나는 워렌 버펫이 이번에도 또 이길 것이라고 생각한다. 1960년대 말 Go-Go 펀드의 붐으로 시장이 달아오를 때 펀드를 해산하여 이익을 투자자들에게 환원시켰을 때처럼, 그리고 1987년 주식시장의 붕괴를 오히려 우량주 매수의 계기로 삼았던 것처럼, 몇 년만 기다리면 그가 맞았다는 게 밝혀질 것이라고 생각한다.

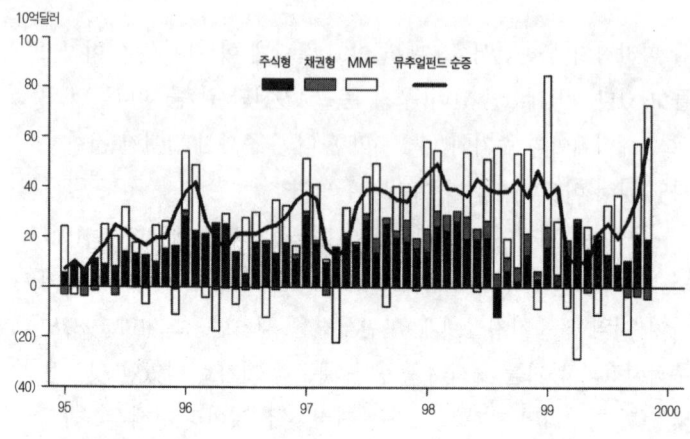

〈1995년 이후 뮤추얼펀드의 상품별 순유입 규모〉

이 서서히 저물어 갈 때 소형주가 움직이기 시작한다. 일본의 경험에서도 그러했듯이 소형주는 대형주의 주가가 너무 올라 몸이 무거워지고, 기관투자가의 힘이 떨어질 때 상승하기 시작한다. 결국 소형주가 움직인다는 것은, 시장의 체력이 거의 소진되었다는 말도 된다. 미국경제가 10년이라는 초유의 호황을 누리고 있지만 서서히 조정을 받을 시점이 다가오고 있음을 보여주는 신호로 해석된다.

8. 미국 주식시장은 어떻게 될까?

미국 주식시장의 앞날을 전망한다는 것은 정말 어려운 일이다. 그 이유는 주가버블의 가능성이 그 어느 때보다 높지만 워낙 체력이 강해 쉽게 무너지기도 어렵기 때문이다. 최근 주식형 펀드로의 자금유입이 둔화되고 있고 달러화가 약세를 보이면서 외국인 주식투자 자금 유입규모가 축소될 것이라는 부정적인 전망이 제기되고 있으나, 지난 100여 년 간 항상 주식시장을 위협해왔던 여러 가지 악몽이 거의 사라진 이상 '주가폭락→경제위기'의 가능성이 낮아진 것으로 판단된다.

그런 전망을 내리는 근거는 무엇인가? 그 이유는 미국 주식시장의 위기를 초래했던 4가지의 요인 중 그 어느 것도 심각하게 나빠지지 않고 있기 때문이다. 4가지의 위험요인은 '① 정부의 재정적자, ② 수익대비 높은 주가 수준, ③ 외국인투자자의 이탈 가능성, ④ 경상수지 적자 문제'가 그것이다.

● 정부의 재정적자는 개선추세

첫 번째로 미국 주식시장의 최대 위협요인이 되었던 미국 정부의 재정적자 문제를 살펴보자.

미국이 세계 제1의 부채국가로 올라 선 것은 오래 전의 일이다. 미국이 기축 통화국가로서 지불정지(Moratorium)에 대한 불

단위 : 10억달러

이자지급을
제외한 재정수지

이자지급을
포함한 재정수지

〈1988년 이후 미국의 재정수지 추이〉

안이 없었기에 지금까지 넘어왔지만 현재의 미국 정부가 지고 있는 부채수준은 기록적인 것이다. 1999년 미국의 재정적자 규모는 5조 6,605억 달러로 추정된다. 연리 5%로 계산해도 한 해의 이자 비용만 연간 2,300억 달러를 지불해야 되는 것이니 국가의 재정이 제대로 될 수가 없다.

이런 빚을 안고 있는 이상 미국경제는 항상 불안에 시달릴 수밖에 없었다. 1980년대 그렇게 높은 고금리를 유지했던 이유는 바로 미국정부의 엄청난 재정적자와 적자국채(재정적자를 만회하기 위해 발행하는 채권)를 발행했기 때문이었다. 더욱이 경기가 좋지 않음에도 불구하고 레이건 정부가 '강한 달러' 정책을 끌고 나갔던 것도 미국 정부가 발행한 국채의 대부분을 외국의 정부와 기관투자가가 샀기 때문에 '투자의 매력'을 잃지 않기 위해서였다. 그러나 최근 미국경제가 엄청난 성장을 이룩하며 세금이 잘 걷힌 데다, 거의 20년만에 처음으로 주식거래의 증가로 자본소득세가 많이 걷히면서 재정수지가 흑자로 돌아서게 되었다. 서머스(Summers) 미 재무장관은 최근 30년 만기의 장기국채를 중심으로 다시 사들이겠다고 선언했다. 드디어 빚을 늘이기만 하던 시기에서 벗어나 빚을 갚기 시작한 것이다.

● 미국기업의 이익증가는 앞으로도 이어질 전망

미국 재정적자에 이은 두 번째의 위협요인은 바로 기업의 이익 수준에 비해 주가가 많이 올랐다는 것이다. 지난 1987년 10월 24일의 주가폭락 당시 PER이 22배였음을 감안할 때 2000년 2월말 현재 미국 S&P 500지수의 PER 32.5배는 정말 높은 수준이다. 1999년부터 미국의 기관투자가들이 적극적으로 주식을 사지 않았던 이유도 여기에 있다. 주가 수준이 너무 높아 주식을 사기 부담스럽다는 것이다. 그러나 이런 논란에도 불구하고 미국 주식시장이 붕괴되지 않을 것으로 보는 이유는 바로 향후 미국 기업들의 이익이 15% 이상 증가할 것이라는 장미빛 전망 때문이다. 기업의 수익이 주가 보다 더 빨리 증가한다면 큰 문제가 될 게 없다는 것이 낙관론자들의 생각이다.

물론 애널리스트의 속성상 주가가 오르면 낙관론을 취하는 게 당연하고, 또 1929년과 1987년 당시에도 수많은 애널리스트와 경제분석가들은 주식 가격이 더 오르고 이익이 더 빠르게 증가

할 것이라는 낙관론을 폈었던 것을 감안할 때 이를 전적으로 믿을 수는 없다. 그러나 1990년대 미국기업들의 세금 공제 후 이익 증가율은 9.8%를 기록함으로써 1970년 대 의 12.9%에 근접하고 있

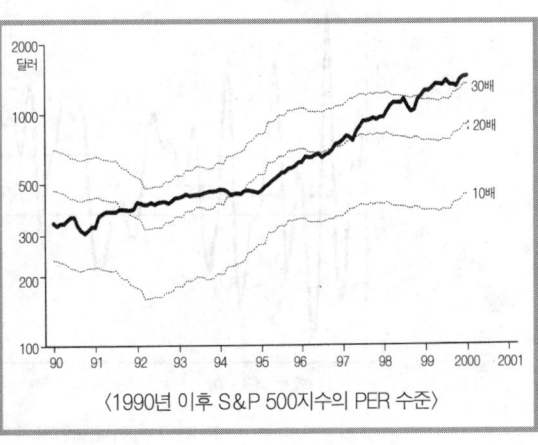

〈1990년 이후 S&P 500지수의 PER 수준〉

다. 그러나 앞서 살펴보았던 것처럼 1970년대는 연간 10%의 높은 물가상승률을 기록했던 시기로 이익의 질이 나빴던 것을 염두해 두어야 한다. 1970년대 12.9%의 이익증가율은 사실 2%의

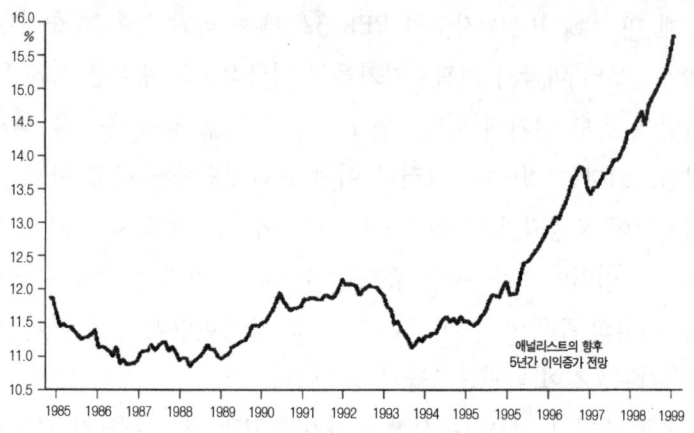

〈1985년 이후 전 미국 애널리스트의 향후 5년 이익 증가율 전망〉

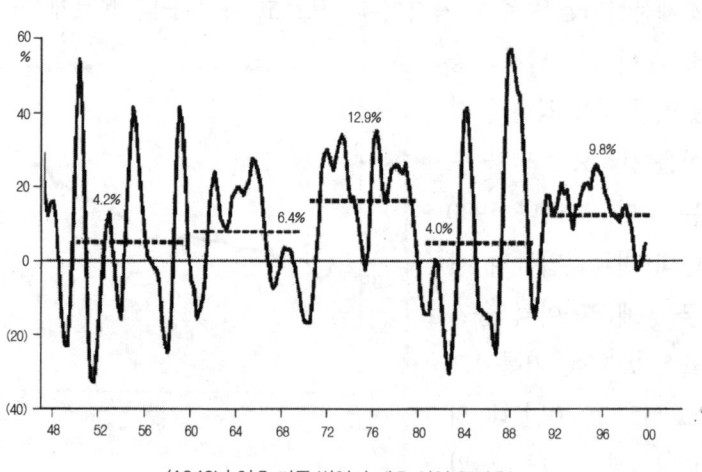

〈1948년 이후 미국 법인의 세후 이익 증가율〉

실질 이익 증가를 나타내지만, 1990년의 이익 증가율 9.8%는 거의 5%대의 실질 이익 증가를 의미하는 것이니 정말 놀라운 성과가 아닐 수 없다. 1980년대와 같은 지속적인 감세(減稅)가 있었던 것도 아니고, 1950년대와 1960년대 같은 절대적인 경쟁력 우위를 지닌 것도 아니었지만, 1990년대 미국 기업들은 정말 안정적인 수익증가를 기록했던 것이다.

● 외국인 주식투자자의 이탈 가능성 희박

세 번째로 외국인투자자의 이탈 가능성에 대해 살펴보도록 하자. 최근 엔화가 강세를 보이고 유러화도 바닥을 탈피하는 모습을 보이면서 미국 주식시장에서 외국인투자자들이 이탈할 것이라는 우려의 목소리가 높다. 물론 이런 일이 현실화 될 경우, 주식시장의 수급이 크게 약화되는 결과를 초래할 것이다. 그러나 아직까지 그런 우려가 현실화 될 가능성은 높아 보이지 않는다.

모든 자본은 항상 수익률이 높은 곳을 찾아다니는 속성을 가지고 있다. 그런데 수익률은 결국 그 나라의 성장률에 의해 결정되어진다. 최근 전 세계 어느 국가를 보아도 미국만큼 성장률이 높은 곳을 찾기 어렵다. 한국과 태국, 말레이시아 등 외환위기에서 빠져

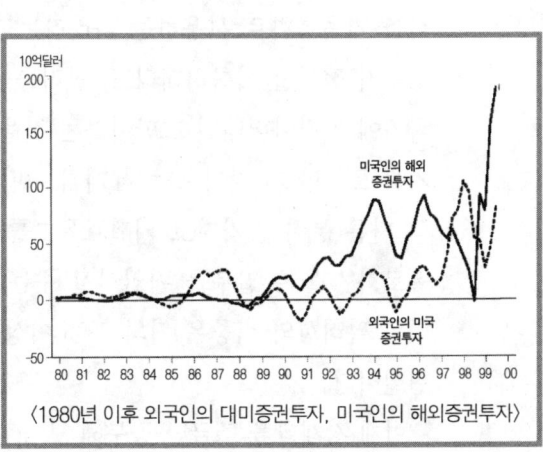

〈1980년 이후 외국인의 대미증권투자, 미국인의 해외증권투자〉

나온 국가들이 회복세를 보이며 두 자리수의 성장률을 지속하고 있으나, 그 만큼 위험도 높기 때문에 미국 주식시장에서 타격을 줄 정도로 돈이 빠져나가기는 어렵다. 일본 경제는 1999년 하반기를 고비로 다시 어려움에 빠져 있는 모습이고 유럽도 생각보다 성장률이 회복되지 못한 실정이다.

● 최근 경상수지 적자의 확대는 외국인 직접투자의 증가 때문

마지막으로 경상수지 적자의 누적 문제를 생각해 보자. 미국의 경상수지 적자가 누적되는 이유는 무엇 때문일까? 미국경제는 지난 70년대부터 경상수지 적자를 기록하기 시작하여 1980년대 중반에는 그 규모가 사상 최고수준에 도달하였다. 그 후 소폭의 개선이 이루어지긴 했지만 여전히 매 분기마다 많게는 900억 달러, 적게는 300억 달러 규모의 적자를 기록하고 있다.

그런데 여기서 명확하게 알아야 할 것은 한국처럼 외환위기에서 막 빠져 나온 나라와 달리, 미국은 세계 제1의 강국이며 달러화를 기축통화로 사용하는 나라라는 점이다. 미국이 아무리 경상수지 적자를 기록하더라도, 달러를 좀 더 많이 찍어내어 채권국가에게 갚아버리면 그만이라는 것을 잊어버리면 안된다. 이야기를 조금만 더 나가보자. 세계의 어떤 나라가 미국 달러화 이외의 다른 통화를 가지고 외환보유고를 채울 수 있겠는가? 엔화, 유로화? 물론 일부를 편입시킬 수는 있다. 그러나 기축통화인 미국 달러화의 비중은 거의 70% 이상을 차지할 수밖에 없는 게 현실이다.

이제 경제학을 조금만 공부해 보자. 경제학에서 경상수지는 총

저축에서 총투자를 뺀 것으로 정의된다. 다시 말해 저축한 것보다 더 많은 자금을 투자할 때 경상수지는 적자를 기록하게 되는 것이다. 1996년과 1997년 한국이 대규모 경상수지 적자를 기록

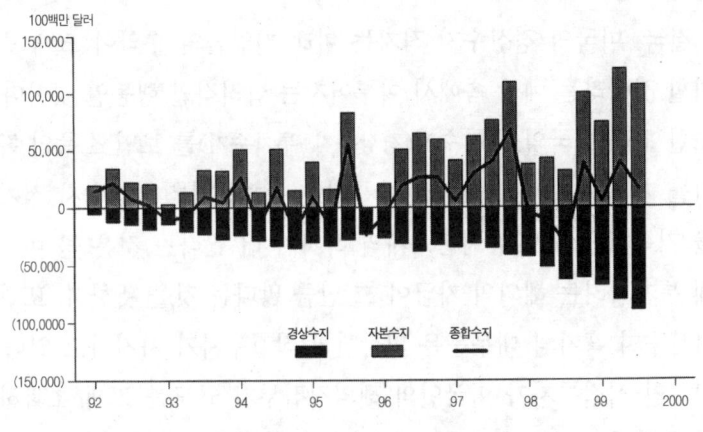

〈1992년 이후 미국의 경상수지, 자본수지, 종합수지 추이〉

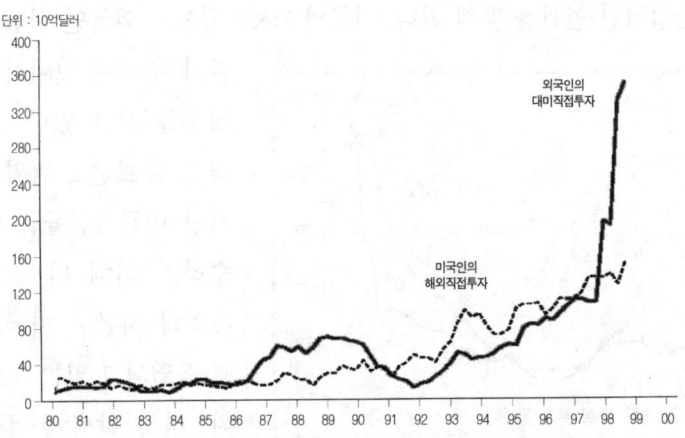

〈1980년 이후 외국인의 대미직접투자, 미국인의 해외직접투자〉

했던 것은 기술력도 없으면서 과잉중복 투자에 몰두했기 때문이었다. 그러나 미국은 다르다. 세계의 모든 국가가 미국이 보유한 기술을 탐내고 있으며, 미국 기업의 투자는 그대로 매출증가로 연결되는 추세이다.

결국, 미국의 경상수지 적자는 미래 기업들의 수익이 크게 증가할 것이라는 예상 속에서 이루어지는 합리적인 행동인 것이다. 또한 최근 미국의 종합수지(경상수지+투자수지)를 보면 소폭의 흑자를 기록하고 있다. 이 말은 무엇을 뜻하는가? 경상수지 적자를 기록했던 것보다 자본수지의 흑자가 더 많다는 것은 곧 미국에 투자하려는 해외의 자금이 그 만큼 많다는 것을 뜻한다. 또한 자본수지 흑자의 대부분은 외국인의 직접투자가 차지하고 있다. 외국인 직접투자가 미국인의 해외직접투자 규모를 크게 초과하기 때문에 자본수지의 흑자가 점점 더 증가하는 것이다.

또한 외국인 직접투자의 증가는 대부분의 경우 M&A와 직·간접적인 연관을 맺게 된다. 미국의 M&A 규모와 외국인 직접투자의 추세는 일치하는 경향을 갖고 있다. 기술력 및 브랜드 파워를 지닌 미국기업들을 매수하기 위해 더 많은 해외의 자본이 미국으로 유입되고 있는 것이다. 다시 말해 미국이라는 나라는 세계의 여

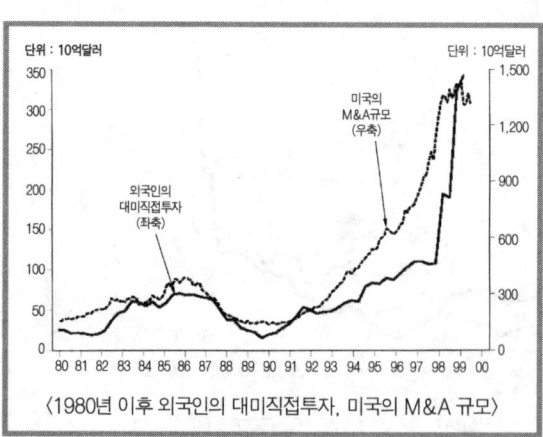

〈1980년 이후 외국인의 대미직접투자, 미국의 M&A 규모〉

러 기업을 위한 벤처캐피털의 역할을 충실하게 이행하고 있는 것이다. 물론 이 모든 우량기업이 외국에게 팔린다면 문제가 될 수 있겠지만, 아직 그 리스트의 끝은 보이지 않는 것 같다.

이상이 미국 경상수지 적자의 현실이다. 미국의 입장에서 경상수지의 적자는 큰 문제가 되지 않는다. 그 이유는 ① 기축통화국가로서 대외 채권의 지급에 아무런 어려움이 없고 ② 미국의 성장성에 기대를 거는 외국 자본의 유입이 점점 더 증가하는 추세이며 ③ 외국 자본의 대부분은 투기자본이라기 보다 미국의 기술을 노린 직접투자(장기투자) 자금이기 때문이다. 따라서 미국 경제에 대한 의문이 제기되고, 미국의 패권이 흔들리던 1980년대 미국의 경상수지 적자의 누증과 1990년대 미국의 경상수지 적자 문제를 단순 비교하는 것은 큰 착오를 낳을 수 있게 된다.

● 미국시장의 붕괴를 걱정하기에 앞서 한국시장의 버블을 보자

미국시장이 왜 강하며, 또 어떻게 해서 강해졌는지 알 것 같은가? 아직 모르겠다면 다음의 한 가지 이야기만 마저 들어보라.

월 스트리트에 기관투자가만을 위한 조사회사가 출현했던 것은 1950년대 중반의 일이었다. 그들은 종래에는 이용할 수 없었던 새로운 서비스를 제공했다. 그때까지 이뤄졌던 대부분의 조사보고는 어떤 특정 주식과 채권을 추천하는 1~2페이지의 간단한 리포트였다. 이것은 단발의 장사를 하기 위한 것으로 1회용이지, 계속성은 없었다. 당시의 분석가들은 조금도 기가 죽지 않고 계속해서 추천종목을 바꾸고 있었다.

이에 비해 기관투자가를 위한 조사회사는 여러 산업이나 기업을 계속적으로 커버하고 최선의 정보를 제공하였기 때문에 펀드매니저들은 항상 현황과 전망을 알 수 있었다. 그리고 펀드매니저들은 이전보다 훨씬 효율적으로 주문하는 것이 가능하게 되었다. 즉 위탁수수료를 담보로 분석가로부터 상세한 분석정보를 얻을 수 있었던 것이다. 뮤추얼펀드를 비롯한 기관투자가의 급성장과 함께 이러한 조사수요도 확대되어 유명한 분석가들은 스스로 회사를 설립하게 되었다.

조사리포트들은 주목받게 되었고, 투자라고 하는 비즈니스에 종래에 볼 수 없었던 과학적인 측면을 부가하였다. 기관투자가의 주식보유 또는 매매의 확대와 함께 이러한 조사는 인기가 높아졌다. 수 백 주의 주문과 만 주 단위의 대량주문을 처리하는  비용은 별로 차이가 없었기 때문에 증권회사들은 조사부문을 확대하여 대량주문 획득에 힘쓰게 되었다. 메릴린치(Merrill Lynch)나 모건스탠리(Morgan Stanley), 그리고 골드만 삭스(Goldman Sachs)와 같은 대형 증권회사들은 작게는 수 백 명, 크게는 수 천 명 단위의 엄청난 조사관계의 인력을 보유하고 있다. 그들은 미국의 기업은 물론 세계 전역에 있는 유망기업들을 끊임없이 조사하고 연구하며, 발굴하고 있다.

이에 비해 한국 증권회사들은 어떠했는가? IMF가 터졌을 때 대부분의 증권회사들은 제일먼저 리서치 파트의 인력을 정리해고 했다. 그 이유는 단하나, 당장 돈이 되지 않는다는 이유에서였다. 그리고 3년이 지난 지금 훨씬 비싼 값을 들여 리서치 인력을 강화하기 위해 노력하고 있는 게 우리의 현실이다.

투자자들은 어떠한가? 분석보고서에 어떤 기업을 '매도'라고 쓰는 일은 금기시 되어 있다. 그 기업의 주식을 매입한 투자자들의 협박, 그리고 직·간접적인 모욕을 각오해야 하기 때문이다. 자기가 투자한 회사를 아끼고 사랑하는 마음은 이해할 수 있지만, 건전한 비판 없는 맹목적인 사랑은 비극을 낳을 뿐이다.

미국 주식시장에서 한국의 투자자들이 배워야 할 덕목은 하나뿐인 것 같다. 주식에 대한 신뢰를 가지고 장기 보유하려 노력하지만, 주식과 결혼하진 않는다는 것이다. 최근 베스트셀러로 떠오르고 있는 '부자 아빠, 가난한 아빠'(황금가지, 2000년)라는 책에서 필자는 "돈을 어떻게 벌고, 관리할 것인지를 열심히 배워야 한다"고 설파한다. 미국의 주식투자자들은 어려서부터 주식투자에 대한 이야기를 귀 기울여 들었고, 또 대학을 다닐 때부터 자기 분수에 맞게 주식투자를 시작한다.

피터린치도 워렌버펫도 모두 대학교 때부터 주식투자를 하며, 자신의 적성을 찾은 사람들이다. 그에 비해 한국의 투자자들은 주식투자를 위한 최소한의 기초지식과 훈련도 없이 주식투자에 뛰어들곤 한다. 물론 한 두 번 성공할 수 있으나, 꼭 한번은 다가오는 주식시장의 위기로부터 자기를 지킬 수는 없게 된다.

요행히 이런 위기가 오지 않았으면 좋겠지만, 1997년과 같은 위기가 다시 오지 말라는 보장이 어디에 있는가?

제3장에서는 일본과 미국의 경험을 통해 앞으로 코스닥시장이 어떻게 될 것인지, 그리고 주식시장은 진정 대세상승을 종결했는지 자세히 살펴 볼 것이다. 제1장과 제2장을 유심히 읽은 독자

라면, 이미 제3장의 결론이 어떻게 나올지 알고 있을 것이다. 아는 사람은 확인하러, 그리고 아직 못 알아차린 사람은 그 이유를 확인하러 출발하도록 하자.

제 **3** 장

한국 주식시장 분석

한국 주식시장은 어떻게 될 것인가?
코스닥의 성장세는 언제까지 지속될 것인가?
거래소시장의 대세상승, 종결

1. 한국 주식 시장은 어떻게 될 것인가?

지금까지 일본 주식시장의 역사와 미국 주식시장의 역사를 보며 올 연말쯤 1990년대 일본과 같은 버블의 붕괴가 벌어지는 게 아닌가 하는 생각이 떠오른 사람이 분명히 있었을 것이고, 또 1990년대의 미국처럼 우리도 좋은 시절을 맞이하는 게 아닌가 하고 김칫국부터 마신 사람들도 있을 것이다. 그러나 결론부터 먼저 말하자면, 하루아침에 한국 주식시장이 미국과 같은 안정적이면서도 꾸준한 성장을 달성할 날은 앞으로 10년 안에는 오지 않을 것이라고 생각한다.

간단한 질문을 던져 보자. 한국에 시스코나 인텔, 마이크로소프트, 델컴퓨터와 같이 성장성과 안정성을 모두 만족시키며 수많은 투자자에게 지속적인 수익을 안겨준 주식이 있다고 생각되는가? 몇몇 벤처기업과 삼성전자와 SK텔레콤을 비롯한 우량기업들이 제일 먼저 머리에 떠오르겠지만, 미국의 성장기업들에 비하면 어딘지 모르게 부족하다는 느낌이 들게 된다. 그 이유는 한국시장이 언어의 장벽과 지리적 제약으로 인해 곧 한계에 부딪힐 수밖에 없을 뿐만 아니라, 새로운 수익창출의 모델을 만들지도 못하고 있기 때문이다.

이런 기업들의 한계뿐만 아니라 투자자들의 문제는 더더욱 비관적이 아닐 수 없다. "당신은 냉장고를 고를 때의 정성으로 주식을 선택하였는가?"라는 피터 린치의 경구를 떠올릴 필요도 없이 즉흥적인 판단에 의거해 투자를 하는 경우가 너무나 많은 것 같다. 한 뮤추얼펀드의 이름에 "○○테크"가 들어가 있다고 3일 연속 상한가를 쳤던 웃지 못할 사례도 종종 보곤 한다. 일반인만 잘못을 저지르고 있는 것은 아니다. 일부 기관투자가들은 코스닥시장의 성장 가능성을 무시한 채 거래소시장에 연연하다가 코스닥시장이 달아오를 대로 달아오른 1999년 연말에 대거 뛰어들었다가 큰 실패를 경험하였다.

마지막으로 주식시장의 공정한 심판관 역할을 해야 하는 정부의 수준은 어떠한가? 혹시 '내부자 거래'란 말을 들어보았는가? 공직자 재산공개 결과 수많은 고위 관료들이 주식에 투자하고 있고, 그 상당수가 막대한 평가차익 또는 이익을 실현한 것으로 나타났다. 중요한 정책을 결정하는 자리에 있는 사람들이 그 정책의 영향을 받게 되는 회사의 주식을 매매하는 행위를 미국에서는 엄단하고 있다.

1964년 대규모의 구리광산이 캐나다에서 발견된 일이 있었다. 당시 이 호재가 1964년 4월 16일 10시경에 언론이 공개하는 것을 안 회사의 관계자들은 10시 이전에 매수 주문을 내어 큰 시세 차익을 챙길 수 있었다. 그 후 10시 29분, 증권회사 메릴린치(Merrill Lynch)사의 사내 방송이 두 번째로 이 사실을 보도했고 메릴린치의 고객들은 일반이 알기 전에 이 주식을 매입하여 역시 큰 이익을 보았다. 이윽고 10시 54분 다우존스사가 일반에게 뉴스를 전파했을 때 이미 주가는 오를 대로 오른 다음이었다.

이에 대해 미국 정부는 단호한 조치를 취하였다. 미국 증권감독위원회(SEC)는 그 이익 무효의 소송을 제기하여 승소함으로써 모든 내부자들의 평가이익을 몰수하는 데 성공했던 것이다. 이후 미국 정부는 대중이 알기 전에 회사의 내부자들이 미리 정보를 빼내 주식에 투자하는 것은 물론, 투자은행(Investment Bank)과 변호사 및 회계사를 비롯한 주요 관계자들까지도 그 회사의 주식에 투자하는 것을 금지하고 있다. 물론 국가의 정책을 결정하는 공무원들의 주식투자는 꿈도 꿀 수 없다. 그런데 한국에서 주식에 투자한 공직자들이 처벌받을 수 있을까? 아마 불가능에 가까울 것이다. 이를 제어할 법규도 없고 또한 입증하기도 거의 불가능에 가깝기 때문이다.

현실이 이런데, 한국 주식시장이 1990년대 미국과 같은 장기호황을 누릴 것이라고 예상하는 것은 정말 천진난만한 꿈에 불과한 것이다. 오히려 다음 번 대통령선거를 앞두고 멕시코처럼 외환위기가 재발되는 것은 아닌지, 그리고 1965년의 일본처럼 증권공황이 재현되는 것은 아닌지 걱정해야 할 때라고 생각된다. 뿐만 아니라 최근 무역수지가 악화되기 시작했고 물가가 불안한 모습을 보이기 시작했다. 무역수지가 악화된다 함은 곧 주식시장 전반의 수급이 악화된다는 것을 의미하며, 물가가 불안해진다는 것은 금리가 상승할 가능성이 높아진다고 생각하면 된다. 이 모두는 주식시장에 큰 장애로 작용한다.

물론 이 말을 듣고 불만을 느끼는 사람들도 많을 것이다. 무역수지 적자가 발생했다고는 하나 1월 한 달에 그쳤으며, 물가가 상승했다고 하나 아직 5% 미만의 낮은 수준으로 과거에 비하면 괄목할만한 변화가 있었다고 말이다. 다 맞는 말이며, 이런 뒷배

경이 있기에 앞으로 다가올 위험을 경고할 수 있다고 생각한다. 1997년 주식시장이 파국을 향해 달려가고 있었을 때, 대부분의 투자분석가들은 곧 한국이 외환위기에 빠질 것이라는 점을 인식하고 있었다. 그러나 외환위기에서 빠져나올 길이 보이지 않는 상황에서 그 사실을 이야기한들 오히려 대중의 불안을 가중시켜 위기를 더욱 심화시킬 가능성이 높아 자제할 수밖에 없었다. 지나고 보니, 좀더 일찍 위기에 대해 경고했으면 어땠을까 하는 생각을 해보지만 그 당시의 상황이 투자분석가들의 발목을 잡았음을 지적해두고자 한다.

그러나 지금은 다르다고 생각된다. 아직 위기가 발생한 것도 아니고, 지금 손을 쓰면 다가올 위기를 얼마든지 헤쳐나갈 수 있는데 입을 닫고 있다면 그것은 직무유기에 다름 아닐 것이다. 지금의 한국 주식시장이 일본과 미국의 몇 년도에 해당되는지 살펴보고, 더 나아가 외환위기를 겪었던 국가들의 경험을 통해 주식시장이 걸어 갈 길을 예측하는 일은 그 결론이 어떠하든 간에 충분한 의의가 있다고 생각된다.

제3장에서는 제일 먼저 전 국민의 관심사로 떠오른 '코스닥시장'의 미래에 대해 살펴 보기로 한다. 즉 코스닥시장의 상승세가 어디까지 진행될 것이며, 나스닥과 같은 장기호황을 누릴 수 있는지 알아 볼 것이다. 그 다음은 한국 증권거래소 시장이 언제까지 침체국면을 지속하며, 새로운 모멘텀이 어디서 발생하는지 살펴 볼 것이다. 물론 이를 위한 최고의 교재는 바로 1980년대 일본의 장기호황과 1990년대 미국의 사례가 되겠지만, 1982년 이후 멕시코 경제의 경험이 더욱 많은 것을 가르쳐 주게 될 것이다.

무모한 개입이 시장을 망치다 - 12 · 12조치

1989년 12월 12일 오전 8시, 당시 이규성 재무장관은 '증권시장안정화 대책'을 발표했다.

① 주식공급 물량을 시장수요에 따라 적정수준으로 조정한다.

② 투신의 주식매입자금을 무제한으로 지원하고 기관투자가들의 적극적인 주식매입을 유도한다.

③ 기관투자가의 범위를 확대하고 외국인 전용펀드 설정을 허용한다.

④ 유상증자시 시가발행 할인율을 10% 이내에서 30% 이내로 확대한다.

기자들과의 간담회에서 이규성 장관은 "관제주가(官製株價)"라는 오해를 사지 않겠느냐는 질문에 대해 "시장수급에 불균형이 있을 때 이에 대한 완충작용이 있어야 한다. 이번 조치는 정부가 주가를 떠받치려는 의도에서 나온 것은 아니다"라고 부인하였지만, 사실상 주식시장을 정부가 컨트롤 하겠다는 노골적인 의지 표명에 다름 아니었다. 한국, 대한, 국민 등 3대 투자신탁회사는 총 1조 2천억 원을 한국은행으로부터 지원 받아 모두 사용하기로 결정했다.

이런 특단의 조치가 나온 첫날 주식시장은 당시로서는 사상 최대치인 34.58포인트가 상승하였으며, 그 다음날인 13일에도 36.26포인트나 뛰어오르는 강세장을 연출하였다. 그러나 이런

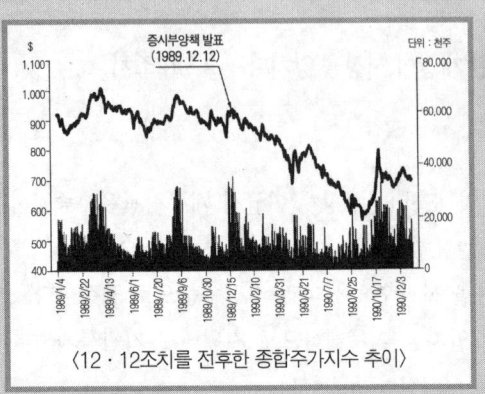

정부의 조치를
맞아 남몰래
웃음을 지은
세력이 있었으
니, 바로 장기
적인 안목을
갖춘 큰손과
대주주들이었
다. 그들은 정

〈12 · 12조치를 전후한 종합주가지수 추이〉

부가 마련해준 절호의 찬스를 놓치지 않고 주식을 매각하여 시장
을 떠났다. 당시의 경제상황을 살펴보면, 엔화 강세가 마무리되
며 수출이 부진의 늪에 빠져있는 데다 시장개방의 영향으로 갈수
록 수입이 증가하는 추세에 놓여 있었다. 더욱이 주택가격과 주
식가격이 단기간 너무 빨리 상승하면서 도처에 졸부를 양산하고
사회 전반에 "나도 한몫 보겠다"는 사행심이 만연하고 있었다.
정부로서는 경기의 지나친 과열을 억제하기 위해 금리를 올려야
할 타이밍이었다.

그러나 정부의 잘못된 정책이 시행되어 투자신탁회사를 부실
의 늪으로 몰아넣어 주식시장의 체질을 더욱 약화시키고, 경제를
침체의 늪으로 끌고 가는 계기를 만들었다. 공정한 심판의 자리
를 벗어나 경기의 승패를 조작하려 했던 정부의 무모한 행동은
우리에게 큰 교훈을 주고 있다. "사람들이 정부의 입만 바라볼
때, 시세는 이미 끝났다"는 것을 깨닫게 된 것이다.

2. 코스닥의 성장세는 언제까지 지속될 것인가?

● 코스닥(KOSDAQ) 발전의 계기는?

1996년 코스닥시장이 미국의 나스닥시장과 같은 발전을 꿈꾸며 개설되었을 때, 대부분의 주식들은 한 달에 100주 거래되기 어려웠던 것으로 기억된다. 1996년 당시 가장 큰 등록기업이었던 평화은행의 한 달 평균 거래량이 23만 6,000주로, 당시 등록 주식수 5,600만주의 0.5% 남짓했으니 당시의 시장 상황을 잘 알 수 있을 것이다. 당시 증권업협회 기자실에 나와있던 코스닥 담당 기자들은 하루에 100만주 거래되면 거래량이 많다고 '축하주'를 마실 정도였으니까.

이런 침체에 빠져 있던 코스닥시장이 성장하기 시작한 것은 역시 한국경제가 IMF의 터널을 빠져나와 대다수의 기업들이 '부도'의 공포에서 해방된 1999년부터였다. 1998년 한국 주식시장 최고의 주식은 증권 및 건설, 그리고 그동안 외면당했던 저가 주식들이었지만, 코스닥에 등록된 기업들은 오히려 주가가 더 하락한 경우가 많았다.

왜 그랬을까? 그 이유는 매우 간단하다. 투자자들은 거래소 시장의 초저가 주식보다 코스닥 등록 기업의 질이 떨어진다고 생각했던 것이다. 발상의 전환이 필요했던 시기라고 할 수 있다. 거래소시장의 초저가 종목마저 놀라운 상승세를 보이는 데 코스

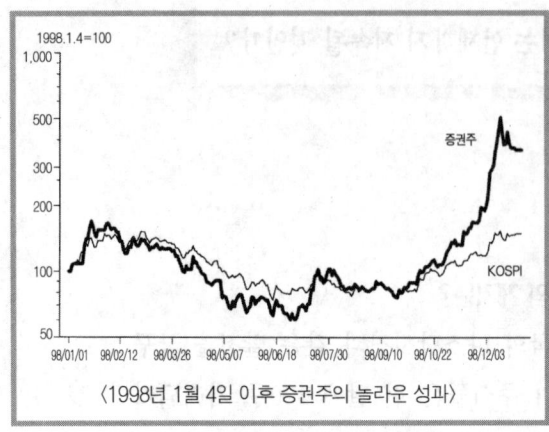

〈1998년 1월 4일 이후 증권주의 놀라운 성과〉

닥 기업이라고 다를 이유가 없다고 생각했어야 했으나, 여기까지 생각이 미친 사람은 그리 많지 않았던 것이다.

침체기에서 벗어나기 시작하던 코스닥시장의 성장계기를 만든 것은 바로 시대의 총아

'서울방송'의 공모였다. 서울방송 주식을 받기 위해서는 코스닥 등록 주식을 보유하고 있어야 한다는 조건을 달았던 것이다. 당시 서울방송은 재무구조는 부실했으나, 경기회복의 영향으로 광고수입이 빠르게 늘고 있었을 뿐 아니라 디지털 방송의 추진 등 '성장주'로서의 모든 조건을 갖추고 있었기에 투자자들의 관심은 남다를 수밖에 없었다.

서울방송 공모에 참여하기 위해 수많은 투자자들은 난생 처음 코스닥 기업의 주식을 사들였고, 이 때 샀던 주식의 대부분은 디지털조선, 하나로통신, 텔슨전자, 한글과 컴퓨터 등 코스닥 기업의 우량주들이었다. 1999년 5월, 서울방송은 이 획기적인 청약을 통해 965억원의 자금을 조달했을 뿐만 아니라, 1999년 5월 14일 21,250원에 거래가 이루어진 후 11일 연속 상한가를 기록하며 5월 28일 64,900원을 기록하며 이후 코스닥 붐의 선두주자가 되었다.

서울방송의 공모가 코스닥시장의 성장 계기를 만들었다면, 미

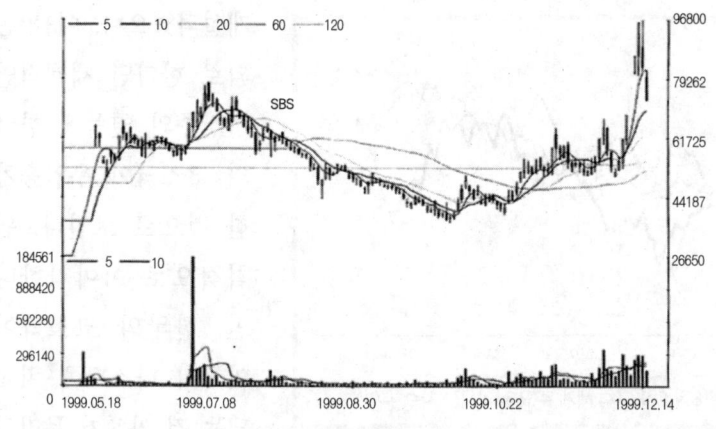

〈1999년 5월 14일 이후 서울방송 주가〉

국 나스닥시장의 놀라운 상승세는 코스닥시장에 충분한 자양분을 공급하였다. 미국의 장단기 금리가 상승세로 돌아서고 첨단 성장주에 대한 거품론이 대두되면서 나스닥시장은 10월 초까지 부진을 면하지 못했지만, 이후 네트워크(Network Appliance)사를 비롯한 각종 네트워크 업체가 등록되고 생명의 기원을 풀어 줄 것으로 기대되는 게놈(Genome) 프로젝트가 완성단계에 도달하면서 바이오테크 관련 주식을 중심으로 강한 상승세를 보이기 시작한 것이다.

그렇다면, 나스닥과 코스닥이 하필이면 1999년 10월을 고비로 함께 움직이기 시작한 것일까? 그 이유는 크게 두 가지를 들 수 있다.

첫 번째는 심정적인 동조화이다. 세계적으로 보아도 성장주가 모인 시장은 미국의 나스닥, 일본의 자스닥, 그리고 한국의 코스닥이 고작이다. 물론 최근 독일 프랑크푸르트에 비슷한 시장이

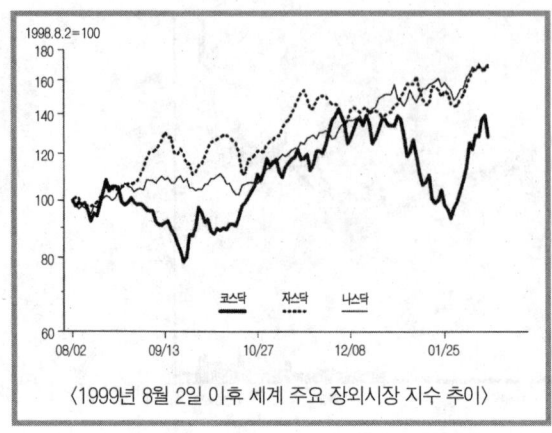

1998.8.2=100

코스닥   자스닥   나스닥

〈1999년 8월 2일 이후 세계 주요 장외시장 지수 추이〉

개설되었으나, 이를 논외로 한다면 세계적인 성장주의 열풍에 한국의 코스닥이 무임승차한 것으로 보인다. 원칙적으로 이야기한다면, 한국의 코스닥이 미국의 나스닥에 비교되는 것 자체가 무리일 수 있으나 한국의 개인투자자 입장에서는 기관투자가가 주도한 Big-5 장세에서 주도권을 잃고 소외되어 있었던 만큼 나스닥의 상승에 기대지 않을 수 없을 정도로 절박했다고도 볼 수 있다.

두 번째 원인은 바로 헤지펀드(Hedge Fund)의 첨단 기술주식에 대한 투기에서 찾을 수 있다.

헤지펀드, 헤지펀드하고 흔히 이야기하지만 헤지펀드를 한 마디로 정의하기란 정말 어려운 일이다. 가장 유명한 헤지펀드로는 조지 소로스(George Soros)회장이 이끄는 퀀텀펀드(Quantum Fund)를 떠올리는 사람이 많겠지만, 줄리안 로버트슨(Julian Robertson)이 이끄는 타이거펀드(Tiger Fund), 웰링턴펀드(Wellington Fund), 웨스트코스트펀드(West Coast Fund) 등 수많은 펀드가 있기 때문에 모두를 투기꾼 취급할 수는 없다. 다만, 모든 헤지펀드가 지닌 하나의 공통점은 미국 증권감독위원회의 엄격한 규제를 피하기 위해 99명 이하의 투자자로 구성된다는 점이다. 99명 이하로 구성되기 때문에 그 구성원 개개인은 모두 백만장자들이며, 이 가운데에는 뉴욕의 대형은행 같은 기관투자가들이 포함되는 경우도 있다.

　대부분의 헤지펀드들은 보수적인 장기투자에 주력하는 편이지만, 조지 소로스 회장의 퀀텀펀드를 비롯한 일부 펀드는 1992년 영국의 파운드화 위기, 1994년 멕시코 위기에서 환투기를 통해 해당국가에게 엄청난 피해를 끼친 것으로 알려져 있다. 그런데 최근에 일부 헤지펀드가 한국을 비롯한 아시아의 성장주에 투자하기 시작한 것으로 보인다.

　그 이유를 알기 위해서는 1998년 가을까지 조금 거슬러 올라가야 한다. 1998년 가을, 러시아가 모라토리엄을 선언하고 브라질이 외환위기의 태풍을 맞음으로써 롱텀캐피털 매니지먼트(LTCM)를 비롯한 초대형 헤지펀드가 파산하는 등 세계의 금융  시장은 큰 혼란에 휩싸였다. 그런데 1999년 여름, 헤지펀드로서는 견디기 어려운 시련이 겹치게 된다. 그것은 다름아니라 미국 국채수익률의 상승(=국채가격의 하락)이었다. 헤지펀드의 대다수는 미국의 장기국채 등 유동성이 뛰어난 상품(=거래량이 많은 상품)에 자산의 상당 부분을 투자하며 상황을 봐서 주식과 외환시장 등에 탄력적으로 투자하는 경우가 많은데, 국채가격이 나날이 떨어지면서

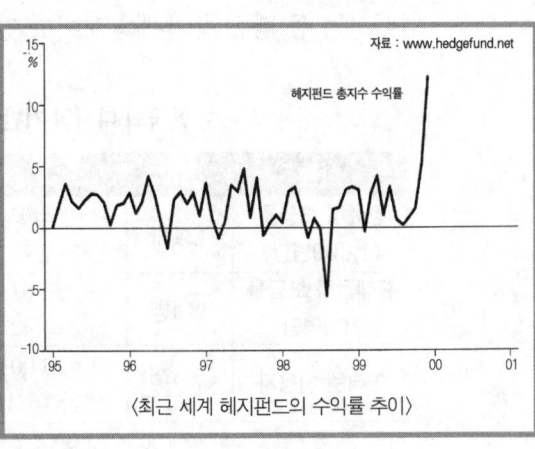

〈최근 세계 헤지펀드의 수익률 추이〉

상당수 헤지펀드의 투자수익률이 떨어진 것이다.

이런 위기상황을 만회하기 위한 헤지펀드의 승부수가 바로 나스닥과 아시아의 성장주에 대한 투자였던 것으로 보인다. 헤지펀드들은 1999년 10월부터 본격적으로 나스닥과 아시아 증시에 대한 투자비중을 늘린 것으로 보이며, 이 때를 기점으로 엄청난 수익을 올린 것으로 나타나고 있다. 또한 세계 제1의 헤지펀드인 퀀텀펀드의 경우 공공연하게 1999년 4/4분기부터 한국의 SK텔레콤 등 정보통신 주식을 매입하여 38%의 수익을 올렸다고 자랑하는 상황이다.

 코스닥은 나스닥과 비교대상이 될 수 없다

최근 외국인투자자들이 코스닥시장의 주식을 사들이면서 코스닥시장이 앞으로 지속적인 성장을 달성할 것이라는 낙관론이 퍼지고 있다. 1999년만 해도 외국인투자자와 기관투자가의 매매비중이 극히 미미한 수준이었지만, 2000년 들어 합계 6% 수준을 넘어서는 등 빠른 증가세를 보이고 있어 이런 낙관론에 더욱 힘

한국의 디지털 기반의 현황

항목	현황	선발국	연도
컴퓨터 보급률 (1,000명당)	124대	미국(450), 일본(228), 싱가포르(316), 대만(147)	1997년
휴대전화 보급률 (100명당)	38.4명	핀란드(61.9), 스웨덴(51.9) 홍콩(42.0), 일본(39.0)	1998년
인터넷 이용자	569만명	미국(11,083), 일본(1,816) 중국(631), 프랑스(570)	1999년

자료 : 미 상무부, Computer Industry Almanac사, 통신개발연구원 등

을 실어주고 있다. 그러나 결론부터 말하자면, 코스닥시장을 나스닥과 비교하는 것 자체가 하나의 해프닝에 불과하다고 판단된다. 야후(Yahoo!)가 보유한 회원의 수는 1억 2,000만명으로 추산되며, 그들은 경매 및 홈쇼핑을 비롯한 각종 유관 산업으로 자신의 브랜드 파워를 이용하며 수익을 창출하고 있다. 그러나 한국의 유수한 정보통신기업들은 그 수익의 대부분이 아직 전통적인 산업에서 나오고 있으며, 인터넷을 비롯한 정보통신 산업은 이제 투자의 초기에 불과하다. 미국의 신경제(New Economy)가 그냥 쉽게 이뤄졌다고 생각하면 큰 오산이다.

제2장에서 살펴 본 것처럼, 미국의 기업인과 근로자들은 다른 나라에서 일찍이 볼 수 없었던 가혹한 구조조정을 거쳤고 벤처캐피털들은 수십 년 전부터 꾸준히 벤처기업에 투자하면서 지금의 호황을 만들어 냈지만 한국은 불과 2~3년 전에 시작했을 뿐

자료 : 미상무성, The Emeftging Digital Economy

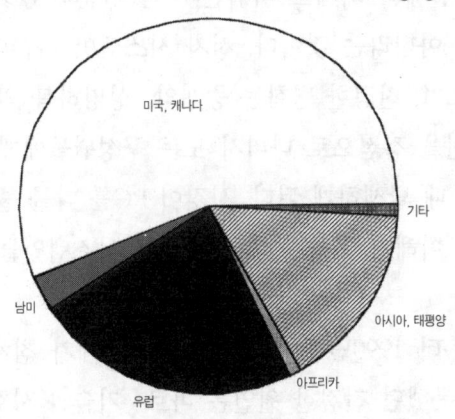

〈지역별 인터넷 접속인구 현황〉

이다. 한국의 정보통신기업들이 성과를 거두기에는 아직 이르며, 앞으로도 수십 년에 걸친 꾸준한 투자가 이루어질 때에야 성과를 기대할 수 있기에 섣부른 투자는 큰 실패를 부를 수 있다.

1960년대까지 미국경제의 놀라운 성장은 1900년대 초반에 발명된 신기술, 철도 및 자동차, 그리고 전기 등의 신기술이 세계 2차 대전을 계기로 경제의 모든 시스템에 안정적으로 자리잡았기 때문에 가능할 수 있었다. 반면 1970년부터 1990년 초반에 이르는 미국경제의 침체는 기존의 낡은 시스템을 대체할 만한 신기술이 아직 사회전반의 시스템을 바꾸지 못한 데서 발생한 병목현상 때문이었다.

예를 들어 1970년대 초반에 인터넷과 극소 전자기술, 그리고 이동통신 기술 등은 이미 군사 및 과학계에서 보편적인 기술로 받아들여지고 있었다. 다만, 이런 신기술을 응용하고 실현할 수 있는 사회의 시스템이 갖춰지지 않았을 뿐이다. 한 기업의 결제라인이 전자결제의 체제로 바뀌는 것은 단순히 전자 시스템을 까는 문제가 아니라는 것이다. 전자 시스템만 바꾼다고 달라지는 것은 없으며, 진정한 변화는 종래의 '상명하복'의 체제가 사장 및 이사진을 정점으로 나머지 모든 구성원들에게 동등한 권한이 위임될 때 발생하게 된다. 사장이 PC를 다룰 줄 모르고 정보화에 대한 이해가 부족한 데 전자결제 시스템인들 무슨 쓸모가 있겠는가.

1970년대부터 1990년대 초반까지 미국경제가 침체의 늪에서 빠져나오지 못했던 진정한 원인은 바로 '기술과 사회 시스템의 불일치' 현상에서 찾을 수 있다고 생각된다.

그러나 미국인들은 가만히 앉아 세월이 흘러가기만 기다린 것이 아니라 적극적인 노력을 통해 1970년대 초반에 발명된 신기술이 제대로 사용될 수 있도록 사회의 시스템을 개혁해 왔던 것이다. 정부의 비중을 낮추고 민간의 자율성을 회복시키는 한편, 노동시장의 유연화와 벤처캐피털의 육성을 통해 꾸준히 시스템을 정보화 사회의 그것으로 변화시켰다. 그 결과가 바로 1990년대의 놀라운 호황이며, 주식시장의 지칠 줄 모르는 성장이었던 것이다.

그럼에도 불구하고 미국의 정보통신 기업들은 다우(Dow) 지수에 편입된 30 종목에 비해 불과 3.4% 포인트 정도 이익 증가율이 높은 것으로 나타나 아직도 '이익증가 → 주가상승 → 기관투자가참여 → 재무구조 호전 → 이익증가' 의 선순환이 완전히 정 착되지는 못한 것으로 나타났다. 미국의 기관투자가들이 나스닥 기업에 적극적인 투자를 하지 않고, 오히려 1999년 연말의 상승 랠리에서 일반 투자자에게 주식을 팔아치운 이유가 여기에 있다.

1999년말 나스닥의 시가총액 상위 100개사의 PER, 다시 말해 PER은 237.4배, 그러니까 꼬박 237년 동안 이익을 다 모아야 현재 주식을 살 수 있는 엄청난 수준에 도달해 있다. 그런데 한국의 코

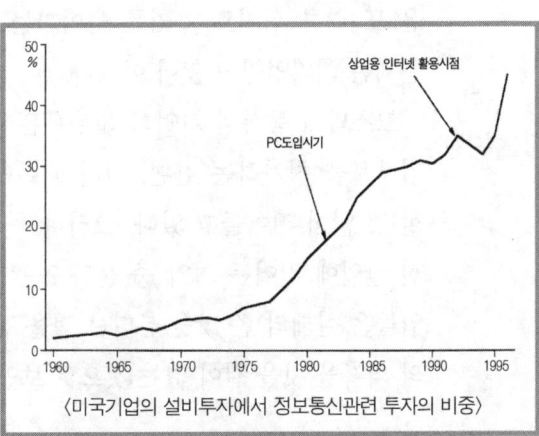

〈미국기업의 설비투자에서 정보통신관련 투자의 비중〉

스닥기업들은 이런 나스닥기업보다 매출액과 성장성, 이익의 모든 평가척도를 가지고 비교해도 월등히 높은 주가수준을 가지고 있는 것으로 판단된다.

또한, 한국경제는 어떠한가? 산업은행이 조사한 '설비투자 계획'에 따르면 한국의 기업들은 2000년에 전체 투자의 58.3%를 설비능력의 증가에 쓸 것이라고 답했다. 반면 연구개발에 대한 비중은 13.6%에 불과했으며, 합리화 및 공해방지용 투자는 불과 19.3%와 1.5%에 불과했다. 1997년 외환위기를 맞이한 가장 중요한 원인이 바로 지나친 과잉설비의 존재와 기업들의 비합리적인 생산능력의 증강에 있었음은 이미 알고 있는 사실이다.

그럼에도 불구하고 한국의 기업들은 원화가치의 하락과 일본 엔화의 강세를 기회로 다시 생산능력을 증강시켜 물량 위주의 경쟁을 지속하겠다는 것이다. 그러나 중국경제가 엄청난 규모의 설비투자를 진행하고, 일본은 사양산업의 설비를 후진국으로 이전시키는 마당에 환율의 이점을 무기로 생산능력을 증강하는 것은 또 다른 위기로 우리를 몰아가는 결과를 낳을 뿐이다. 이런 문제는 대기업만의 것이 아니다.

코스닥에 등록된 기업의 대부분은 정관을 수정하여 인터넷 사업부문을 첨가하는 한편, 인터넷 폰을 비롯한 유행산업에 너나 할 것 없이 뛰어들고 있다. 그러나 우리 모두가 알다시피 정보통신 산업에 뛰어든 기업 중 불과 2~3%만이 성공하고 나머지 기업들은 실패의 쓴 맛을 본다는 점을 감안할 때 또 다른 과잉투자의 의혹을 벗을 길이 없는 것으로 보인다.

● 코스닥의 절정은 언제?

그렇다면 코스닥시장의 성장을 어떻게 이해해야 하는 것일까? 우리는 앞서 미국과 일본 주식시장의 역사에서 많은 중요한 교훈을 얻었다. 그 가운데 하나가 바로 대세상승국면이 꺾일 때 항상 재료를 보유한 소형주들이 시장을 주도했다는 것이다. 한국 주식시장도 이런 역사의 과정을 그대로 반복하고 있는 것으로 판단된다. 코스닥시장은 소형주 테마의 신판(New Version)이지, 그 이상도 이하도 아닌 것이다.

일본의 1990년 버블 붕괴를 전후한 소형주의 폭발적인 상승은 우리에게 많은 것을 가르쳐준다. 대형주를 중심으로 한 시장의 시세는 이미 1989년 12월에 끝을 맺었고, 은행주는 1988년 가을에 이미 천정을 쳤었다. 그러나 TDK와 Kyosera 같은 소형 성장주들은 1990년 여름에 사상 최고치를 갱신하는 강세를 보여 대조를 이루었다. 여기에 세이비(誠備)그룹이라는 작전세력이 혼슈(本州)제지, 미유끼(御幸) 모직의 주식을 매집하며 수직상승을 이끌었다.

이런 현상은 일본만의 현상이 아니었다. 1950년대 말 이후 1960년대 초반까지 미국 주식시장은 IBM, Xerox, Texas Instrument 등의 성장주들이 시장의 주도세력으로 자리잡았

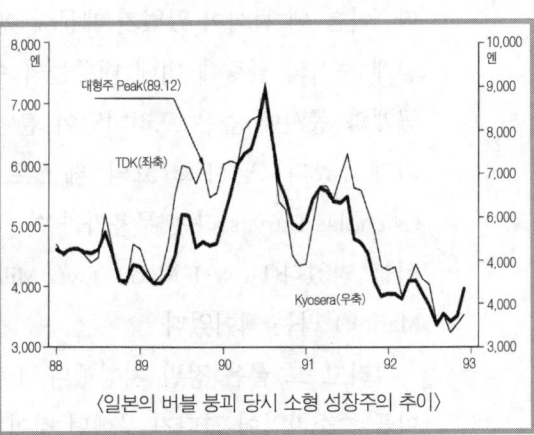

〈일본의 버블 붕괴 당시 소형 성장주의 추이〉

다. 오랜 호황으로 전통적인 우량주(Blue Chip)의 가치가 사상 최고 수준에 오르자, 기관투자가들도 성장주에 대한 관심을 뒤늦게 표명하기 시작한 것이 성장주 장세의 시발점이 되었다.

여기에 기름을 부은 것은 1957년 소련이 세계 최초의 인공위성 스푸트니크 호를 발사하면서 시작된 경쟁이었다. '우주산업'에 대한 정부의 지대한 관심은 관련 산업에 대한 대중의 관심을 환기시켰고 회사명을 "○○우주산업"으로 바꾸는 게 대유행이 되었다. 처음에는 전자산업의 관련주식이 대중의 인기를 독점하였지만, 곧 소매할인점, 볼링, 중소기업 투자전문회사(Venture Capital)로 빠른 순환매가 발생하였다.

당시 기업의 공개를 전담하는 증권회사의 부서들은 "기업을 공개하십시오. 그러면 망하지 않고 잘 살 수 있습니다"라는 노골적인 슬로건을 들고 중소기업들의 공개를 부추겼다. 공개 예정 기업에 매력을 주기 위해 첨단기술과 별로 관련이 없어도 '우주시대'에 어울리는 명칭을 붙였으며, 투자자 역시 기업의 내용보다 '이름'에 관심이 있었기 때문에 아무런 문제가 될 게 없었다. 공개 주식의 물량에 비해 대중들의 수요가 훨씬 많았기 때문에 공개와 동시에 높은 프리미엄이 붙어 2배내지 3배의 가격으로 거래되었다. 당시 최고의 베스트셀러는 니콜라스 다바스(Nicholas Darvas)라는 무용가가 쓴 "나는 이렇게 해서 200만 달러를 벌었다(How I Made Two Million Dollars on the Stock Market)"라는 책이었다.

그리고 그 끝은 정말 처참했다. 1960년대 초반의 경기후퇴를 이들 중소기업이 견디지 못했던 것이다. 1959~1961년에 등록된 중소기업 중 500개 기업을 무작위로 추출하여 조사한 결과, 12%가 소멸되었고 43%는 도산, 25%는 적자기업, 그리고 20%만이 이익을 실현한 것으로 나타났다.

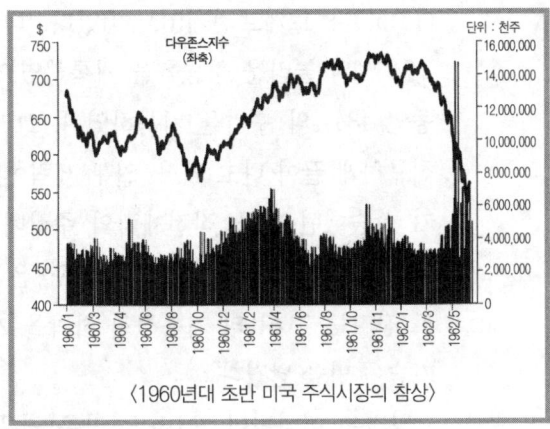

〈1960년대 초반 미국 주식시장의 참상〉

한국도 마찬가지이다. 1994년 11월 대형주가 천정을 친 이후 2년 넘게 소형주가 시장의 주도권을 장악하였다. 1994년 하반기, 한국 주식시장은 외국인 한도확대에 따른 외국자금의 유입이 한계에 도달하고 엔화의 약세반전으로 수출기업들의 수익개선이 한계에 부딪힐 것이라는 전망이 대두되면서 천정에 도달하였다. 반면, '정보통신'과 '환경'이라는 새로운 테마를 앞세운 성장주의 열풍이 시장을 달궜다.

1994년 당시 김영삼 정부는 정부 행정조직의 축소 과정 속에서도 정보통신부와 환경부를 확대 개편했을 정도로 적극적인 육성의 방침을 천명하였다. 당시 미국에서는 고어 부통령이 제창한 정보통신 고속도로(Super Highway) 개념이 관심을 끌면서 성장주 테마가 형성될 수 있는 충분한 토양이 마련되어 있었던 것이다. 더욱이 1994년 1/4분기까지 벌어진 기관투자가 위주의 양극화 장세로 인하여 대다수의 개별 중소형 종목이 철저하게 외면당했던 만큼 '가격 메리트'까지 보유하고 있었다.

1994년 제1차 성장주 열풍의 가장 대표적인 종목은 대영포장

(14160)과 로케트전기(00420)였다. 대영포장은 약 7개월 동안 2,347%의 놀라운 상승률을 기록하였으며, 로케트 전기는 6개월 동안 484%의 수익을 기록하였다. 그러나 제1차 성장주 열풍은 허무하게 끝이 나고 만다. 일부 세력이 주도한 작전의 결과 주가가 상승했던 만큼, 작전세력의 주식매각은 주가의 폭락 이외에 나올 것이 없었던 것이다. 대영포장은 최고가 대비 67.5%, 로케트 전기는 70.6%의 기록적인 하락을 기록하며 수많은 투자자의 가슴에 멍을 남겼다.

약간은 어설펐던 제1차 성장주 열풍과 달리 제2차 성장주의 열풍은 보다 튼튼한 기업의 내용과 개념을 내세운 안정적인 주가흐름을 보여주게 된다. 1994년 하반기 성장주에 비해 1996~1997년 성장주들은 정보통신과 환경이라는 추상적인 개념에서 벗어나 '건강', '교육', '오락' 등이 가세되어 산업의 패러다임(Paradigm) 변화를 내세웠다. 당시의 주도 주식은 단연 선도전기

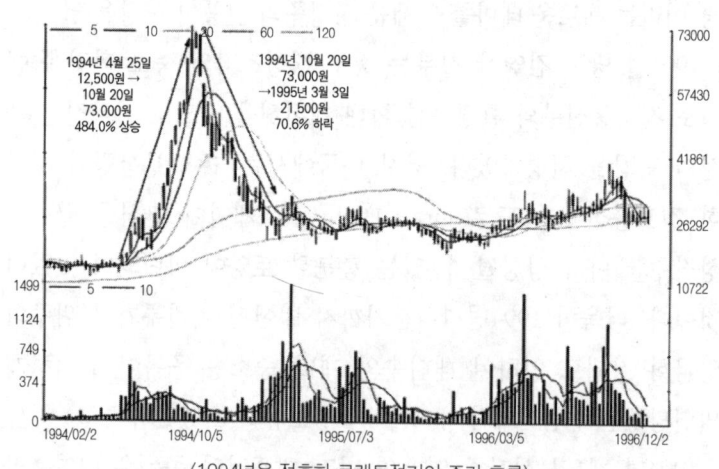

〈1994년을 전후한 로케트전기의 주가 흐름〉

였다. 획기적인 '매연저감장치' 개발이라는 재료를 내세운 위 회사의 주식은 1995년 11월 24일 13,900원의 장중 저가를 시작으로 1997년 5월 21일 장중 고가인 215,000원에 이를 때까지 1년 6개월 동안 1,446.8% 상승하는 초유의 기록을 세웠다.

그러나 이 고가 이후에도 선도전기는 꾸준한 시세의 흐름을 이어감으로써 '폭등이후의 폭락'이라는 선례를 깨는 듯한 모습을 보이기도 했다. 1998년 4월 27일 10대 1의 액면분할을 해 현재 주가(2000년 3월 말)는 5,000원 선을 유지하고 있다.

그러나 선도전기를 제외한 대부분의 종목은 관리종목군에 편입될 정도로 부실한 기업이었으며, 대부분 최고치의 10% 수준까지 폭락하는 처참한 양상을 보이게 된다. 물론 IMF라는 비상상황이 이들 주식을 그렇게 처참한 수준까지 끌어내렸던 것은 사실이지만, 체력에 걸맞지 않은 주가, 대중들의 무분별한 추종, 작전세력의 시세조정 등 버블의 모든 요소를 갖추고 있었던 것 역

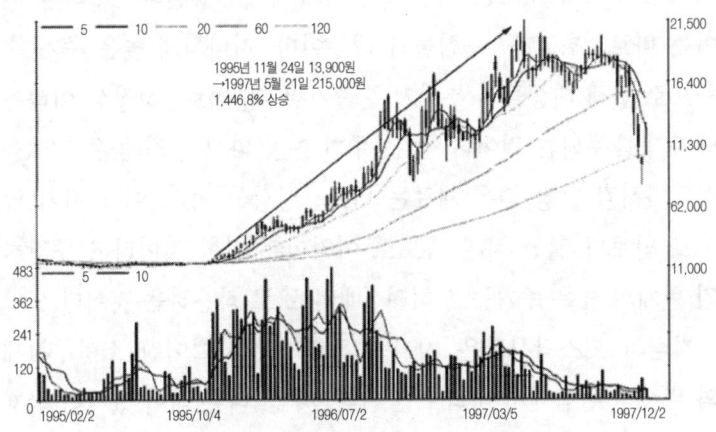

〈1997년을 전후한 선도전기의 주가 흐름〉

시 사실이다. 일례로 바로크(18120)는 17,300원이라는 상당한 고가 수준에서 관리종목에 편입됨으로써 투자자들에게 극심한 피해를 끼쳤다. '초전도체'라는 허울과는 달리 신용경색의 초기국면에 무너질 정도로 허약한 체질을 갖추고 있었던 것이다.

미국과 일본, 그리고 한국 주식시장 모두 대세상승 국면의 막판에 소형주와 작전이 판을 치는 이유는 무엇일까? 먼저 수급의 악화를 들 수 있다. 수급이 악화될 경우 유통물량이 많은 대형주가 움직이기 어려워지며, 대형주에 대한 투자손실을 만회하기 위한 투자자들의 머니 게임(Money Game)이 불붙기 때문이다. 유통물량이 적은 주식들은 상대적으로 적은 자금으로도 놀라운 시세를 기록할 수 있기 때문에 작전이 쉬워진다.

또 다른 측면은 상대적인 가격의 문제이다. 대세상승 국면의 막판에 이르면 대부분의 종목은 사상 최고가를 갱신한 상태이기 때문에 기업의 실적이나 내용과 상관없이 '저가'라는 메리트만으로도 주가가 오르는 과열이 벌어질 수 있게 된다. 또 다른 테마는 바로 '초고가' 주식들의 대두이다. 지나치게 높은 주가 수준으로 인해 대중들의 투자가 주춤거릴 때, 바로 '성장성'이라는 테마가 대두되는 것이다. 높은 주가수준, 다시 말해 높은 PER을 정당화시킬 가장 좋은 재료는 바로 '성장성'이다. 이 회사가 앞으로 남보다 훨씬 빠른 속도로 이익이 증가할 것이라고 주장하면 현재의 높은 주가는 오히려 '메리트'로 작용하는 것이다.

지금의 코스닥시장은 1994년 하반기부터 벌어진 소형주시세와 비슷한 관점에서 바라보면 된다. 다만, 다른 점이 있다면 국제적인 '성장주의 시세'를 추종한다는 것뿐이다. 그 당시에는 심정적인 동조화에 그쳤던 것이, 이제는 매매주체까지 같아졌다는 것이 다를 뿐, 그 이외의 차이점은 없어 보인다.

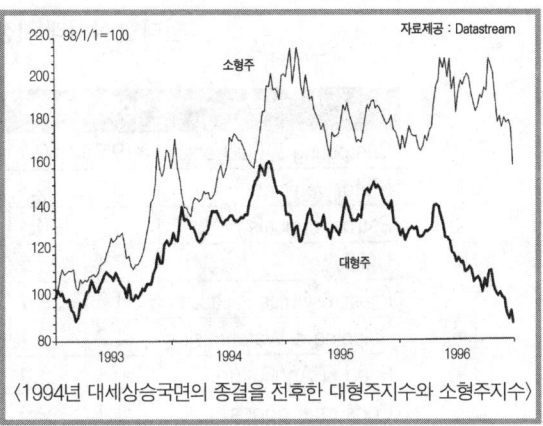

〈1994년 대세상승국면의 종결을 전후한 대형주지수와 소형주지수〉

그렇다면 코스닥시장의 천정은 분명해진다. 거래소시장의 대형주들이 수급의 불안을 느끼며 '천정'의 양상을 보이고 있음을 감안할 때 짧으면 올 가을, 늦으면 내년 봄이 사실상의 천정이 될 것이다.

🔴 코스닥 유망종목군 I – 신규 등록 기업이 항상 테마를 형성한다

코스닥시장에서 투자해야 할 종목은 철저하게 소형주에 집중하는 것이 바람직해 보인다. 매우 빠른 속도로 성장한 만큼 '성장통'이 점점 심해질 수밖에 없고, 2000년 중에만 약 300개 이상의 기업이 공개되는 등 수급이 악화될 가능성이 높아 '대형주'가 시장을 주도하기는 힘들기 때문이다.

물론 코스닥에 등록된 벤처기업들은 거래소 시장 내 제조업체에 비해 월등한 이익증가율을 기록할 것으로 전망되고 있어 마지막까지 시장을 주도할 것으로 판단된다. 더욱이 미국에 성공의 사례가 있다는 점을 감안할 때 코스닥시장의 상승세는 쉽게 수그러들지 않을 것이다.

코스닥시장에 투자할 종목의 선정은 크게 두 가지 기준에 따라

인터넷 상거래 시장의 규모

단위 : 1억 달러

	1998	1999	2000	2001	2002	2003
Computing & Electronics	19.7	50.4	121.4	229.1	319.1	395.3
Motor vehicles	3.7	9.3	22.7	53.2	114.3	212.9
Petrochemicals	4.7	10.3	22.6	48.0	96.8	178.3
Utilities	7.1	15.4	32.2	62.9	110.6	169.5
Paper & Office Products	1.3	2.9	6.4	14.3	31.1	65.2
Shipping & Warehousing	1.2	2.9	6.8	15.4	32.7	61.6
Food & Agriculture	0.3	3.0	6.3	13.1	26.7	53.6
Consumer goods	1.4	2.9	6.1	12.7	26.0	51.9
Pharmaceutical & Medical	0.6	1.4	3.5	8.5	20.0	44.1
Aerospace & Defense	2.5	6.6	14.8	25.6	34.0	38.2
Construction	0.4	1.6	3.4	7.0	14.2	28.6
Heavy Industries	0.1	1.3	2.5	4.7	8.7	15.8
Industrial Equipment	0.1	1.3	2.4	4.5	8.5	15.8
Total	43.1	109.3	251.1	499.0	842.7	1330.8

자료 : Forrest Research, Inc. US Internet Commerce Revenue

야 한다. 첫 번째는 신규 등록되는 기업들의 대체재로 부각될 가
능성이 있느냐의 문제이다. 미국 나스닥시장의 10년에 걸친 상
승을 살펴보면, 주도주가 빠르게 순환하는 것을 발견할 수 있다.

1999년 9월부터는 AOL과 Amazon.com을 비롯한 전자상거
래관련 기업들이 주도주의 자리를 차지하였으나, China.com과
두루넷의 상장을 계기로 아시아관련 주식에 대한 붐이 형성되었
다. 12월부터는 퀄컴(Qualcomm)을 비롯한 통신관련 기업들이
시장의 주도세력으로 떠올랐으며, 2000년 초부터는 야후
(Yahoo!) 등 저명한 사이트에 대한 헤커의 공격을 계기로 보안관

련 기업들의 놀라운 상승세가 지속되었다.

가장 최근에는 인텔(Intel)과 Micron Technology를 비롯한 반도체 칩 메이커들이 시장의 주도세력으로 떠오르고 있다. 사실 나스닥시장의 주

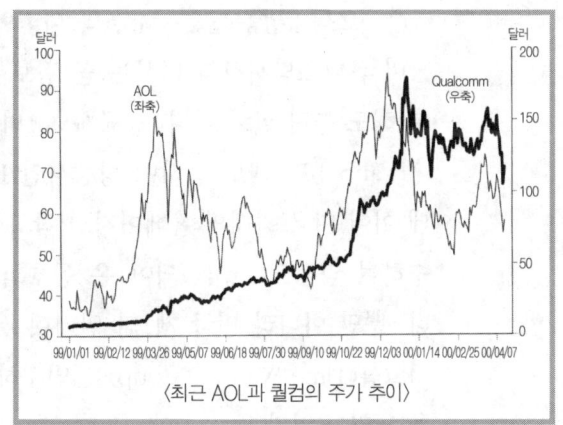

〈최근 AOL과 퀄컴의 주가 추이〉

요 기업 중 인텔(Intel), 마이크로소프트(Microsoft), 시스코(Cisco)의 3개 사만이 지속적인 성장을 기록한 것으로 알려져 있다. 따라서 미국 나스닥시장의 주도주는 신규 상장기업의 등장에서 시작되는 경우가 많다. 시장의 기대를 한 몸에 받는 성장성 높은 기업의 상장을 계기로 시장이 불이 붙고, 비슷한 종류의 기존 기업들이 덩달아 올라가는 것이다.

한국 시장도 마찬가지이다. 사이버텍 홀딩즈의 등록이 아니었으면 그렇게 인터넷 보안관련 기업의 주가가 시장의 주축으로 자리잡기 힘들었을 것이며, 새롬기술과 다음의 등록이 없었더라면 1999년 하반기의 놀라운 상승세도 없었을 것이다. 따라서 2000년 중 새롭게 등록되는 기업들에 대해 주목할 필요가 있다. 장외시장에서 미리 선점할 수 있다면 좋겠지만, 대부분의 기업이 아직 회사로서의 기본 요건도 못 갖춘 상태라는 점을 감안할 때 공모주 청약과 함께 기존 등록 기업의 '유사 종목군'에 집중할 필요가 있다.

● 코스닥 유망종목군2 – M&A의 '대상'이 되는 종목에 관심을 기울여라

미국 나스닥시장의 역사는 곧 정보통신업체간 합병의 역사라고 해도 틀린 말이 아니다. 세계 제1의 회원을 확보하고 있는 야후(Yahoo!)만 해도 인터넷 방송사인 Broadcast.com을 인수한 데 이어 미국 최대의 홈페이지 제작회사인 Geocities.com을 인수하여 약점으로 지적되어 온 동호회(Community)를 보강하였다. 뿐만 아니라 미국 제1의 인터넷 서비스업체 AOL은 타임워너그룹(Time Warner Group)을 인수하여 방송과 인터넷의 결합을 노리고 있다.

이렇게 정보통신산업의 M&A가 활발한 이유는 ① No.1만이 살아남는 치열한 경쟁, ② 계속 새로운 재미와 내용을 공급하지 못할 때의 고객의 빠른 이탈, ③ 새로운 비즈니스 모델의 개발을 통한 시장 선점 등의 원인 때문으로 설명된다. 그런데 재미있는 점은 한국의 인터넷 기업들도 이런 미국의 경험을 그대로 모방하고 있다는 것이다.

인터넷 기업의 M&A로 가장 득을 보는 곳은 어디일까? M&A를 한 기업의 주주? 아니다. 가장 득을 보는 곳은 피인수 기업의 주주들이다.

AOL이 타임 워너(Time Warner)사를 인수하기로 발표한 날은 정말 극적인 변화를 보여주었다. AOL의 주가는 폭락세를 보인 반면, 타임 워너사의 주가는 폭등세를 보인 것이다. AOL의 주주들은 변화가 가져올 악영향을 걱정했다면, 타임 워너사의 주주들은 세계 제1의 인터넷 서비스업체 AOL의 품에 들어가는 것이 타임 워너사의 앞에 큰 도움을 줄 것이라고 기대했던 것이다. 정보통신업계 대부분의 M&A는 이런 패턴을 밟게 된다.

그렇다면, 이런 피합병 회사를 어떻게 고를 수 있을까? 첫 번째 전제조건은 저평가되어 있어야 한다는 것이다. 이미 주가가 오를만큼

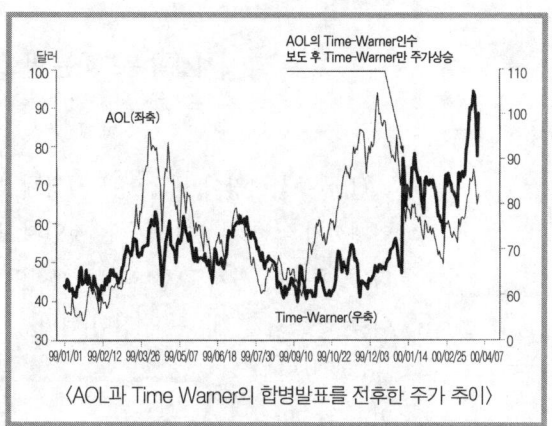

〈AOL과 Time Warner의 합병발표를 전후한 주가 추이〉

올라있으면, 합병대상으로의 값이 크게 떨어지는 것은 당연한 일이다. 최근 삼성경제연구소의 분석(코스닥기업의 가치평가)에 따르면 벤처기업 가운데에서도 많은 기업들이 내재가치에 비해 저평가되어 있는 것으로 나타났다. 이들 저평가종목의 특징은 ① 언론매체가 다루지 않는 소외된 기업들이며 ② 부채비율이 높아 상대적으로 위험성이 높게 부각되는 종목들이었다.

두 번째의 원인은 저평가의 사유로 적당하지만, 첫 번째 이유는 최근 코스닥시장에 대한 대중들의 투자가 얼마나 들떠 있는 지를 보여주는 대목이다.

이제부터 시장의 분위기와 맞서는 역행적인 투자가 아니고서는 수익을 기대하기 힘든 상황이다. 독자적인 기술력을 확보하고 있음에도 불구하고 시장내부 또는 외부적인 요인으로 저평가되어 있는 우량기업들에 대한 장기투자, 그것만이 바로 '피합병' 기업을 골라내는 요령이다.

주식시장의 동조화는 언제까지 이어질까?

한국 주식시장이 미국 주식시장에 대한 동조화가 심화되면서 언제까지 이런 현상이 계속될 것인지 많은 이들이 궁금해하고 있다. 결론부터 먼저 말한다면 국제적인 이슈가 숨을 죽이는 순간이 곧 동조화가 깨지는 순간이 된다.

1980년대 일본과 미국 주식시장은 정말 비슷한 모습을 보였으며 당시 일본 주식시장의 참가자들은 이를 '사진시세(뉴욕시장의 사진처럼 동경시장의 시세가 형성되는 것)'라고 불렀다. 1979년부터 세계 금융시장은 하나로 통합되었을 뿐만

〈1998년 7월 이후 한미증시의 동조화〉

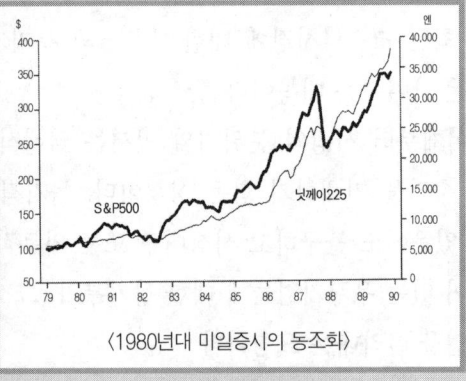

〈1980년대 미일증시의 동조화〉

아니라, 세계를 뒤흔든 국제적인 이슈도 많았기에 주요 주식시장의 동조화는 당연했던 것이다.

1979년, 세계 경제는 제2차 석유위기로 엄청난 충격을 받았다. 세계 경제는 평화시로서는 유례를 찾기 힘든 물가상승을 경험하였고, 각 국 중앙은행들은 금리를 올려 인플레를 막기 위해 노력했었다. 금리가 오르는 데 주식시장이 잘 굴러갈 수 없는 법. 세계의 주식시장은 모두 약세를 보였고, 언제쯤 금리가 하락할 것인가에 대해 관심을 집중시키기 시작했다.

레이건 행정부가 들어선 1981년을 고비로 미국의 금리가 서서히 떨어지기 시작했고, 1982년 7월 발생한 멕시코 외환위기로 국제 금리가 한층 더 떨어지면서 세계의 주식시장은 동반상승의 계기를 마련하게 된다.

그리고 1987년 10월 19일, 미국의 '블랙 먼데이'가 발생하자 선진국의 모든 주식투자자들은 "1929년 대공황의 재래(再來)"를 떠올렸고 '세계적인 주식시장의 붕괴' 현상이 나타났다. 그렇지만 국제적인 공조에 힘입어 무사히 사태가 수습되자 다시 한 번 세계의 주식시장은 동반 상승세를 보인 것이다.

이 역사적인 사례에서 알 수 있는 것처럼, 국제적인 큰 이슈가 벌어질 때 세계의 주식시장은 함께 움직이는 모습을 보이지만 사태가 수습되면 국내적인 이슈가 더 큰 비중을 차지하게 된다. 1990년 일본 주식시장의 붕괴에 미국 주식시장이 꿈쩍도 하지 않은 것처럼 말이다.

1998년 7월 이후 한국과 미국이 주식 동조화를 보이는 것도 같은 맥락에서 이해되어야 한다. 세계 경제가 "세계금융공황"의 위험에 떨고 있을 때 미국의 FRB는 과감하게 금리를 내렸고, 이

결단의 영향으로 세계 주식시장이 구언받은 그 모멘텀이 아직 살아 있는 것이다. 미국의 금리인상 문제가 핫 이슈로 부각되는 것도 다 이런 이유 때문이다. 아직 세계 금융시장은 불안정하며, 한국과 같은 '금융위기 국가' 의 토대가 불안정하기 때문에 미국시장을 보며 쫓아가는 것이다.

그럼 한미 증시 동조화는 언제 끝날까? 나의 판단으로는 이미 시작된 것으로 보인다. 한국 내부 수급과 이슈가 해외 문제를 서서히 압도하기 시작하였기 때문이다. 수급은 재료에 앞서니까.

3. 거래소시장의 대세상승, 종결

● 환율 저평가의 이점이 거의 사라졌다

1998년 10월 이후 한국 주식시장이 그토록 놀라운 성장을 달성할 수 있었던 원인은 바로 원화 저평가를 바탕으로 한 막대한 무역수지 흑자였다. 무역수지 흑자가 왜 주식시장에 그토록 중요한 역할을 미치는가? 증시의 격언에도 잘 나타나는 것처럼 '재료에 우선하는 것이 수급'이기 때문이다.

무역수지의 흑자는 어떤 경우에 발생할까? 수출이 잘되거나, 또는 급격하게 수입이 줄어들 때 이뤄진다. 수출이 잘된다는 이야기는 곧 기업들의 매출액이 증가하며, 기업이 보유한 현금이 많아진다는 것을 의미한다. 수입이 줄어든다는 이야기는 기업과 가계가 설비투자나 수입 소비재에 대한 지출을 줄이고 긴축을 실시하고 있다는 것이다.

주가에 가장 큰 영향을 미치는 것은 앞으로 그 회사가 가지게 될 현금 흐름(Cash Flow)에 대한 기대의 변화이다. 신기술에 대한 특허를 획득하거나, 미국의 유력기업과 손을 잡은 회사들의 주가가 급등하는 이유는 바로 앞으로 그 회사의 현금 흐름이 증가할 것으로 기대되기 때문이다. 나라도 마찬가지다. 무역수지 흑자를 기록하는 것은 매출액과 지출의 양면에서 모두 현금 흐름이 증가함을 의미한다. 더욱이 무역수지 흑자가 발생하면 환율이 하락(=원화의 가치 상승)하게 되어 물가도 안정되는 부수적인 효과를 거둘 수 있게 된다. 물가가 안정되면 당연히 주식시장의 최대 위험요인인 금리가 하락하게 되어 주식시장에 긍정적인 영향을 미치게 되는 것이다.

그런데 무역수지가 최근 서서히 악화되고 있는 것이다. 무역수지가 악화되는 원인은 무엇보다 원화의 저평가 상태가 시정되고 있기 때문이다. 최근 LG경제연구소가 추정한 적정 원/달러환율이 1,130원 수준이라고 밝힌 데에서 잘 나타나듯이 한국 경제는 1,130원 수준 이하로 내려가면 무역수지가 악화되는 것이다. 그런데 최근 헤지펀드의 투기적인 성장주 매입과 M&A 자금의 유입으로 원/달러환율이 빠르게 하락하고 있다.

더욱이 문제를 악화시킨 것은 아직도 엄청난 과잉설비를 안고 있는 대기업들의 설비투자가 다시 시작될 가능성이 높다는 점이다. 설비투자의 대부분이 합리화나 연구개발이 아니라 설비능력

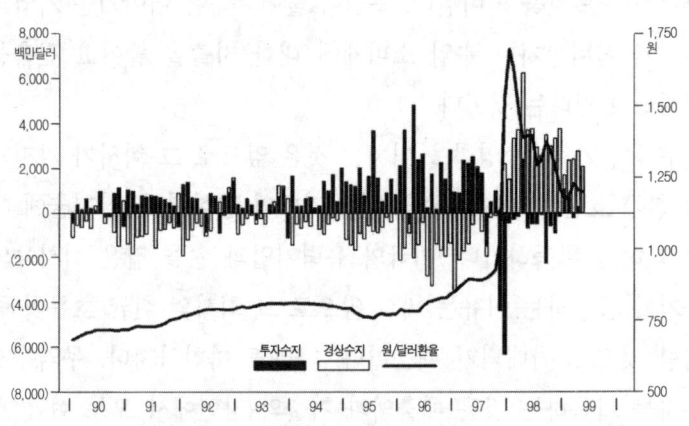

〈최근 경상수지 및 투자수지 동향과 원/달러 환율〉

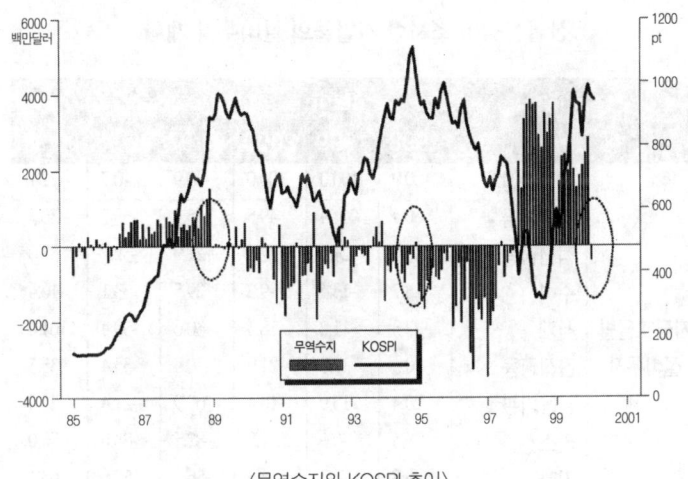

〈무역수지와 KOSPI 추이〉

의 증강에 내용도 안 좋은 것으로 판단된다. 기업들의 설비투자가 회복되는 것은 경제의 성장률을 높이고 고용을 증가시키기 때문에 호재로 인식되어 온 게 사실이다. 그러나 2000년 계획된 설비투자는 오히려 물가를 높이고 무역수지를 악화시키는 부작용이 더 많을 것으로 판단된다. 대부분의 자금조달을 자체 유보자금이 아니라 은행대출로 해결하려 들고 있어 안그래도 악화되고 있는 수급을 더욱 악화시킬 가능성이 높다.

● 주식시장의 수급이 완전히 망가졌다

 1999년 이후 네 자리수의 KOSPI 지수를 기록한 것은 모두 합쳐 네 번이 있었다. 첫 번째는 1999년 7월 7일~19일의 5일(거래일수 기준)이었고, 두 번째는 11월 16일의 하루였으며, 세 번째는 12월 10일~14일 동안의 3일이었다. 그리고 마지막으로 네 자리

산업은행이 조사한 기업들의 설비투자 계획

(단위 :%)

		구성비			증가율		
		1998	1999	2000	98/97	99/98	00/99
	제조업전체	100.0	100.0	100.0	-48.9	-0.7	22.1
	외부자금	66.4	44.4	49.5	-55.3	-33.7	36.3
	직접금융	36.0	24.6	27.6	-21.9	-32.2	37.0
	주식	-8.7	-13.4	-9.2	29.5	-53.1	-16.4
자금조달별	사채	-27.3	-11.2	-18.4	-30.6	-59.4	101.0
설비투자	간접금융	30.4	19.8	21.9	-70.4	-35.4	35.5
	금융기관	-20.4	-15.9	-16.4	-69.9	-22.4	25.5
	리스	-3.5	-0.6	-1.2	-82.5	-83.6	156.0
	기타	-6.5	-3.3	-4.3	-56.1	-52.6	63.1
	내부자금	33.6	55.6	50.5	-28.3	64.5	10.8
	설비능력증가	60.8	57.8	58.3	-55.3	-5.6	23.2
동기별	합리화	19.0	18.8	19.3	-31.4	-1.4	24.9
설비투자	공해방지	1.5	1.6	1.5	-60.4	6.8	17.2
	연구개발	10.1	12.2	13.6	-24.5	20.3	36.1
	기타	8.6	9.6	7.3	-41.4	9.3	-6.8

자료 : 산업은행, '설비투자계획조사'

수 지수를 기록한 것은 1999년 12월 27일~1월 4일의 3일이 고작이었다. 과거에 비교할 수 없을 정도로 호전된 기업의 실적, 그리고 50조에 달하는 투신권의 주식형 수익증권 규모, 개인투자자들의 주식투자 열기를 감안할 때 1,000포인트의 주가 정도는 손쉽게 넘어서야 마땅하나 그러지 못하고 있는 것이다. 정말 불가사의한 일이 아닐 수 없다.

1989년에도 넘어섰던 네 자리수 지수에 힘겨워 하는 이유가 무엇 때문일까?

그 첫 번째 이유는 코스닥시장의 가세로 체력이 분산된 데 있다. 1998년 말, 코스닥의 시가총액은 7조 8,000억 원 선에 불과했으나, 1999년 말 106조 3,000억 원에 이르렀다. 그뿐 아니라 기업 공개수에서도 월등하게 거래소시장을 앞지르고 있으며 거래 규모와 거래량에서도 2000년 들어서며 거래소시장을 추월하고 있다. 동일한 자금이 있다고 할 때, 더 매력적인 성장하는 시장이 있다고 하면 기존의 시장은 실적의 호조에 상관없이 저평가되는 현상이 나타날 수 있는 것이다.

지금이 바로 그 시기라고 생각된다. 2000년에 거래소시장에 상장된 기업은 하나도 없는 반면, 코스닥시장에는 약 300개가 넘는 기업들이 등록을 신청하고 조회를 기다리는 상황이다. 시장이 이런 식으로 흘러가면, 거래소시장은 기본적으로 홀대를 받지 않을 수 없게 된다.

코스닥시장 및 거래소시장 비교

단위 : 개, 백만주, 백억원, %

	1998년 말		1999년 말		2000.2.11	
	코스닥	거래소	코스닥	거래소	코스닥	거래소
등록기업수	331	748	453	725	462	727
(벤처)	(114)		(180)		(148)	
총주식수	7,167	11,444	4,090	17,326	4,326	18,432
기업공개수	3	3	109	15	14	
자본금	541	5,487	1,306	7,809	1,286	33,567
시가총액	789	13,780	10,628	34,950	9,916	370
일일 평균 거래대금	0.6	66	43	348	258	370
일일 평균 거래량	0.7	98	35	279	124	249
주가 가중평균	6,762	12,036	29,300	20,418	25,679	18,258

코스닥시장의 성장이 시장 전반의 수급을 악화시킨 것은 분명하지만, 이에 못지 않은 악재가 있다. 바로 1998년과 1999년 두 해에 걸친 엄청난 주식공급이 그것이다. 절대적인 양뿐만 아니라 상대적인 중압감에서도 그 이전의 모든 해를 압도하는 공급물량이 쏟아진 것이 주가상승을 가로막는 결정적인 요인으로 작용하기 시작한 것이다. 과거 1988년과 1989년 쏟아진 공급물량이 1989년의 주가 붕괴와 이후 3년에 걸친 주가하락을 가져온 요인이라고 지적받았지만, 작년과 재작년의 공급물량은 1989년이 비길 바가 아니다. 상장사의 자본금에서 유무상 증자가 차지한 비중이 35%를 넘어선 것이다.

한 해에 자기 자본의 35%가 증가하는 판에 아무리 힘이 좋은 시장도 배겨내지 못했던 것이다. 이런 대규모 주식공급이 없었더라면, 상당수 재벌기업들이 부도 또는 그에 못지 않은 위기를 만났을 것으로 생각하지만 무슨 일이든 '정도'가 있는 법. 이런 식으로 물량을 토해 놓고 주가가 오르기 바란다면 도둑의 심보에 불과할 것이다.

종합주가지수의 추가적인 상승을 가로막는 세 번째 수급요인은 바로 투신권 구조조정 문제이다. 투신권 문제의 출발점은 지나치게 많은 자금이 일거에 쏟아져 들어온 데 있다.

〈종합주가지수와 공급물량/시가총액 비중〉

1998년, 은행권의 구조조정이 진행되면서 은행에 대한 민간의 불신이 심화되고 금리가 빠른 속도로 하락하면서 시중의 부동자금이 일거에 투신권에 몰려든 것이다.

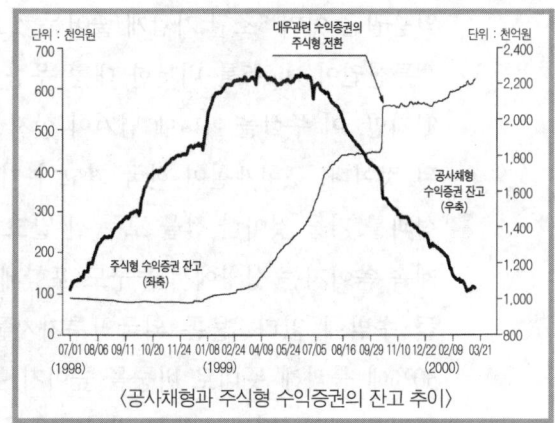

〈공사채형과 주식형 수익증권의 잔고 추이〉

공사채형 수익증권 잔고의 대부분은 바로 금리 10%선이 무너지면서 채워졌지만, 상품의 대부분이 운용기간 1년 이하의 단기상품이었다는 데 문제가 생겼다. 한국은행이 Call을 비롯한 단기금리를 지속적으로 하락시켰기 때문에 1년 미만의 단기 채권에 운용해서는 고객이 원하는 수익을 올릴 수 없었던 것이다. 결국 판매한 수익증권의 대부분은 1년 미만이지만, 운용하는 채권은 1년 이상의 장기채라는 매우 위험한 상황이 초래되었다.

그 이후에 벌어진 일은 다 아는 바와 같다. 금융기관 제1의 원칙이 '고객의 신뢰'에 있음에도 불구하고 대우그룹의 위기 이후 투신권은 고객의 신뢰를 상당히 잃어버렸고, 들어올 때와 마찬가지로 빠른 속도로 자금이 유출되는 중이다. 한 때 220조 이상의 수탁고를 자랑했지만 2000년 3월 들어 100조원대로 줄어들었고 주식형 수익증권의 잔고도 더 이상 늘어나지 못하고 있다. 아니 실재로는 빠른 속도로 줄어들고 있다고 보는 것이 적합할 것이다. CBO펀드 및 High Yield 펀드를 제외할 경우 주식형 수익증권은 이미 5조원 가깝게 줄어든 것으로 추정된다.

투신권이 Big-5를 비롯한 대형 우량주를 가장 많이 보유하고 있지만, 이 주식을 어디에 넘겨야 할지 모르는 딱한 상황이 연출된 것이다. 포항제철이 한국 최고의 기업이며, 앞으로도 뛰어난 성과를 거둘 것이란 점을 모두 잘 알고 있지만, 투신권의 매물이 계속 쏟아지는 상황에서 누구도 포항제철을 적극적으로 사기 힘들 수밖에 없다. 물론 외국인투자자들이 있지만, 투자한도가 30%에 불과해 뜻대로 비중을 높이지 못하고 있다. 기관이 파는 물건을 개인투자자가 모두 받아내며 주가를 상승추세로 돌릴 수 있을까? 아마 어려울 것이며, 그런 날이 온다면 '투매'가 벌어져 가격이 매우 내려갔을 때일 것이다.

● 다시 300포인트는 없다

1998년 7월부터 시작된 경기확장국면은 언제까지 이어질까? 이 의문에 자신있게 대답할 수 있는 사람은 아마 없을 것이다. 경기의 천정과 바닥을 정확하게 알 수 있으면 주식투자에서 성공하기란 누워서 떡 먹는 것보다 쉽다. 왜냐하면, 주식시장은 실물경제의 가장 정확한 그림자이기 때문이다. 1970년부터 최근까지 주식시장은 두 번을 제외하고 경기에 선행하는 모습을 보였다. 그 두 번의 예는 1980년대에 발생했는데, 이 때는 금리인하와 유가하락으로 세계적인 주가상승이 벌어지고 있었기에 가능할 수 있었다. 그 이외에는 주가는 경기에 정확하게 선행한다.

그런데, 올해는 그렇다 치고 내년의 경기 전망이 썩 밝지 않다는 점이 문제로 떠오른다. 경기회복이 3년째를 맞이하면서 서서히 임금이 상승하기 시작하고 기업들의 설비투자가 빠르게 회복되고 있다. 경제가 과열국면으로 이동하기 시작했다고 봐야 한다. 경제가 과열국면에 도달했다는 것은 주식시장의 입장에서 보면 '잔치가 끝났다' 는 것을 의미한다. 경제가 과열되면 물가가 불안해지고, 무역수지가 악화된다. 정부로서는 주식시장에 대한 배려보다는 물가와 무역수지에 대한 관심이 더 높아질 수밖에 없고, 결국 금리를 인상시키고 통화공급을 줄이는 정책을 펴지 않을 수 없게 된다.

아직까지 정부는 금리를 인상시킬 뜻이 없어 보이며, 또 금리도 많이 오르기 힘들 것이다. 그러나 문제는 내년이다. 내년이면 무역수지가 악화되며 원/달러환율은 상승세로 돌아설 가능성이 높다. 환율이 상승세로 돌아선다는 것은 곧 수입물가의 상승을 초래해 '물가 불안' 을 낳게 된다. 더욱이 기업들이 빚을 내어 설비투자에 나서면서 시중의 자금도 서서히 말라가게 될 것이다.

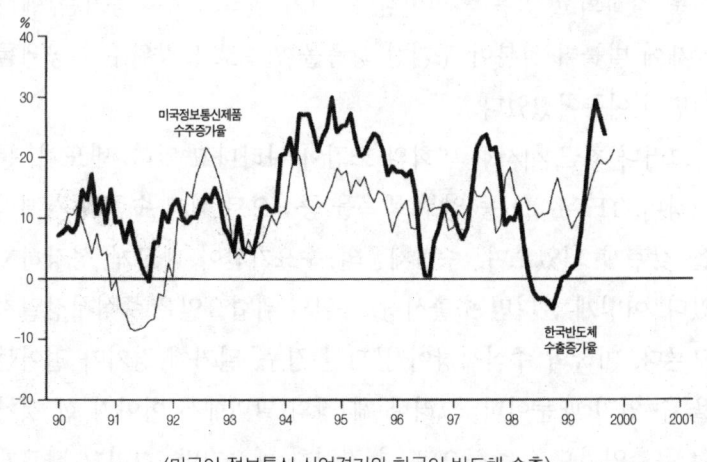

〈미국의 정보통신 산업경기와 한국의 반도체 수출〉

금리상승만 해도 주식시장으로서는 죽을 맛인데, 시중 유동자금이 줄어들면 그나마 진행되던 소형주와 성장주의 테마도 힘들어지는 것이다.

그러나 아직 비관은 빠르다. 주식시장 제1의 원군 역할을 한 수출이 여전히 살아있기 때문이다. 수출이 살아있다는 것은 현금흐름(Cash flow)의 측면에서 아직 기업을 향한 돈의 유입이 지속되고 있음을 의미하기 때문이다. 아무리 주가와 실적이 무관한 것 같아도 결국은 실적으로 회귀하는 게 주식시장 200년의 역사가 잘 말해주고 있다. 따라서 수출이 지속적으로 증가하는 한 주식시장의 폭락은 없다고 보아야 한다. 한국 주식시장의 대세상승이 그토록 허무하게 종결되었던 이유는 수출증가율이 둔화되는 가운데, 경기가 과열되며 금리상승과 물가상승을 불러 기업의 실적이 급격하게 악화되었기 때문이었다.

수출이 살아있다는 것은 곧, 한국 주력제품에 대한 수요기반이 더욱 강화되고 있음을 의미한다. 과거 한국의 수출증가는 엔화 강세에 빌붙어 일본이 포기한 상품을 위주로 물량위주의 공세를 펴면서 이루어졌었다.

그러나 최근 서서히 변화의 조짐이 나타나고 있다. 반도체, 통신장비, TFT-LCD 등 일부 품목을 중심으로 세계 수준의 경쟁력을 갖추게 되었으며, 주력제품의 수요기반이 빠르게 성장하고 있다. 어떻게 본다면 수출시장, 유일의 위협요인은 주식시장일지 모른다. 미국의 주식시장이 붕괴될 경우, 일거에 경기가 얼어붙을 수 있기 때문이다. 그러나 제2장의 말미에서 이야기 한 것처럼 뮤추얼펀드를 중심으로 한 강력한 매수기반, 그리고 빠르게

증가하는 기업의 이익을 감안할 때 아직은 염려하지 않아도 될
듯하다.

● 제2의 멕시코?

1982년 7월을 고비로 멕시코의 운명은 지옥의 밑바닥까지 떨
어졌었다. 바로 증가하는 외채를 견디지 못하고 외채의 지불 정
지(Moratorium)를 선언했기 때문이었다. 외채의 지불 정지로 급
한 불을 껐을 지는 모르나, 외국인투자자의 신뢰를 상실하고 실
물경제가 침체되면서 가혹한 나날을 보내게 된다. 다행히 IMF를
비롯한 국제적인 지원의 힘으로 회복되는 듯 했으나, 1987년,
1994년, 1998년의 세 번 연속 외환위기를 맞이함으로써 "멕시코
는 안 돼"라는 국제사회의 악평을 정착시키고 말았다.

외환위기 3년 차를 맞이하면서 일각에서는 '한국이 또 멕시코
의 길을 걸어가는 게 아냐?' 라는 조심스런 의문을 제기하고 있
다. 어떻게 보면 걱정을 사서하는 사람들이고, 다르게 보면 '선

각자' 라고도 할 수 있
다.

그러나 여기서 분명
히 해두고 싶은 이야기
가 있다. 그것은 한국
이 다시 외환위기를 겪
는다 해도 멕시코와 같
은 방식으로는 절대 벌
어지지 않는다는 것이

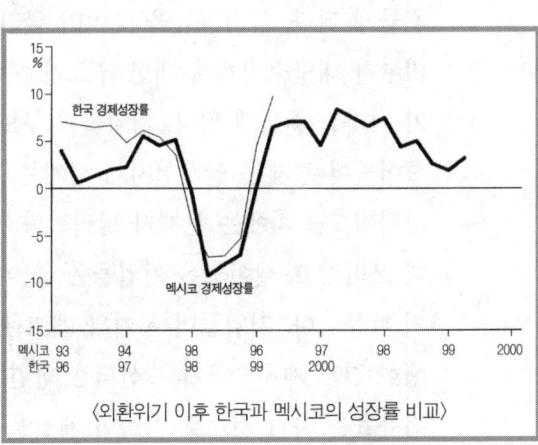

〈외환위기 이후 한국과 멕시코의 성장률 비교〉

다. 멕시코는 한국의 비교대상이 될 수 없다. 오히려 1970년대 후반과 1992년의 영국이 비교대상이 되면 되었지, 멕시코를 비롯한 중남미 국가와 한국을 비교하는 것은 지나친 면이 있다. 그 이유는 간단하다. 멕시코와 중남미 국가들의 위기탈출 과정과 한국의 위기탈출 과정에 큰 차이가 있기 때문이다.

먼저 공통점에 대해 이야기하자면, 경제성장률과 주식시장의 양상이 판박이처럼 같다는 것을 들 수 있다. 그렇지만 이것은 한국과 멕시코만의 공통점이 아니라 영국과 핀란드, 스웨덴, 노르웨이 등 대부분의 금융위기를 겪은 국가들이 모두 이런 모습을 보였다는 것을 알아야 한다. 외환위기를 겪는 국가는 그 해와 그 다음해, 심각한 시련을 당하게 된다. 필요한 자금을 IMF나 선진국으로부터 빌리는 대가로 '강력한 긴축정책'을 요구받기 때문이다. 즉, 경제성장률을 떨어뜨려서라도 무역수지를 개선시키고 외환보유고를 확충하라는 것이다.

따라서 외환위기 첫해에는 무시무시한 신용경색현상이 나라를 흔들게 된다. 통화공급을 조이며 금리가 상승한 데다, 자동차를 비롯한 내구소비재에 대한 수요가 사라지며 기업들의 연쇄부도가 나라를 흔들게 된다. 기업들의 부도 속에 가계의 소비도 크게 줄어들어 경제는 암흑천지에 빠지는 게 상례이다. 그렇지만, 외환위기 2년 차에는 문제가 달라진다. 먼저 쓰러질만한 기업들이 다 쓰러지고, 살아남은 기업들은 '살아남은 자의 잔치'를 시작하기 때문이다. 기업들이 투자와 재고를 줄이려 필사의 노력을 감행한 결과 재무구조가 개선되는 한편, 먼저 쓰러진 기업의 시장점유율을 자기 것으로 만들며 체질을 개선시키게 된다. 이 단계

를 지나면 어느 정도
외환보유고를 확충한
정부가 금리를 내리
면서 결정적인 계기
를 만들게 되는 것이
다. 금리가 내리며 민
간의 수요가 회복되
고 주식시장은 상승
세를 그리게 되는 것
이다.

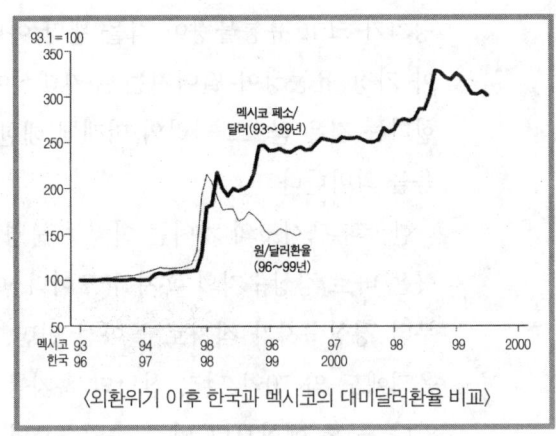

〈외환위기 이후 한국과 멕시코의 대미달러환율 비교〉

그렇지만, 한국과 멕시코의 차이점이 여기서부터 확연하게 갈
라진다. 외환위기 이후 멕시코의 통화인 페소(Peso)화는 가치가
떨어지기만 할 뿐 오를 줄 모르는 데, 한국의 원화 가치는 계속
상승하고 있는 것이다. 다시 말해 멕시코에 외국기업들이 직접
투자를 했다면, 그 기업은 엄청난 평가손실을 입었을 것이다. 통
화의 가치가 계속 떨어지는 나라에 투자하는 것은 돈을 쓰레기
소각로에 넣는 것과 똑같은 어리석은 짓이기 때문이다.

반면, 한국은 IMF를 계기로 엄청난 외국인의 직접투자를 유치
하는 데 성공하였다. 외국인투자자들이 개발도상국에 투자할 때
절대로 한꺼번에 몰려들지 않는다. 먼저 그 나라의 달러표시 채
권에 투자하며, 그 다음에는 그 나라의 주식에 투자한다. 왜냐하
면 이런 규격화된 상품은 유통물량이 풍부하기 때문에 '아니다'
라는 판단이 서면 즉시 털고 나올 수 있기 때문이다. 그리고 제
일 마지막 단계에 투자하는 상품이 바로 부동산이다. 부동산은

덩치가 크고 유통물량이 적을 뿐만 아니라, 규격화되어 있지 않아 가장 유동성이 떨어지는 투자대상이다. 이런 부동산에 투자한다는 것은 곧, 그 나라의 미래에 대한 확고한 신뢰가 형성되었음을 의미한다.

한국과 멕시코의 차이는 이렇듯 분명하다. 더더욱 차이가 나는 곳은 바로 경상수지의 흑자 규모이다. 멕시코는 외환위기 2년 차부터 경상수지가 적자로 돌아선 반면, 한국은 3년 차를 맞이한 올해에도 약 70억 달러 상당의 흑자를 기록할 것으로 전망되고 있다. 물론 예상보다 빠른 수입수요의 증가와 기업투자의 영향으로 무역수지가 적자를 기록하기도 하지만, 원유 한 상품에 절대적으로 의존하는 멕시코와 차원이 다르다.

멕시코 경제의 역사는 곧 원유가격의 역사라고 할 수 있다. 원유가격이 상승하면 엄청난 무역수지 흑자를 기록하고 성장률이

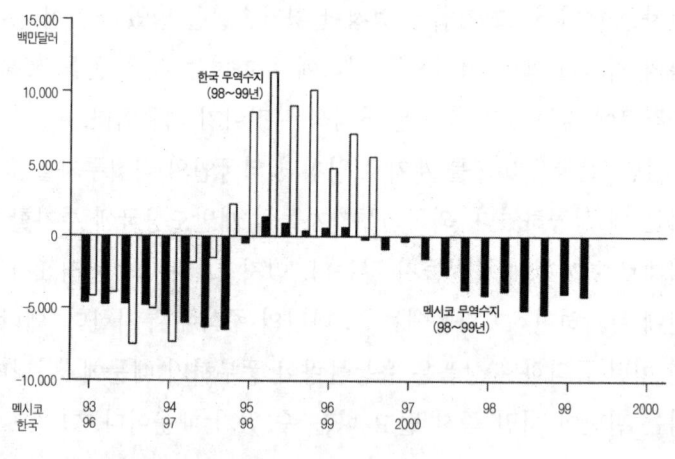

〈외환위기 이후 한국과 멕시코의 경상수지 비교〉

상승하지만, 원유가격이 하락세로 돌아서면 불과 몇 년을 못버티고 외환위기를 맞이하곤 했다. 한국도 반도체 및 TFT-LCD 등 일부품목에 대한 의존이 높지만, 앞에서 살펴 본 대로 지금 가장 높은 성장률을 기록하는 성장산업의 핵심 품목이기 때문에 원유와 비교하는 것은 넌센스이다.

4. 맺는 말

미국 제1의 투자명인으로 손꼽히는 워렌 버펫(Warren Buffett)이란 사람이 있다. 마이크로소프트사의 회장, 빌 게이츠를 제외하고 세계에서 가장 돈이 많은 사람이다. 이 사람은 최근 미국 나스닥에 상장된 성장기업들 쪽을 쳐다보지 않고 있다. 그 이유는 나스닥의 정보통신기업들이 자신이 모르는 기업 내용을 갖고 있기 때문이다. 거의 30년에 걸친 주식투자의 경험 속에서 백전백승의 연승가도를 달린 이 명인이 한 말치고는 정말 겸손하지 않은가?

당신은 당신이 투자한 주식에 대해 얼마나 공부했는가? 혹시 잘 알지도 못하면서 맹목적인 사랑을 퍼붓고 있는 것은 아닌지?

나름대로 주식시장의 흐름을 쫓아가고 있다고 생각했지만 주식시장에 대해 공부하면 할수록 모르는 게 계속 나오는 것이 주식이다.

투자와 투기를 가르는 선이 무엇일까?

아마 그 선은 바로 '과학'이 아닐까하고 생각한다. 주식의 적정가치를 끊임없이 고민하고 합리화하며 팔 가격과 살 가격을 미리 계획하는 사람은 투자자이지만, 오늘 산 주식과 내일 살 주식에 대해 자기 집 냉장고의 성능만큼도 모른다면 그 사람은 투기꾼이 되는 것이다.

사실 투기꾼이 되고자 하는 사람이라면 이 책을 읽을 필요가 없다. 과학을 추구하고 자신의 미래를 안정적으로 관리하려는 사람들은 미국과 일본, 그리고 한국 주식시장의 경험에서 많은 것을 얻었으리라 자부한다. 이 책의 말미에 있는 제3시장 등록 예상 기업과 주식투자에 도움을 주는 사이트 정보, 그리고 가려서 고른 참고문헌의 목록도 투자에 조금이나마 도움을 줄 수 있을 것이라 기대해 본다.

　투기가 아닌 투자로 가는 첫걸음은 '고민'에서 시작된다는 것을 잊지 말자.

KOSDAQ

재테크 전략

1. 재테크 전략

● 재테크란?

재테크란 기업의 재무활동을 효율적으로 관리하기 위한 고도화된 기법을 운용하는데서 시작되었다. 금융의 국제화·자유화는 기업에 다양한 자금조달 및 운용수단을 제공해 주었고 재무활동을 통한 수익을 늘릴 수 있게 해 주었다. 이와 같은 경영여건의 변화는 정상적인 경영으로는 흑자 유지가 어려웠던 기업들에게 새로운 기업성장의 돌파구를 마련해 주었는데, 그 기법이 바로 재테크였다.

현재 재테크의 영역은 기업경영에만 머무르지 않고 국가적 차원에서 금융정책에 활용되기도 하며, 요즈음에는 가계의 투자수단으로도 각광받고 있다.

과거에는 개인의 투자수단이 저축이나 부동산에 국한되어 있었다. 그러나 지금은 다양한 금융상품들이 경쟁적으로 등장함에 따라 효율적인 자산관리의 필요성이 중요한 관심사가 되었다.

재테크의 기본은 '포트폴리오' 라는 자산배분에서 시작된다. '포트폴리오' 는 개인의 자산에 대하여 수익과 위험을 효율적으로 관리하면서 투자의 비중을 조절하는 것이다. 행여나 발생할 수 있는 투자의 손실을 줄이는 데에 포트폴리오의 목적이 있다.

예컨대, 당장의 높은 수익만을 생각해서 위험성이 높은 주식에 큰 투자비중을 두는 것은 바람직하지 않다. 왜냐하면 이는 반대로 큰 손실을 낳을 수 있기 때문이다.

포트폴리오는 일반적으로 알고 있듯이 주식에 편중되는 것이 아니다. 금리변동이나 경기변화에 따라 주식, 채권, 금융상품, 현금(단기유동성)의 비율을 적절히 배합해야 한다.

최적의 재테크 방법은 본인의 투자성향과 모든 투자환경을 고려한 자산관리에 의해 분산 투자해야 한다는 사실이다.

결국 현명한 재테크라 함은 주식시장을 포함한 금융시장과 금융상품에 대한 지식을 가지고 포트폴리오를 구성하여 자산을 최적상태로 만드는 데 있다.

● 재테크의 필요성

일상생활에서 거래할 금융기관을 선택할 때에는 여러 가지 요소들을 고려하게 된다. 거래할 금융기관과의 거리, 금융기관 종사자들의 서비스 수준, 거래 금융기관의 부대 서비스 내용 등이 그것이다. 그러나 그 선택에 있어 가장 많은 관심을 두는 것은 금융상품을 통해 받게 될 금리일 것이다. 돈을 맡겼을 때 얼마나 많은 이자수익을 얻을 수 있느냐가 결국 금융기관과 금융상품을 선택하는 데 가장 중요한 기준이 된다.

일반적으로 저축수단을 선택할 때 가장 중요시 하는 기준은 무엇보다도 수익적인 측면이다. 특히 고소득층일수록 수익성에 대한 중시도는 더욱 높은 것으로 나타났다. 이러한 경향은 소득수준의 향상과 더불어 금융자산의 축적이 이루어지면서 재테크에 대한 관심이 과거 어느 때보다 높아졌기 때문이다. 이러한 금융자산 선호패턴은 선진국의 경우에서도 이미 확인되고 있다.

개인투자자들은 한정된 자금을 가지고 일정한 기간동안 자신들의 저축목적에 맞는 자금운용을 하면서 높은 금리를 얻기 위해서는 최적의 금융상품을 선택하는 것이 관건이다. 그러나, 수시로 바뀌고 새로이 쏟아져 나오는 금융상품의 정보를 일반인들이 정확히 파악한다는 것은 사실상 어렵다. 특히 금리자유화 조치이후 금융상품들의 금리가 수시로 바뀌고 있는 현실에서는 더욱 그러하다. 따라서 금융기관별 금융상품의 내용과 그에 따른 금리체계의 이해가 무엇보다도 중요하다. 그런 후에야 자신에게 가장 적절한 금융상품을 합리적으로 선택할 수가 있다.

지금까지는 금융기관간의 상품의 차이가 별로 없는 편이었다. 하지만 최근에는 다양한 상품들이 등장하면서 그 선택의 폭이 넓어지고 있다.

따라서 현재 나와있는 금융기관의 금융상품을 중심으로 금융상품을 선택하는 데 도움이 되는 몇 가지 금리체계상의 특징을 살펴보기로 하자.

우리나라의 경우에는 상품의 특성상 비은행권의 금리가 은행권의 금리보다 일반적으로 높다. 그리고, 유동성이 낮은 금융상품의 금리가 유동성이 높은 것보다 금리가 높은 것이 일반적이다. 또한 단기 금융상품의 경우에는 취급금융기관과 해당 금융상품의 리스크에 따라 수익률에 차이가 크다.

금융상품의 금리는 해당 금융상품의 위험도와 해당 상품 시장의 수급 상황 등 제반여건에 따라 많이 달라진다. 은행권의 CD나 CP(기업어음)보다는 종금사나 투자신탁회사(증권사)에서 취급하는 단기 금융상품의 수익률이 더 높다. 특히 기업어음, 환매채 상품 등 일부 단기금융상품의 경우는 한국은행의 최고금리한도에 묶여 있기 때문에 금융기관마다 금리가 다르게 형성되어 있다는 데 주의해야 한다.

제2금융권 상품중에는 실적배당형 상품이 많다. 실적배당형 상품이란 다수의 고객으로부터 현금을 받아 유가증권 등에 종합 운용하여 그에 따른 수익을 저축자들에게 배분해 주는 형태이다. 은행에서 취급하는 신탁관련 상품이나 투자신탁회사의 수익증권이 대표적인 실적배당형 상품이다.

일반인들은 실적배당상품을 높은 수익률만 기대하고 무조건 선택하는 경향이 있다. 하지만, 실적배당형 상품들의 경우 대부분 주식에 직접 투자하는 것과 같은 원금손실의 위험이 있는 상품들이 많다는 점에 주의해야 한다. 특히 투자신탁회사들이 취급하는 각종 수익증권 상품들은 주식시장이나 채권시장의 시세변동에 따라 실적배당이 달라진다. 따라서 이러한 상품을 이용할 때에는 주식·채권 시장의 움직임을 잘 파악하고 있어야 높은 수익을 기대할 수 있다.

또한 일반인들이 금융상품을 선택할 때에는 제약조건이 있을 수 있다. 자금운용기간과 운용자금의 규모, 그리고 저축 목적 등이 자신이 생각하는 것과 다를 수 있다. 이렇게 제약조건이 다른 경우 상품 선택에 앞서 그 상품에 대한 충분하고 정확한 정보를 가져야 한다. 그렇지 않다면 무분별한 투자가 되어 효율적인 저축방법이 될 수 없다.

예컨대, 금융상품에 따라 만기구조가 다양하게 형성되어 있기 때문에 이를 잘 살펴보아야 한다. CMA(어음관리계좌)와 MMF 등의 단기금융상품이나 세금우대상품 등은 자금의 예치한도가 있는 상품들이 많기 때문에 이에 대한 고려도 필요하다. 또한 자신의 저축목적이 목돈 마련인가 목돈 운용인가 아니면 주택마련인가를 명백히 해야 한다. 즉, 효율적인 재산관리를 위해서는 금융시장구조와 다양한 금융상품들에 대한 정보를 체계적으로 숙지할 필요가 있다.

2. 금융기관

우리의 생활주변에는 많은 금융기관들이 있다. 은행을 대표로 하여 투자신탁 운용사, 증권사, 보험사, 상호신용금고, 새마을금고, 종합금융회사 등이 있다. 그런데, 이러한 금융기관들이 각 어떠한 금융업무를 취급하며 또 어떻게 이용해야 하는지 대부분의 사람들은 잘 알고 있지 못하다. 그냥 막연하게 모두 비슷한 것으로 생각하고 이용한다면, 재테크의 첫 단추부터 잘못 끼우는 격이다.

최고의 재산증식 효과를 가져다 줄 수 있는 상품을 선택하기 위해서는 은행뿐만 아니라 제2금융권으로 불리는 증권회사, 투자신탁회사, 보험회사, 상호신용금고 등에 대한 이해도 필요하다. 각각의 기관에서 어떠한 상품을 취급하고 취급상품의 수익률은 어떠한가를 비교 검토해 보아야 한다. 똑같은 상품이라 하더라도 취급기관에 따라 운용방식이 다르고 관계금융기관의 능력에 따라 수익률이 크게 차이가 날 수 있기 때문이다.

● 은행

일반인이 가장 많이 이용하는 금융기관은 역시 은행이다. 아무리 가난한 사람이라도 은행통장 한 두 개 정도는 갖고 있다. 은행이 금융기관의 중심인 까닭은 금융고유의 역할인 자금중개업무를 수행하고 있기 때문이다.

우리나라의 돈으로 저축할 수도 있고 달러, 엔화 등 다른 나라 통화(외화예금)로도 저축이 가능하다. 단돈 10원에서 수백억원까지, 하루에서 수십년 동안, 남녀노소 구분없이 돈을 쉽게 맡길 수 있는 곳이 바로 은행이다.

은행이 받는 예금으로는 우선 이자율은 낮지만 입출금이 편리하여 주로 결제계좌로 활용되는 요구불예금(보통예금, 당좌예금, 별단예금)을 들 수 있다. 그리고, 단기간에 비교적 높은 금리가 적용되는 양도성 예금증서(CD)나 표지어음도 빼놓을 수 없는 예금수단이다.

엄밀히 말하자면, 은행은 한지붕 두가족이라 할 수 있다. 왜냐하면 서로 다른 성격의 계정이 은행에 공존하고 있기 때문이다. 그 하나가 "고유계정"(은행계정)이고 다른 하나가 "신탁계정"이다.

같은 창구에서 취급되기 때문에 비슷한 상품으로 생각하기 쉽지만, 이 두 가지 상품은 근본적으로 다르다. 고유계정의 예금·적금은 은행이 돈을 잘 운용해서 이익이 날 때는 물론이고, 혹시 잘못 운용해서 손해가 나더라도 약정된 이자를 고객에게 지급해야 한다. 즉, 고객이 돈을 맡기면 은행이 책임을 지는 방식이기 때문에 일반적으로 금리가 낮은 편이다. 하지만 신탁계정에는 약정이자라는 개념이 없다. 은행이 고객의 자산을 운용한 결과가 그대로 고객에게 전가된다. 이자는 커녕 원금조차 떼일 수 있는 것이 바로 신탁상품이다.

신탁예금은 일반적으로 만기 1년 이상의 장기상품이다. 수시로 찾을 수는 있지만 이는 일반적으로 말하는 "인출"과는 다르다. "중도해지"이기 때문에 아주 낮은 이자(중도해지 이율)가 붙는다는 사실을 주지해야 한다. 예금·적금에 들어온 돈은 주로 기업이나 개인의 대출로 나간다. 이에 비해 신탁예금은 대출뿐만 아니라 주식, 채권 등 유가증권에도 많이 투자된다.

따라서 수익률로만 놓고 보면 신탁이 유리하지만 안정성에서는 예금·적금을 따라올 수 없다. 이같은 고유계정과 신탁계정은 마치 별도 회사처럼 회계도 분리되어 손익도 각각 집계하는 "독립채산형"으로 운영된다.

 종합금융회사

종합금융회사는 외자도입을 원활히 하고 기업의 다양한 금융 수요를 충족시키기 위해 설립되었다. 현재에는 예금과 보험 업무를 제외한 단기금융업무, 외화조달 및 주선업무, 리스업무, 증권투자 신탁업무, 유가증권업무, 회사채발행 주선업무, 중장기대출업무 등 금융권에서 취급하는 거의 모든 업무를 취급하고 있다.

대표적인 저축상품으로는 기업어음(CP), 발행어음, 표지어음, 담보어음, 어음관리구좌(CMA) 등을 들 수 있다.

● 투자신탁(운용)회사

투자신탁회사의 상품은 수익증권이 대표적이다. 고객은 수익증권을 매입함으로써 투자신탁회사에 단지 돈을 맡길 뿐이다. 그 돈으로 어떤 유가증권에 투자하고 언제 팔고 살지는 모두 자산운용 권한을 위임받는 투자신탁회사 펀드매니저들이 결정한다. 과거에는 증권과 투신의 구분이 뚜렷했지만 이제는 경계선이 없어지는 추세이다.

투자신탁회사에서만 취급하던 수익증권을 요즘은 증권사에서도 매입할 수 있다. 심지어 은행창구에서도 수익증권 판매가 이루어지고 있다. 하지만 엄밀히 말해 증권사나 은행은 수익증권을 팔기만 하는 것이고 여전히 수익증권에 유치된 고객자산을 운용하는 곳은 증권사 은행의 자회사 또는 업무제휴 관계를 맺은 투자신탁회사 혹은 투신운용사들이다.

투자신탁회사의 취급상품으로는 공사채형 수익증권, 주식형 수익증권, 근로자장기 수익증권, 단기금융펀드(MMF), 뮤추얼펀드 등이 있다.

● 증권회사

지금까지의 증권사는 "브로커"였다. 물론 증권사 스스로의 자금으로 주식이나 채권을 사서 이익을 남기는 업무(자기매매)도 한다. 그러나, 주된 업무는 고객으로부터 돈과 주문을 받아 주식매매를 대행해 주고 수수료를 받는 것(위탁매매)이였다. 이것이 증권사의 이제까지 주 수입원이었다. 따라서 증권사는 예금과 대출이자의 차액으로 수입을 잡는 은행과는 근본적으로 구분된다. 증권사의 또 다른 업무로는 회사채나 기업어음을 사들이는 인수업무, 인수합병(M&A)을 주선해주는 중개업무 등이 있다.

하지만, 이제 증권사의 업무영역은 점차적으로 확대일로에 있다. 그 동안 증권사의 수익원은 위탁수수료 수입에 편중되어 있었다. 최근 수익증권 판매 등을 통해 수익원 다각화가 이루어지고 있으나, 위탁수수료 인하경쟁에 따른 손실은 보완할 신규 수익원의 개발이 절실한 상태이다. 또한 타 금융기관과의 업무제휴를 통해 연계서비스를 제공하는 등의 복합금융상품의 개발을 서두르고 있는 점도 눈에 띈다. 이는 보통 은행과의 연계가 주류를 이루고 있다.

● 보험회사

보험에는 손해보험과 생명보험이 있다. 손해보험은 장래에 있을지 모를 위험에 대비, 돈을 미리 적립해 두는 것이다. 사고가 발생하지 않으면 적립한 돈을 돌려 받지 못하는 것이 원칙이다. 따라서 손해보험에는 저축개념이 적용되지 않으며 엄밀하게 금융기관으로 볼 수 없다.

가장 대표적 손해보험상품에는 자동차보험과 화재보험 등이 있다. "재보험"도 손해보험의 일종이다. 대형선박이나 항공기 등은 한번 사고가 나면 천문학적 액수의 보험금이 지급되므로 단일 보험사 혼자 책임질 재간이 없다. 이같은 거액보험의 경우 손해보험사들은 그 자신이 보험계약자가 되어 "보험금 지급에 대비한 보험"에 다시 가입하게 되는데 이것이 바로 재보험이다.

담보도 없고 신용능력도 없는 개인이나 중소기업이 은행대출을 받기 위해 가입하는 보증보험도 역시 금융기관 범주에 넣기는 어렵다.

반대로 생명보험은 명백한 금융기관이다. 암보험처럼 순수보장성 보험상품도 있지만, 대부분 저축성격이 강해 사고발생에 따른 손해유무에 관계없이 일정기간이 지나면 보험금을 가입자에게 지급하기 때문이다.

자녀교육비 마련을 위한 교육보험, 퇴직 후 안정적 소득을 보장해주는 연금보험, 각종 상해 · 질병보험 등이 대표적 생명보험 상품들이다. 생명보험사들은 가입자들로부터 받은 보험료를 모아 대출을 해주거나, 주식 · 채권 등에 투자한다. 자금을 금융자산 중심으로 운용하기 때문에 금융기관 고유의 자금중개 기능도 수행하고 있다.

● 상호신용금고

상호신용금고는 일반 서민이나 중소 사업자의 금융편의와 저축증대를 목적으로 설립된 대표적인 지역밀착형 서민 금융기관이다. 상호신용금고가 취급하고 있는 저축상품의 실효수익률은 은행에 비해 높다. 또한 대출절차가 간편하고 신속하다는 장점이 있다.

현재 취급중인 상품은 은행 예금과 내용이 거의 동일하나 그 종류가 상대적으로 적은 편이다. 신용부금, 보통예금, 정기예금, 정기적금, 표지어음, 장학적금, 근로자우대저축 등이 상호신용금고가 취급하는 대표적인 상품들이다.

● 기타

기타의 금융기관으로는 농 · 수 · 축협 등의 회원조합 및 신용협동조합, 새마을금고 등이 있다. 이들 기관은 대외신인도 면에서 열위에 있으나 조합원에 대해서는 금리와 세제상의 우대 혜택을 준다는 점과 손쉬운 대출이 가능하다는 특징이 있다.

최근에는 정부기관인 우체국에서도 금융업무를 하고 있다. 은행예금에 해당하는 체신예금과 생명보험회사의 보험에 해당하는 체신보험 외에 우편환 등 생활에 편리한 다양한 금융서비스를 제공하고 있다. 체신금융은 그 경영주체가 정부이므로 영리만을 목적으로 하지 않는 데다 원리금이 확실하게 보장되며 우체국간 온라인으로 연결된 대규모 점포망을 갖추고 있다는 특징이 있다.

지금까지 저축기관에 대하여 개괄적으로 살펴보았다. 동일한 종류의 저축상품이라 하더라도 수익률, 대출연계성, 이자지급방법 등에 있어서 금융기관별로 차이가 있다. 또한 은행권이냐 비은행권이냐에 따라 취급하고 있는 저축상품 종류와 수익률, 부가서비스 등 여러 가지 면에서 차이가 있음을 알 수 있다. 따라서 저축상품을 선택할 때에는 기본적으로 어느 저축기관에서 어떤 저축상품을 취급하고 있는지, 또 그 저축상품의 장·단점이 무엇인지를 충분히 알아보고 난 후 선택하는 것이 무엇보다도 중요하다.

저축기관별 주요 금융상품 일람표

구 분	주요 취급상품	장 점	단 점
은행	- 보통예금, 별단예금 등 - 저축예금, 정기예금 · 적금 - 신탁상품 - CD, RP 등 시장성상품 - 수익증권	- 다양한 부대서비스 - 광범위한 점포망 및 이용 편리성 - 대출가능	- 비교적 낮은 예금 금리 - 중도해지시 낮은 금리 적용
종합금융 회사	- 어음관리구좌(CMA) - 기업어음(CP) - 발행어음	- 단기고수익 - 거액고객에 다양한 서비스 제공	- 개인대출이 불가능 - 점포수가 적음 - 최소 가입금액이 큼
투자신탁 (운용) 회사	- 공사채형수익증권 - 주식형수익증권 - 근로자장기수익증권 - 뮤추얼펀드	- 고수익	- 일부상품은 위험도가 높음 - 점포수가 적음 - 개인대출이 불가능
증권회사	- 증권저축 - 세금우대 소액채권 저축 - 수익증권 - 뮤추얼펀드	- 고수익	- 주가 하락시 손실 발생 - 점포수가 적음 - 상품이 다양하지 않음
상호신용 금고	- 예금, 적금 - 신용부금 - 표지어음	- 고수익 - 대출절차 간단	- 기관신용도가 낮음 - 점포수가 적음
농 · 수 · 축협, 임협, 인삼협의 단위조합, 신용협동조합, 새마을금고	- 출자금 - 예탁금 - 적금	- 고수익	- 기관신용도가 낮음 - 점포수가 적음
보험회사	- 보장성보험 - 저축성보험	- 보험 혜택 - 저축성보험도 대체로 보장성 기능을 겸함	- 만기전 해약시 환급액이 불입액보다 작을 수 있음 - 저축성보험의 경우 수익률이 다소 낮음

3. 금융상품 선택 요령

　금융상품은 취급기관도 많고 상품의 종류도 매우 다양하며 상품마다 일장일단(一長一短)이 있어 어느 금융기관의 어떤 금융상품을 선택해야 할지 몰라 난감할 때가 많다. 일반적으로 금융상품을 선택할 때에는 서로 상반되는 관계에 있는 안전성과 수익성 그리고 환금성 등 3가지 요소를 적절히 고려하여야 한다.

　이 밖에도 저축의 목적이나 기간, 부대서비스의 내용 등 현실적으로 고려하여야 할 사항이 한두 가지가 아니라는 점에서 자기의 형편과 사정에 적합한 상품에 가급적 분산 투자하는 지혜가 필요하다. 그러나, 이에 앞서 현재 자기의 수입이나 재산상태, 그리고 앞으로 필요한 자금의 규모 등을 고려하여 주택마련, 자녀교육, 노후생활 준비 등 구체적인 장기 저축목표를 세운 뒤 이를 달성하려는 강한 의지를 갖고 저축을 생활화해 나가는 것이 무엇보다 중요하다 하겠다.

● 저축목적을 고려한 선택

　저축의 목적에 따라 금융상품의 선택기준도 다를 수밖에 없다. 금융상품에는 주택자금, 노후생활자금 등을 마련하기 위한 장기저축이 있고 일시 가계자금을 운용하기 위한 저축도 있으며 공과금의 납입 등 일상생활을 편리하게 도와주는 기능을 가진 저축도 있다. 그리고, 일정기간을 저축한 후 만기에 원리금을 되돌려 받는 거치식 상품이 있는가 하면 매월 일정액을 불입하여 목돈을 마련하는 적립식 상품도 있다. 또한 자금이 필요한 때에는 언제라도 찾아 쓸 수 있는 예금이 있고 만기일 전에 해약할 경우에는 약정금리보다 낮은 중도해지이율을 적용받는 상품도 있다. 따라서 금융상품을 선택하기에 앞서 무엇을 위해 저축을 하고 저축한 자금을 어떤 용도로 사용할 것인지에 대해 미리 점검해 보고 자신의 저축목적에 알맞은 금융상품을 선택하여야 한다.

저축목적별 주요 금융상품

저축목적	주요금융상품
주택자금 마련	민영주택청약예금, 민영주택청약부금, 국민주택청약저축, 장기주택
노후생활자금 마련	노후생활연금신탁, 노후생활연금투자신탁, 개인연금신탁, 개인연금투자신탁, 개인연금보험, 노후관련연금보험 등
자녀교육비 마련	장학적금, 교육보험 등
생활안정성 확보	생명보험, 암보험, 교통상해보험 등

● 저축기간을 고려한 선택

저축할 때에는 예치자금을 언제 찾을 것인지 신중하게 기간예측을 한 다음 금융상품에 가입하여야만 높은 수익을 보장받을 수 있다. 단기자금을 높은 금리를 주는 장기상품에 맡겼다가 급한 사정 등으로 만기전에 중도해지하게 되면 중도해지 수수료를 내거나 약정금리보다 훨씬 낮은 중도해지이율을 적용받게 되는 등 이자손실을 보기 마련이다.

따라서 저축상품 선택시에는 자금지출계획과 저축기간을 일치시키는 원칙을 지키고 장기저축자금과 단기운용자금을 구분하

저축기간별 주요 금융상품

구분	은행 (농·수·축협)	투자신탁 회사	증권회사	종합금융 회사	우체국	신용협동 조합, 상호 신용금고, 새마을금고
1개월 이내	저축예금, MMDA	MMF	RP	CP, CMA	저축예금	자립예탁 금, 보통 예금
1~3개월 이내	표지어음, RP, CD, 정기예금	MMF, 단기공사 채형 수 익증권	RP 단기공사 채형 수 익증권	표지어음, CP, CMA		표지어음 (상호신 용금고)
3~6개월 이내	표지어음, RP, CD, 정기예금	단기공사 채형 수익증권	RP 단기공사 채형 수 익증권	발행어음, 표지어음, CP, CMA	RP	표지어음 (상호신 용금고)
6개월~1 년 이내	표지어음, 특판정기 예금, 신종적립 신탁	중기공사 채형 수익증권	중기공사 채형 수익증권			정기예금, 정기 예탁금
1년 이상	정기예금, 금융채, 특정금전 신탁, 가계금전 신탁	장기공사 채형 수익증권	장기공사 채형 수 익증권, 회사채, 국공채		정기예금	정기예금, 정기 예탁금

는 등 기간을 분산해서 가입하는 것이 바람직하다. 만일 저축기간을 정하는 데 확신이 서지 않는 경우에는 일단 단기상품에 가입한 뒤 시간적인 여유를 가지고 자금사정, 금리동향 등을 점검하면서 저축기간을 설정하는 것이 손해를 줄이는 방법이 될 수 있다.

대체로 세금우대 통장이나 신탁상품의 경우 최소한 1년 이상 거래를 해야만 중도환매수수료나 세금추징 등의 불이익을 받지 않고 정상적인 수익을 보장받을 수 있다. 또한 만기가 도래한 상품을 방치하게 되면 만기후부터 인출시점까지 약정금리보다 낮은 금리가 적용되거나 만기후의 이자를 일절 지급하지 않는 경우가 많다는 점에 주의하여야 한다.

● 안전성을 고려한 선택

금융상품의 안전성은 저축자금의 원리금이 보전될 수 있는 정도와 수입의 확실성을 의미한다. 금융상품도 정도의 차이는 있지만 원리금의 보전에 위험부담이 따르게 되는데 이는 거래 금융기관의 부실화로 채무 불이행하는 경우와 금융상품의 시장가격이 변동하여 손해를 보는 경우를 들 수 있다.

이에 따라 금융상품을 선택할 때에는 향후 금융기관의 파산 등에 대비하여 거래 금융기관의 부실 가능성은 물론 금융상품의 예금자보호법에 의한 원리금 보장 여부를 반드시 확인해 둘 필요가 있다. 안전한 금융기관을 고르기 위해서는 BIS기준 자기자본비율, 부실여신비율 등의 주요 경영지표를 확인하는 한편 경영공시 내용이나 감독당국의 경영평가 결과, 국제신용평가기관

우량 금융기관 판단지표

구 분	주요 경영지표	공통사항
은행, 종합금융회사	BIS기준 자기자본비율 부실여신비율	- 경영공시 내용 - 감독당국의 경영평가 결과 - 국제신용평가 기관의 신용 등급 - 최근의 주가수준 등
증권회사	영업용 순자본비율 재산채무비율	
투자신탁회사	펀드수익률	
보험회사	지급여력비율	

의 신용등급, 주가수준 등을 통해 거래 금융기관의 경영상태를 수시로 점검할 필요가 있다. 투자신탁회사, 새마을금고, 농·수·축협 단위조합 등의 경우에는 "예금자보호법" 대신 각 업계 자체적으로 조성한 안전기금에 의한 예금자 보호장치가 마련되어 있다.

한편 실적배당형 금융상품의 경우에는 확정금리형 상품과는 달리 운용결과에 따라서 투자원금까지 손실을 볼 수 있는 위험을 안고 있다는 점과, 개인연금 등 원본보전신탁을 제외한 대다수의 신탁상품들은 예금자 보호대상에서 제외된다는 점에 유의해야 한다.

일반적으로 수익성이 높은 금융상품일수록 위험도가 큰만큼 여유자금을 하나의 특정상품에 집중 예치하지 않고 자금의 성격과 운용가능 기간에 따라 여러 상품에 나누어 분산 투자하는 것이 바람직하다.

정부의 예금보호상품

구분	보호대상 예금	보호제외 예금	보호범위		
			2000년 12월 31일 이전		2001/1/1 이후 파산
			98/7 이전예금	98/8 이후예금	
은행	예금, 적금, 부금, 표지어음, 원금, 원리금보장신탁, 외화예금, CD 등	실적배당형 신탁, RP	저축원금과 이자전액보장	- 금융기관별 1인당 저축원리금 2,000만원 이상 ⇨ 저축원금만보장 - 저축원금 2,000만원 미만 ⇨ 저축원금+ 은행정기예금수준 금리보장	금융기관별 1인당 저축원리금 2천만원까지만 보호
증권	고객예탁금 증권저축	제세금예수금, 증권사발행채권, 수익증권, RP			
종금	발행 CP, CMA, 표지어음	무담보 CP, 수익증권, RP, 종금사발행채권			
신용금고	모든 금융상품				
신협	출자금, 예탁금, 적금				
보험	생명보험, 손해보험	재(보증)보험 계약	보험금과 해약환급금 전액		98/9 이전 가입 ⇨ 5,000만원 98/9 이후가입 ⇨ 2,000만원

* 98/7/15 이후 가입한 은행, 증권사의 RP는 정부예금보호 대상에서 제외
* 2001년 이후부터 은행 외화예금, CD, 개발신탁, 은행발행채권, 증권사청약예수금, 법인보험계약은 정부보호대상에서 제외됨

● 수익성을 고려한 선택

수익성은 투자로 인하여 높은 이자수익이나 가격상승 이익을 기대할 수 있는 정도를 말하는데 다른 조건이 일정하다면 수익

률이 높은 금융상품을 선택하는 것이 당연하다. 그런데 수익성, 안전성, 환금성은 서로 상충되는 경우가 많으므로 저축자금의 성격에 따라 수익성, 안전성, 환금성의 중요도를 달리하는 방식으로 금융상품을 선택해야 한다.

각 금융기관 창구에서는 다양한 금리형태로 수익률을 제시하고 있어 고수익 금융상품을 선택하려면 표면금리 수준 이외에도 이자지급방법(단리 또는 복리), 확정금리 또는 변동금리 여부, 세금우대 여부 등 수익률에 실질적인 영향을 미치는 요인을 정확히 이해할 필요가 있다. 그러나, 최종적으로 가장 유리한 금융상품을 선택하고자 할 때에는 세후 실효수익률을 1년 단위로 환산한 결과를 비교하는 방식으로 결정하여야 한다.

특히 비과세나 세금우대 저축상품의 경우 이자(배당) 소득에

세금 우대 상품의 종류별 특성

종 류	가입한도 및 기간	금융기관	금리(연%)	이자세율(연%)
소액가계저축	2천만원, 1년	은행, 상호신용금고	7.9 ~ 8.8	11.0
노후 생활연금신탁	2천만원, 2년	은행, 투신	8.0 ~ 10.0	11.0
소액채권저축	2천만원, 1년	은행, 증권	7.5 ~ 8.5	11.0
조합예탁금	2천만원, 1~3개월	신협, 새마을금고 등	7.5 ~ 9.5	2.0
가계생활자금저축	1천 2백만원, 1개월	은행(1가구 1통장)	7.5	11.0

*금리는 2000년 1월 기준으로 변동될 수 있음

대한 세금을 전혀 물지 않거나 낮은 세율을 적용받게 되는 관계로 실효수익률이 높아지는 효과가 있으므로 한도 범위내에서는 최우선적으로 가입할 필요가 있다.

최근 들어서는 기존 상품보다 특별 우대금리가 적용되는 한시 판매 금융상품이나 신상품들이 많이 나오고 있으므로 평소 금리 동향과 함께 저축정보의 수집에도 관심을 가져야 한다.

세금우대 상품은 한 사람이 최대 9,200만원까지 가입할 수 있으며 부부가 함께 들 경우 한도는 1억 7,200만원으로 늘어난다. 여기에 미성년자 자녀 명의로 증여세를 물지 않고도 1,500만원까지 추가로 입금이 가능하다.

특히 2001년부터는 세금우대 통합한도제가 실시돼 한 사람이 세금우대저축에 가입할 수 있는 한도가 일반인 4,000만원, 미성년자 1,500만원, 노인(남자 60세, 여자 55세 이상)과 장애인 6,000만원으로 각각 제한된다.

따라서 절세혜택을 최대한 누리려면 올해안에 세금우대상품에 가입해 두는 게 좋다. 이미 세금우대상품에 들어 둔 경우 가입한도가 축소되더라도 예금만기일까지는 계속해서 세금우대 적용을 받기 때문이다.

● 환금성을 고려한 선택

환금성(또는 유동성)이란 자금이 필요한 때에는 언제든지 보유 금융상품을 별다른 손해 없이 현금화할 수 있는 정도를 말한다. 수익성이 낮은 금융상품(예:요구불예금)은 입출금이 자유로워 환금성이 높은 반면 기간이 장기인 저축성예금이나 주식, 채권 등

환금성 수준별 주요 금융상품

구 분	주요 금융상품
환금성이 높은 단기 금융상품	- 은행의 MMDA, RP, CD - 입출금이 자유로운 상품 : 당좌예금, 가계금전신탁 등 - 만기 1년 이내의 상품 : 종합금융회사의 CMA, 증권회사 · 투자신탁회사의 MMF, 단기공사채형 수익증권 등
환금성이 낮은 장기 금융상품	- 은행의 만기 1년 이상 상품 : 저축성예금, 신탁상품 및 금융채 - 증권회사 · 투자신탁회사의 장기공사채형 수익증권 - 보험회사의 저축성 보험상품 등

은 중도해지나 환매에 따른 불이익이 클 수 있으므로 환금성이
낮다고 할 수 있다.

　따라서 투자를 위한 단기 대기성 자금이나 일상의 생활자금은
수시 입출금이 가능한, 즉 환금성이 높은 상품을 이용하는 것이
바람직하다.

● 저축기관을 고려한 선택

　저축기관을 선정할 때에는 안전성 외에도 취급기관의 운용능
력과 운용방식, 단골고객에 대해 제공되는 부대서비스의 내용,
점포망 등도 살펴볼 필요가 있다.

　동일한 금융상품이라도 취급기관의 운용능력이나 운용방식 등
에 따라 수익률이 다르게 나타날 수 있으므로 이와 같은 점을 고
려해 거래 금융기관을 선택하는 것이 바람직하다.

　예를 들면 수익증권이나 뮤추얼펀드 등 실적배당형 상품의 경
우 펀드매니저의 운용실적에 따라 타 금융기관과 수익률 면에서

차이가 많이 날 수 있으므로 펀드매니저나 자금 운용회사의 과거 실적이나 경력 등을 확인하고 상품을 선택하여야 한다. 또한 대부분의 금융기관들은 단골 고객이나 거액예금자에 대해서는 수수료 면제, 우대금리 적용, 긴급자금 대출, 재테크 상담 등 여러 가지 부대서비스를 제공해 주고 있으므로 하나의 건전한 금융기관을 주거래기관으로 정해 놓고 집중적으로 이용하는 것이 바람직하다.

4. 저축과 세금

금융기관에 저축을 하여 이자나 배당 등 금융소득이 생기면 반드시 세금을 내야 한다. 대부분의 금융소득에 대하여는 기본적으로 소득세(20%)와 주민세(2%)를 더한 22%의 세율을 적용하여 원천징수하고 있다. 그러나, 정부는 저축장려 차원에서 일부 상품에 대해 세금을 전혀 물리지 않거나 낮은 세율을 적용하고 소득(세액) 공제까지 하는 등 세제상 많은 혜택을 부여하고 있다. 따라서 이러한 세금우대 저축상품들의 취급기관, 가입요건 및 저축 의무기간 등을 꼼꼼히 살펴보고 제대로 활용한다면 같은 금리조건에서 보다 많은 실질수익을 올릴 수 있게 된다.

● 금융소득과 세금 [1]

☞ **예금·적금(신탁)** ― 예금·적금 등으로부터 발생하는 금융소득에 대해서는 소득세와 주민세를 합쳐 모두 22%의 세금이 부과된다. 그러나 저축을 장려할 목적으로 몇몇 특정저축의 금융소득에 대하여는 세금을 전혀 물리지 않거나 일부 덜어주고 근로소득에 대한 연말정산시에는 저축액의 일정비율을 소득(세액)에서 공제해 주고 있다.

---

1) 2001.1.1 금융소득 종합과세 재개와 관련하여 이자소득에 대한 원천징수세율을 단계적으로 인하
⇒ 1999년 이전 24.2%(주민세 포함) → 현행 2000년 22% → 2001년 16.5%

☞ **주식** — 주식 보유에 대한 배당금(배당소득)을 받을 때에는 배당소득의 22%(소득세 20%+주민세 2%)를 세금으로 내야 하며 주식을 매도할 때에는 증권거래세와 농어촌특별세가 거래대금의 0.15%씩 각각 부과된다. 비상장 주식을 양도할 경우에는 상장주식과는 달리 그 양도차액에 대해서도 양도소득세와 주민세를 합쳐 22%를 세금으로 내야 한다.

☞ **채권** — 채권을 보유함으로써 이자소득을 받을 때에는 98년 9월 31일 이전 발생된 이자소득의 경우는 22%(소득세 20% + 주민세 2%)를 세금으로 내야한다. 그리고, 1998년 10월 이후부터 1999년말까지 발생된 이자의 경우에는 24.2%(소득세 22% +주민세 2.2%)의 세율이 적용되고 2000년부터는 22%(소득세 20% + 주민세 2%)가 적용된다.

한편, 액면가 합계액 2,000만원 이내의 세금우대 소액채권저축의 경우 1998년 9월 31일을 기준으로 그 이전에 발생된 이자소득에 대하여는 11%(소득세 10% + 주민세 1%), 그 이후부터 1999년말까지는 11.2%(소득세 10% + 농특세 1.2%)의 세금이 각각 부과되고 2000년인 올해부터는 11%(소득세 10% + 농특세 1%)가 부과된다.

☞ **보험** — 저축성보험의 보험차익에 대해서는 저축과 마찬가지로 소득세와 주민세를 합쳐 모두 22%의 세금을 내야 한다. 다만, 보험료 총불입액이 2,000만원 이하인 소액보험의 경우에는 11%로 저율 과세된다. 보험사고 발생 등으로 지급받는 보험

금의 경우 보험계약자가 피상속인이면 상속재산에 해당되어 과세대상이 된다. 또는 보험료를 낸 사람(보험계약자)과 보험금을 받을 사람(보험수익자)이 서로 다른 상황에서 보험사고가 발생한 때에는 보험계약자가 보험수익자에게 보험금 상당액을 증여한 것으로 본다.

● 금융소득 종합과세제도

"금융소득 종합과세제도"라 함은 본인과 배우자의 연간 이자 및 배당소득을 합산하여 4,000만원 이하일 경우 일반 원천징수세율을 적용하여 분리과세하고 4,000만원을 초과하는 소득은 근로소득, 부동산임대소득, 사업소득, 일시재산소득, 기타소득 등의 다른 소득과 합산하여 누진세율을 적용, 종합과세(이미 원천징수한 세금은 공제)하는 제도를 말한다. 이 제도는 금융실명제 실시에 따른 후속조치로 1996년부터 실시되었으나 시행된지 2년만인 1998년부터 전면 유보된 상태에 있었으며, 2001.1.1이후 발생하는 금융소득(이자와 배당소득)부터 금융소득 종합과세를 적용하게 된다.

> 실질적인 신고는 2002년 5월 중 처음으로 이루어짐

● 세금우대제도

금융상품의 이자 및 배당소득에 대한 과세제도를 보면 일반과세 금융상품의 경우 이자소득 등에 대해 이자소득세(20%)와 주민세(2.0%:이자소득세율의 10%)를 합하여 22.0%의 원천징수세율

원천징수세율 변경 추이

단위 : %

변경시기	1998.10.1	2000.1.1(현행)	2001.1.1
일반과세 원천징수세율(A+B)	24.2	22.0	16.5
이자소득세율(A)	22.0	20.0	15.0
주민세율(B)*	2.2	2.0	1.5
세금우대세율(C+D)	11.2	11.0	10.5
이자소득세율(C)	10.0	10.0	10.0
농어촌특별세율(D)*	1.2	1.0	0.5

* 세금우대 저축상품의 경우에는 주민세 대신 농어촌특별세를 1.0% 부과하며 이는 일반과세
　이자소득세율 20.0%에서 우대세율 10.0%를 차감한 세율(10%)의 10%에 해당됨

을 적용하고 있다.

또한, 세금우대저축의 경우에는 "조세특례제한법"에 의거하여 이자, 배당 등 금융소득에 대해 전액 비과세하거나 원천징수세율보다 낮은 세율을 적용하고 있다. 저율과세 저축상품의 금융소득에 대해서는 통상 이자소득세(10%)와 농어촌특별세(1.0%)를 합친 11.0%만을 과세하고 있다.

① 비과세 저축상품

비과세 저축상품은 세금이 전액 면제되고 상품선택에 따라서는 소득공제나 세액공제까지 받을 수 있다는 점에서 실질적으로 이자소득을 가장 많이 올릴 수 있는 상품이므로 장기 여유자금 범위 내에서는 우선적으로 활용할 필요가 있다. 비과세상품은 같은 종류일 경우 여러 금융기관에 중복해서 가입하면 세금을 추징당하는 불이익을 볼 수 있으므로 중복가입에 해당하는지를

미리 확인해야 한다. 근로자우대저축·신탁·보험·증권저축의
경우 저축이나 신탁 또는 보험 등에서 한 가지 상품만 골라 모든
금융기관을 통틀어 1인 1통장만 가입할 수 있다. 특히 장기주택

비과세 저축상품 종류

구분	저축종목	취급기관	가입대상	가입기간	우대한도	비고
비과세 + 소득공제	장기주택마련 저축	은행	- 만18세 이상 무주택자, 85㎡ (25.7평) 이하 1주택 소유자 - 1인1통장	7년 이상	월100만원	- 불입액의 40%(연72만원 한도)까지 소득공제 - 5년내 해지시 소득공제액 추징
	개인연금신탁, 투자신탁, 보험	전금융기관(증권사 제외)	- 만20세 이상 - 55세 이후부터 5년이상 연금으로 지급받는 저축	10년 이상	월100만원 (분기당 300만원)	- 불입액의 40%(연72만원 한도)까지 소득공제 - 5년내 해지시 소득공제액 추징
비과세	근로자우대저축, 신탁, 보험, 증권저축	전금융기관	- 연간 총급여 2,000만원 이하인 근로자	3~5년	월 50만원	- 3년이상 예치시 비과세 혜택 - 은행권의 경우 저축·신탁 중 택일 가입
	농어가목돈마련저축	농·수·축협 단위조합	- 2ha 이하 농경지보유농민 - 20t 이하 어선보유어민	3년, 5년	-일반농어민: 월12만원 - 저소득농어민:월 10만원	- 2000년 말까지 비과세
	출자금 (신용협동기구)	농·수·축협, 임협의 단위조합, 신용협동조합, 새마을금고	- 조합원 - 1인 1통장	-	1,000만원(잔액기준)	- 2000년말까지 비과세 (2001년:6.7%, 2002년:11.2%, 2003년 이후:일반과세 예정)
	장기저축성보험	보험회사	- 1세대 1통장	5년 이상	보험 종류에 따라 상이	만기 또는 중도해지시에 받는 보험금이 불입한 보험료를 초과하는 보험
소득공제	보장성보험	보험회사	- 개인	5년 이상	보험종류에 따라 상이	근로소득자의 연간납인 보험료 중 50만원까지 소득공제

마련저축과 개인연금저축은 비과세에다 추가적인 소득공제 혜택까지 받을 수 있어 세제면에서 가장 유리한 저축상품에 해당된다.

② 세금우대 저축상품

금융상품에 대한 이자소득세를 덜 내기 위해서는 비과세저축은 물론 세금을 덜 내는 저율과세 상품에도 가입할 필요가 있다. 이러한 세금우대 저축상품은 종목별로 한 사람당 한 계좌씩 일정한도 범위 내에서만 혜택을 받을 수 있으며 비과세상품과 마찬가지로 저축종목이 같은 상품은 취급기관이 다르다 하더라도 중복해서 가입할 수 없다. 즉 소액가계저축에 해당하는 정기예금과 정기적금에 동시에 가입하면 한 개의 세금우대통장에 대해서만 혜택을 받게 된다.

반면 소액가계저축, 소액채권저축, 노후생활연금저축 등과 같이 저축종목이 서로 다른 경우에는 각각의 통장에 대해서 동일인 명의로 세금감면을 받을 수 있다. 따라서 보다 많은 이자소득을 올리려면 가족구성원 각각의 명의로 예금을 분산 예치하는 것이 좋다. 세금우대통장은 기본적으로 저축장려를 위한 것이므로 1인 1통장만 허용되며 중도해약없이 적어도 1년 이상(노후생활연금저축은 2년 이상, 근로자장기저축은 3년 이상) 가입해야만 세금을 추징당하지 않는다는 점에 유의해야 한다.

한편 세금을 덜 낼 수 있는 또 다른 상품에는 신용협동기구의 저축상품이 있다. 농·수·축협, 단위조합, 신용협동조합, 새마을금고 등과 같은 신용협동기구에서 취급하는 상품은 1인 1통장

2,000만원 범위내에서 이자소득에 대해 주민세 대신 농어촌특별세(현행 2.2%)만 부과하고 있다. 따라서 세제면에서 신용협동기구의 상품은 같은 금리조건의 다른 금융권 상품에 비해 더 유리한 상품이라고 할 수 있다. 이에 더하여 가입기간과 관계 없이 저율과세되므로 자금의 단기운용도 가능하다는 장점이 있다.

11.0%(이자소득세 10.0%+주민세 1.0%) 적용 세금우대상품

저축상품명	취급기관	가입대상	기 간	한 도	비 고
가계생활 자금저축	- 은행 - 우체국	1세대 1통장 (보통예금, 저축예금, 가계당좌 예금 중 1계좌)	—	1,200만원 (원금기준)	수시입출식 통장이고 가계수표 또는 신용카드대금 결제 가능 통장이어야 함

10.0%(이자소득세) 적용 세금우대상품

저축상품명	취급기관	가입대상	기간	한도	비고
장학적금	- 은행 - 우체국 - 상호신용금고 - 새마을금고	- 미취학아동 - 초·중·고 등학생	3년 이상	- 미취학아동, 초등학생:100만원 (잔액) - 중·고교생:200만원 (잔액)	1인당 10좌 이내
근로자증권 저축	- 증권회사	- 월급여 60만원 이하 근로자 - 일급여 24,000원 이하 일용 근로자 - 해외취업 근로자	- 1, 2년 : 주식 투자만 가능 - 3, 5년 : 주식·채권 혼합 투자 가능	- (체결당시 월급여×12)의 30% - 120만원 미달시에는 120만원까지	—

11.0%(이자소득세 10.0%+농어촌특별세 1.0%) 적용 세금우대상품

저축종목	저축상품명	취급기관	가입대상	기간	한도	비고
소액가계 저축	- 정기예금 - 정기적금	- 은행 - 상호신용 금고 - 우체국	1인 1통장	1년 이상	2,000만원	세금우대 종합통장
	- 적립신탁 - 상호부금	- 은행				
	- 공사채형 투자신탁	- 투자신탁 회사				
	- 공모주청 약예치금	- 증권금융				
소액채권 저축	- 금융채 - 국공채	- 일부은행	1인 1통장	1년 이상	2,000만원	세금우대 종합통장
	- 국공채	- 우체국				
	- 채권저축	- 증권회사				
노후생활 연금저축	- 노후생활 연금신탁	- 은행	- 1인 1통장 - 만 18세 이상	2년 이상	2,000만원	세금우대 종합통장
	- 노후생활 연금투자 신탁	- 투자신탁 회사				
근로자 관련상품	- 근로자장 기저축	- 은행 - 우체국 - 상호신용 금고	전 근로자 (급여수준 제한 없음)	3~5년	월 50만원	3년 미만 중도해지시 정상과세
	- 근로자 장기수익 증권	- 투자신탁 회사				
	- 근로자 장기증권 저축	- 증권회사				

2.2%(농어촌특별세) 적용 세금우대상품

저축상품명	취급기관	가입대상	기간	한도	비고
조합예탁금 (신용협동 기구)	- 농·수·축협, 인삼협, 임협의 단위조합 - 신용협동조합 - 새마을금고	- 조합원 - 1인 1통장	—	2,000만원 (잔액기준)	- 2000년말까지 농어촌 특별세만 부과 (2001년 : 6.7%, 2002년 : 11.2%, 2003년 이후:일반과세 예정)

5. 나에게 맞는 재테크 전략

● 직장 초년생의 재테크

금융거래는 거래은행 선정부터 중요하다. 은행별 제공 서비스, 편의성 등을 충분히 고려하여 선택한다. 특히 컴퓨터에 익숙한 신세대들은 텔레뱅킹이나 PC뱅킹 등을 효율적으로 사용하는 것이 바람직하다. 특별한 차별성이 없다면 입사 회사와 급여이체 계약이 체결되어 있는 은행이 유리하며, 일단 주거래은행을 선택하였으면 금융거래를 집중시킨다.

급여이체 통장은 모든 은행거래를 통합할 수 있는 종합통장으로 개설한다. 종합통장을 예금거래, 핸드폰요금 자동납부, 신용카드 결제계좌로 이용하면 거래실적에 따라 마이너스 대출을 쉽게 받을 수 있다.

■ 입사직후 근로자우대저축에 가입한다.

목돈 만들기를 위한 가장 유리한 상품은 세금을 한 푼도 떼지 않는 근로자우대저축이 「0순위」다. 이 상품은 현재 연간 급여 3,000만원 이하인 근로자에 한해서 가입할 수 있도록 제한하고 있어 새내기에게는 가장 효율적인 비과세 상품이다. 월 최고 50만원까지 가입할 수 있으므로 개인의 능력에 따라 최대한도로 가입한다.

■ 주택부금을 가입한다.

20대의 재테크 목표의 하나는 내 집 마련의 발판을 마련하는 것이다. 2000년 3월부터 주택은행뿐만 아니라 일반 시중은행에서도 가입할 수 있기 때문에 월 5~10만원 정도로 가입을 하여 빠른 시일내에 자격을 확보하는 것이 좋다.

■ 금융거래는 전자 거래를 최대한 이용한다.

개인의 능력을 최대한 발휘하는 것은 재테크 전략의 필수요건이다. 송금시에는 전화 또는 PC로 송금하는 게 더욱 저렴하기 때문에 충분히 활용한다. 시테크와 재테크를 동시에 하게 된다.

■ 신용카드보다는 마이너스 대출을 활용한다.

월급이 빠듯한 신출내기들에게 급전이 필요한 경우가 많은데 이런 경우 흔히 신용카드를 통한 현금서비스를 많이 이용한다. 하지만 고율의 현금서비스는 향후 걱정거리만 남긴다. 이보다는 월 급여 이체 주거래은행에서 마이너스 대출을 이용하면 대출이자를 크게 줄일 수 있다. 대출 이자율 자체가 낮고, 실제 대출 사용기간에 대한 이자만 부담하기 때문에 실용적이다.

■ 자기계발 비용은 최고의 재테크 투자이다.

자신의 능력개발을 위해 과감히 투자하라. 20대에 있어서 최고의 재테크전략은 자신의 능력개발을 위한 시간과 돈을 투자하는 일이다. 기업에서도 설비투자가 필요하듯 인생에 있어서도 젊을 때 자기 자신의 능력개발을 위한 투자가 긴요하다. 아끼겠다는 생각도 좋지만 업무가 끝난 뒤 외국어나 컴퓨터를 배우는 것도 자기계발의 필수다. 빨리 시작할수록 투자가치는 극대화 된다.

● 30대의 재테크 전략

직장생활의 황금기이기도 하지만 재테크에 있어서도 가장 중요한 시기이다. 직장생활에서 얻은 개인적 인맥, 업무지식을 충분히 이용하는 것이 필요하다.

특히 소득의 향상과 더불어 지출부담도 늘어나는 시기이므로 효율적인 재테크전략을 갖추지 않으면 남들보다 몇 년을 뒤처지는 결과가 나올 수도 있는 시기이다.

■ 주택마련을 최우선으로 한다.

주택마련에는 큰 돈이 필요하다. 따라서 사전에 철저히 계획을 세워 실천해 나가지 않으면 실제로 주택을 마련할 때 큰 어려움이 따른다.

집을 마련할 때 전액 자기 돈으로 마련하는 경우도 있지만 대부분은 대출을 받아 충당한다. 실제 매매에 있어서도 대출금이 있는 경우가 없는 경우보다 유리하다. 대출을 받을 때, 대출기간은 길게, 대출금리는 낮게 할수록 좋다.

최근에는 각 금융기관들이 돈을 빌려 줄 곳이 없어 경쟁적으로 주택담보대출을 취급하고 있어 사전 저축이 없어도 주택자금대출을 받을 수 있다. 그러나, 앞으로 경제사정이 변하면 대출금리나 상환기간 등에서 상대적으로 불리할 수도 있고, 대출을 제한할 수도 있다. 이렇게 되면 정작 필요할 때는 어려움을 겪을 수 있다. 그러므로 필요할 때 확실하게 대출 받을 수 있도록 사전에 미리미리 가입해 두는 것이 좋다.

■ 일확천금을 노리지 말라.

젊은 층은 다소 위험을 감수하더라도 기대수익이 높으면 과감하게 투자하는 공격적인 재산 운용을 할 가능성이 높다. 일반적으로 기대수익이 높으면 원금이나 이자를 손해 볼 가능성도 그만큼 크기 때문에 위험하다. 물론 너무 보수적으로 자산을 관리해 적정 이하의 수익만 챙기는 것도 좋은 방법이 아니다.

주식투자는 수익이 높은 만큼 위험도 크기 때문에 여유자금으로 투자하는 것이 좋다. 써야 할 목적이 정해진 돈으로 주식투자를 하면 큰 낭패를 볼 수 있기 때문이다.

특히, 내집 마련을 목표로 재테크를 할 때에는 내집마련의 꿈을 이루기 전에는 가급적 주식투자를 하지 않는 것이 좋다. 주식투자로 큰 손실을 보게 되면 그만큼 내집마련 시기는 늦어질 수밖에 없다. 또 한푼 두푼 모아가는 저축에 대한 회의가 들어 주식투자로 일확천금만 노리게 돼 영원히 내집 마련을 못하게 되는 결과가 초래될 수도 있다.

■ 금리를 읽은 다음 재테크 방법을 선택해야 한다.

"금리를 알면 돈이 보인다"라는 말이 있다. 금리를 예측하고 정확한 금리비교가 가능하면 남들보다 훨씬 빨리 돈을 모을 수 있다. 우리는 일반적으로 장단기 금리를 단순히 비교해 버리는 잘못을 범하고 있다.

예를 들어 통상 장기저축이 단기저축에 비해 금리가 높다. 하지만 단순히 금리만을 비교해 가진 재산을 모두 장기저축으로만 투자해 버리면 IMF때처럼 금리가 급격히 상승하더라도 어떻게 할 수 없는 경우가 발생할 수 있다. 또 단기저축이 현재 금리가 낮다고 하더라도 금리가 상승할 때에는 만기에 가서 이자와 원금을 합쳐 오른 금리로 반복해 나가는 것이 유리할 수도 있다.

IMF 초기에는 CD(양도성 예금증서)나 3개월 정기예금, MMF(머니마켓펀드) 등 단기저축 금리가 장기저축 금리에 비해 높았지만 계속 단기저축을 반복한 사람은 금리가 계속 떨어져 오히려 수익이 낮았다.

현재 금리가 높다고 하더라도 금리가 계속 떨어질 때는 단기저축은 만기에 떨어진 금리로 다시 돈을 굴려야 하기 때문에 전체적으로 수익률이 떨어질 수 있다. 따라서 앞으로 금리가 어떻게 변할 것인가를 한 번쯤 예측해 보거나 전문가와 상담을 거친 후 상품을 선택할 필요가 있다.

■ 세금우대상품은 적극적으로 활용한다.

5년 후를 내다본다면 '장기주택마련저축'에 가입해두는 것이 좋다. 비과세에다 부양가족이 있는 세대주가 소형주택을 소유한 경우에는 연말에 불입액의 40%에서 최고 180만원까지 소득공제를 받을 수 있다. 무엇보다도 가입 5년 후 집을 살 때 장기주택자금을 저리로 대출받을 수 있다. 목돈을 굴리는데는 세금우대 저축상품도 주목할 만한 금융상품이다. 이 상품은 가급적 2000년 안에 가입하는 것이 좋다. 세금우대저축의 혜택이 해가 바뀔수록 줄어들기 때문이다.

현재 금융기관별로 최대 8,000만원인 세금우대저축 가입한도
가 2001년부터는 1인당 4,000만원으로 줄어든다. 하지만 올해 세
금우대저축에 미리 들어두면 2001년 이후에도 세금혜택을 계속
받을 수 있다. 1인당 세금우대상품의 가입한도는 2,000만원이다.

세금우대 종합저축 제도

구분	99년말까지	2000년	2001년 이후
일반과세상품	24.2% (주민세 2.2% 포함)	22% (주민세 2% 포함)	16.5% (주민세 1.5% 포함)
세금우대상품	11.2% (농특세 1.2% 포함)	11% (농특세 1% 포함)	10.5% (농특세 0.5% 포함)
비과세상품	0%	0%	0%

세금우대 종합저축 정리표

저축종류	현 행		개 정
	1인 1통장 여부	일몰시한	
소액가계저축	○		2001. 1 이후 총액한도관리
노후생활연금신탁	○		– 대상 : 1년 이상 저축
소액채권저축	○		– 총액한도 :
소액보험계약			- 1인당 4천만원
가계생활자금저축	○	2000년 가입분	- 노인, 장애인 : 6천만원
근로자장기저축			- 미성년자 : 1천5백만원
근로자장기증권저축			
근로자증권저축			
장학적금			
주택청약저축	○		

하지만 이는 상품별 가입한도가 2,000만원이라는 뜻이지 금융권 전체의 한도가 그렇다는 것은 아니다. 따라서 금융기관별로 자산규모에 맞추어서 최대한 활용하는 것이 좋다.

● 퇴직금의 재테크 전략

퇴직금을 이용한 재테크 전략의 핵심은 안정성에 있다. 고수익이 있는 상품은 그만큼 위험부담이 크기 때문에 장기적인 관점에서 적절한 운용성과를 취하는 것이 좋다.

■ 개인연금 신탁가입으로 재테크와 노후생활을 대비한다

사전적으로 준비되어야 하는 것은 하나이상의 연금상품을 갖는 것이다. 풍요로운 노후를 준비하기 위해서는 의료보험이나 국민연금 등 사회보장제도도 중요하지만 본인 스스로 젊었을 때부터 차근차근 미리 준비해나가는 것이 더욱 중요하다. 개인연금신탁에 가입하면 이자소득세가 면제되고 연간 적립액의 40% 범위내에서 최고 72만원까지 연말정산시 근로소득세를 절감할 수 있어 매우 좋은 재테크 상품이다.

매월 10만원씩 30년 동안 불입 후 10년에 걸쳐 연금을 지급받는다면 연평균 배당률을 8.5%로 가정할 때 매월 199만원씩 지급받을 수 있다.

■ 간접투자 상품을 적극적으로 활용한다

주식과 예금금리 사이에는 일반적으로 역의 상관관계가 존재한다. 최근처럼 주식활황기에는 낮은 금리수준의 은행상품만 고집할 것이 아니라 주식시장을 적절히 이용하는 것도 바람직하다. 다만, 개인투자는 정보의 습득이나 운용의 능력에서 한계가 있기 때문에 뮤추얼펀드나 공사채형 펀드같은 간접투자 상품을 부분적으로 가입하는 것이 바람직하다.

■ 특별중도 해지제도를 활용한다

퇴직자들은 '특별중도 해지제도'의 적용을 받아 금융상품 중도해지에 따른 불이익을 받지 않는다. 예컨대, 비과세 저축은 중도해지하더라도 비과세 혜택이 유지되고 개인연금은 그 동안 받았던 소득공제 혜택을 추징당하지 않는다.

● 결혼 초의 재테크 전략

결혼 직후는 돈이 많이 들어가는 시기이다. 부모님으로부터의 독립은 궁극적으로 스스로 인생을 설계해야 되는 상황이며, 그 변곡점이 되는 결혼초기에는 체계적인 재테크설계가 없으면 향후 인생의 설계를 처음부터 다시 세우는 결과를 낳게 한다.

■ 재테크 설계는 단기적인 관점에서 준비한다

신혼 초기에 착실한 계획을 세워 가계를 꾸려가는 가정과 그렇지 않은 가정은, 비록 동일 지점에서 출발한다 하더라도 일정 기간이 경과하면 엄청난 차이를 보이게 된다.

어떤 사람들은 10년 후, 20년 후, 심지어는 노후 생활까지도 신혼 초부터 걱정하는 지나침을 보이기도 하지만 이것은 좋은 재테크 전략이 아니다. 3년 안에 2,000만원 만들기 등 단기계획을 세워 실천해 나가는 것이 오히려 현실성이 있다. 10년 후, 20년 후의 소득이나 소비지출이 어떻게 변할지 예측하기는 힘들기 때문이다. 신혼 시절은 단기계획을 세워 실천하는 시기이므로 자연히 재테크 전략도 단기저축 중심으로 편성해서 만기에 목돈을 다시 굴려나가는 것이 지혜로운 재산 운용 방법이다.

■ 주택관련 예금은 빨리 가입한다

결혼 후 가장 먼저 나타나는 어려움은 주거 문제이다. 지금까지는 부모님과 함께 생활하다가 독립생활에 들어가는 비용을 감당해야 하는 어려움이 하나씩 생긴다.

특히 전세입주자인 경우 전세금 인상에도 미리미리 대비해 놓지 않으면 어려움을 겪게 된다. 아파트 분양을 받으려면 주택청약 관련 저축이 필요하다. 이는 가입 후 일정기간이 지나야 청약 자격이 주어지기 때문이다. 주택관련 예금에는 일시에 목돈을 예치하는 청약예금을 비롯해 매달 저축해 나가는 청약부금과 청약저축이 있다. 그러나 신혼 초에는 목돈을 예치하는 것이 부담스러우므로 매달 형편에 따라 부어 나가는 청약부금과 청약저축이 유리하다. 또, 이러한 저축은 연말정산때 매년 불입금액의 40%범위내에서 최고 180만원까지 소득공제도 가능해 추가적인 수익도 올릴 수 있다.

■ 저축을 최우선으로 한다.

신혼 시절은 저축보다는 여가를 즐기는 데 더 신경을 쓰는 경우가 많다. 그러나, 일생에서 가장 돈을 많이 모을 수 있는 시기는 결혼 직후부터 자녀들이 취학하기 전이다. 이때 어느 정도의 돈을 모아놓지 않으면 그 이후에는 자녀 교육비 등의 지출이 증가돼, 그 이전보다 저축할 여력이 그만큼 줄어들게 되고 목돈을 만져 볼 기회가 영원히 오지 않을 수도 있다.

그러므로 쓰고 남은 돈을 저축하는 것이 아니라 저축하고 난 다음 소비하는 것이 바람직한 생활태도이다. 이를 위해 은행의 급여통장이나 생활비 통장에서 자동적으로 인출돼 저축하는 자동이체 제도를 이용하면 쉽게 목돈을 만들 수 있다.

청약통장 내용 비교

	청약예금	청약부금	청약저축
가입자격	만 20세 이상 1인 1계좌	만 20세 이상 1인 1계좌	무주택 세대주 1인 1계좌
계약기간	1년	3 ~ 5년	1년 이상
예치금액	3백만 ~ 1천 5백만원 (서울 · 부산지역)	월 5만 ~ 50만원	월 2만 ~ 10만원
청약가능 주택	민영주택, 85㎡ 이하 민간건설 중형국민주택	85㎡ 이하 민형 주택 및 민간건설 중형국민주택	국민주택, 85㎡ 이하 민간건설 중형국민주택
취급기관	20개 은행 (산업, 수출입, 제주 제외)	20개 은행 (산업, 수출입, 제주 제외)	주택은행

※ 1인당 예금, 부금, 저축 중 1계좌만 가입 가능
※ 청약자격 1순위 : 가입후 2년, 2순위 : 가입후 6개월, 2000년 3월 이후

6. 새로운 시장을 찾아서

◐ 장외시장

개인투자자들이 거래소와 코스닥시장에 등록되지 않은 장외주식을 사는 것은 쉽지 않다. 장외주식은 주로 대주주와 기관투자가 등 거액을 가진 매수자간에 거래되기 때문에 개인들보다는 기관들이 장외주식을 손쉽게 확보할 수 있다. 따라서 개인투자가들은 장외시장관련 인터넷 사이트를 충분히 이용하여 필요한 정보를 얻는 것이 필요하다.

■ 어떤 사이트가 있나

현재 인터넷 장외시장 관련 사이트는 50개 가량이 운영되고 있다. 최근 장외시장이 높은 수익을 낼 것이라는 인식이 확산되면서 장외시장 중개 사이트는 앞으로 더욱 늘어날 전망이다. 현재 증권거래법은 10억원 이상 공모하는 기업에 대해 유가증권신고서를 제출하도록 돼 있어 인터넷공모 금액은 대부분 9억 9,000만원을 넘지 않는 것이 일반적이다.

■ 열기는 뜨겁고 실제거래는 부진

인터넷 사이트를 통한 장외주식 거래는 아직은 미미하지만 제3시장의 등장에 따라 활성화될 가능성이 크다. 따라서 개인들은

장외시장 전문 사이트

회사명	홈페이지 주소	회사명	홈페이지 주소
코바넷	www.kovanet.com	J스톡	www.jstock.com
PBI	www.pstock.co.kr	글로벌에셋	www.vf.co.kr
백제파이낸셜	www.financial.co.kr	코스닥벤처	www.38.co.kr
제로인	www.kosdoctor.co.kr	명일정보시스템	www.intop.co.kr
미래벤처	www.gomvp.co.kr	오프보드	www.offboard.com
개미군단클럽	www.antclub.com	팍스엔젤클럽	www.paxangel.com
신한M&A투자	www.lwp.co.kr	3S커뮤니케이션	www.3kstock.co.kr
미래벤처뱅크	www.venb.co.kr		

각 인터넷 사이트의 기준가를 비교해 가격이 낮은 곳에서 매수 주문을 내는 것이 좋다. 비상장종목은 대개 종업원수가 적고 사업내용이 복잡해 투자하기 전에 반드시 그 회사를 방문해 실체를 확인하는 것이 필수적이다.

한편 급전이 필요하거나 코스닥등록을 위해 지분분산을 해야 하는 대주주들은 개인적인 인맥을 통해 매수자를 구해 매매하고 있다. 이들은 매도이유가 분명한 만큼 인터넷 사이트의 매매기준가보다 낮은 가격에 팔고 있다.

● 사이버 주식거래

증권거래 주문은 이제 증권사 직원을 통하지 않고, 자신의 안방에서 컴퓨터 단말기로 직접 처리하는 시대가 됐다. 사이버 주식거래가 전체 주식거래에서 차지하는 비중은 2000년 1월말 현재 44.6%에 이르러 세계최고 수준에 이른다. 사이버 주식거래 시대에는 증권사를 선택하는 기준도 달라질 수밖에 없다.

이제 어느 증권사가 더 빠른 속도로 주문을 낼 수 있게 하고, 좋은 정보와 투자 분석 지표를 더 많이 제공하는가 등을 따져 보아야 한다.

■ 체결 속도

사이버거래가 보편화되면서 하루 중에 사고 파는 단타매매가 크게 늘어났다. 그만큼 주가의 변동속도도 눈에 띄게 빨라졌다. 따라서 증권사를 선택할 때는 홈페이지 프로그램이 얼마나 빨리 작동하는지, 접속회선은 충분한지, 주문을 냈을 때 증권거래소나 코스닥증권시장과의 연결회선은 충분한지 등을 살펴보아야 한다. 아직까지 증권사 별로 인터넷 매매주문 처리속도에서 그리 큰 차이는 나타나지는 않고 있다.

다만, 매매종목을 이미 선택한 상태라면 인터넷을 통한 주문보다는 컴퓨터 통신을 이용한 주문이 훨씬 빠르다는 것을 염두에 두어야 한다.

■ 편리성

초보자도 이용하기 쉽게 프로그램이 짜여져 있는지, 얼마나 다양한 기능이 곁들여 있는지가 중요하다. 청약서비스나 은행이체 서비스 이용이 간편한지도 미리 확인할 필요가 있다. 사이버 주식 매매의 편리성이 얼마나 확보돼 있는지를 살펴야 한다는 것이다. 증권사의 사이버 시스템 평가 사이트인 스톡피아(http://www.stockpia.co.kr)에 들어가면 항목별로 증권사의 평가를 알아볼 수 있다.

■ 증권정보

사이버 거래에서는 직접 객장에 나가 투자상담사를 만나 정보를 들을 수 없다는 점이 단점이다. 실시간 시황이나 종목정보, 특히 각종 기술적 지표들을 제때 제공받을 수 있는 사이트가 좋다. 이 분야에서는 대신증권, 삼성증권, LG증권이 높은 점수를 받았고 한화·한빛·교보증권이 뒤를 이었다.

증권사에 따라서는 당일 시황지인 데일리와 각종 리서치 자료를 미리 이메일로 보내주는 경우도 있으므로 미리 확인해 두는 것이 좋다.

스톡피아 평가 자료 2000년 1월 기준

등급	증권회사
AAA	대신증권, LG증권
AA	삼성증권
A	교보증권, 동양증권, 일은증권, 대우증권, 한빛증권, 한화증권, SK증권
BBB	굿모닝증권, 부국증권, 세종증권, 신영증권, 신한증권, 신흥증권, 제일투자증권, 한진증권, 동원증권, 서울증권, 현대증권
BB	유화증권, 한양증권, 건설증권, 하나증권
B	조흥증권

■ 지원서비스는 충분한가

증권 초보자라면 초보자에 대한 안내나 인터넷 교육, 재테크 상담 프로그램이 제공되는지도 알아봐야 한다. 이밖에 사이버거래가 제대로 작동하지 않을 때 콜센터가 따로 있어 전화 주문을 쉽게 낼 수 있는지도 미리 확인해 두는 것이 필요하다.

■ 통합된 주문 시스템

증권사에 계좌만 개설해두면 홈페이지 접속 권한을 자동적으로 제공받는다. 따라서 여러 증권사에 계좌를 개설한 뒤 각각의 홈페이지에 접속해 다양한 증권정보를 받을 수 있다.

그러나 계좌는 여러개 두더라도 주문은 한 곳에서 하는 게 바람직하다. 증권사에 따라서는 약정고가 높은 고객에게 신속한 접속이 가능한 별도의 접속번호를 부여하기도 하기 때문이다. 또 약정고 등 평소의 거래 실적에 맞춰 공모주 청약에서도 혜택이 주어지므로 한 증권사에서 '집중적인' 실적을 쌓는 것이 여러 모로 이익이다.

■ 수수료

사이버 거래 수수료율은 일반 매매수수료율의 5분의 1수준까지 낮아졌다. 하지만 그것도 증권사마다 상당한 차이가 있기 때문에 어느 증권사를 선택하느냐에 따라 투자자의 부담은 달라진다. 홈트레이딩 프로그램의 증권정보를 자주 이용하지 않는 투자자라면 자신의 투자규모와 스타일에 맞는 증권사를 골라야 수수료를 아낄 수 있다.

사이버 거래의 장점

- 시간과 공간의 제약이 없으며 간편하고 빠르다.
- 여러 가지 정보를 빠르게 확인할 수 있다.
- 특정 종목에 대한 집중적 분석이 가능하다.
- 적절한 매매타이밍 포착에 유리하다.
- 거래 수수료가 저렴하다.

사이버 거래의 단점

- 홈트레이딩 시스템을 정확히 이해하지 못할 경우에는 실수할 가능성이 높다.
- 허위정보의 유통에 현혹되면 손실을 입을 가능성이 많다.
- ID, 비밀번호, 계좌번호 등의 보안, 해킹에 유의해야 한다.

KOSDAQ

제 **5** 장

제3시장 투자 전망

1. 제3시장 개요 및 투자전망

● 제3시장의 개념

증권거래소, 코스닥시장에 이어 2000년 3월 27일 제3시장이 개설되었다. 제3시장은 증권거래소 상장 또는 코스닥 등록요건을 충족하지 못하여 제도권시장에 진입하기 어려운 기업들이 발행한 주식이나 거래소·코스닥시장에서 상장 또는 등록이 폐지된 주식들에 대해 유동성을 부여하는 새로운 개념의 주식시장이다. 즉, 지금까지의 주식시장과는 달리 장외거래시장이 제도권으로 편입된다는 것이 제3시장의 가장 큰 의미라고 할 수 있다.

제3시장의 영문표시인 OTC BB(Over The Counter Bulletin Board)는 투자의 편의를 위한 게시판이라는 의미를 갖는다. 따라서 장외주식거래에 비해 비교적 투명한 가격형성을 유도할 수 있을 것이나 거래소시장이나 코스닥과 같은 실질적 '시장'으로 활성화될 수 있을지는 아직은 미지수라고 할 수 있다.

● 기능

제3시장 개설은 다수의 투자자가 참여하는 시장형성을 통해 장외주식의 공정한 가격형성을 유도하여 투자자를 보호하고 비상장 비등록 법인 발행주식에 대하여 유동성을 부여함으로써 유망벤처기업 등이 주식시장에서 자금을 조달할 수 있는 기회를 부여한다는 취지에 따른 것이다.

투자자의 입장에서도 이들 기업에 초기단계에서 투자할 수 있는 기회를 가질 수 있으므로 좋은 아이디어와 높은 기술력을 갖춘 기업을 선택하여 투자할 경우 상당한 고수익을 올릴 수 있는 기회를 얻을 수 있다.

 지정요건

대상

증권거래소 미상장, 코스닥시장 미등록 기업중 증권업협회가 지정한 회사

지정요건

① 금융감독위원회에 법인등록을 했을 것

② 재무제표에 대한 외부감사인의 적정 또는 한정의견일 것

③ 통일규격 유가증권을 발행하고 양도의 제한이 없을 것

④ 명의개서업무를 명의개서 대행회사(증권예탁원, 국민은행, 서울은행)에 위탁하고 있을 것

⑤ 모집, 매출을 거치지 않은 주식은 1년 후 거래 가능함

주요체크 사항

매출규모가 10억원 이상인 경우, 유가증권신고서 제출의무화 →초기 매출시 매출금액이 10억원 미만이었더라도 추가매출을 통해 총매출금액이 10억원을 넘게 되는 경우 유가증권신고서를 제출하여야 함

● 지정절차 및 신규 지정신청시 구비서류

지정절차

① 발행사 혹은 증권회사가 증권업협회에 신청
② 접수 후 5영업일 이내 지정여부 결정(심사기간)
③ 지정 후 3영업일째부터 매매개시

구비서류

> 지정신청서 / 정관 / 법인등기부등본 / 발행회사현황 /
> 최근 사업연도 감사보고서 / 발행주권의 권종별 견양 /
> 명의개서 대행계약서 사본 / 최근 사업연도 말 현재 주주
> 명부 / 공시의무 이행확약서 / 기타 협회가 필요하다고
> 인정하는 서류

1·2·3 시장 비교 현황

구분	1시장 거래소시장	2시장 코스닥시장	제3시장 (비상장 · 비등록호가 중개 시스템)
거래시간	오전9~12시 오후1~3시	오전9시~오후3시	오전9시~오후3시
위탁증거금	증권사 자율	증권사 자율	매수: 현금 100% 매도: 당해 주식 100%
가격제한폭	15%	12%	없음(시장개시시의 기준가격은 전일의 거래량 가중평균가격 적용)
매매단위	10주	1주	1주
호가가격단위	~5,000 : 5원 ~10,000 : 10원 ~50,000 : 50원 ~100,000 : 100원 ~500,000 : 500원 500,000~ : 1,000원	~10,000 : 10원 ~50,000 : 50원 ~100,000 : 100원 ~500,000 : 500원 500,000~ : 1,000원	코스닥시장과 동일
매매방식	경쟁매매	경쟁매매	상대매매
매매체결시스템	일원화	일원화	이원화 (창구매매 & 호가 중개 시스템)
증권거래세	매도가액의 0.15%	매도가액의 0.3%	매도가액의 0.5%
농특세	매도가액의 0.15%	-	-
양도소득세	-	-	대기업 주식:양도차익의 20% 중소기업주식:양도차익의 10%
시스템사용료	0.9/100,000	3/100,000	매매보고시:거래금액의 1/100,000 매매체결시:약정대금의 1/10,000
위탁증거금	증권사 자율	증권사 자율	100%
결제시한	3일결제	3일결제	창구거래 : 당일결제 호가중개시스템 : 3일결제
Cyber Trading	가능	가능	가능

제3시장 투자방법

증권사 신규계좌 개설 (기존 계좌 이용가능)

투자기업 결정
증시 주변 여건 검토
해당 산업 분석
유망투자기업 비교
(재무상태, 경영자 자질)

매도 매수 시점 포착
시장조치, 기업공시내용 확인
호가 및 최근 시세 확인

주문제출
증권사 창구방문(전화 인터넷 가능)
종목 · 수량 · 가격 등 주문표 제출
주문 · 정정 · 취소 가능

매매체결
매도 · 매수 쌍방 가격 일치해야
시간우선 원칙

2. 제3시장 투자시 유의사항

제3시장은 코스닥시장과 비교가 되지 않을 정도로 고수익 고위험 시장이다. 따라서 투자시에는 아래와 같은 사항들을 꼼꼼히 챙길 필요성이 있다.

● 기업정보를 많이 확보하라

현재 장외시장에서 거래되는 종목 중 기업분석 자료가 많은 대기업 종목은 제3시장에 진출하지 않을 것으로 보이므로 이러한 자료에 갈증을 느끼는 투자자들은 더욱 목이 탈 수밖에 없다. 또한 증권사 리서치팀이나 제3시장 준비업무를 하는 인터넷업체들이 현재까지 제시하고 있는 기업분석자료들이 있긴 하지만 그 양이 많지 않아 개장 초기 시장에서 기업정보는 매우 제한적일 것으로 보인다. 따라서 지정기업을 연일 소개하고 있는 신문기사나 증권사 리서치자료를 기본적으로 챙겨야 한다. 물론 해당업체 인터넷 홈페이지를 방문해 기본자료를 찾는 것도 잊어서는 안 된다.

● 해당 기업과 직접 접촉하라

투자자들은 직접 기업을 방문하거나 재무나 자금담당자에게 전화를 걸어 기업상태를 살펴봐야 한다. 경영자 경험과 창업 전

주요경력을 반드시 살펴봐야 한다. 또 신문기사나 제품수요자 평판을 점검하고 일일이 검토해 다양한 의견을 들어봐야 한다.

● 공시는 기본적으로 챙겨라

기업공시도 최소한 의무공시사항을 게시하는 선에서 이루어지므로 투자자 스스로 확인하고 점검하는 노력을 기울여야 할 것으로 예상된다. 일반적인 공시사항은 증권사 영업점에 문의하거나 전산시스템이나 코스닥증권시장 인터넷시스템을 이용해 수시로 확인할 수 있다. 제3시장 인터넷정보제공사이트 (www.kotcbb.or.kr)를 이용하는 것이 가장 유용하다.

● 거래량을 주시하라

거래소나 코스닥시장과는 달리 제3시장 종목은 유통물량이 그다지 많지 않다. 이는 시장 특성을 고려한 작전세력이 활개칠 수 있는 가능성을 높여 줄 수도 있다. 또한 일정가격까지 주가가 오르거나 내려도 물량이 턱없이 모자라 매매를 못해 속태우는 일도 있을 수 있다는 것을 명심해야 한다. 지정업체 발행주식이 전부 지정되는 것이 아니고 부분지정 된다는 점을 파악해야 한다.

● 매도매수시점 포착이 중요하다.

제3시장 특징중 하나가 가격제한폭이 없다는 것이다. 투기적 세력이 활개를 칠 여지가 그만큼 높다는 얘기도 되므로 일반투자자들이 적절한 매도매수시점을 포착하는 일은 거래소나 코스닥시장과는 비교가 되지 않을 정도로 힘들 것으로 예상된다.

● 주문가격 추이를 살펴라

기준가뿐만 아니라 사자팔자 주문가격 추이도 살펴야 한다. 매도매수 주문가 차이가 많이 나는 것도 일단 피해야 한다. 시장가 형성이 제대로 되지 않는다는 증거이기 때문이다. 또 매매체결가가 일반적으로 형성됐던 주문가격과 현격한 차이를 보이면 작전에 의한 가격조작을 의심할 필요도 있다.

● 비용측면을 고려해라

제3시장 거래에 있어 투자자들이 가장 부담스러워 하는 것이 양도소득세 문제다. 거래소시장이나 코스닥시장에서는 과세하지 않는 양도소득세가 제3시장에서는 존재하기 때문이다. 증시 관계자들은 제3시장 주가에 이러한 요인이 아예 반영돼 거래가 될 것이라고 전망한다. 즉 중소기업 주식은 적정주가보다 10% 높은 가격에 균형가가 형성될 것이라는 전망이다.

● 인터넷을 이용한 정보 찾기

일반투자자들이 제3시장에 직접투자하기 위해서는 관련 기업에 대해 좀 더 폭넓고 세세한 정보를 아는 것이 필요하다. 일반투자자들이 가장 손쉽게 활용할 수 있는 것이 경제신문 및 제3시장과 장외주가 정보제공업체의 인터넷 사이트다. 증권업협회에서 운영하는 제3시장 공식 인터넷사이트는 필수다. 이런 사이트에 접속하면 관련 기업의 과거 또는 현재 장외거래 주가나 기업정보 루머 등을 접할 수 있다.

하지만 사이트별로 거래되는 가격이 상당한 차이를 나타내고

양도세를 줄이는 방법

제3시장에선 거래소시장이나 코스닥시장과 달리 세금문제가 다소 복잡하다. 증권거래세 외에도 주식매매차익에 대해 따로 세금(양도소득세)를 내야 한다. 차익을 낸 주식이 대기업이면 양도차익의 20%를 세금으로 물어야 한다. 중소기업이면 세율이 10%로 낮다. 세금을 내는 방법은 차익을 올린 투자자가 거래일(양도일) 이후 2개월안에 세무서에 자진신고하면 좋다. 세액의 10%를 공제받을 수 있기 때문이다. 또 양도(매매거래)일 기준으로 다음해 5월 종합소득세 신고때 같이 하면 된다. 종합소득세를 이유로 양도일 후 2개월 이내에 자진신고하지 않은 투자자는 10% 공제혜택이 없다. 종합소득세 신고때에도 매매차익을 신고하지 않으면 벌칙성 가산세가 부과된다.

한편 세무서에 내야하는 서류는 시세차익 규모를 증명하는 서류다. 이 서류는 거래 증권사에서 쉽게 받을 수 있다. 장외(점두)시장에서 주식을 샀다가 제3시장에서 차익을 얻은 투자자라면 최초 주식매입 계약서를 추가해야 한다. 장외취득시 매매계약서가 없으면 세무서가 액면가를 기준으로 취득원가를 계산해 세금을 부과할 수 있으므로 매입계약서는 반드시 갖고 있어야 한다. 취득원가를 입증할 책임은 거래 당사자에게 있으므로 입증할 수 없으면 불이익을 당할 수도 있다.

정보도 약간씩 차이나기 때문에 어느 한 곳에 전적으로 의존해서 판단하는 것은 바람직하지 못하다. 가능한 한 복수로 검색해 정보를 취합하고 해당 기업에 직접 전화를 걸어 확인하는 절차를 거친다면 위험을 크게 줄일 수 있다.

또 사이트 별로 약간씩 다른 강점을 갖고 있기 때문에 그런 부분을 알아두었다가 활용하면 좋다. 투자자들이 많이 활용하는 제3시장과 장외시장 정보 전문사이트는 사이버3스톡, 3K스톡, 코바넷, 미래벤처, 팍스넷, J스톡, P스톡, 트리스톡, 벤처나라 등이 있다.

제3시장(www.kotcbb.or.kr)

제3시장 업무를 주관하는 증권업협회의 공식 사이트다. 제3시장 호가 및 거래내용을 거의 실시간으로 확인해 볼 수 있다. 공식적으로 거래가 이뤄지는 업체의 정보만 다루기 때문에 기업정보 내용이 풍부하지 않다.

사이버3스톡(www.cyber3stock.com)

제3시장 사이버 모의주식투자대회가 열리고 있는 사이트다. 본격적인 제3시장 투자에 앞서 게임을 통해 거래패턴과 가격 형성에 대한 경험을 축적하고 실제주가와 비교할 수 있다. 90개가 넘는 장외기업에 대한 재무제표 사업내용 등 자세한 정보를 제공한다.

3케이스톡(www.3kstock.co.kr)

제3시장 전문 컨설팅업체인 3S커뮤니케이션이 운영하는 사이트다. 제3시장 지정업체와 지정이 예상되는 기업 550여개에 대해 재무제표, 사업내용, CEO소개, 인터넷공모 여부 등을 가이드형태로 제공한다. 제3시장 지정을 앞둔 기업들의 공모 정보나 뉴스도 실시간으로 볼 수 있다.

이큐더스(www.ekudos.co.kr)

제3시장 장외시장 정보는 물론, 거래소 코스닥 관련 정보를 함께 제공하고 있다. 현재는 기업정보가 부족한 상태지만 4월부터는 제3시장 장외시장 정보를 확대 제공할 예정이다. 가상매매를 통해 연습도 가능하게 할 계획이다. 옥션과 제휴해 경매 방식으로 장외주식을 사고 팔 수 있게 했다.

코바넷(www.kovanet.co.kr)

투자 전문 사이트로 우수한 벤처기업을 발굴해 기업정보를 제공하고 투자자를 유치하면서 명성을 쌓았다. 벤처기업 투자 설명회도 주선한다. 코리아엔젤이란 투자회원모임을 만들어 투자자와 벤처기업을 연결하는 구실을 한다.

미래벤처(www.gomvp.co.kr)

제3시장 장외시장 기업은 물론 상장 코스닥등록 기업에 대해 공시, 유무상증자계획, 시황 등을 종합적으로 제공해 준다. 투자자 클럽을 통해서 투자정보도 교환할 수 있도록 운영하고 있다.

3. 주요 증권사 제3시장 및 코스닥 애널리스트 명단

증권사	애널리스트	담당 업종	전화번호
교보	박인호	가전, 산전, 전자부품	3771-9076
교보	유영철	프리코스닥	3771-9094
교보	박종렬	정보통신장비	3771-9098
교보	권명상	인터넷	3771-9063
교보	김영준	사무기기, 전선, 통신장비, 전기가스, 에너지	3771-9165
교보	김창권	시황, 소프트웨어	3771-9202
교보	조삼용	프리코스닥	3771-9089
교보	김정표	종목 개발, 정보, 코스닥시장	3771-9209
교보	홍소영	반도체 장비 및 의료기기	3771-9079
교보	오세중	네트워크 장비	3771-9427
교보	하상우	인터넷	3771-9621
교보	박재홍	프리코스닥	3771-9077
교보	이범홍	프리코스닥	3771-9207
굿모닝	박유경	홈쇼핑, 보안	3772-1546
굿모닝	박성미	제약(바이오)	3772-1575
굿모닝	박희정	방송, 오락	3772-1554
굿모닝	김영태	통신장비	3772-1533
굿모닝	반영원	통신서비스	3772-1520
굿모닝	박인석	전기전자	3772-1594
굿모닝	서영수	창업투자	3772-1552
굿모닝	조영훈	인터넷, SI, NI	3772-1556
굿모닝	김동준	인터넷, SI, NI	3772-1543
굿모닝	박재석	인터넷, SI, NI	3772-1545
굿모닝	장한진	인터넷, SI, NI	3772-1568
굿모닝	박종민	Research Assistant	3772-3858
대신	심충보	총괄	769-3055
대신	한태욱	건설, 기타제조, 서비스	769-3023

증권사	애널리스트	담당 업종	전화번호
대신	안병우	증권, 종금, 신금	769-3082
대신	이두희	통신, 통신서비스	769-3018
대신	문정업	철강, 비철금속	769-3068
대신	정명진	제약, 플라스틱	769-3062
대신	안상희	제지, 출판, 비금속	769-3095
대신	한정태	은행, 보험, 벤처	769-3087
대신	송재학	조선, 기계, 운송	769-3079
대신	김상익	자동차, 타이어	769-3096
대신	강록희	인터넷, 디지털	769-3097
대신	노주홍	섬유, 음식료, 어업	769-3027
대신	김동일	전자부품, 전선	769-3065
대신	진영훈	반도체장비, 전자부품	769-3107
대신	김수미	농약, 화장품, 비료	769-3071
대신	이희나	의복, 피혁	769-3083
대우	전병서	반도체	768-4159
대우	조점호	인터넷	768-3066
대우	이종우	market analyst(상장, 코스닥)	768-4156
대우	민기훈	인터넷	768-3250
대우	김춘곤	종목선정(상장, 코스닥)	768-4024
대우	윤성진	컴퓨터	768-3059
대우	정우철	컴퓨터	768-3251
대우	변영한	컴퓨터	768-3255
대우	노미원	인터넷	768-4160
대우	서동현	반도체	768-3254
대우	박 현	인터넷	768-3257
대우	송수용	인터넷	768-3253
서울	조철우	반도체, 통신장비 및 서비스, ISP	
서울	안성호	반도체, 반도체장비, 컴퓨터	
서울	김성욱	방송, 포털사이트, 전자상거래	

증권사	애널리스트	담당 업종	전화번호
서울	이대훈	전자부품, 디스플레이	
서울	민회준	통신장비	
LG	이왕상	인터넷 솔루션, 컨텐츠, S/W	768-7598
LG	오재원	인터넷 솔루션, 컨텐츠, S/W	768-7593
LG	박상희	인터넷 솔루션, 컨텐츠, S/W	768-7595
LG	서도원	반도체, LCD, 컴퓨터	768-7607
LG	정유민	반도체, LCD, 컴퓨터	768-7601
LG	박세원	반도체, LCD, 컴퓨터	768-7477
LG	신현호	통신서비스, 통신장비, 전자제품	768-7695
LG	정재화	통신서비스, 통신장비, 전자제품	768-7479
LG	윤효진	통신서비스, 통신장비, 전자제품	768-7573
LG	최용호	SI, 네트워크, 방송장비	768-7476
LG	김선영	SI, 네트워크, 방송장비	768-7605
한누리	온규현	총괄, 가스전기업	3777-8076
한누리	전준현	통신, 인터넷	3777-8075
한누리	백관종	화학, 정제	3777-8074
한누리	김병석	은행, 보험	3777-8073
한누리	박준모	철강, 조선, 자동차	3777-8072
한누리	장동식	반도체, 전자(Technology Team)	3777-8099
한누리	김근욱	Quant(Technology Team)	3777-8070
한누리	이소용	음식료업, 광고, 홈쇼핑	3777-8105
한누리	윤청우	통신장비	3777-8078
한누리	박정서	Quant, SI, NI	3777-8104
한화	정인기	인터넷	3772-7468
한화	심준보	인터넷	3772-7462
현대	박남철	코스닥, 인터넷	2199-6256
현대	이상구	코스닥, 인터넷	2199-6263
현대	김성호	코스닥, 인터넷	2199-6242
현대	옥주홍	코스닥, 인터넷	2199-6264

증권사	애널리스트	담당업종	전화번호
현대	이시훈	코스닥, 인터넷	2199-6265
현대	박경원	코스닥, 인터넷	2199-6250
현대	차진호	코스닥, 인터넷	2199-6251
현대	박지현	코스닥, 인터넷	2199-6267
W.I.CARR	신민섭	코스닥	3700-1445
W.I.CARR	Paul Preleser	코스닥	3700-1451

※ 애널리스트들의 직함은 생략하였음을 알려드립니다.

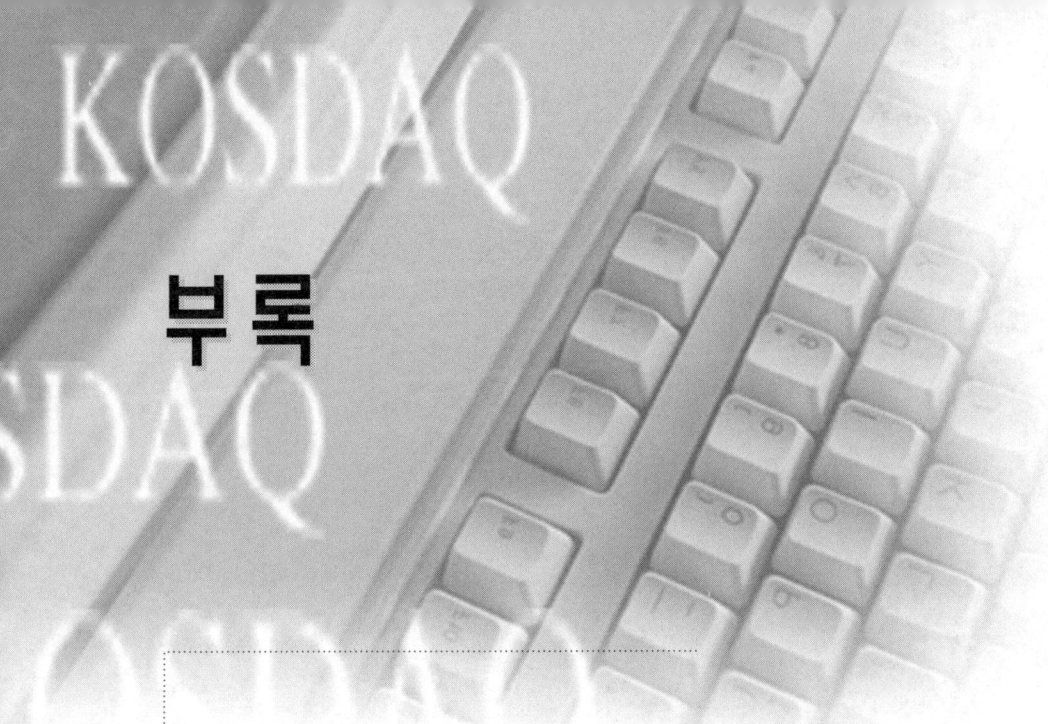

부록

제3시장 노크 215종목

(＊는 제3시장 진입 확정 종목임.)

회사명	3Wtour
홈페이지	www.3wtour.com
설립일	1997.11
대표이사	장진우
주소	서울시 마포구 도화동 173 삼창빌딩 5층
전화번호	02-706-6786
주요주주	아시아넷, 장진우, 무한기술투자, 국민기술금융, 우리기술투자, 일반투자자 1,500명
업종	인터넷 여행사 및 웹 호스팅
종업원수	126명(2000년 1월 현재)
현재자본금	1,779백만원
특기사항	능률협회 컨설팅99인터넷티켓예매서비스 부문 우수상, 문화관광부 지정 관광벤처기업 1호

회사명	가나정보
홈페이지	www.gana.co.kr
설립일	1993.1.1
대표이사	이명수
주소	대전시 유성구 구암동 628-2
전화번호	042-825-3330
주요주주	이명수(66.0%)
업종	컴퓨터 및 주변기기
종업원수	36명(2000년 1월 현재)
현재자본금	755백만원
특기사항	동양철학관련 S/W에서 국내시장의 절반차지

회사명	가임정보통신
홈페이지	www.gaim.co.kr
설립일	1997.12.6
대표이사	이완표
주소	대전시 서구 월평동 1020
전화번호	042-627-0875
주요주주	이완표(58%),박연수(24.7%)
업종	소프트웨어 자문, 개발, 공급
종업원수	8명(2000년 1월 현재)
현재자본금	4억원
특기사항	2000.1.13 2억 증자

회사명	강원랜드
홈페이지	www.kangwoncasino.co.kr
설립일	1998.6.29
대표이사	김광식
주소	강원도 정선군 고한읍 고한9리 66-5
전화번호	0398-590-7700
주요주주	석탄산업합리화사업(36%),강원도개발공사(6.6%)
업종	서비스업(카지노, 관광호텔업)
종업원수	81명(1999년 12월 현재)
현재자본금	1,000억원
특기사항	폐광지역발전과 국가경쟁력 제고를 위한 사업

회사명	경우아이티
홈페이지	www.kiti2000.co.kr
설립일	1991.4.1
대표이사	박위기
주소	서울시 구로구 신도림동 402-3401
전화번호	02-2633-7136
주요주주	박춘배(28%),허옥렬(15%),박위기(11.5%)
업종	소프트웨어개발
종업원수	6명(1998년12월 현재)
현재자본금	910백만원
특기사항	1999.11.23~30, 285백만원 공모(주당발행가 7,500원)

회사명	고려정보통신＊
홈페이지	www.korinc.com
설립일	1998.1.16
대표이사	이광호
주소	서울시 서초구 서초동 1594-4 대아벤처빌딩
전화번호	02-582-7112
주요주주	이광호
업종	통신 및 방송장비
종업원수	12명(1999년 10월 현재)
현재자본금	1,177백만원
특기사항	1999년 3월 정통부 주관 정보화 촉진기금 사업선정

회사명	골드투어		회사명	교육정보시스템
홈페이지	www.goldtour.co.kr		홈페이지	www.education.co.kr
설립일	1998.2.20		설립일	1994.9.23
대표이사	김회영		대표이사	김출생
주소	서울시 중구 초동106-9 동촌빌딩 7층		주소	서울시 서초구 서초동 1597-3 태풍빌딩 10층
전화번호	02-2268-2678		전화번호	02-583-3632
주요주주	골드뱅크(25%), 한신상호금고(6%), 김회영(5%)		주요주주	김출생(24%), 아리수인터넷(11.3%)
업종	여행		업종	소프트웨어 자문, 개발, 공급
종업원수	21명(1999년 9월 현재)		종업원수	5명(1998년 12월 현재)
현재자본금	2,000백만원		현재자본금	681백만원
특기사항	골드뱅크커뮤니케이션의 계열사		특기사항	공군, 한국통신, LG전자 등의 다양한 교육과정 개발
회사명	**나우콤**		**회사명**	**네띠앙**
홈페이지	www.nownuri.net		홈페이지	www.netian.com
설립일	1992.12.1		설립일	1997.6.20
대표이사	강창훈		대표이사	홍윤선
주소	서울시 서초구 방배동 852-22 단우빌딩		주소	서울시 강남구 삼성동 160 대화벤처플라자
전화번호	02-590-3812		전화번호	02-3450-5561
주요주주	㈜드림텔(29.5%), 부산방송(20.6%)		주요주주	한글과 컴퓨터(42.0%), 무한기술투자(35.0%)
업종	전기통신		업종	소프트웨어 자문, 개발, 공급(인터넷 컨텐츠)
종업원수	118명(2000년 2월 현재)		종업원수	50명(2000년 1월 현재)
현재자본금			현재자본금	1,600백만원
특기사항	하반기에 코스닥 등록 예정		특기사항	1999년 매출액 1,139.5백만원
회사명	**네트로이십일**		**회사명**	**넥서스커뮤니티**
홈페이지	www.netro.net		홈페이지	www.nexuscom.co.kr
설립일	1997.8.11		설립일	1991.12.30
대표이사	최영일		대표이사	양재현
주소	서울시 강남구 역삼동 679-56 서울벤처타운		주소	서울시 강남구 역삼동 823-21대공빌딩12층
전화번호	02-555-7760		전화번호	02-6240-2580
주요주주	최영일(19%)		주요주주	양재현(26.0%)
업종	소프트웨어 자문, 개발, 공급		업종	자료처리(CTI 콜센타 시스템)
종업원수	28명(1999년 9월 현재)		종업원수	25명(2000년 1월 현재)
현재자본금	1,000백만원		현재자본금	3,000백만원
특기사항	1999년 5월 정보통신부 우수신기술사업에 선정		특기사항	LG정보통신 협력업체

회사명	넥셀텔레콤		회사명	넥스텍
홈페이지	www.nexcell.net		홈페이지	www.nexttech.co.kr
설립일	1995.3.29		설립일	1995.10.9
대표이사	김종원		대표이사	문일호
주소	서울시 강동구 성내동 163-16 경남빌딩 501호		주소	서울시 강남구 역삼동 648-1 비와이씨빌딩 2층
			전화번호	02-558-4678
전화번호	02-471-1974		주요주주	문일호(36.75%), 박범극(9.20%), 이종길(6.64%)
주요주주	김종원(39.0%)			
업종	통신 및 방송장비		업종	소프트웨어(객체지향DB, 분산컴퓨터코바)
종업원수	13명(2000년 1월 현재)		종업원수	42명(2000년 2월 현재)
현재자본금	650백만원		현재자본금	1,400백만원
특기사항	벤처평가우수기업-중소기업청		특기사항	1998년 2월 정보통신 우수신기술 업체 지정

회사명	노머니커뮤니케이션		회사명	노스컴
홈페이지	www.nomoney.co.kr		홈페이지	www.noscom.co.kr
설립일	1999.6.1		설립일	1999.1.7
대표이사	김병진		대표이사	최용진
주소	서울시 구로구 고척동 75-1 일이삼전자타운 1-707		주소	서울시 성동구 성수1가동 16-4 SK아파트형공장 803
			전화번호	02-469-8787
전화번호	02-555-9442		주요주주	체이스벤처캐피탈(20.0%), 최용진(20.0%)
주요주주	사원 및 기타개인주주(77%), 대표이사(8.5%)		업종	차량관제시스템 S/W, H/W개발, AVL단말기제조
업종	전기통신(인터넷 포탈 서비스)			
종업원수	30명 (2000년 2월 현재, Parttime 포함)		종업원수	13명(2000년 2월 현재, 엔지니어10명)
현재자본금	2,100백만원		현재자본금	616백만원
특기사항	인터넷 광고마케팅		특기사항	차량운행관리시스템 특허출원

회사명	닉스		회사명	다솔정보통신
홈페이지	www.ifree.co.kr		홈페이지	www.dasolnet.com
설립일	1986.11.6		설립일	1993.12.1
대표이사	김효근		대표이사	김대규
주소	서울시 종로구 연지동 136-74		주소	서울시 금천구 시흥동 789
전화번호	02-749-3001		전화번호	02-895-6060
주요주주	김효근(17.4%), 아이티성장1호투자(7.7%)		주요주주	김대규(33%), 이상정(23%), 이용석(13%), 송인철(7%), 노경상(7%), 기타(17%)
업종	의복(의류, 잡화제조, 도소매)			
종업원수	124명(1998년 12월 현재)		업종	컴퓨터 및 주변기기
현재자본금	9,753백만원		종업원수	12명(2000년 1월 현재)
특기사항	청바지 잡화 제조 도소매 업체		현재자본금	300백만원
			특기사항	정보통신사업과 정보기술사업의 2원 운영 체제

회사명	닥스클럽	회사명	데니콤인터네셔날
홈페이지	www.daksclub.co.kr	홈페이지	www.dacomi.co.kr
설립일	1999.7.28	설립일	1993.12.20
대표이사	유제천	대표이사	박재천
주소	서울시 강남구 역삼동 825번지 미진빌딩 10층	주소	서울시 서초구 서초동 1445-3 국제전자센터 22층
전화번호	02-3469-1700	전화번호	02-6747-4700
주요주주	임직원(45%), 한국투자신탁컨소시엄(30%)	주요주주	데이콤(92.75%), 우리사주 등 소액주주(7.25%)
업종	기타 서비스(결혼정보업)	업종	벤처기획 및 보육, 네트워크 기술
종업원수	11명(1999년 9월 현재)	종업원수	72명(1999년 8월 현재)
현재자본금	31억원	현재자본금	8,000백만원
특기사항	닥스클럽 멤버쉽 결혼정보서비스	특기사항	Cisco등 네트워크, Microsoft, NT Server 기술 보유

회사명	동이기술	회사명	두성네텍
홈페이지	www.donge.co.kr	홈페이지	demo.mycamp.co.kr
설립일	1997.1.15	설립일	1984.11.2
대표이사	유영환, 심형보	대표이사	허영판
주소	서울시 강남구 삼성동 78-1 동흥빌딩 5층	주소	서울시 중구 충무로2가 64-5 한일빌딩 8층
전화번호	02-517-9175	전화번호	02-753-7128
주요주주	유영환(40.0%), 심형보(40.0%), 유진환 (20.0%)	주요주주	허영판(19.57%), 신원창업투자주식회사 (14.4-%), (주)아즈텍(10.14%)
업종	정보처리 및 기타 컴퓨터운용 관련업	업종	제조업, 도매업, 전자상거래업, 임대업
종업원수	39명	종업원수	20명(2000년 1월 현재)
현재자본금	562백만원	현재자본금	6,900백만원
특기사항	2000.1 제3자 배정방식.25억원 투자유치	특기사항	다품종 소량 생산 시스템 구축

회사명	디엔씨테크	회사명	메뉴판 닷컴
홈페이지	www.dnctech.com	홈페이지	www.menupan.co.kr
설립일	1998.1.8	설립일	1999.8.16
대표이사	박한서	대표이사	이원우
주소	서울시 서초구 서초동 1589-14 신성빌딩 12층	주소	서울시 강남구 역삼동 831-37 건암빌딩
전화번호	02-525-4093	전화번호	02-569-8301
주요주주	박한서(50%)	주요주주	이원우(58%), LG창업투자(22%), 소액 주주(20%)
업종	기타 정보처리, 컴퓨터 운용관련(인터넷 방송)	업종	소프트웨어 자문, 개발, 공급
종업원수	27명(2000년 1월 현재)	종업원수	7명(1999년 10월 현재)
현재자본금		현재자본금	350백만원
특기사항	1999년 4월 MP3 Encoder개발	특기사항	온라인정보제공, 전자상거래, 소프트웨어 개발

회사명	디지털컨텐츠	회사명	디지털퓨전
홈페이지	www.digicon.co.kr	홈페이지	www.digitalrose.com
설립일	1999.1.10	설립일	1997.3.27
대표이사	노현철	대표이사	김태완
주소	서울시 강남구 논현동 91-3 삼안빌딩 301호	주소	서울시 서초구 서초동 1550-1 안화벤처타워 401
전화번호	02-547-1867		
주요주주	노현철(23%), 최준석(22%)	전화번호	02-3474-5242
업종	영화, 방송, 공연 관련(컴퓨터그래픽)	주요주주	김태완(100%)
종업원수	9명(2000년 1월 현재)	업종	소프트웨어 자문, 개발, 공급
현재자본금	260백만원	종업원수	11명(2000년 1월 현재)
특기사항	애니메이션 제작(50%), Multi 음반(40%) 사업	현재자본금	590백만원
		특기사항	방송분야 소프트웨어 개발업체

회사명	디킴스커뮤니케이션즈*	회사명	러닝콤
홈페이지	www.dkims.co.kr	홈페이지	홈페이지 www.learningcom.co.kr
설립일	1995.2.7	설립일	1994.9.23
대표이사	김동준	대표이사	김출생
주소	서울시 강남구 논현동 50-1 세라빌딩 3층	주소	서울 서초구 서초동 1597-3 태풍빌딩 4층
전화번호	02-546-6789	전화번호	02-583-3632
주요주주	김동준(15%), 아시안네트(50%)	주요주주	
업종	정보통신분야 S/W 개발(온라인광고대행 등)	업종	소프트웨어개발, 교육서비스, 인터넷통신교육
종업원수	44명(2000년 2월 현재)	종업원수	15명
현재자본금	34억원	현재자본금	681백만원
특기사항	인터넷 배너광고 주력	특기사항	네트워크를 이용한 교육 서비스 컨텐츠 개발

회사명	레이콤	회사명	레이콤시스템
홈페이지	www.lacomm.com	홈페이지	www.lacomsys.com
설립일	1998.3	설립일	1997.10.17
대표이사	최원하	대표이사	박기수
주소	경남 김해시 지내동 8B-1 L	주소	경기도 고양시 일산구 백석동 1141-2 923호
전화번호	0525-326-4180		
주요주주	최원하(30.0%), 조흥식(15.0%)	전화번호	0344-903-2088
업종	사진 및 광학기기	주요주주	
종업원수	44명(2000년 1월 현재)	업종	통신 및 방송장비
현재자본금	560백만원	종업원수	27명(2000년 1월 현재)
특기사항	1999년 2억 증자	현재자본금	20.5억원
		특기사항	레이저 광전송기기 생산업체

회사명	로그인코리아*		회사명	마이플랜
홈페이지	www.log-in.co.kr		홈페이지	www.myplan.co.kr
설립일	1999.7.1		설립일	1999.8.10
대표이사	이길우		대표이사	김도석
주소	서울시 관악구 신림5동 1443-33 반도빌딩		주소	서울시 강남구 역삼동 642-16 성지하이츠빌딩 6층
전화번호	02-872-5800		전화번호	02-553-5994
주요주주			주요주주	대주주(30%), 소액주주
업종	PC판매, 인터넷 포탈 서비스		업종	소프트웨어 자문, 개발(인터넷 관련 프로그램)
종업원수	9명(1999년 10월 현재)		종업원수	26명(2000년 2월 현재)
현재자본금	10억원		현재자본금	900백만원
특기사항	컴퓨터 교육 및 인터넷 포탈 서비스		특기사항	2000년 2월 중국 법인 설립

회사명	맥소프트뱅크		회사명	멀티데이타시스템
홈페이지	www.magsoftbank.com		홈페이지	www.multidata.co.kr
설립일	1993.2.1		설립일	1992.3.21
대표이사	정규식		대표이사	이태화
주소	부산시 금정구 장전동 산 30 부산대학교내 산학협동관 7층		주소	서울시 서초구 서초동 1580-17 청호빌딩 2,5층
			전화번호	02-3486-6100
전화번호	051-517-9557		주요주주	대주주(45%), 한국투자신탁(25%), 동아창업투자(5%)
주요주주	정규식(56%), 김홍기(3.5%), 김도완(3.3%)		업종	소프트웨어 자문, 개발(S/W 개발, 서비스)
업종	소프트웨어자문, 개발, 공급(전산프로그램개발)		종업원수	32명(2000년 2월 현재, 90%가 연구직)
종업원수	36명		현재자본금	900백만원
현재자본금	900백만원		특기사항	제3세대 프리미엄 디렉토리 인터넷 포탈 서비스 예정
특기사항	1998년 9월 인터넷 한국통신 KT114 IP 협약			

회사명	멀티미디어라인		회사명	메가메디칼
홈페이지	www.multiline.net		홈페이지	www.megamedical.co.kr
설립일	1996.11.10		설립일	1999.1.1
대표이사	임춘우		대표이사	김병장
주소	서울시 서초구 반포동 113-5 덕명빌딩		주소	경기 고양시 일산구 백석동 1141-2
전화번호	02-3443-9858		전화번호	0344-905-0167
주요주주	임춘우(31%), 중소기업진흥공단(22%), 현대증권(11%)		주요주주	김병장+박미영(29.0%), 무한기술투자(14.0%)
업종	소프트웨어 자문, 개발(콘텐츠, 인터넷사이트)		업종	의료용 기기
종업원수	10명(1998년 12월 현재)		종업원수	53명(2000년 2월 현재)
현재자본금	9억2천만원		현재자본금	22.5억원
특기사항	국악 디지털 컨텐츠, 음악관련 S/W 및 H/W 음향사업		특기사항	ENT정비(45%), 영상시스템(20%), 네블라이져(14%)

회사명	메디켐스		회사명	명성엔지니어링
홈페이지	www.medichems.co.kr		홈페이지	www.jadongbo.co.kr
설립일	1997.5.21		설립일	1999.1.27
대표이사	강성훈		대표이사	한상관
주소	서울 중구 충무로5가 22-5		주소	충북 청주시 상당구 북문로3가 87-4
전화번호	02-2194-3800		전화번호	0431-221-3520
주요주주	메디슨, 무한기술투자		주요주주	방명순(30.69%), 한상관(18.76%), 우미화
업종	의료용 기기			(18.72%)
종업원수	20명		업종	기계, 전자 제조업
현재자본금	25억원		종업원수	20명(2000년 1월 현재)
특기사항	위장 장애 원인균 측정 의료장비 개발, 생산		현재자본금	300백만원
			특기사항	매출구성(자동보, 권양기)

회사명	미다스칸		회사명	미래테크
홈페이지	www.midaskhan.com		홈페이지	www.meeraetech.co.kr
설립일	1999.6.1		설립일	1997.10.15
대표이사	송정부		대표이사	배정빈
주소	서울시 강남구 대치동 1009-5 구상빌딩 2층		주소	광주 북구 월출동 970-1 첨단산업단지 내
전화번호	02-2185-7400		전화번호	062-973-6900
주요주주	차지혁(44.5%), 송정부(29.7%), 한길 벤		주요주주	배정빈(54%), 이근욱(12%)
	처(1.1%)		업종	통신 및 방송장비
업종	신용카드		종업원수	17명(2000년 1월 현재)
종업원수	110명(2000년 1월 현재)		현재자본금	816백만원
현재자본금	858백만원		특기사항	1998 정통부 이동통신 핵심부품 개발사업 기
특기사항	매출구성(항공서비스, 책판매, 소프트웨어개발)			술이전업체 선정

회사명	민텔		회사명	밀레텍
홈페이지	www.mintel.co.kr		홈페이지	www.milletech.co.kr
설립일	1998.5.29		설립일	1999.4.24
대표이사	조희덕		대표이사	전경일
주소	서울시 강서구 등촌동 647-26 서울창업보육		주소	서울 강남구 삼성동 157-36 혜강빌딩 7층
	센터 B/207		전화번호	02-3430-6800
전화번호	02-3665-1998		주요주주	전경일(22%), 안병재(16%), 드림벤처캐피
주요주주	조희덕(36%), 영흥텔레콤(12%), 소액주주			탈(29.4%)
업종	인터넷(멀티미디어) 공중전화		업종	통신 및 방송장비
종업원수	6명(2000년 2월 현재)		종업원수	9명(2000년 2월 현재)
현재자본금	340백만원		현재자본금	800백만원
특기사항	멀티미디어 콘텐츠 공중전화기 개발		특기사항	초소형 MP3플레이어 'mp9' 개발

회사명	바이오메드랩		회사명	바텍시스템
홈페이지	www.bmelab.com		홈페이지	www.vatech.co.kr
설립일	1994.9.30		설립일	1992.4.4
대표이사	김종원		대표이사	임성훈
주소	서울시 종로구 동숭동 1-49 동숭빌딩		주소	경기도 군포시 당정동 323-1 군포제일공단 304호
전화번호	02-747-9308		전화번호	0343-457-1769
주요주주	메디슨(48%), 무한메디칼투자㈜(7%), 제일창투(7%)		주요주주	기관(20%), 대주주 및 우호지분(20%)
			업종	산업처리자동측정 및 제어장치
업종	의료용 기기(의료용 기기 제조, 개발)		종업원수	32명(2000년 1월, 연구소 16명)
종업원수	25명(1999년 12월 현재)		현재자본금	1,490백만원
현재자본금	23억원		특기사항	1999 CDMA 시스템 및 단말기 테스트용 자동화 시스템 개발
특기사항	계열 및 주력업체-메디슨			

회사명	베스트인터넷*		회사명	보라네트
홈페이지	www.bi.co.kr		홈페이지	www.boranet.com
설립일	1999.2.23		설립일	1997.9.12
대표이사	이한순		대표이사	김용을
주소	서울 강남구 역삼동 905-1 빅토리아빌딩		주소	서울 강남구 역삼동 642-6 성지하이츠 3-1507
전화번호	02-527-3144		전화번호	02-553-0066
주요주주	윤상희(17.4%), 이한순(17.4%)		주요주주	김용을(12.5%), 송태진(8.3%), 김직호(5.2%)
업종	데이터베이스		업종	여행사 및 기타 여행보조
종업원수	14명(2000년 2월 현재)		종업원수	11명
현재자본금	1,199백만원		현재자본금	481백만원
특기사항	일반 광고의 배너와 차별화 시도		특기사항	여행알선업, 항공권 및 호텔 예약 서비스 제공

회사명	사이버스톡이십일		회사명	사이버에듀타운
홈페이지	www.c-s21.co.kr		홈페이지	www.cyberedu.co.kr
설립일	1999.10.18		설립일	1999.3.2
대표이사	맹완호		대표이사	이상문
주소	서울 강남구 논현동 158 해림빌딩		주소	서울 영등포구 영등포8가 35-1 영등포전화국 별관 2층
전화번호	02-542-2058			
주요주주	맹완호(39.8%), 이주석(3.32%), 조덕진(3.32%)		전화번호	02-2631-2929
			주요주주	이상문(25%), 소남섭(15%), 정진학원(20%)
업종	데이터베이스		업종	기타 교육기관(화상강의, 모의고사)
종업원수	12명(2000년 2월 현재)		종업원수	15명(2000년 2월 현재)
현재자본금	6,000백만원		현재자본금	400백만원
특기사항	1999.10 PSDN을 통한 웹음성시스템 특허출원		특기사항	1999.12 SBS인터넷과 전략적 제휴

회사명	삼구개발	회사명	새턴정보통신
홈페이지	www.sam-koo.co.kr	홈페이지	www.saturninfo.co.kr
설립일	1975.5.3	설립일	1996.12.5
대표이사	구자관	대표이사	김영수
주소	서울 동작구 신대방동 362-43 삼구빌딩	주소	서울 영등포구 여의도동 36-1 삼성생명빌딩
전화번호	02-817-4182		10층
주요주주	구자관(43.8%), 구자경(24.2%), 강석종	전화번호	02-816-9375
	(11.3%)	주요주주	
업종	근로자 파견 서비스 및 S/W 개발 및 컨설팅	업종	S/W 개발, 인터넷 전자상거래, 전산
종업원수	1,600명	종업원수	53명(2000년 2월 현재)
현재자본금	1,200백만원	현재자본금	100백만원
특기사항	인재파견, 용역업무 전문업체	특기사항	1999.6.17 전기화재증후경보장치 특허 등록

회사명	새한텔레콤	회사명	성림에너지
홈페이지	www.saehantel.co.kr	홈페이지	www.qcell.co.kr
설립일	1992.9.14	설립일	1999.4.21
대표이사	김성재	대표이사	임영우
주소	충북 청주시 흥덕구 봉명동 211	주소	광주 광산구 안청동 730-12
전화번호	0431-279-2114	전화번호	062-954-1100
주요주주	새한미디어(32.0%), 보광창업투자(19.0%)	주요주주	임영우(63.87%), 이영휴(18.25%)
	㈜대원(10%)	업종	축전지 및 일차전지
업종	전기통신(통신업, 무선호출서비스)	종업원수	28명
종업원수	65명(2000년 1월 현재)	현재자본금	2,500백만원
현재자본금	5,000백만원	특기사항	카메라 및 무전기용 리튬 전지 개발
특기사항	무선호출사업		

회사명	세넥스테크놀로지	회사명	세양통신공업
홈페이지	www.senextech.com	홈페이지	www.seiyang.com
설립일	1998.12.7	설립일	1985.7.1
대표이사	남궁종	대표이사	손창동
주소	서울 광진구 구의동 251-49 2층	주소	충북 음성군 삼성면 덕정리 1021-3
전화번호	02-456-9578	전화번호	0446-883-0158
주요주주		주요주주	손창동(35%), 박송희(15%)
업종	소프트웨어 자문, 개발, 공급	업종	통신 및 방송장비
종업원수	5명(1998년 12월 현재)	종업원수	32명(1999년 11월 현재)
현재자본금	538백만원	현재자본금	2,100백만원
특기사항	PC데이터 파일 암호화, 인증서버 소프트웨어	특기사항	100% 군관납 장비회사
	등을 개발, 공급		

회사명	세일 DIY 컴퓨터	회사명	세정텔레콤
홈페이지	www.diosys.co.kr	홈페이지	www.sjtel.co.kr
설립일	1998.10.10	설립일	1997.7.21
대표이사	강웅철	대표이사	박장호
주소	서울 용산구 한강로3가 16-49 삼구빌딩 13층	주소	부산 동구 범일2동 828-1
전화번호	02-702-5554	전화번호	051-630-0015
주요주주		주요주주	㈜세정(27%), 유준걸(5.8%), 우환권
업종	컴퓨터 및 주변기기 제조, 멀티미디어 제조		(5.5%)
종업원수	23명	업종	전기통신
현재자본금	700백만원	종업원수	146명
특기사항	신개념 컴퓨터 Diosys브랜드 출시, DIY 컴	현재자본금	16,450백만원
	퓨터	특기사항	1999.11 무인경비시스템 씨티캅 사업 확장

회사명	세통정보기술	회사명	세호로보트산업
홈페이지	www.setong.co.kr	홈페이지	www.sehorobo.com
설립일	1992.6.1	설립일	1996.8.2
대표이사	남재민	대표이사	김세영
주소	서울 영등포구 여의도동 23-7	주소	인천 부평구 청천동 177
전화번호	02-3770-0800	전화번호	032-504-0987
주요주주	남재민(49.5%), 정욱진(20%), 최원준(19.5%)	주요주주	김세영(70%), 손일수(7%)
업종	컴퓨터 설비 자문	업종	기타 특수목적용 기계
종업원수	38명(2000년 2월 현재)	종업원수	9명(2000년 2월 현재)
현재자본금	5억원	현재자본금	500백만원
특기사항	1999.12. 케이블트론사의 network 전문공	특기사항	1999 유상(엔젤투자) 1억5천만원
	급업체 선정		

회사명	소프트디에스피	회사명	소프트랜드*
홈페이지	www.softdsp.com	홈페이지	www.softland.co.kr
설립일	1998.12.2	설립일	1996.9.19
대표이사	강대윤	대표이사	신근영
주소	서울시 강서구 화곡6동 1104 보성빌딩 4층 106-4	주소	서울 서초구 서초동 1490-25 일흥빌딩 3층
전화번호	02-2603-0784	전화번호	02-3473-7084
주요주주	강대윤(22.5%), 조성민(22.5%), 중소기업	주요주주	이현호(37.6%), 신근영(25.4%)
	진흥공단(0.5%)	업종	소프트웨어 개발, 인터넷 동영상 기술
업종	DSP관련 소프트웨어 개발	종업원수	45명(2000년 1월 현재)
종업원수	14명(1998년 12월 현재)	현재자본금	1,360백만원
현재자본금	1,000백만원	특기사항	미 DVBS 및 일본 후지쯔 자회사 알파오메가
특기사항	올해 이동통신 핵심부품 모뎀 매출 예정		와 전략적 제휴

회사명	소프트프로텍	회사명	송아텔레콤
홈페이지	www.softprotec.co.kr	홈페이지	www.songa.co.kr
설립일	1999.2.24	설립일	1998.8.25
대표이사	한승조	대표이사	김구희
주소	광주광역시 동구 서석동 조선대학교 산학협력관 5201호	주소	서울시 종로구 수송동 80 대한재보험빌딩 7층
전화번호	062-222-7001	전화번호	02-738-4800
주요주주	한승조, 최광윤	주요주주	
업종	S/W, 보안시스템, ASIC 설계	업종	전기, 통신사업
종업원수	13명(2000년 1월 현재)	종업원수	15명(2000년 1월 현재)
현재자본금	648백만원	현재자본금	3,000만원
특기사항	소프트웨어 불법 복제 방지칩 개발	특기사항	통신서비스 및 국내외 웹 콜 서비스 제공

회사명	스페트럼디브이디	회사명	스포츠뱅크코리아*
홈페이지	www.dvdmovie.co.kr	홈페이지	www.ssbb.co.kr
설립일	1999.5.14	설립일	1999.7.31
대표이사	이빌상	대표이사	여해규
주소	서울시 강남구 논현동 237-10 서진빌딩 8층	주소	서울시 마포구 동교동 159-1 상진빌딩 11층
전화번호	02-555-0270	전화번호	02-323-7775
주요주주	대주주 2인(19.6%), 주요주주 9인(58.8%)	주요주주	여해규(13%)
업종	기타 출판(비디오씨디, 디브이디, 영상)	업종	기타 정보처리, 컴퓨터운용 관련
종업원수	17명(2000년 2월 현재, 연구직 8명)	종업원수	32명(2000년 2월 현재)
현재자본금	765백만원	현재자본금	1,250백만원
특기사항	DVD, 방송국 연계 디지털사업, VOD사업	특기사항	인터넷 공모를 통해 주주수가 1,000여명에 이름

회사명	시티넷	회사명	신보람
홈페이지	www.citynet.co.kr	홈페이지	www.sinboram.co.kr
설립일	1997.3.20	설립일	1996.1.25
대표이사	윤준호	대표이사	이동호
주소	서울시 강남구 역삼동 817-27 금성빌딩 3층	주소	서울시 강남구 대치동 890-8 연봉빌딩 17층
전화번호	02-553-6654	전화번호	02-568-6114
주요주주	윤준호(66.3%)	주요주주	이동호(39%)
업종	인터넷 비즈니스, 광고대행, 전자상거래	업종	기타 정보처리(적립카드시스템)
종업원수	6명(1998년 12월 현재)	종업원수	20명(2000년 2월 현재)
현재자본금	840백만원	현재자본금	169,000백만원
특기사항	1999.6 MBC와 MBC 데이터 방송 컨텐츠 제공 계약 체결	특기사항	적립카드시스템, PCMS, 통신판매에 주력

회사명	쎄라스택	회사명	쎄인트미디어
홈페이지	www.cerastack.co.kr (오픈예정)	홈페이지	www.saint.co.kr
설립일	1999.5.10	설립일	1996.9.16
대표이사	김왕섭	대표이사	백승헌
주소	경기도 이천시 내월면 사동리 104-1	주소	서울시 강남구 삼성동 164-3 광성빌딩 6층
전화번호	0336-631-7900	전화번호	02-553-8595
주요주주	중소기업진흥공단(17%), 김왕섭(12.7%), 최인보(8.9%)	주요주주	
업종	이동통신용 전자부품제조(복합칩모듈 등)	업종	소프트웨어 자문, 개발, 공급(인터넷 컨텐츠)
종업원수	현재 엔지니어 5명 외		
현재자본금	3,200백만원	종업원수	27명(2000년 1월 현재)
특기사항	통신부품용 다층 쎄라믹패키지 및 복합칩모듈 생산업체	현재자본금	800백만원
		특기사항	전자상거래 솔루션 전문업체

회사명	씨네티아정보통신*	회사명	씨엘리서치
홈페이지	www.cnetia.co.kr	홈페이지	www.winglish.com
설립일	1999.1.5	설립일	1998.10.31
대표이사	성낙출	대표이사	이명신
주소	서울시 강남구 역삼동 837-11 유니온센타 1205호	주소	서울시 강남구 논현동 215-17 불로빌딩 5층
전화번호	02-558-5698	전화번호	02-516-0500
주요주주	성낙출(25.22%), 성낙순(8.89%), 남징우(8.89%)	주요주주	이명신(20%), 이캐피탈㈜(25%)
업종	소프트웨어 자문, 개발(웹 BBS 소프트웨어)	업종	기타 정보처리(인터넷 영어학습 사이트)
종업원수	10명(1999년 8월 현재)	종업원수	27명(2000년 2월 현재, 연구직 70%)
현재자본금	900백만원	현재자본금	1,370백만원
특기사항	1998.8 국내최초의 아파트용 인터넷 전용선 솔루션 개발	특기사항	유료회원 대상, 회원가입시 부가서비스 제공

회사명	아리수인터넷	회사명	아미텔레콤
홈페이지	www.web114.co.kr	홈페이지	www.amitelecom.co.kr
설립일	1997.8.4	설립일	1998.10.19
대표이사	김상동	대표이사	윤중은
주소	서울시 서초구 서초동 1490-25 일흥스포렉스 201호	주소	서울시 서초구 양재동 328-6 부석 2층
전화번호	02-525-8386	전화번호	02-572-0737
주요주주	김상동(22%), 이흥우(약 7%)	주요주주	윤중은(22.16%), 김현인(6.7%), 최철수(4%)
업종	전기통신(서비스, 도매)		
종업원수	45명(2000년 1월 현재)	업종	전기통신
현재자본금	3,780백만원	종업원수	17명
특기사항	1999.7 인터넷 한겨레 시스템 구축 S/W 공급 계약	현재자본금	1,225백만원
		특기사항	세계최초의 환율 주가정보 무선자동송수신기 출시

회사명	아원정보통신	회사명	아이디어플라자
홈페이지	www.ahone.co.kr	홈페이지	www.ideaplaza.com
설립일	1997.7.1	설립일	1999.5.17
대표이사	심재범	대표이사	주진용
주소	서울시 서초구 방배동 1002-5 유성빌딩 2층	주소	서울 강남구 도곡2동 411-3 코인빌딩 5층
전화번호	02-3474-0540	전화번호	02-3462-2328
주요주주		주요주주	CBF기술투자(19%), 임재식(18%), 주진용
업종	소프트웨어 자문, 개발(네오플로우 개발 및 공급)		(10%)
종업원수	8명(1998년 12월 현재)	업종	인터넷 정보 및 서비스
현재자본금	160백만원	종업원수	8명(1999년 11월 현재)
특기사항	1999년 삼성전자, LG전자 등에 Symantec Solution 공급	현재자본금	900백만원
		특기사항	국내 특허 발명 idea site 중 1위

회사명	아이디진	회사명	아이비아이
홈페이지	www.idgene.co.kr	홈페이지	www.netpia.com
설립일	1997.11.18	설립일	1997.7.10
대표이사	정연보	대표이사	이판정
주소	서울 송파구 잠실동 294-1 일신 201호	주소	서울 강서구 등촌동 647-26 SBI A동 203호
전화번호	02-3432-0153	전화번호	02-3665-0123
주요주주	정연보(30%), 녹십자(15%)	주요주주	이판정(37%), 조영래(7%), 이수남(5%)
업종	측정, 항해 및 기타 정밀기기	업종	소프트웨어 자문, 개발(S/W, H/W)
종업원수	9명	종업원수	23명(1999년 10월 현재)
현재자본금	1,050백만원	현재자본금	1,100백만원
특기사항	1997년 국내최초로 설립된 민간 DNA프로필 검사 전문회사	특기사항	자국어 도메인 서비스

회사명	아이빌소프트	회사명	아이엠알아이
홈페이지	www.onstudy.com	홈페이지	www.imri.co.kr
설립일	1998.7.28	설립일	1996.7.20
대표이사	진교문	대표이사	유완욱
주소	서울 강남구 대치동 891-44 한강빌딩 6층	주소	서울 강남구 신사동 585-1 동아빌딩 601호
전화번호	02-501-1020	전화번호	02-3445-0111
주요주주	우리기술투자(16%), 싸이버텍홀딩스(11%)	주요주주	유완욱(24%), 산업은행(10%), 메디슨
업종	소프트웨어 자문, 개발, 공급		(5%)
종업원수	9명(1998년 12월 현재)	업종	방송수신기, 영상, 음향기기(컬러모니터)
현재자본금	2,850백만원	종업원수	140명(2000년 2월 현재)
특기사항	인터넷 사이버 교육시스템 eStudy 개발 및 판매	현재자본금	4,600백만원
		특기사항	컴퓨터 모니터 제조, 도매 / 수출 300만불

회사명	아이티켓	회사명	아파치커뮤니케이션
홈페이지	www.iticket.co.kr	홈페이지	www.apachi.co.kr
설립일	1999.7.21	설립일	1999.6.25
대표이사	김태연	대표이사	이종구
주소	서울 강남구 삼성동 165-2 성보벤처타워	주소	서울 서초구 방배동 1001-1 한국통신벤처기
전화번호	02-563-1383		업센터 514호
주요주주		전화번호	02-550-5600
업종	통신판매	주요주주	
종업원수	8명(1999년 8월 현재)	업종	소프트웨어 자문, 개발(인터넷 관련사업)
현재자본금	271백만원	종업원수	13명(2000년 2월 현재)
특기사항	국내 최초로 인터넷을 통해 상품권 판매	현재자본금	600백만원
		특기사항	소프트웨어 자문 및 차세대 검색엔진 개발

회사명	알파비전텍	회사명	알파캐스트
홈페이지	www.avtech.co.kr	홈페이지	www.alphacast.com
설립일	1998.8.7	설립일	1998.9.7
대표이사	이중훈	대표이사	김희조
주소	서울 강남구 역삼동 628-6 서울빌딩 5층	주소	서울 강남구 역삼동 746-15 태원빌딩 1,2층
전화번호	02-3453-5070	전화번호	02-566-3367
주요주주	이중훈(54.%), 미래에셋 벤처캐피탈(20%)	주요주주	김조조(63.7%), 기타 주주(36.3%)
업종	통신 및 방송장비(제조, 서비스)	업종	통신 및 방송장비(디지털 위성방송 수신기)
종업원수	20명(2000년 1월 현재)	종업원수	26명(2000년 2월 현재)
현재자본금	2,300백만원	현재자본금	1,100백만원
특기사항	국내 최초 CMOS방식의 USB PC Camera 개발	특기사항	디지털지상파 HDTV 셋톱박스 판매 예정

회사명	애니유저넷	회사명	에드게이터컴
홈페이지	www.anyuser.net	홈페이지	www.adgator.com
설립일	1998.9.1	설립일	1999.4.7
대표이사	정춘식	대표이사	송경호
주소	서울 강남구 역삼동 837-12 서우빌딩 9층	주소	서울 서초구 서초3동 1594-4 대아벤처빌딩 2층
전화번호	02-552-1818	전화번호	02-3474-7373
주요주주	정춘석(15%), (주)MDM(5%), (주)사이버중앙(2.5%)	주요주주	송경호 외(46.21%), 중소기업진흥공단 (27.71%)
업종	정보통신 서비스, 소프트웨어 개발	업종	정보통신, 광고업
종업원수	22명(2000년 1월 현재)	종업원수	26명(2000년 2월 현재)
현재자본금	1,030백만원	현재자본금	8,500백만원
특기사항	웹비디오폰·스크린폰 서비스	특기사항	컴퓨터 통합 화면 제어시스템을 통한 인터넷 미디어

회사명	어울림정보기술	회사명	에버주얼리
홈페이지	www.oullim.co.kr	홈페이지	www.everjewelry.com
설립일	1997.11.13	설립일	1999.9.9
대표이사	장문수	대표이사	장진우
주소	서울 강남구 역삼동 796 PMK빌딩 6층	주소	서울 강남구 포이동 228-4 2층
전화번호	02-554-9577	전화번호	02-571-0776
주요주주	장문수(30%), 신기영(20%), 이진학 (20%)	주요주주	
		업종	귀금속 장신구
업종	소프트웨어 자문, 개발 및 공급업	종업원수	11명(2000년 1월 현재)
종업원수	32명	현재자본금	300백만원
현재자본금	1,580백만원	특기사항	여성용 소형 악세서리 제조 판매
특기사항	한국정보보호센터에서 K4등급 획득		

회사명	에어미디어	회사명	에어트랙의과학연구원
홈페이지	www.airmedia.co.kr	홈페이지	www.airtrac.co.kr
설립일	1996.5.1	설립일	1997.1.31
대표이사	유윤	대표이사	박창준
주소	서울 강남구 청담동 41-2 금하빌딩 8층	주소	경기 용인시 포곡면 마성리 344-1
전화번호	02-3485-3000	전화번호	0551-332-3956
주요주주	고려아연(62%), 한국기술투자(7.3%)	주요주주	
업종	무선데이타통신업, 에어포스트서비스업	업종	의료용 기기
종업원수	85명(2000년 1월 현재)	종업원수	25명
현재자본금	41,065백만원	현재자본금	325백만원
특기사항	주력업종 에어포스트 현대증권, 삼성증권 등 납품	특기사항	허리, 목 디스크 치료기 개발

회사명	에오싸이버	회사명	에이다정보기술
홈페이지	www.stocksite.co.kr	홈페이지	www.adait.co.kr
설립일	1999.7.16	설립일	1998.3.16
대표이사	오양근	대표이사	김홍구
주소	서울 강남구 삼성동 159-1 무역센타 1005-2	주소	서울 영등포구 여의도동 14-15
전화번호	02-551-5454	전화번호	02-783-1801
주요주주	오양근(53%), 김경호(16.6%), 한경석 (3.3%)	주요주주	김홍구(28.9%), 김길자(17.5%)
		업종	소프트웨어 자문, 개발, 공급
업종	서비스	종업원수	16명(2000년 2월 현재)
종업원수	11명	현재자본금	498백만원
현재자본금	1,200백만원	특기사항	2000.1 MPEG for Real G2 Matster
특기사항	에오라이트와 음성출력 인터넷게시판 등		Distributor공급계약 체결

회사명	에이맥정보통신	회사명	에이엠알텍
홈페이지	www.amac21.com	홈페이지	www.amrtech.com
설립일	1998.12.3	설립일	1996.8.29
대표이사	하태정	대표이사	김정수
주소	서울 서초구 양재동 371-3 신성빌딩 5층	주소	경기도 남양주시 와부읍 도곡리 1025-5 시범
전화번호	02-574-8012		공단 B-702
주요주주	하태정(28%), 김진탁(27%), 무한기술투자	전화번호	0346-577-4231
	(15%)	주요주주	김홍(26.7%), 김민(26.7%), 배정해(24.2%),
업종	방송수신기, 영상, 음향기기		국민벤처펀드(16.7%), 김정수(15.7%)
종업원수	17명(2000년 2월 현재, 연구직 9명)	업종	항해 및 기타 정밀기기
현재자본금	400백만원	종업원수	11명(1997년 5월 현재)
특기사항	MP3 PLAYER 전문업체	현재자본금	300백만원
		특기사항	전자식 전력량계, 각종 통신모뎀

회사명	에이직프라자	회사명	에치디엔
홈페이지	www.asicplaza.co.kr	홈페이지	www.hotelpage.com
설립일	1995.11.20	설립일	1997.10.22
대표이사	정태섭	대표이사	송문걸
주소	서울 강남구 역삼동 698-29 준성빌딩 1,4층	주소	서울 강남구 역삼동 824-22 우남빌딩
전화번호	02-569-1960	전화번호	02-563-0900
주요주주	정태섭(33%), 한국산업은행(12.9%)	주요주주	송문걸(37.1%), 한림종합투자(16.7%)
업종	전자관련 부품 제조	업종	여행서비스
종업원수	20명(1998년 12월 현재)	종업원수	12명(1999년 10월 현재)
현재자본금	1,100백만원	현재자본금	1,500백만원
특기사항	전기전자, 주문형 반도체 생산업체	특기사항	인터넷 호텔 예약시스템, 전자쇼핑몰에 주력

회사명	엔드레스레인	회사명	엔바이로테크
홈페이지	www.erain.co.kr	홈페이지	www.envirotech.co.kr
설립일	1999.6.3	설립일	1997.12.8
대표이사	정재욱	대표이사	윤영곤
주소	서울 서초구 서초동 1432-20 타인빌딩 지층	주소	서울 강남구 도곡동 517-8
전화번호	02-567-4691	전화번호	02-529-5500
주요주주	이호천(40%), 정재욱(13%), (주)유아이엔닷	주요주주	임원(10%), 일반공모
	컴(13%)	업종	가정용품 도매
업종	Web Personalization Solution	종업원수	30명(2000년 1월 현재)
종업원수	21명(1999년 9월 현재)	현재자본금	2,190백만원
현재자본금	1,200백만원	특기사항	자동차 광택제, 세척제품, 컴파운드 도매업
특기사항	LG Telecom과 제휴계획		

회사명	엔써커뮤니티	회사명	엔피아시스템즈
홈페이지	www.nser.co.kr	홈페이지	www.enpia.co.kr
설립일	1995.5.11	설립일	1996.5.4
대표이사	최준환	대표이사	함경수
주소	서울 중구 초동 106-9 동촌빌딩 5층	주소	서울 강남구 역삼동 837-22 조목빌딩
전화번호	02-2199-9700	전화번호	02-589-2590
주요주주	최준환(21.4%), 골드뱅크(21.4%)	주요주주	함경수
업종	자료처리(CTI 콜센타 시스템)	업종	소프트웨어 자문, 개발, 공급
종업원수	81명(2000년 1월 현재)	종업원수	11명(1999년 12월 현재)
현재자본금	5,000백만원	현재자본금	820백만원
특기사항	1999.5 삼성데이타시스템 최우수협력업체상 수상	특기사항	검색엔진, 웹로봇 개발 공급업체

회사명	엘맥정보통신	회사명	엘앤제이
홈페이지	www.elemec.co.kr	홈페이지	www.goodle.com
설립일	1998.6.10	설립일	1999.2.1
대표이사	김종완	대표이사	조용문
주소	부산시 동구 초량3동 1154-1 서남빌딩 403호	주소	충남 예산군 봉산면 효교리 145-3
전화번호	051-468-1300	전화번호	0458-337-7331
주요주주	김종완(15%), 조욱재(15%)	주요주주	조용문(30.7%), 전창성(27.4%), 송미자(9.3%)
업종	소프트웨어 개발 및 인터넷 서비스	업종	플라스틱(조립식 건식 온돌)
종업원수	19명(2000년 1월 현재)	종업원수	21명(1998년 12월 현재)
현재자본금	100백만원	현재자본금	460백만원
특기사항	ERP, 디지털 포커스 등 소프트웨어 개발 업체	특기사항	이너구들(inner Goodle) 생산, 판매

회사명	예인정보	회사명	오프너스
홈페이지	www.yein.co.kr	홈페이지	www.openers.co.kr
설립일	1996.1.18	설립일	1999.1.15
대표이사	조기원	대표이사	김시원
주소	서울 성동구 성수1가2동 656-7796	주소	대전시 서구 월평동 499 성지빌딩 3층
전화번호	02-465-7797	전화번호	042-487-1117
주요주주	조기원(50%), 윤인(28.5%)	주요주주	김시원(25%), 신순철(25%)
업종	소프트웨어 자문, 개발, 공급	업종	정보통신, 유무선 단말기 제조
종업원수	20명(1999년 9월 현재)	종업원수	19명(2000년 1월 현재)
현재자본금	513백만원	현재자본금	600백만원
특기사항	정보통신서비스, 멀티미디어 제작 판매	특기사항	1999.12 초소형 핸즈프리 무선전화기 출시

회사명	오프타운	회사명	와마켓코머즈시스템
홈페이지	www.opentown.com	홈페이지	www.wamarket.com
설립일	1998.2.13	설립일	1998.4.18
대표이사	조상문	대표이사	김선민
주소	서울 강남구 역삼동 747-3 명우빌딩 4층	주소	서울 서초구 서초동 1594-4 대아벤처빌딩
전화번호	02-3452-8020	전화번호	02-3453-0245
주요주주		주요주주	김선민(50%) StickIT(18%), 권영택 (12%)
업종	게임소프트웨어 개발		
종업원수	18명(2000년 1월 현재)	업종	통신판매
현재자본금	3,020백만원	종업원수	17명(2000년 1월 현재)
특기사항	엔터테인먼트 포탈 서비스업체	현재자본금	676백만원
		특기사항	무역 및 무역 주선(50%), 경매 및 역경매 (50%)

회사명	우주네트워크	회사명	우진케미칼
홈페이지	www.wooju.co.kr	홈페이지	
설립일	1995.8.30	설립일	1992.5.25
대표이사	장재환	대표이사	김정호
주소	광주광역시 북구 유동 107-8	주소	충북 제천시 봉양읍 장평리 127-1
전화번호	062-526-6483	전화번호	02-582-3031
주요주주	장재환(25%), 이영남(8%), 김영철(7%)	주요주주	김정호(47.8%), 김정기(15.5%), 김정태 (14.9%)
업종	정보통신, S/W, 컴퓨터 및 주변기기		
종업원수	20명(1999년 12월 현재)	업종	연산칼슘, 석회석
현재자본금	1,000백만원	종업원수	62명(1999년 9월 현재)
특기사항	교육용 S/W 및 ERP Package 개발 보급	현재자본금	1,400백만원
		특기사항	초미립자 공업용 탄산칼슘 생산(월 15,000톤)

회사명	웹넷코리아	회사명	웹뷰
홈페이지	www.fashionplus.co.kr	홈페이지	www.webbew.com
설립일	1999.6.15	설립일	2000.1.4
대표이사	김해련	대표이사	최원하
주소	서울 서초구 서초동 1627-1602	주소	경남 진해시 어방동 607 인제대학교 E동 520
전화번호	02-587-6120		
주요주주	김해련(20.7%), KTB & 산은캐피탈(19.8%)	전화번호	0525-326-4180
업종	기타 정보처리, 컴퓨터 운용(정보제공)	주요주주	최원하(60%)
종업원수	30명(2000년 1월 현재)	업종	소프트웨어 개발 및 공급
현재자본금	1,010백만원	종업원수	25명(2000년 2월 현재)
특기사항	전자상거래 개설 4개월만에 3억5천만원 매출 달성	현재자본금	1,000백만원
		특기사항	2000년 리눅스 관련 매출 95% 예상

회사명	유진산업	회사명	울비
홈페이지	www.chollian.net/~yujin	홈페이지	www.ulbcorp.com
설립일	1985.7.9	설립일	1998.2.1
대표이사	정진태	대표이사	김인식
주소	부산 사하구 장림동 980-1	주소	서울 강남구 신사동 629-31 명화빌딩
전화번호	051-261-5551	전화번호	02-3443-3676
주요주주	정진태(88.7%)	주요주주	김인식(35%), 산은캐피탈(11.3%), 기
업종	P.U. coated split leather		보캐피탈(9.5%)
종업원수	52명	업종	제조, 무역
현재자본금	2,500백만원	종업원수	14명(2000년 1월 현재)
특기사항	운동화 신발갑피 생산	현재자본금	1000백만원
		특기사항	골프용 자동차, 소형 특수차 국제 무역

회사명	으뜸정보통신	회사명	이노버텍
홈페이지	www.eutteum.co.kr	홈페이지	www.innovatek.co.kr
설립일	1997.5.7	설립일	1996.6.12
대표이사	송재성	대표이사	이영직
주소	서울 관악구 봉천동 1624-24 3층	주소	서울 서초구 서초동 1600-3
전화번호	02-562-2414	전화번호	02-3487-0009
주요주주	송재성(48.5%), 이희숙(16.4%), 홍성우(8.2%)	주요주주	허애경(35.8%), 장수경(27.6%)
업종	소프트웨어 개발, 자문, 공급업	업종	소프트웨어 자문, 개발, 공급
종업원수	50명	종업원수	19명
현재자본금	1,462백만원	현재자본금	1,940백만원
특기사항	IT Consulting, Internet Homepage 구축 사업	특기사항	통신기기인 플렉스 페이저를 개발, 제조, 판매

회사명	이니시스	회사명	이매진
홈페이지	www.inicis.com	홈페이지	www.imagene.co.kr
설립일	1998.11.3	설립일	1997.12.1
대표이사	권도균	대표이사	강두웅
주소	서울 강남구 역삼동 830-67 유성빌딩 2층	주소	서울 서초구 서초동 1306-8 대동빌딩
전화번호	02-3430-5800	전화번호	02-536-1810
주요주주	권도균(48.63%), 경수종합금융(4.92%)	주요주주	강두웅(34.9%), 한영태(18.1%)
업종	소프트웨어 자문, 개발(전자상거래 관련)	업종	의약품, 의료용화합물, 생약제제
종업원수	26명(2000년 2월 현재)	종업원수	21명(2000년 2월 현재)
현재자본금	43억	현재자본금	3,000백만원
특기사항	국내 인터넷 전자지불시장의 70%를 석권	특기사항	PEPTIDE 항암제 및 면역 억제제, ARS 항생제 개발

회사명	이스트소프트	회사명	이투비
홈페이지	www.estsoft.com	홈페이지	www.gigaramkorea.co.kr
설립일	1993.10.2	설립일	1998.8.2
대표이사	김장중	대표이사	김두현
주소	서울 서초구 서초3동 1459-10 기흥빌딩 2층	주소	서울 강남구 대치동 913-14 인애빌딩 502호
전화번호	02-583-4620	전화번호	02-3775-0002
주요주주	김장중(28.2%), 이근엽(14.1%)	주요주주	김두현(45%), 황성권(35%), 신동환 (20%)
업종	소프트웨어 자문, 개발, 공급	업종	소프트웨어 개발, 인터넷사업
종업원수	20명(2000년 1월 현재)	종업원수	8명(1999년 3월 현재)
현재자본금	600백만원	현재자본금	350백만원
특기사항	매출 구성 : Visual POS(53%), SW개발 (20%)	특기사항	시스템 유지보수, 온라인머드게임 개발

회사명	이티즌	회사명	이프컴
홈페이지	www.etizen.co.kr	홈페이지	www.iffcom.co.kr
설립일	1999.7.22	설립일	1997.2.1
대표이사	유세형	대표이사	현은정
주소	서울 강남구 역삼동 705-17 신아트스페이스	주소	서울 강남구 대치동 996-1 진성빌딩 12층
전화번호	02-539-0119	전화번호	02-558-0074
주요주주	유세형(95%)	주요주주	현은정(36%), 중소기업진흥공단(10%)
업종	금융(인터넷 금융 서비스)	업종	전자통신기기, 무선카드결제
종업원수	5명(1999년 9월 현재)	종업원수	23명(2000년 1월 현재)
현재자본금	515백만원	현재자본금	52억
특기사항	인터넷 금융서비스, 인터넷 뱅크 임대	특기사항	1999년 아틀란티스 24억 유치 증자

회사명	인디컴	회사명	인사이드유
홈페이지	www.indecom.co.kr	홈페이지	www.3dbot.com
설립일	1993.11.20	설립일	1998.5.12
대표이사	김태영	대표이사	심우섭
주소	서울 마포구 용강동 51-3 5/9 영우빌딩 5층	주소	서울 관악구 봉천7동 1661-4 오너벤처타운4층
전화번호	02-706-7617	전화번호	02-876-0652
주요주주	김태영(75%), 이정근(20%), 김성수(2.5%)	주요주주	심우섭(66%)
업종	제조, 서비스, 방송프로그램 영화제작	업종	소프트웨어 자문, 개발, 공급
종업원수	28명	종업원수	22명(1999년 12월 현재)
현재자본금	500백만원	현재자본금	2,200백만원
특기사항	다큐멘터리, 교육, 요리, 건강, 기업홍보영화 제작	특기사항	3D 가상 현실 기술 전문 인터넷 회사

회사명	인터넷일일사*	회사명	인터넷플라자시티
홈페이지	www.i114.com	홈페이지	www.internetplaza.co.kr
설립일	1999.4.16	설립일	1999.3.23
대표이사	최규남	대표이사	유완상
주소	서울시 종로구 낙원동 243-1 영진빌딩 403호	주소	서울 강남구 역삼동 783-40 삼립빌딩 2층
전화번호	02-6261-6114	전화번호	02-3453-4747
주요주주	최규남(10%), 성춘배(4%), 심훈(3%)	주요주주	유완상(33.9%), 원영전력(17.5%)
업종	전자상거래, 직거래(인터넷 종합 서비스)	업종	서비스(도메인등록, 배너광고, 웹호스팅)
종업원수	5명(1998년 12월 현재)	종업원수	25명(2000년 1월 현재)
현재자본금	983백만원	현재자본금	금 1,000백만원
특기사항	농특산물 직거래, i114통합카드, 인터넷쇼핑몰	특기사항	모기업은 1977.5 설립한 원영전력㈜

회사명	인터뱅크	회사명	인터존 21
홈페이지	www.angelplus.com	홈페이지	www.interzone21.co.kr
설립일	1994.3.23	설립일	1999.7.1
대표이사	신창균	대표이사	윤남희
주소	서울 서초구 서초동 1423-1 새난빌딩 1층	주소	서울 강남구 역삼동 703-5 서일플라자 4층
전화번호	02-598-1040	전화번호	02-561-6116
주요주주	신창균(12.5%), 박예준(9.0%), 도기민(9.0%)	주요주주	윤남희(20%), 윤창희(25%), 이정주(10%)
업종	소프트웨어 자문, 개발, 공급(인터넷 컨텐츠)	업종	서비스 도소매(게임방 네트웍)
종업원수	30명(2000년 2월 현재)	종업원수	31명
현재자본금	800백만원	현재자본금	1,350백만원
특기사항	1999.11 프로그램 제작권 등록 E-C로봇	특기사항	신개념 3D 온라인 머그게임개발

회사명	인터코리아앤모야	회사명	인터텍스타일
홈페이지	www.interq.co.kr	홈페이지	
설립일	1999.6.8	설립일	1991.6.20
대표이사	이영식	대표이사	정갑진
주소	서울 서초구 양재동 291-16 마승빌딩 4층	주소	서울 서초구 우면동 604-1 인터하우스
전화번호	02-571-0500	전화번호	02-577-0799
주요주주	강미경(19%), 주재선(17%)	주요주주	
업종	소프트웨어 자문, 개발, 공급	업종	기타 산업용 중간재 등 도매(직물)
종업원수	8명(1999년 8월 현재)	종업원수	15명(2000년 1월 현재)
현재자본금	980백만원	현재자본금	250백만원
특기사항	인터넷 포탈 서비스	특기사항	모직물 판매

회사명	인테크디지털	회사명	인프라넷
홈페이지	www.interest.co.kr	홈페이지	www.infranet.co.kr
설립일	1995.10.1	설립일	1999.9.16
대표이사	박재영	대표이사	김형필
주소	광주광역시 동구 동명2동 200-176 신도빌딩 2층	주소	서울 서초구 반포동 66-1 코웰빌딩 8층
전화번호	062-350-2680	전화번호	02-537-0048
주요주주	박재영(25%), 박용태(25%)	주요주주	김형필(35.8%), 장대익(25.1%)
업종	정보처리, 멀티미디어, 인터넷 콘텐츠	업종	전기통신
종업원수	13명(2000년 2월 현재)	종업원수	34명(1999년 11월 현재)
현재자본금	2억	현재자본금	1,220백만원
특기사항	1999.1 쌍용정보통신 업무 협약 체결	특기사항	Internet사업부문, Contents사업부문, SI사업부문

회사명	자유여행사	회사명	자유기술
홈페이지	www.freedoms.co.kr	홈페이지	www.jayu.com
설립일	1994.5.2	설립일	1996.12.6
대표이사	심양보	대표이사	이동학
주소	서울 중구 서소문동 75-95 유원빌딩	주소	서울 마포구 도화동 173 대공빌딩
전화번호	02-777-7114	전화번호	02-878-3932
주요주주	심양보(80%), 김경내(20%)	주요주주	김효근 외(24.1%), 신한창투(2.5%)
업종	여행사 및 기타여행보조	업종	소프트웨어 자문, 개발, 공급
종업원수	98명	종업원수	12명
현재자본금	2,833백만원	현재자본금	500백만원
특기사항	여행 알선 및 여행 상품 판매	특기사항	인터넷 서비스 플랫폼 개발 사업, PanPan, Freewin 등

회사명	장보고투자컨설팅	회사명	제일테크전자
홈페이지	www.jbg-stock.co.kr	홈페이지	www.jteng.co.kr
설립일	1999.4.26	설립일	1993.5.4
대표이사	구성진	대표이사	지만경
주소	서울시 영등포구 여의도동 36-1 삼성생명빌딩 10층	주소	서울 송파구 방이동 62-9
전화번호	02-783-7177	전화번호	02-421-2000
주요주주	구성진(53%)	주요주주	MFC㈜(25%), ㈜하늘사랑(10%)
업종	전기통신(증권정보제조업, 전화정보)	업종	통신 및 방송장비(음향기기, 통신기기 제조)
종업원수	35명(2000년 2월 현재)	종업원수	24명
현재자본금	862백만원	현재자본금	2,200백만원
특기사항	ARS 증권정보제공업, 투자컨설팅	특기사항	MP3 파일을 이용한 CD 자판기 사업에 주력

회사명	조선인터넷티브이	회사명	지란지교소프트
홈페이지	www.tvchosun.com	홈페이지	www.jiran.com
설립일	1998.1.10	설립일	1996.3.18
대표이사	김명환	대표이사	오치영
주소	서울 강남구 역삼동 703-13 윤익빌딩 7층	주소	대전 유성구 장동 23-14 중소기업지원센터
전화번호	02-6230-2456	전화번호	042-864-4848
주요주주	김명환(18.8%), 중소기업진흥공단(12.2%)	주요주주	대주주(58.6%), 법인(15.38%)
업종	소프트웨어 자문, 개발, 공급	업종	소프트웨어 자문, 개발, 공급
종업원수	65명	종업원수	30명
현재자본금	5,512백만원	현재자본금	1,200백만원
특기사항	디지털조선일보와 ㈜아싸가 설립	특기사항	2000.1 전자지불솔루션 'Paypage' 서비스 개시

회사명	지아이에스소프트	회사명	지아이티
홈페이지	www.gissoft.com	홈페이지	www.automasta.co.kr
설립일	1995.12.28	설립일	1997.5.22
대표이사	정동희	대표이사	정재웅
주소	서울 관악구 봉천6동 1673-21 덕수빌딩 201호	주소	서울 서초구 양재동 216
전화번호	02-887-6127	전화번호	02-2189-3300
주요주주	국민창투사(28%), 정동희(24%), 김현아(4%)	주요주주	
		업종	측정, 항해 및 기타 정밀기기
업종	소프트웨어 자문, 개발, 공급	종업원수	31명
종업원수	30명(2000년 1월 현재)	현재자본금	1,435백만원
현재자본금	1,234백만원	특기사항	자동차 종합 진단 장비 개발, 판매
특기사항	지리 정보 시스템 개발		

회사명	지존인터미디어	회사명	지트콤
홈페이지	www.indiz.com	홈페이지	www.jitcom.co.kr
설립일	1999.9.15	설립일	1998.8.1
대표이사	이세리	대표이사	마윤식
주소	서울 서대문구 대현동 11-1 이화SK텔레콤관 308호	주소	서울 강서구 등촌동 680-2
		전화번호	02-3663-6687
전화번호	02-716-8830	주요주주	마윤식(50%)
주요주주	이세리 외(43%)	업종	통신서비스기기제조 판매, 별정통신2호사 업자
업종	서비스(인터넷 방송국)		
종업원수	9명(2000년 2월 현재)	종업원수	15명(2000년 2월 현재)
현재자본금	550백만원	현재자본금	300백만원
특기사항	2000.1 캐나다의 DVBS사와 약 5억 투자 계약 성사	특기사항	CTI 및 ACR 등을 판매

회사명	집인터넷	회사명	창신소프트
홈페이지	www.incruit.com	홈페이지	www.cschat.co.kr
설립일	1999.4.7	설립일	1995.6.23
대표이사	이광석	대표이사	지창진
주소	서울 서초구 서초동 1567-6 충신빌딩 2층	주소	서울 강남구 역삼동 798-29 대흥빌딩 303
전화번호	02-584-9900	전화번호	02-538-8364
주요주주	이광석(60.5%), 한솔Telecom(13.5%)	주요주주	지창진(25%)
업종	인터넷 컨텐츠, 소프트웨어	업종	소프트웨어 자문, 개발, 공급(조선통신3.0)
종업원수	20명(2000년 2월 현재)	종업원수	20명(2000년 2월 현재)
현재자본금	3억	현재자본금	600백만원
특기사항	인터넷 검색 서비스 ZIP, 인터넷 채용정보 시스템 인크루트	특기사항	번역소프트웨어, 자동번역시스템 개발

회사명	카디날	회사명	캠퍼스 21
홈페이지	www.cardinal.co.kr	홈페이지	www.campus21.co.kr
설립일	1997.9.10	설립일	1998.3.2
대표이사	최희식	대표이사	조성주
주소	서울 동작구 대방동 339-1 솔표빌딩 6층	주소	서울 서초구 서초동 1627-1 교대벤처타워 403호
전화번호	02-825-1600	전화번호	02-3473-2001
주요주주		주요주주	조성주(25.7%), 채수남(13%)
업종	컴퓨터 및 주변기기	업종	교육서비스, 원격 교육 솔루션
종업원수	45명	종업원수	24명(1999년 12월 현재)
현재자본금	1,330백만원	현재자본금	400백만원
특기사항	세계 최소형(A4 size) PC 개발	특기사항	1999.8 노동부 지정 우수 인터넷 통신훈련기관 선정

회사명	컬쳐 901	회사명	컴캐스트
홈페이지	www.c901.co.kr	홈페이지	www.comcast.co.kr
설립일	1998.12.20	설립일	1999.5.18
대표이사	김자영	대표이사	이대윤
주소	서울 광진구 구의동 546-4 프라임센터 게임 지원센터 36층	주소	서울 마포구 동교동 179-8
전화번호	02-3424-4901	전화번호	02-702-1110
주요주주	김자영(70%)	주요주주	이대윤(100%)
업종	캐릭터, 인터넷, 게임	업종	인터넷 방송
종업원수	14명(2000년 1월 현재)	종업원수	30명(2000년 2월 현재)
현재자본금	70백만원	현재자본금	100백만원
특기사항	1999.7 정통부 사업 기술 개발 과제 선정	특기사항	1999.10 정보통신부 시행 정보통신 산업기술 개발 지원사업 수행업체 선정

회사명	컴텔텔레콤		회사명	케리어서포트
홈페이지	www.comtell.co.kr		홈페이지	www.scout.co.kr
설립일	1998.11		설립일	1990.9.1
대표이사	조상진		대표이사	이경우
주소	경기도 안양시 동안구 관양동 1480 서건빌딩 403호		주소	서울 서대문구 충정로2가 190-3 화인케이칼 3층
전화번호	0343-424-6271		전화번호	02-363-3676
주요주주			주요주주	
업종	마우스폰, 마우스 전화기, 전화기 마우스		업종	온라인 정보통신사업, 취업정보 제공사업
종업원수	8명		종업원수	14명
현재자본금	170백만원		현재자본금	228백만원
특기사항	세계최초의 마우스폰 국제특허출원		특기사항	인터넷 웹사이트를 이용한 취업정보제공
회사명	케이맥		회사명	케이엔케이텔레콤
홈페이지	www.kmag.co.kr		홈페이지	www.webro.net
설립일	1994.1.10		설립일	1997.8.18
대표이사	유흥렬		대표이사	김성군
주소	서울 도봉구 창동 674-83		주소	서울 강남구 역삼동 779-4
전화번호	02-995-0140		전화번호	02-552-4200
주요주주	경덕전자(33.9%), 유흥렬(20.0%)		주요주주	김성군(59%), 김진원(4%), 이윤택(4%)
업종	기타 전기장비(자기헤드)		업종	소프트웨어 자문, 개발, 공급
종업원수	50명(2000년 2월 현재)		종업원수	29명(2000년 1월 현재)
현재자본금	1억원		현재자본금	1,700백만원
특기사항	정보통신부 주최 정보통신유망중소기업 선정		특기사항	국내 최초 무료 인터넷 접속 webro 서비스
회사명	케이엔티그룹		회사명	코디콤
홈페이지	www.kntgroup.com		홈페이지	
설립일	1999.5.3		설립일	1996.10.11
대표이사	이종기		대표이사	안종균
주소	서울 강남구 대치3동 삼미빌딩 1층		주소	서울 강남구 도곡동 452-1
전화번호	02-2222-4060		전화번호	02-529-5768
주요주주	이종기(58.2%), 한화석(20.9%), 이순월(20%)		주요주주	
업종	외국어통역, 전자상거래, S/W개발, 관광개발		업종	통신 및 방송장비(CCTV, 디지털 화상감시 장비)
종업원수	25명(2000년 1월 현재)		종업원수	32명(1998년 12월 현재)
현재자본금	550백만원		현재자본금	1,690백만원
특기사항	1999.10 우수 신기술 사업자 선정(일본 NTT)		특기사항	CCTV 및 도난경보기 제조판매업

회사명	코리아인터넷정보통신*	회사명	코리안소스
홈페이지	ww.kicnet.co.kr	홈페이지	www.koreansource.com
설립일	1999.7.23	설립일	1999.7.26
대표이사	김용환	대표이사	심은섭
주소	서울 강남구 논현동 165-3 죽암빌딩 5층	주소	서울 광진구 구의동 546-4 프라임센타 26층 12호
전화번호	02-568-2721		
주요주주	김용환(29.5%), 김경석(2.2%), 이영신 (15.1%), 노승오(2.6%), 최상덕(2.1%)	전화번호	02-3424-4504
		주요주주	심은섭(41.6%), CCI기술금융(주)(8.3%)
업종	소프트웨어 자문, 개발, 공급	업종	소프트웨어 자문, 개발, 공급
종업원수	7명(1999년 11월 현재)	종업원수	20명(2000년 2월 현재)
현재자본금	1,255백만원	현재자본금	1,000백만원
특기사항	IP, CP, SP, ISP 시스템 네트워크 구축 전 문업체	특기사항	B2B 전문 검색엔진(Tpage.com) 개발

회사명	코스모 이엔지	회사명	코프마
홈페이지	www.aucton.com	홈페이지	www.delkys.co.kr
설립일	1997.6.4	설립일	1993.6
대표이사	김영철	대표이사	이재우
주소	서울 영등포구 영등포동7가 94-14 우성빌딩 7층	주소	서울 송파구 삼전동 171-11 코프마빌딩
		전화번호	02-424-2626
전화번호	02-672-1655	주요주주	이재우(58%), 이기태(32%), 이영애(10%)
주요주주	김형철(41%)	업종	외식업
업종	무역, 중기부품, 온라인 정보제공	종업원수	17명
종업원수	18명	현재자본금	50백만원
현재자본금	1,480백만원	특기사항	국내 최초 Pita Bread 생산, 케밥 전문 외식 프랜차이즈
특기사항	건설, 중장비 관련 정보 및 거래 누적 통계		

회사명	쿠키	회사명	크로스텍
홈페이지	www.kwky.co.kr	홈페이지	www.xrosstech.com
설립일	1999.1.3	설립일	1997.9.1
대표이사	구태기	대표이사	강주형
주소	경상남도 진주시 가좌동 연암공대 창업센타 406-2	주소	서울 서초구 양재동 210-2 합동빌딩 5층
		전화번호	02-578-0304
전화번호	0591-757-1802	주요주주	산은캐피탈(19.85%), KTB(7.8%)
주요주주	구태기(80%), 이승주(5%), 이춘수(5%)	업종	제조, 도소매, 무역업
업종	정보서비스(광고대행)	종업원수	36명(2000년 2월 현재)
종업원수	4명(2000년 2월 현재)	현재자본금	8,912백만원
현재자본금	50백만원	특기사항	Cable Modem Termination System 개발
특기사항	이동통신, PCS사업자와 문자서비스 제휴		

회사명	클릭엔터테인먼트	회사명	키이엔지니어링
홈페이지	www.animaker.co.kr	홈페이지	www.keyeng.co.kr
설립일	1997.4.8	설립일	1995.4.12
대표이사	이상경	대표이사	오석인
주소	서울 서초구 서초동 1340-6 서울 영상벤처센터 15층	주소	광주시 광산구 오선동 273-27
전화번호	02-3415-2100	전화번호	062-954-4921
주요주주		주요주주	오석인(25%), 오일관(20%), 김대중(15%)
업종	애니메이션 소프트웨어 제조, 서비스업	업종	제조, 도매(대기오염방지시설)
종업원수	13명	종업원수	25명(2000년 2월 현재)
현재자본금	300백만원	현재자본금	500백만원
특기사항	디지털애니메이션 전문업체	특기사항	1999.7 특허등록 2상형 열재생색 소각방법 및 장치

회사명	키텔	회사명	투어시티
홈페이지	www.kitel.co.kr	홈페이지	www.tourcity.com
설립일	1998.5.25	설립일	1988.8.1
대표이사	김문환	대표이사	김호진
주소	서울 양천구 목1동 406-207 청보빌딩 4층	주소	서울 영등포구 여의도동 24-1 율촌빌딩 12층
전화번호	02-652-3092	전화번호	02-780-0765
주요주주	김문환(27%), 강원정보센터(20%)	주요주주	김호진(49%), 이범익(22%), 이찬호(2%), 신영식(15%)
업종	기타 정보처리(정보통신 관련서비스)	업종	여행사 및 기타 여행보조
종업원수	27명(2000년 2월 현재)	종업원수	10명(1999년 9월 현재)
현재자본금	7억5천만원	현재자본금	1,050백만원
특기사항	인터넷서비스, PC통신망서비스, 시스템 구축	특기사항	1998.12 정통부 우수 Internet Site 50대 기업 선정

회사명	트바스	회사명	트인텍
홈페이지	www.tvas.co.kr	홈페이지	www.tuintech.co.kr
설립일	1996.5.1	설립일	1996.1.24
대표이사	이균철	대표이사	조홍식
주소	부산시 사상구 엄궁동 651 벤처빌딩 204호	주소	경남 창원시 신월동 97-6
전화번호	051-317-2201	전화번호	0551-263-0911
주요주주	이균철(18.8%), 박행용(12%), 이승용(10.3%)	주요주주	조홍식(29.85%), 이영채 외(36.65%)
업종	제조, 도소매, 무역, 서비스(신발)	업종	금속처리업(반도체장비, 의료기기)
종업원수	16명(2000년 2월 현재)	종업원수	20명
현재자본금	790백만원	현재자본금	2,025백만원
특기사항	1998.8 현대종합상사와 수출 계약 체결	특기사항	2000년 이후 반도체 및 의료장비 확대 계획

회사명	티니텔		회사명	티비아이
홈페이지	www.tinitel.com		홈페이지	www.tbi21.co.kr
설립일	1998.7.9		설립일	1996.1.18
대표이사	허광호, 홍정식		대표이사	유애권
주소	서울 강남구 역삼동 677-25 큰길타워 1903호		주소	경기 화성 봉담읍 와우리 산2-2 수원대 첨단
전화번호	02-568-7171			기술원 702호
주요주주	허광호(28.8%), 김성환(엔젤)(14.2%)		전화번호	0331-251-0131
업종	컴퓨터 주변기기, S/W		주요주주	
종업원수	17명(2000년 2월 현재)		업종	제조, 건설, 도매
현재자본금	570백만원		종업원수	9명
특기사항	2000년 1월 매출 2억 5천만원		현재자본금	360백만원
			특기사항	관로보수, 무인로봇 및 성형식 압출장비 제조

회사명	티엔티월드콤		회사명	티엔비
홈페이지	www.tntclub.co.kr		홈페이지	www.kukdongeng.co.kr
설립일	1999.7.19		설립일	1988.5.1
대표이사	허남성		대표이사	임순권
주소	서울 강남구 도곡동 467-10 우성리빙텔1층		주소	경기 안산시 성곡동 671-8 시화단지 5라 607
전화번호	02-529-1121		전화번호	0345-433-1010
주요주주	함영민(15.6%), 허남성(13.8%)		주요주주	임순권(37.6%), 차은철(13.6%)
업종	국내외 여행업, 온라인정보제공업		업종	금속단조, 압형(유압자동화설비, 전자제품)
종업원수	18명(2000년 2월 현재)		종업원수	58명(1999년 9월 현재)
현재자본금	191백만원		현재자본금	1,660백만원
특기사항	국내외 여행업, 온라인정보제공업		특기사항	매출구성 : 전자제품 60%, 유압자동화설비
				40%

회사명	포롬디지탈		회사명	프로랭스
홈페이지	www.phorom.co.kr		홈페이지	www.prolangs.co.kr
설립일	1998.6.30		설립일	1988.5.16
대표이사	이기봉		대표이사	권태근
주소	경기도 부천시 소사구 송내동 574 한국소프		주소	서울 영등포구 여의도동 17-3 삼환까뮤 빌딩
	트웨어진흥원 214호		전화번호	02-783-9119
전화번호	032-613-1213		주요주주	권태근(49.7%)
주요주주	이기봉(81%)		업종	소프트웨어 자문, 개발, 공급
업종	소프트웨어 자문, 개발, 공급		종업원수	80명(1999년 11월 현재)
종업원수	10명(2000년 2월 현재)		현재자본금	1,285백만원
현재자본금	711백만원		특기사항	소프트웨어 한글화 번역 서비스, 멀티미디어
특기사항	1999.12 정보통신부 유망 중소정보통신기업 선정			컨텐츠

회사명	프로지온		회사명	프리컴시스템
홈페이지	www.prozeon.com(4월중 오픈 예정)		홈페이지	www.comelink.co.kr
설립일	1997.10.23		설립일	1999.5.14
대표이사	유신영		대표이사	이양주
주소	인천광역시 부평구 청천2동 177 A동 2층		주소	서울 서초구 반포동 701-13 컴링크빌딩
전화번호	032-505-3271		전화번호	02-540-1788
주요주주			주요주주	
업종	제조, 음향기기(가라오케 스피커, 앰프)		업종	부가통신업, 소프트웨어 자문, 개발, 공급
종업원수	28명		종업원수	40명(2000년 1월 현재)
현재자본금	327백만원		현재자본금	4억원
특기사항	1999.10.1~5 135백만원 공모(주당발행가 25,000원)		특기사항	1999.8 PC방용 포털사이트 '컴링크' 개발

회사명	피엔엠		회사명	피에스디테크
홈페이지	www.pnm.co.kr		홈페이지	www.psdtech.com
설립일	1997.3.11		설립일	1997.2.12
대표이사	박종덕		대표이사	강창원
주소	대전시 서구 둔산동 1220 신일빌딩 4층		주소	서울 서초구 잠원동 56-1 뉴코아문화센타 5층
전화번호	042-487-8600		전화번호	02-592-4598
주요주주			주요주주	국민벤처펀드1호(31.1%), 엔젤(개인)(34.5%)
업종	광학기기(약시 및 복시 치료용 차폐안경)		업종	측정, 항해 및 기타 정밀기기
종업원수	5명(1999년 12월 현재)		종업원수	8명(1999년 12월 현재)
현재자본금	10억8천만원		현재자본금	319.5백만원
특기사항	약시 복시 치료용 차폐안경 판매		특기사항	1999.10 벤처기업대상 중소기업진흥공단 이사장상 수상

회사명	하이브나라		회사명	한국멀티넷
홈페이지	www.hivenara.co.kr		홈페이지	www.koreamultinet.com
설립일	1999.8.12		설립일	1995.10
대표이사	유광선, 이정호		대표이사	정연태
주소	서울 강남구 삼성동 157-36 혜강빌딩		주소	서울 강남구 역삼동 691-9
전화번호	02-567-5708		전화번호	02-567-0005
주요주주	유광선(21.7%), 김기환(19.8%), 이정호(10.9%)		주요주주	정연태(23%), 한국통신(9.7%)
업종	소프트웨어 자문, 개발, 공급(인터넷 서비스)		업종	통신망 서비스, 부가통신서비스 제공
종업원수	15명(2000년 2월 현재)		종업원수	19명
현재자본금	370백만원		현재자본금	3,250백만원
특기사항	대화방 기능제공의 '하이브카페', '하이브웹보드'		특기사항	멀티미디어 통신망 서비스 제공

회사명	한국미디어산업기술	회사명	한국사이버피아
홈페이지	www.kmedia.co.kr	홈페이지	www.cyberpia21.com
설립일	1999.4.23	설립일	1998.7.12
대표이사	정병철	대표이사	김재호
주소	서울 서초구 서초동 1530-18 대성빌딩 201호	주소	서울 서초구 방배동 1001-1 한국통신 505호
전화번호	02-525-8887	전화번호	02-598-6868
주요주주		주요주주	김재호(48%), 송동헌(12%), 이원태(11.8%),
업종	소프트웨어 개발, 제조, 서비스		하승식(10.5%), 원인영(10.5%)
종업원수	14명	업종	정보통신, 소프트웨어
현재자본금	1,800백만원	종업원수	22명(2000년 2월 현재)
특기사항	미디어서비스 및 제작의 최첨단 기술 연구	현재자본금	200백만원
		특기사항	인터넷 가상 상점 솔루션 제공업체

회사명	한국신과학기술센타	회사명	한국엑시스
홈페이지	www.knstc.com	홈페이지	www.koreaaxis.com
설립일	1995.10.25	설립일	1995.3.6
대표이사	김길남	대표이사	김일천
주소	서울 강남구 대치동 943-10	주소	서울 서초구 서초동 1624-2 서초제일빌딩 5층
전화번호	02-501-3051	전화번호	02-3474-8288
주요주주	김길남(68.8%), 이봉우(27.3%)	주요주주	김일천(46.2%), KBS영상사업단(6.5%)
업종	농수산물 가공(제조)	업종	컴퓨터 및 주변기기(음성인식완구)
종업원수	12명(1998년 12월 현재)	종업원수	36명(2000년 2월 현재)
현재자본금	1,520백만원	현재자본금	14억7천8백만원
특기사항	1999. 4 청정기술개발사업 확정 - 산업자원부	특기사항	음성인식완구(대화식) 전문업체

회사명	한국웹티브이*	회사명	한국지리정보기술
홈페이지	www.kowebtv.com	홈페이지	www.koreagit.com
설립일	1999.3.2	설립일	1997.10.30
대표이사	홍승철	대표이사	임재용
주소	서울 강남구 역삼동 718 범진빌딩	주소	서울시 강남구 논현동 115-18 삼정빌딩 301
전화번호	02-564-2330	전화번호	02-3443-7211
주요주주	홍승철 이하 임원(14%), 케이씨텍(28.2%), 디오텔(4.6%), 코리아헤럴드(2.2%), 원뱅크(13.5%)	주요주주	임재용(75%), 백형복(4%)
		업종	소프트웨어 자문, 개발, 공급
업종	정보사업(인터넷 TV 단말기)	종업원수	32명(2000년 2월 현재)
종업원수	11명	현재자본금	328백만원
현재자본금	1,290백만원	특기사항	GS엔진 최초 국산화, 운송택배시스템
특기사항	Program제작보유기술과 Program 개발환경		

회사명	한국췌도이식		회사명	한국토지신탁
홈페이지			홈페이지	www.homevisor.com
설립일	1998.1.30		설립일	1996.4.4
대표이사	윤태욱		대표이사	장병선
주소	서울 종로구 안국동 148 해영회관 803호		주소	서울 강남구 삼성동 144-25
전화번호	02-735-2220		전화번호	02-3541-1008
주요주주			주요주주	한국토지공사(55.6%), 대우증권(14%)
업종	췌도이식		업종	기타금융서비스업(부동산 금융)
종업원수	8명		종업원수	158명
현재자본금	1,560백만원		현재자본금	1,800백만원
특기사항	췌도조직의 대량증식 및 체내이식기술 개발		특기사항	1999.12 ABS 발행(총 2,700억원)

회사명	한국하이테크전자		회사명	한국 CNC 기술
홈페이지	www.khte.co.kr		홈페이지	Kcnc.dcmall.co.kr
설립일	1994.4.18		설립일	1998.1
대표이사	박호진		대표이사	정호표
주소	경기도 김포시 대곶면 율생리 383-1		주소	서울 광진구 구의동 546-4 테크노마트 29층 2호
전화번호	032-504-0161		전화번호	02-3424-8400
주요주주			주요주주	정호표(33%)
업종	전기전자		업종	인터넷 정보통신 및 솔루션
종업원수	32명		종업원수	58명
현재자본금	1,404백만원		현재자본금	1,030백만원
특기사항	Elevator Indicator에서 국내 1위 점유		특기사항	LCD 공장의 자동화 반송시스템이 주력

회사명	한맥인스코		회사명	한빛네트*
홈페이지	www.insunet.co.kr		홈페이지	www.hanbitnet.co.kr
설립일	1994.6.10		설립일	1997.7.22
대표이사	이종국		대표이사	한일환
주소	서울 영등포구 여의도동 46-1 유창빌딩 6층		주소	서울 종로구 동숭동 1-88 계우빌딩 4층
전화번호	02-780-4949		전화번호	02-3668-0101
주요주주	이종국(65.7%), KTB(10%)		주요주주	한일환(46.3%), 무한기술투자㈜(18.9%)
업종	보험대리업, 정보제공업		업종	소프트웨어 자문, 개발, 공급
종업원수	40명		종업원수	30명(2000년 2월 현재)
현재자본금	1,675백만원		현재자본금	2,100백만원
특기사항	1999.11 교보생명보험과 국내최초로 사이버 보험대리점 계약		특기사항	LG정보통신과 합작으로 '에듀빌' 운영중

회사명	해피텔레콤		회사명	허드슨텍
홈페이지	www.happpytel.co.kr		홈페이지	www.hudsontek.co.kr
설립일	1996.7.6		설립일	1991.6.11
대표이사	송기출		대표이사	박노춘
주소	서울 송파구 가락동 98-4		주소	서울 서초구 서초동 1330-13 우영벤처타워
전화번호	02-3400-8000			50호
주요주주	성미전자㈜(29.8%), 한국통신(2000.1.23		전화번호	02-523-9112
	20억원 보유)		주요주주	박노춘(38.7%), 박현(25%)
업종	전기통신(이동통신사업)		업종	전자통신기기, 인터넷
종업원수	68명		종업원수	21명(2000년 2월 현재)
현재자본금	30,000백만원		현재자본금	1,276백만원
특기사항	1999.9 인터넷 포털서비스 사업 진출		특기사항	4방향 디지타카메라 특허 획득

회사명	현대야광안전경계석		회사명	현우실업
홈페이지	www.safetystone.co.kr		홈페이지	
설립일	1999.1.21		설립일	1977.3.16
대표이사	이병호		대표이사	장장규
주소	서울 강남구 삼성동 160 대화벤처플라자		주소	서울 강남구 도곡동 459-5 현우빌딩
전화번호	02-481-0301		전화번호	02-529-4700
주요주주	이병호(30%), 신상철(20%)		주요주주	장장규(50%), 김종구(20%)
업종	석제품(야경석)		업종	특수 및 전문건설업
종업원수	8명(2000년 2월 현재)		종업원수	60명(2000년 2월 현재)
현재자본금	170백만원		현재자본금	1,700백만원
특기사항	1999.1 건설자재 특허출원(의장, 상표, 실		특기사항	반도체리트륨 공사 올해부터 본격적 추진
	용)			예정

회사명	협동화학		회사명	협성정신 OA시스템
홈페이지			홈페이지	
설립일	1976.6.4		설립일	1997.11.15
대표이사	조부원		대표이사	이명진
주소	경기 군포시 당정동 85		주소	서울 서초구 반포4동 67-3 대륭빌딩 신관4층
전화번호	0343-452-0351		전화번호	02-508-0180
주요주주	문화자(30%), 윤문노(14%)		주요주주	
업종	플라스틱		업종	컴퓨터, 전신기기 개발
종업원수	100명		종업원수	12명(2000년 1월 현재)
현재자본금	1,500백만원		현재자본금	50백만원
특기사항	PE비료포대, 쇼핑백, 종량제 쓰레기봉투		특기사항	컴퓨터, 주변기기, 노트북용 스캐너 판매
	제조			

회사명	확률씨엔씨	회사명	환경비젼21
홈페이지	www.tostock.com	홈페이지	www.ev21.co.kr
설립일	1999.10.19	설립일	1998.6.1
대표이사	윤인길	대표이사	김동우
주소	서울 동작구 상도동 346-1	주소	서울 강남구 역삼동 738-32 대삼빌딩 2층
전화번호	02-814-7513	전화번호	02-556-2001
주요주주	윤정우(20%), 윤인길(15%), 윤정일(10%)	주요주주	김동우(30%)
업종	전기통신	업종	오수, 폐수처리의 특허기술 보유
종업원수	26명(2000년 2월 현재)	종업원수	20명(2000년 2월 현재)
현재자본금	170백만원	현재자본금	1,120백만원
특기사항	넷 소사이어티의 지분 25% 보유	특기사항	오폐수의 핵심 정화기술 및 기자재 보급

회사명	효성일렉트	회사명	후이즈
홈페이지	www.hyosungelec.com	홈페이지	www.whois.co.kr
설립일	1988.8.10	설립일	1999.1.1
대표이사	임봉순	대표이사	이청종
주소	경기도 광명시 하안동 201 광명시범공단 3-301	주소	서울 강남구 역삼동 702-22 유성빌딩 11층
전화번호	02-896-5493	전화번호	02-325-4259
주요주주	임봉순(27%), 임장순(15%), 정동연(17%)	주요주주	이청종(49.3%), I&D창투(10.2%)
업종	전자부품 제조	업종	정보서비스(도메인 등록, 홈페이지 제작)
종업원수	92명(2000년 1월 현재)	종업원수	34명(2000년 2월 현재)
현재자본금	1,000백만원	현재자본금	1,675백만원
특기사항	IC 카드리더 커넥터, Scart Socket 제조	특기사항	㈜YTN과 총 330백만원의 광고용역계약 체결

회사명	휴쳐인터넷	회사명	KAT 시스템
홈페이지	www.futureinternet.co.kr	홈페이지	www.kat.co.kr
설립일	1997.10.25	설립일	1997.5.9
대표이사	이창호	대표이사	국오선
주소	서울 서초구 양재동 275-6 삼호물산빌딩 B동 11층	주소	서울 구로구 구로3동 1125-6
전화번호	02-589-6992	전화번호	02-866-7400
주요주주	경영진(61%), 벤처캐피탈(17%)	주요주주	국오선(58.2%)
업종	소프트웨어 자문, 개발, 공급	업종	정보처리 및 기타 컴퓨터운용 관련업
종업원수	41명	종업원수	18명
현재자본금	2,000백만원	현재자본금	620백만원
특기사항	국내최초 통합메시징서비스(UMS)사업	특기사항	회계시스템을 중심으로 한 ERP 개발 및 SI 사업

회사명	MTK 텔레콤	회사명	SA & K
홈페이지	www.mtk.co.kr	홈페이지	www.sa3000.com
설립일	1998.12.26	설립일	1998.4.3
대표이사	김낙현	대표이사	김용욱
주소	서울 강남구 역삼동 696-31 대진빌딩4층	주소	경기도 안산시 일동 567-1
전화번호	02-552-2770	전화번호	0345-501-0363
주요주주	김낙현(33.5%), 홍성욱(31%), 김미향 (26%)	주요주주	김용욱(62.4%), 송민숙(12.7%)
업종	별정통신, 인터넷 컨텐츠 사업	업종	소프트웨어(Digital Library)
종업원수	9명	종업원수	15명(2000년 2월 현재)
현재자본금	350백만원	현재자본금	650백만원
특기사항	1999.7 ㈜데이콤 시외전화 매출액 1위	특기사항	2000.2 실리콘밸리 정보통신 협력센타 입주

회사명	YTN	회사명	라스트원
홈페이지	www.ytn.co.kr	홈페이지	www.lastone.co.kr
설립일	1993.9.14	설립일	1999.7.13
대표이사	백인호	대표이사	임채욱
주소	서울 종로구 수송동 85-1	주소	서울시 강남구 역삼동 718-31 동천빌딩
전화번호	02-398-8000	전화번호	02-501-9595
주요주주	한전정보네트웍(30%), 담배인삼공사 (29.3%)	주요주주	임채욱(43.8%), 드림디스커버리(7.7%), 기보캐피탈(7.7%)
업종	유선방송 프로그램 공급	업종	소프트웨어 개발
종업원수	496명(2000년 2월 현재)	종업원수	68명(2000년 4월 현재)
현재자본금	150,000백만원	현재자본금	2,275백만원
특기사항	1995.3 국내 최초 24시간 TV종합 뉴스 방송	특기사항	국내 최초의 웹 OS(WEB OS) 서비스인 애피스 개시(www.affice.com)

제3시장 진입 확정 종목

- 고려정보통신
- 네트라인 플러스
- 네트컴
- 디지탈에프케이
- 디지털태인
- 디킴스커뮤니케이션즈
- 로그인코리아
- 베스트인터넷
- 성언정보통신

- 소프트랜드
- 스포츠뱅크코리아
- 씨네티아정보통신
- 엔.에스시스템
- 인터넷일일사
- 코리아2000
- 코리아인터넷정보통신
- 케이아이티
- 타운뉴스

- 프러스원에니메이션
- 하이네트정보통신
- 한국미디어통신
- 한국웹TV
- 한빛네트
- 한스
- 화룡씨앤씨
- 환경비전21

증권투자 사이트 목록

원스탁(1stock) http://www.1stock.co.kr/
추천종목, 수익률 분석, 각 필진들의 게시판 운영, 오늘의 공시, 게시판.

디지탈펀드(주) http://www.digital-fund.com/
미국 현지에서 전하는 나스닥 실시간정보와 국내 각종 증시리포트, 자료실, 기술컨설팅.

머니코리아닷컴 http://www.moneykorea.com/
매일 나스닥 마감현황을 이메일로 제공, 메일링 리스트 가입 안내, 나스닥 분석 자료와 정보교환실.

스탁노트(StockNote) http://www.stocknote.com/
주식시황 및 전략, 분석, 선물, 증권, 재테크, 은행, 보험, 신용카드, 금융, KOSPI200, 코스닥, 비상장주식, 상장주식 공시, 홈트레이드, HTS 등 정보 제공.

제이씨넷 http://www.jcnet.co.kr/
코스피, 코스닥, 외환 컨설팅, 비상장 주식 투자정보 제공.

(주) 드림에셋 http://www.dreamasset.co.kr/
투자 정보를 무료로 제공, 주식투자에 필요한 사항, 투자전략 종목분석, 매수 추천 종목, 단타공략, 황금알을 낳는 거위.

(주) 크레디앙 http://www.credian.com/
개인 재무설계 사이트, 개인투자자의 투자성향과 포트폴리오 진단, 적정 자산구성 설계 서비스를 제공.

THINKPOOL http://www.thinkpool.com/
주식, 선물옵션, 코스닥 시황 및 예측, 종목분석 및 추천, 투자전략 및 속보 등의 종합 증권정보 제공 서비스, IE전용.

eKUDOS http://www.ekudos.co.kr/
증권정보, 주식 따라잡기, 선물, 옵션 운영방안 및 코스닥 등록업무, 기업 IR 업무, 모의투자, 리서치센타 운영, 채권동향 관련정보 제공, 추천 사이트 링크.

개미군단 http://www.gclub.co.kr/
인터넷 증권정보를 제공하는 개미군단, 장세전망, 추천종목, 무료 메일링서비스, 증권강좌, 라이브 TV, 거래방법 및 사례, 게시판.

모닝콜 증권정보 http://www.morningstock.chollian.net/

증권전문가들의 증권시장 진단 및 투자전략 제공.

쉐르파 사이버릭스 http://www.sherpa.co.kr/

증권관련 서비스 제공, 호재, 악재, 선물, 현물, 주도주상황, 매매전술, 장중시황 서비스 제공.

슈어트레이더스 http://www.suretraders.com/

인터넷 증권정보 자문회사로 실시간으로 변화하는 투자정보 제공, 선물 및 옵션, 뉴스프리핑, 투자테크닉, 매수 추천종목, 추천 및 A/S, 채팅방 운영.

스톡바이블 http://www.stockbible.co.kr/

실시간 시세조회 및 장세전망, 추천종목, 집중공략주, 증권사 추천종목, 장전/마감분석과 시황 속보, 오늘의 시세정보, 증시캘린더, 매일 무료 E-mail 투자전략 메일링서비스.

인포스탁 http://www.infostock.co.kr/

주식정보, 증권사 시황, 기업정보, 증시일정, 증권사 데일리 리포트, 증권사 직원들이 직접 참여하는 무료사이트.

팍스넷(팍스캐피탈) http://www.paxnet.co.kr/

투자 유망 주식종목 추천, 증권 투자 클럽, 첨단 금융공학 기법, 시스템 트레이딩, 컴퓨터로 환율 채권 파생상품 매매 의사결정, 무료 기술적 분석 차트 제공.

한국증권 실시간 증권정보 http://www.korea-stock.com/

JAVA로 구현된 실시간주식시세, 종합주가지수, 선물, 채권, 그래프 등 증권정보 제공.

(주) eStorm 금융도시 http://www.estorm.co.kr/

종목정보, 시황정보, 테마정보, 증권사추천, 발행시장, 우량종목, 증권용어사전 서비스 제공.

(주) 와우 티브이 http://www.wowtv.co.kr/

증권투자정보 실시간 생방송 사이트, 국내외 동향, 장외, 선물, 옵션, 증권사 애널리스트들의 어드바이스, 기업분석, 증권루머, 투자상담, 기업 및 인물DB 제공.

(주) 티엔티 클럽 http://www.tntclub.com/

증권 정보, 일급비밀, 종목분석, 증권정보, 뉴스브리핑, 티엔티 추천주 분석, 포트폴리오, 투자자와의 일대일 Q/A.

(주) USINFO http://www.usinfo.co.kr/

미국 증권시장 및 경제상황을 24시간 실시간으로 인터넷 한글 생중계, 개별기업 및 S&P 500, 나스닥 100, 다우존스지수, 실시간 분석.

(주) VIPSTOCK http://www.vipstock.com/

실시간 주식 현재가(코스닥,장내), 신경망 인공지능 분석 및 종목 추천, 캔들차트, 시황지표, 회원별 투자전략 및 기술적분석 서비스 제공.

(주) Youido.com http://www.youido.com/

시황, 특징주 분석, 추천주, 실시간 변동내역 제공, 경제동향과 전망, 경제 이슈 분석 등 종합 증권 투자 정보 제공.

(주) 드림아이 인터내셔날 http://www.dreami.co.kr/

금융포털서비스, 맞춤형 증권정보, 실전주식 투자게임, 모의투자게임 수록.

(주) 디올텍 http://www.dangilstock.com/

데이트레이더를 위한 종목추천 및 당일매매 기법 소개, 성공 및 실패담, 증시 캘린더.

(주) 바이스탁(BuyStock) http://www.buystock.co.kr/

금일투자전략, 전문가 시황분석, 주식정보 장터, 매수종목 고르기, 주식투자 노하우, 전문기관 시황, 투자참고정보, 시장속보뉴스, 비상장주 거래소 정보 제공.

(주) 사이버스톡21 http://www.c-s21.co.kr/

투자유망 주식 종목 추천, 국내외 경제동향 게재, 차트 프로그램 제공.

(주) 이글에셋 http://www.eagleasset.co.kr/

증권투자 정보, 증권 재테크, 시황분석 및 전략, 선물 옵션 시황 및 투자전략, 추천종목, 핵심폭등주, 매집세력주추천, 묻고 답하기, 투자클럽 안내.

(주) 이지인베스트 http://ezinvest.net/

상장사 전종목 분석정보, 적정주가, 향후 1개월 기대수익률, 손실위험, 매수매도 단계, 자신의 투자성향에 맞는 종목 검색, 기대수익 상위 종목 소개.

(주) 제이리컨설팅 http://www.moneygate.co.kr/

증권정보, 무료 증권정보지 발송, 투자전략 및 전망, 오늘의 관심종목, 포트폴리오, 증권강좌, 대출중개 및 정보, 재테크 상담.

(주) 캐피탈하우스 http://www.capitalhouse.co.kr/

주식시황 및 추천종목, 증권사 추천종목비교, 코스닥시장 정보, 외국인 연구자료 제공, 증권칼럼 운영.

(주) 프로스톡 http://www.prostock.co.kr/

상장주, 비상장주, 코스닥, 공모주, 실권주, 선물, 옵션, 재테크 정보, 시황정보, 장세 전망, 투자매매전략, 추천종목, 주도주, 유망주, 기업분석, 탐방.

(주) 피씨밴 증권시황정보 http://www.pcvan.co.kr/

동영상 증권시황정보, 종목별 집중분석, 개별기업정보 및 투자전략 제공.

ABstock 증권 정보 http://www.abstock.com/

자체 개발한 JT차트를 이용, 각 종목의 매수/매도 시점 포착, 수익률 분석, 실시간 시장 분석 시황, AB 추천종목, 엘리어트 파동 이론 및 경제 예상 지수, 기업 탐방자료, 업종별 시세 및 관심 종목 시세 제공.

Altavista 증권 채널정보 http://stock.channel.co.kr/

오늘의 주식시세, 증권사 HOT 라인, 주식투자 길라잡이, 증권뉴스 제공.

AnchorStock(앵커스톡)http://www.anchorstock.co.kr/

기업분석 정보, 전문기관 투자전략, 각 통신망 동호회 투자전력, 초보자 주식투자교실 운영, 무료차트 분석 프로그램 제공, 시세정보 제공.

Nstock http://www.nstock.com/

투자 전문 사이트로 투자 유망 주식 종목 추천, 국내외 경제 동향 게재, 벤처기업 투자정보, 코스닥 및 인터넷 공모정보 제공.

OTC Stock http://otcstock.co.kr/

벤처기업에 대한 엔젤의 투자유치를 위한 벤처기업정보, 투자성분석 정보, 전자통신, 인터넷, 생명공학, 민간방송벤처기업에 대한 전문적인 투자정보 제공.

StockCaster http://www.stockcaster.com/

실시간 증권시세 속보 상황판 스탁캐스터 소개, 종합주가지수, KOSPI200 지수, 코스닥 지수를 실시간로 제공, 환율, 증권 및 경제 뉴스속보, 게시판.

Stockpia http://www.stockpia.com/

장경천교수의 증권사 인터넷 매매서비스 평가, 인터넷금융 Trend 및 DB, 금융사이트 분석.

블라쉬넷(BLASHNET) http://www.blashnet.com/

전문 투자가들을 위한 시스템트레이딩 전문사이트, 시스템트레이딩 소프트웨어, 종가 및 Realtime 데이터, 전문잡지 판매, 전문투자이론 교육.

이챗 http://www.echat.co.kr/

증권 전문 채팅 서비스. 주식 투자 정보 교환, 코스닥, 거래소, 선물, 옵션, 인터넷, 정보통신 등의 대화방과 게시판, 동호회 제공.

제이앤씨컨설팅 http://www.jandc.co.kr/

전종목(업종별지수) 당일종가분석, 예측값결과게시, 기업탐방자료 유료제공과 종목추천, 시황속보, 기업공시, 증권관련뉴스선별 등 무료 정보 제공.

■참고문헌

한효상, 「어음, 수표 길라잡이」, 더난출판사, 1995.

박연수, 「주식, 채권, 간접투자 성공법칙 50가지」, 신영베스트, 1999.

이준탁, 「저금리 시대 재테크 전략」, 넥서스, 1996.

민성기, 「안정과 고수익을 위한 재테크 교실」, 문창, 1999.

이성철, 「금융 제대로 알아야 진짜 돈된다」, 거름, 1999.

염후권, 오시학, 「알기쉬운 뮤추얼펀드 입문」, 중앙경제평론, 1999.

강인준, 「초보자와 함께 하는 세금노트」, 더난출판사, 1999.

이필상, 김봉주, 「신금융상품론」, 대전서적, 1995.

「증권강좌-이론과 실제」, 한신경제연구소, 1996.

노영권, 배영석, 「금융소득종합과세 해설」, 삼일세무정보, 1996.

최운영, 「투자론」, 박영사, 1999.

정헌석, 「하루만에 정복하는 재무제표」, 김영사, 1995.

가림출판사 · 가림M&B · 가림Let's에서 나온 책들

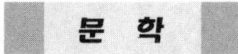

문 학

바늘구멍
켄 폴리트 지음 · 홍영의 옮김

미국 추리작가 협회의 최우수 장편상을 받은 초유의 베스트 셀러로 전쟁을 통한 두뇌싸움을 치밀하고 밀도 있게 그려낸 추리소설.　신국판／342쪽／5,300원

레베카의 열쇠
켄 폴리트 지음 · 손연숙 옮김

최고의 모험, 폭력, 음모 그리고 미국적인 열정 속에 담긴 두 남녀의 사랑이야기를 독자들의 상상을 뒤엎는 확실한 긴장감으로 마지막까지 흥미진진한 켄 폴리트의 장편 추리소설.
신국판／492쪽／6,800원

암병선
니시무라 쥬코 지음 · 홍영의 옮김

금세기 최대의 난적인 암을 퇴치하기 위해 7대양을 누빌 암병선을 무대로 인간생명의 존엄성을 지키기 위해 불의와 맞서는 시라도리 선장의 꿋꿋한 의지와 애절한 암환자들의 심리가 생생하게 묘사된 근래 보기드문 걸작.　신국판／300쪽／4,800원

첫키스한 얘기 말해도 될까
김정미 외 7명 지음

이 시대의 젊은 작가 8명이 가슴속 깊이 간직했던 나만의 소중한 이야기를 살짝 털어놓은 상큼한 비밀 이야기.
신국판／228쪽／4,000원

사미인곡 上 · 中 · 下
김충호 지음

파란만장한 일생을 보낸 정철의 생애를 통해 난세를 살아가는 우리에게 삶의 지혜와 기쁨을 선사하는 대하 역사 소설.
신국판／각 권 5,000원

이내의 끝자리
박수완 스님 지음

앞만 보고 살아가는 우리에게 자신을 뒤돌아볼 수 있는 여유를 갖게 해주는 승려시인의 가슴을 울리는 주옥 같은 시집.
국판변형／132쪽／3,000원

너는 왜 나에게 다가서야 했는지
김충호 지음

세상에 대한 사랑의 아픔, 그리움, 영혼에 대한 고뇌를 달래야 했던 시인이 살아 있는 영혼을 지닌 이들에게 전하는 사랑의 메시지.　국판변형／124쪽／3,000원

세계의 명언
편집부 엮음

위인이나 유명인들의 글, 연설문 혹은 각 나라에서 전해져 오는 속담을 통하여 지난날을 되새겨보는 백과전서로서, 오늘을 반성하는 교과서로서, 그리고 미래를 설계하는 참고서로서 역할을 해줄 것이다.　신국판／322쪽／5,000원

여자가 알아야 할 101가지 지혜
제인 아서 엮음 · 지창국 옮김

남녀가 함께 살면서 경험으로 터득한 의미심장하면서도 재미있는 조언들을 발췌한 내용으로 독신의 삶을 청산하려는 이들이 알아야 할 유용하고 상상력 풍부한 힌트로 가득찬 감동의 메시지이다.　4 · 6판／132쪽／5,000원

현명한 사람이 읽는 지혜로운 이야기
이정민 엮음

현대를 살아가는 우리들에게 삶의 가치를 부여해주고 자기 성찰의 기회를 갖게 해준다.　신국판／236쪽／6,500원

성공적인 표정이 당신을 바꾼다
마츠오 도오루 지음 · 홍영의 옮김

고통스러울 때, 괴로울 때, '그럼에도 불구하고'의 스마일을 통해 자신뿐만 아니라 주위 사람들의 마이너스 사고를 플러스 사고로 바꾸어서 사람의 마음을 움직이며, 그리고 사람의 마음에 남는 최고의 웃는 얼굴을 만드는 비법 총망라!
신국판／240쪽／7,500원

태양의 법
오오카와 류우호오 지음 · 민병수 옮김

불법 진리 사상의 윤곽과 그 목적 · 사명을 명백히 함으로써 한 사람 한사람의 인간이 깨달음을 추구하고 영적으로 깨우치기 위한 명확한 방향을 제시하였다.　신국판／246쪽／8,500원

영원의 법
오오카와 류우호오 지음 · 민병수 옮김

일찍이 설해졌던 적도 없고 앞으로도 설해지지 않을 구원의 진리를 한 권의 책에 이론적 형태로 응축한 기본 삼법의 완결편.
신국판／240쪽／8,000원

옛 사람들의 재치와 웃음
강형중 · 김경익 편저

옛 사람들의 재치와 해학을 통해 한문의 묘미를 터득하고 한자를 재미있게 배우며 유머감각까지 높일 수 있는 일석삼조의 효과 만점.　신국판／316쪽／8,000원

지혜의 쉼터
쇼펜하우어 지음 · 김충호 엮음

쇼펜하우어의 철학체계를 통하여 풍요로운 삶의 지혜를 얻고 기쁨을 얻을 수 있도록 꾸며 놓은 철학이야기.
4 · 6판 양장본／160쪽／4,300원

헤세가 너에게
헤르만 헤세 지음 · 홍영의 엮음

순수한 애정과 자유를 갈구하는 헤세의 아름다운 세상을 통한 깨끗한 정신세계를 공유할 수 있는 기회를 제공.
4 · 6판 양장본／144쪽／4,500원

사랑보다 소중한 삶의 의미
크리슈나무르티 지음 · 최윤영 엮음

금세기 최고의 사상가이자 철학자인 크리슈나무르티가 인간의
정신적 사고의 구조와 본질을 규명하여 인간의 삶에 대한 가장
완벽한 해답을 제시. 신국판 / 180쪽 / 4,000원

장자-어찌하여 알 속에 털이 있다 하는가
홍영의 엮음

동양 사상의 저변에 흐르고 있는 자연에의 경외감을 유감없이
표현한 장자를 통하여 · 인간 본연의 자세로 돌아가 나를 돌아보
는 계기를 만들어 주는 책. 4 · 6판 / 180쪽 / 4,000원

논어-배우고 때로 익히면 즐겁지 아니한가
신도희 엮음

인간에게 필요불가결한 윤리와 도덕생활의 교훈들을 평이한
문체로 광범위하게 집약한 논어의 모든 것!!
4 · 6판 / 180쪽 / 4,000원

맹자-가까이 있는데 어찌 먼 데서 구하려 하는가
홍영의 엮음

반성과 자책을 통해 잃어버린 양심을 수습하고 선으로 복귀할
것을 천명하는 맹자 사상의 집대성!! 4 · 6판 / 180쪽 / 4,000원

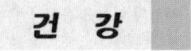

건 강

식초건강요법
건강식품연구회 엮음 · 신재용(해성한의원 원장) 감수

가장 쉽게 구할 수 있고 경제적인 식품이면서 상상할 수 없을
정도로 뛰어난 약효를 지닌 식초의 모든 것을 담은 건강지침
서! 신국판 / 224쪽 / 6,000원

아름다운 피부미용법
이순희(한독피부미용학원 원장) 지음

피부조직에 대한 기초 이론과 우리 몸의 생리를 알려줌으로써
아름다운 피부, 젊은 피부를 오래 유지할 수 있는 비결 제시!
신국판 / 296쪽 / 6,000원

버섯건강요법
김병각 외 6명 지음

종양 억제율 100%에 가까운 96.7%를 나타내는 기적의 약용버
섯 등 신비의 버섯을 통하여 암을 치료하고 비만, 당뇨, 고혈
압, 동맥경화 등 각종 성인병 예방을 위한 생활 건강 지침서!
신국판 / 286쪽 / 8,000원

성인병과 암을 정복하는 유기게르마늄
이상현 편저 · 민형기 감수

최근 들어 각광을 받고 있는 새로운 치료제인 유기게르마늄을
통한 성인병, 각종 암의 치료에 대해 상세히 소개.
신국판 / 304쪽 / 7,000원

난치성 피부병
생약효소연구원 지음

현대의학으로도 치유불가능했던 난치성 피부병인 건선 · 아토

피(태열)의 완치요법이 수록된 건강 지침서.
신국판 / 232쪽 / 7,500원

新 방약합편
정도명 편역

약물의 성질과 효능을 쉽게 꾸며 놓아 자신의 병을 알고 증세
에 맞춰 스스로 처방을 할 수 있는 가정 한방 주치의 역할을 해
준다. 증상과 처방에 따라 가정에서 조제할 수 있는 보약 506
가지 수록. 신국판 / 416쪽 / 15,000원

자연치료의학
오홍근(신경정신과 의학박사 · 자연의학박사) 지음

대한민국 최초의 자연의학박사가 밝힌 신비의 자연치료의학으
로 자연산물을 이용하여 부작용 없이 치료하는 건강 생활 비법
공개!! 신국판 / 472쪽 / 15,000원

약초의 활용과 가정한방
이인성 지음

현대과학이 밝혀낸 약초의 신비와 활용방법을 수록하여 가정
에서도 주변의 흔한 식물과 약초를 활용하여 각종 질병을 간편
하게 예방 · 치료할 수 있는 비법제시. 신국판 / 384쪽 / 8,500원

역전의학
이시하라 유미 지음 · 유태종 감수

일반상식으로 알고 있는 건강상식에 대해 전혀 새로운 관점에
서 비판하고 아울러 새로운 방법들을 제시한 건강 혁명 서적!!
신국판 / 286쪽 / 8,500원

이순희식 순수피부미용법
이순희(한독피부미용학원 원장) 지음

자신의 피부에 맞는 관리법으로 스스로 피부관리를 할 수 있는
방법을 제시하고 책 속 부록으로 천연팩 재료 사전과 피부 타
입별 팩 고르기. 신국판 / 304쪽 / 7,000원

21세기 당뇨병 예방과 치료법
이현철(연세대 의대 내과 교수) 지음

세계 최초 유전자 치료법을 개발한 저자가 당뇨병과 대항하여
가장 확실하게 이길 수 있는 당뇨병에 대한 올바른 이론과 발
병시 대처 방법을 알기 쉽게 상세히 수록!
신국판 / 360쪽 / 9,500원

신재용의 민의학 동의보감
신재용(해성한의원 원장) 지음

주변의 흔한 먹거리를 이용하여 신비의 명약이나 보약으로 활
용할 수 있는 건강 지침서로서 저자가 TV나 라디오에서 다 밝
히지 못한 한방 및 민간요법까지 상세히 수록!!
신국판 / 476쪽 / 10,000원

치매 알면 치매 이긴다
배오성(백성한방병원 원장) 지음

자연의 생기를 빨아들이면서 마음을 다스리는 B.O.S.요법으로
뇌세포의 기능을 활성화시키고 엔돌핀의 분비효과를 극대화시
켜 증상에 맞는 한약 처방을 병행하여 치매를 치유하는 획기적
인 치유법을 한의학 가문의 비방을 3대째 이어오고 있는 저자
가 이해하기 쉽게 제시하였다. 신국판 / 312쪽 / 10,000원

21세기 건강혁명 밥상 위의 보약 생식
최경순 지음

항암식품으로, 아름다운 몸매를 유지하면서 할 수 있는 다이어
트식으로, 젊고 탄력적인 피부를 유지할 수 있게 해주는 자연
식으로의 생식을 소개하여 현대인들의 건강 길라잡이가 되도

록 하였다. 신국판 / 348쪽 / 9,800원

기치유와 기공수련
윤한홍(기치유 연구회 회장) 지음

기 수련을 통해 길러지는 기치유는 누구나 노력만 하면 개발할
수 있고 활용할 수 있는 능력임을 강조하는 저자가 기 수련 방
법과 기치유 개발 방법을 자세하게 소개하고 있다.
신국판 / 340쪽 / 12,000원

만병의 근원 스트레스 원인과 퇴치
김지혁(김지혁한의원 원장) 지음

현대를 살아가는 사람들에게 스트레스는 피할 수 없는 존재.
만병의 근원인 스트레스를 속속들이 파헤치고 예방법까지 속
시원하게 제시!! 신국판 / 324쪽 / 9,500원

김종성 박사의 뇌졸중 119
김종성 지음

우리나라 사망원인 1위. 뇌졸중 분야의 최고 권위자인 저자가
뇌졸중의 예방에서 치료법까지 상세하게 제시한 건강서. 일상
생활에서의 건강관리부터 환자간호에 이르기까지 뇌졸중의 모
든 것을 수록. 신국판 / 356쪽 / 값 12,000원

탈모 예방과 모발 클리닉
장정훈 · 전재홍 지음

미용적인 측면과 우리가 일상적으로 고민하고 궁금해 하는 털
에 관한 내용들을 피부과 전문의인 저자들의 치료 경험을 토대
로 다양하고 재미있게 예를 들어가면서 흥미롭게 구성. 저자
들의 글을 풀어가는 입담을 느낄 수 있는 편집도 이 책의 또다
른 특징. 신국판 / 290쪽 / 값 8,000원

구태규의 100% 성공 다이어트
구태규 지음

하이틴 영화배우의 다이어트 체험서.
저자만의 다이어트법을 제시하면서 바람직한 다이어트에 대해
서도 알려준다. 건강하게 날씬해지고 싶은 사람들을 위한 필독
서! 4 · 6배판 변형 / 240쪽 / 값 9,900원

암 예방과 치료법
이춘기 지음

현재 미국 암센터에서 활동하고 있는 저자가 암환자와 가족들
을 위해서 암을 쉽게 해설해 놓은 책.
암의 치료방법에서부터 합병증의 예방 및 암이 생기기 전에 알
수 있는 방법에 이르기까지 상세하게 해설해 놓았다.
신국판 / 296쪽 / 값 11,000원

알기 쉬운 위장병 예방과 치료법
민영일 지음

소화기관인 위와 관련 기관들의 여러 질환을 발병 원인, 증상,
치료법을 중심으로 알기 쉽게 해설해 놓은 건강서.
속이 쓰리거나 음식을 삼킬 때 가슴이 막히는 증상 때문에 걱
정이 되는 독자들은 이 책으로 근심을 한 방에 날려버릴 수 있
다. 신국판 / 328쪽 / 값 9,900원

성장클리닉 (배오성)	사혈요법 (정지천)
홍채학 (김성훈)	항암식품 (신재용)
발건강학 (최미희)	카이로프랙틱 (이승원)
간클리닉 (전재웅)	녹차와 건강 (석자연스님)
자연피부미용 (이순희)	생활인의 선제조 (혜원스님)
고혈압 (이정균)	심장병 (박승정)

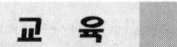

교 육

우리 교육의 창조적 백색혁명
원상기 지음

자라나는 새싹들이 기본적인 지식과 사고를 종합적 · 창조적으
로 발전시켜 창조적인 사고능력을 배양할 수 있도록 한 교육지
침서. 신국판 / 206쪽 / 6,000원

육아아이디어 263
생활컨설턴트그룹 엮음 · 한양심 옮김

세상에서 가장 예쁘고 소중한 우리 아기에게 언제나 여유로우
면서도 무슨 일이든 척척 처리하는 현명한 신세대 엄마가 되기
위한 최신 육아 정보 수록! 신국판 / 318쪽 / 6,000원

현대생활과 체육
조창남 외 5명 공저

현 체육대학 체육과 교수들이 저술한 생활체육의 모든 것으로
건강의 개념 및 체력의 개요를 비롯한 각종 현대병의 원인과
예방 및 운동요법에 대한 이론과 요즘 각광받는 골프 · 스키 ·
볼링 등의 레저스포츠 분야로 나눠 체육학을 전공하는 학생들
및 일반인들이 관심 있는 부분까지 총망라!!
신국판 / 340쪽 / 10,000원

퍼펙트 MBA
IAE유학네트 지음

기존의 관련 도서들과는 달리 Top MBA로 가는 길을 상세하고
완벽하게 수록하였으며, 또 톱 비즈니스 스쿨 지원자들에게 있
어 가장 큰 애로사항 가운데 하나인 에세이를 쉽게 작성할 수
있는 작성법과, 톱 비즈니스 스쿨에 합격한 학생들의 원문도
수록하여 톱 MBA를 꿈꾸는 지원자들에게 가장 완벽하고 충실
한 최신의 정보를 제공해 줄 것이다. 신국판 / 400쪽 / 12,000원

유학길라잡이 I - 미국편
IAE유학네트 지음

미국으로의 유학 · 연수준비생을 위한 알짜배기 최신정보서!!
미국의 교육제도 및 유학을 가기 위해서 준비해야 할 절차, 미
국 현지 생활 정보, 최신 비자정보 등을 한눈에 볼 수 있는 유
학길라잡이. 4 · 6배판 / 372쪽 / 13,900원

유학길라잡이 II - 4개국편
IAE유학네트 지음

영어권 국가로의 유학 · 연수준비생을 위한 알짜배기 최신정보
수록!! 영국 · 캐나다 · 호주 · 뉴질랜드의 현지 정보 · 교육제도
및 각 국가별 학교의 특화된 교육내용 완전 수록!!
4 · 6배판 / 348쪽 / 13,900원

조기유학길라잡이.com
IAE유학네트 지음

영어권으로 나이 어린 자녀를 유학보내기 위해 준비중인 학부
모 및 준비생들이 반드시 읽어야 할 필독서!!
영어권 나라의 교육제도 및 학교별 데이터를 완벽하게 수록하
여 유학정보서의 질을 한 단계 상승시킨 결정판!!
4 · 6배판 / 428쪽 / 15,000원

현대인의 건강생활
박상호 외 5명 공저

현대인들의 건강한 삶을 위한 사회체육의 중요성을 강조. 건강과 체력 증진을 위한 기본상식, 노인과 건강 등 이론서와 스쿼시·스키·윈드 서핑 등 레저스포츠 등의 실기편으로 이루어진 알찬 내용 수록. 4·6배판 / 268쪽 / 15,000원

천재아이로 키우는 두뇌훈련
나카마츠 요시로 지음·민병수 옮김

화이트 브레인을 발달시켜야 머리가 좋은 아이가 된다. 머리가 좋은 아이로 키우기 위한 환경 만들기, 식사, 운동 등 연령별 두뇌 훈련법 소개. 국판 / 288쪽 / 9,500원

한자 (김경익)

취미·실용

김진국과 같이 배우는 와인의 세계
김진국 지음

포도주 역사에서 분류, 원료 포도의 종류와 재배, 양조·숙성·저장, 시음법, 어울리는 요리에 이르기까지 일반의 관심사와 함께 와인의 유통과 소비, 와인 시장의 현황과 전망 등 산업적 부분까지 다루었다.
특히 와인소매점과 레스토랑 종사자들을 겨냥, 와인 판매 요령, 와인의 보관과 재고의 회전뿐만 아니라 고객에게 와인을 권하고 추천할 수 있는 능력, '와인 양조 비밀의 모든 것'을 동영상으로 제작한 CD까지, 와인의 모든 것이 담긴 종합학습서.
국배판 변형양장본(올 컬러판) / 208쪽 / 30,000원

경제·경영

CEO가 될 수 있는 성공법칙 101가지
김승룡 편역

21세기를 맞이하면서 새롭게 떠오르는 분야가 바로 'CEO'의 탄생이다. 냉혹한 기업 세계의 현실에서 높은 성장과 수익을 달성하기 위해서는 최고 경영자로서의 자질을 갖추어야 한다.
이 책은 미래의 CEO를 위한 획기적인 경영실용서로서 또 한 번의 경제위기를 겪고 있는 우리의 현실을 극복하고 일어설 수 있는 리더로서의 역할과 책임에 대한 명확한 해답을 제시해줄 것이다. 신국판 / 320쪽 / 9,500원

정보소프트
김승룡 지음

홍수처럼 쏟아지는 정보를 수집·분석하여 효과적으로 활용하는 방법을 총망라한 정보 전략 완벽 가이드!!
신국판 / 324쪽 / 6,000원

기획대사전
高橋憲行 지음·홍영의 옮김

무한경쟁시대 창업 전문가의 시대에서 성공할 수 있는 것은 완벽한 기획에서만 가능하다. 저자가 신사업 기획안과 지역 활성화의 프로젝트맨으로 수십 년간 활약하면서 얻은 경험과 체험을 토대로 엮은 완전 실용판 기획지침서로서 히트상품의 개발, 창업의 성공, 업무의 효율화, 성공적인 마케팅전략, 인재조직의 활용, 비용절감 등 기획에 관련된 모든 사항을 실례와 도표를 통하여 초보자에서 프로기획맨에 이르기까지 효율적으로 활용할 수 있도록 체계적으로 총망라하였다.
신국판 / 540쪽 / 16,500원

맨손창업·맞춤창업 BEST 74
양혜숙 지음

창업대행 현장 전문가가 추천하는 유망업종을 7가지 주제별로 나누어 수록한 맞춤창업서로 창업예비자들에게 창업의 길을 밝혀줄 발로 뛰면서 만든 실무 지침서!!
신국판 / 416쪽 / 12,000원

무자본, 무점포 창업! FAX 한 대면 성공한다
다카시로 고시 지음·홍영의 옮김

완벽한 FAX 활용법을 제시하여 가장 적은 자본으로 창업하려는 예비자들에게 큰 투자를 필요로 하지 않으면서 성공을 이끌어주는 길라잡이가 되는 실무 지침서. 신국판 / 226쪽 / 7,500원

성공하는 기업의 인간경영
중소기업 노무 연구회 편저·홍영의 옮김

무한경쟁시대에서 각 기업들의 다양한 경영 실태 속에서 인사·노무 관리 개선에 있어서 기업의 효율을 높이고 발전을 이룰 수 있는 원칙을 제시하고 있다.
아울러 인간경영에 관한 이론적 바탕과 실천적 내용이 잘 조화를 이루어 급변하는 21세기에 살아남을 수 있는 획기적인 이정표를 제시해줄 것이다. 신국판 / 368쪽 / 11,000원

21세기 IT가 세계를 지배한다
김광희 지음

21세기 화두로 떠오른 IT혁명의 경쟁력에 대해서 일반인들도 쉽게 이해할 수 있도록 전문가의 논리적이고 철저한 해설과 더불어 매장 끝까지 실제 사례를 곁들여 이 책을 통해 21세기 최정상에 오르는 방편을 터득하게 해줄 것이다.
신국판 / 380쪽 / 12,000원

경제기사로 부자아빠 만들기
김기태·신현태·박근수 공저

날마다 배달되는 경제기사를 꼼꼼히 챙겨보는 사람만이 현대생활에서 부자가 될 수 있다. 언론인의 현장감각과 학자의 전문성을 접목시킨 것이 이 책의 특성! 누구나 이 책을 읽고 경제원리를 체득, 경제예측을 할 수 있게 준비된 생활경제서적.
신국판 / 388쪽 / 12,000원

포스트 PC의 주역 정보가전과 무선인터넷
김광희 지음

이제 포스트 PC시대를 준비하자.
이 책은 포스트 PC의 주역으로 급부상하고 있는 정보가전과 무선인터넷 그리고 이를 구현하기 위한 관련 테크놀러지를 체계적으로 소개한 21세기의 현자(賢者)가 되기 위한 지침서이다.
신국판 / 356쪽 / 12,000원

성공하는 사람들의 마케팅 바이블
채수명 지음

마케팅의 A에서 Z까지 마케팅 박사가 최근의 이론을 보완하여

내놓은 마케팅 관련 실무서. 마케팅의 정보전략, 핵심요소, 컨설팅실무까지 저자의 노하우와 창의적인 이론이 결합된 마케팅서. 신국판 / 328쪽 / 12,000원

느린 비즈니스로 돌아가라
사카모토 게이이치 지음 · 정성호 옮김

미국식 스피드 경영에 익숙해져 현실의 오류를 간과하고 있는 대기업, 중소기업, 조그맣게 자기 가게를 하고 있는 사람들을 위한 어떻게 팔 것인가보다 무엇을 팔 것인가를 차분히 설명하는 마케팅 컨설턴트의 대안 제시서! 신국판 / 276쪽 / 9,000원

적은 돈으로 큰돈 벌 수 있는 **부동산 재테크**
이원재 지음

700만 원으로 부동산 재테크에 뛰어들어 100배 불린 저자가 부동산 재테크를 계획하고 있는 사람들이 반드시 알아두어야 할 내용을 경험담을 담아 해설해 놓은 경제서.
신국판 / 340쪽 / 12,000원

재테크 경제학 (박근수)   바이오혁명 (이주영)

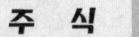

개미군단 대박맞이 주식투자
홍성걸(한양증권 투자분석팀 팀장) 지음

초보에서 인터넷을 활용한 주식투자까지 필자의 현장에서의 경험을 바탕으로 한 주식 성공전략의 모든 정보 수록.
신국판 / 310쪽 / 9,500원

미국 · 일본 · 한국시장의 정공법@주식투자분석
이길영 외 2명 공저

일본과 미국의 주식시장을 철저한 분석과 데이터화를 통해 한국 주식시장의 투자의 흐름을 파악함으로써 한국 주식시장에서의 확실한 성공전략 제시!! 신국판 / 384쪽 / 11,500원

항상 당하기만 하는 개미들의 매도 · 매수타이밍 999% 적중 노하우
강경무 지음

승부사를 꿈꾸며 와신상담하는 모든 이들에게 희망의 등불이 될 것을 확신하는 Jusicman이 주식시장에서 돈벌고 성공할 수 있는 비결 전격공개!! 신국판 / 336쪽 / 12,000원

부자 만들기 주식성공클리닉
이창희 지음

주식투자에 성공하기 위해서는 자신만의 투자철학을 가지고 적기투자를 해야만 한다. 저자의 경험담을 섞어서 주식이란 무엇인가를 풀어서 써놓은 주식입문서. 초보자와 자신을 성찰해 볼 기회를 가지려는 기존의 투자자를 위해 태어났다.
신국판 / 372쪽 / 11,500원

선물 · 옵션 이론과 실전매매
이창희 지음

철저한 정글의 법칙이 적용되는 선물과 옵션시장에서 일반인들이 실패하는 원인을 분석하고, 반드시 지켜야 할 투자원칙에 따라 유형별로 실전 매매 테크닉을 터득함으로써 투자를 성공적으로 할 수 있게 한 지침서!!

실패를 딛고 일어선 저자의 생생한 실전 노하우를 수록.
신국판 / 372쪽 / 12,000원

주가차트 (홍성무)

역리종합 만세력
정도명 편저

피흉취길해 나갈 수 있는 생활의 지침서!!
현존하는 만세력 중 최장 기간을 수록하였으며 누구나 이 책을 보고 자신의 사주를 쉽게 찾아보고 맞춰 볼 수 있게 하였다.
신국판 / 532쪽 / 10,500원

작명대전
정보국 지음

좋은 이름 짓는 원리를 체계적으로 공식화한 "쉽게 짓는 작명법"으로 독자들 스스로 작명할 수 있도록 한글 소리 발음에 입각한 작명의 원리를 밝힌 길라잡이다. 신국판 / 460쪽 / 12,000원
저자와 1:1 운세 상담 전화
휴대폰도 지역번호없이 **0600-0116**을 건 뒤 ②번을 누르고 정보국 선생님의 고유번호 99번을 누르세요.

하락이수 해설
이천교 편저

점서학인 하락이수를 직역으로 풀어 놓아 원작자의 깊은 뜻을 원형 그대로 전달하고 원문을 공부하려는 사람들에게 도움이 되는 해설서이다. 신국판 / 620쪽 / 27,000원

현대인의 창조적 관상과 수상
백운산 지음

관상에는 그 사람의 평생 운명이 담겨져 있다. 관상을 보면 그 사람의 성격 및 운세, 미래의 성공 여부도 예측할 수 있다.
관상학을 터득하여 적절히 운명에 대처해 나감으로써 어느 분야에서든지 성공적인 삶을 누릴 수 있는 비법을 전해줄 것이다. 신국판 / 344쪽 / 9,000원

대운용신영부적
정재원 지음

운명을 새롭게 변화시켜주는 신비의 영부적!!
수많은 역사와 신비로운 영험을 지닌 1,000여 종의 부적과 저자가 수십 년간 연구 · 개발한 200여 종의 부적들을 집대성한 국내 최대의 영부적이다. 신국판 양장본 / 750쪽 / 39,000원

사주비결활용법
이세진 지음

컴퓨터와 역학의 만남!! 왕초보자도 한글만 알면 신녹현사주 방정식을 실전에 응용할 수 있다. 운명의 숨겨진 비밀을 꿰뚫어 보는 신녹현사주 방정식의 모든 것을 수록하였다.
신국판 / 392쪽 / 12,000원

컴퓨터세대를 위한 新 성명학대전
박용찬 지음

이름 속에 운명을 바꾸는 비결이 있다. 태어난 아기 이름은 물론 개명·상호·아호 짓는 법까지 사람이 살아가면서 필요한 모든 이름 짓기가 총망라되어 각자의 개성과 사주에 맞게 이름을 지음으로써 본인의 삶에 이름값을 할 수 있도록 누구나 쉽게 짓는 작명비법을 수록하였다.   신국판 / 388쪽 / 11,000원

길흉화복 꿈풀이 비법
백운산 지음

김일성 사망과 올림픽 유치, 월드컵 공동 개최를 예언하는 등 국내의 큰 예언을 꿈풀이를 통해서 정확히 맞춰온, 30년이 넘는 세월을 역학에 몸담으면서 터득한 꿈과 관련된 해몽들이 상세하게 수록되어 있고 길몽과 흉몽을 구분하여 그림과 함께 보기 쉽게 엮었으며, 특히 요즘 신세대 엄마들에게 관심이 많은 태몽이 여러 가지로 자세하게 풀이되어 있다.
신국판 / 410쪽 / 12,000원

새천년 작명컨설팅
정재원 지음

오랜 세월 철학원을 운영한 저자의 경험을 바탕으로 일반인들도 '참 쉽다'라는 표현이 저절로 나올 수 있게 쓰여졌다. 독학으로 풍수지리학, 사주추명학 및 성명학을 섭렵한 저자의 경험을 되살려, 혼자 배워야 하는 독자들도 정말 이해하기 쉽도록 구성된 신세대 부모를 위한 쉽고 좋은 아기 이름만들기의 결정판이다. 더불어 개명·상호명·회사명·상품명까지 체계적으로 원리화하여 손쉽게 지을 수 있는 작명비법을 제시한다.
신국판 / 470쪽 / 13,000원

백운산의 신세대 궁합
백운산 지음

인간의 운명을 예언하는 역리학의 대가이며, 매스컴을 통하여 잘 알려진 백운산 선생이 남녀궁합 보는 법뿐만 아니라 인간관계, 출세, 재물, 자손문제, 건강문제, 성격, 길흉관계 등을 미리 규명할 수 있도록 쉽게 풀어놓았다.   신국판 / 304쪽 / 9,500원

동자삼 작명학
남시모 지음

한글 성명만으로 사람의 운세를 예측할 수 있다. 최초의 한글 성명학으로 한글의 독창성·우수성·과학성을 운명철학 차원에서 검증한, 한국사람에게 알맞은 건물명·상호·물건명 등의 이름을 자신에게 맞는 한글이름으로 지을 수 있는 작명비법을 제시한다.   신국판 / 496쪽 / 15,000원

구성학의 기초
문길여 지음

좋지 않은 운(運)을 길운(吉運)으로 바꾸어 운명을 새롭게 변화시키는 방위학의 모든 것을 통하여 개인의 일생운·결혼운·사고운·가정운·부부운·자식운·출세운을 성공적으로 이끄는 비법 공개.   신국판 / 412쪽 / 12,000원

법률 일반

여성을 위한 성범죄 법률상식
조명원(변호사) 지음

성희롱에서 성폭력범죄까지 여성이기 때문에 특히 말 못하고 당해야만 했던 이 땅의 여성들을 위한 성범죄 법률상식서. 사례별 법적 대응방법 제시.   신국판 / 248쪽 / 8,000원

아파트 난방비 75% 절감방법
고영근 지음

예비역 공군소장이 잘못 부과된 아파트 난방비를 최고 75%까지 줄일 수 있는 방법을 구체적인 법적 근거를 토대로 작성한 아파트 난방비 절감방법 제시.   신국판 / 238쪽 / 8,000원

일반인이 꼭 알아야 할 절세전략 173선
최성호(공인회계사) 지음

세법을 제대로 알면 돈이 보인다.
현직 공인중개사가 알려주는 합법적으로 세금을 덜 내고 돈을 버는 절세전략의 모든 것!
신국판 / 392쪽 / 12,000원

변호사와 함께하는 부동산 경매 닷컴
최환주(변호사) 지음

경매재테크의 성공을 위한 입찰준비에서 낙찰까지의 경매 입찰 테크닉을 경매 전문 변호사가 명쾌하게 해설한 실전 경매 완벽 가이드서.   신국판 / 364쪽 / 11,000원

혼자서 쉽고 빠르게 할 수 있는 소액재판
김재용·김종철 공저

소액재판·지급명령·민사조정제도는 변호사의 도움 없이도 나 혼자서 간단하고 빠르게 해결할 수 있는 법정분쟁해결방법이다. 나홀로 소액재판을 할 수 있도록 소장작성에서 판결까지의 실제 재판과정을 상세하게 수록하여 이 책 한 권이면 모든 것을 완벽하게 해결할 수 있다.   신국판 / 312쪽 / 9,500원

"술 한 잔 사겠다"는 말에서 찾아보는 채권·채무
변환철 지음

현대인들의 삶은 채권·채무라는 법률영역으로부터 벗어나서 살 수 없기 때문에 채권·채무 관련 분쟁이 끊임없이 발생하고 있다. 이러한 사실에 착안하여 전문 변호사가 속시원하게 구수한 문장력으로 해설해주는 일반인들이 꼭 알아야 할 채권·채무에 관한 법률 사항을 빠짐없이 수록했다.
신국판 / 408쪽 / 13,000원

알기쉬운 부동산 세무 길라잡이
이건우 지음

부동산을 사거나 팔 경우, 상속을 받을 경우, 또는 부동산을 소유하고 있을 경우에 세금을 내야 한다는 사실을 모르는 사람은 없을 것이다. 이 책에서는 부동산에 관련된 모든 세금을 알기 쉽게 단계별로 해설하고 있다. 합리적이고 탈세가 아닌 적법한 절세법 제시.   신국판 / 400쪽 / 13,000원

알기쉬운 어음, 수표 길라잡이
변환철(변호사) 지음

어음, 수표의 발행에서부터 추심과 지급, 사고 어음, 수표의 처리방법, 도난 또는 분실한 경우의 공시최고와 제권판결에 이르기까지 어음, 수표 관련 법률사항을 쉽고도 상세하게 설명, 한 권으로 압축해 놓은 생활법률서.
신국판 / 328쪽 / 값 11,000원

생활법률

부동산 생활법률의 기본지식
대한법률연구회 지음 · 김원중 감수

부동산관련 기초지식과 분쟁해결을 위한 노하우, 테크닉을 제시하고 권두 특집으로 주택건설종합계획과 부동산 관련 정부 주요 시책을 소개하였다. 신국판 / 480쪽 / 12,000원

고소장 · 내용증명 생활법률의 기본지식
하태웅 지음

독자들이 고소 · 고발의 법적 의미를 정확히 이해하고 스스로 고소 · 고발장을 작성할 수 있도록 예문과 서식을 함께 소개하여 문제 해결에 대응할 수 있도록 하였다. 또 민사소송에 대해서도 자세하게 설명하였으며 부록에는 형법과 형사소송법의 원문을 게재하여 법전 역할까지 할 수 있도록 하였다.
신국판 / 440쪽 / 12,000원

노동 관련 생활법률의 기본지식
남동희 지음

인터넷 노무 상담실을 운영하며 4만 여 건 이상의 무료 상담을 계속하고 있는 저자의 상담 사례를 통해 문답식으로 속시원하게 풀어나가는 노동 관련 생활법률 해설의 최신 결정판이다. 아울러 취업규칙 · 단체협약 · 고용보험 관련 여러 가지 서류 및 직장 내 성희롱 예방 지도 지침 등과 같은 노동 관련 양식도 곁들였다. 신국판 / 528쪽 / 14,000원

외국인 근로자 생활법률의 기본지식
남동희 지음

외국인 연수협력단의 자문위원으로 오랜 시간 실무를 접했던 저자의 경험을 바탕으로 외국인 근로자의 체류자격 및 취업자격 등 법적 문제와 법률적 지위를 상세하게 다루었다.
신국판 / 400쪽 / 12,000원

계약작성 생활법률의 기본지식
이상도 지음

법을 전공하지 않은 사람이라도 국민생활과 직결된 계약법의 기초를 이루는 핵심 기본지식을 체계적으로 쉽게 이해할 수 있도록 했으며, 간단명료한 해설과 더불어 이와 관련된 계약서 작성 예문을 상세하게 예시함으로써 실제 상황에 활용가능하게 하였다. 신국판 / 560쪽 / 14,500원

지적재산 생활법률의 기본지식
이상도 · 조의제 공저

현대 산업사회에서 중요시되고 있는 특허, 실용신안, 의장, 상표, 저작권, 컴퓨터프로그램저작권 등 지적재산의 모든 것을 체계화하여 한 권으로 요약하였다. 아울러 지적재산 전체를 통틀어 다루되 상호 연관적으로 해설하여 실무에 직접 활용할 수 있도록 하였다. 신국판 / 496쪽 / 14,000원

부당노동행위와 부당해고 생활법률의 기본지식
박영수 지음

노사관계 이슈 중에서 주요 핵심사항인 부당노동행위와 정리해고 · 징계해고를 중심으로 간단 명료한 해설과 더불어 대법원 판례, 노동위원회에 의한 구제절차, 소송절차 및 노동부 업무처리지침을 소개하여 실질적인 도움이 되도록 하였다.
신국판 / 432쪽 / 14,000원

주택 · 상가임대차 생활법률의 기본지식
김운용 지음

전세업자들이 보증금 반환소송이나 민사소송, 경매절차까지의 모든 기본적인 흐름을 알 수 있도록 인터넷을 통한 실제 법률 상담을 전격 수록하였다. 이 책을 통하여 사전 분쟁을 막고 많은 시간과 비용 및 정신적 고통까지 당하는 소송이나 강제집행의 단계에 이르지 않고 문제 해결을 할 수 있도록 하였다.
신국판 / 480쪽 / 14,000원

하도급거래 생활법률의 기본지식
김진홍 지음

경제적 약자인 하도급업자를 위하여 하도급거래 관련 필수적인 법률사안들을 쉽게 해설함과 동시에 실무에 필요한 12가지 하도급표준계약서를 소개하여 공정한 하도급거래의 법률자문 역할을 할 수 있도록 하였다. 신국판 / 440쪽 / 14,000원

이혼소송과 재산분할 생활법률의 기본지식
박동섭 지음

이혼과 관련하여 해결해야 할 법률문제들을 저자의 실무경험을 바탕으로 명쾌하게 해설하였다. 아울러 약혼이나 사실혼과 기로 인한 위자료문제도 함께 다루어 가정문제로 고민하는 사람들에게 길잡이가 되도록 하였다. 신국판 / 460쪽 / 14,000원

부동산등기 생활법률의 기본지식
정상태 지음

등기를 하지 않으면 어떤 위험이 따르고, 등기를 하면 어떤 효력이 생기는가! 등기신청은 어떻게 하며, 필요한 서류는 무엇이고, 등기종류에는 어떤 것들이 있는가 등 부동산등기 전반에 걸쳐 일반인이 꼭 알아야 할 법률상식을 간추려 간단, 명료하게 해설하였다. 신국판 / 456쪽 / 14,000원

기업경영 생활법률의 기본지식
안동섭 지음

사업을 구상하고 있는 사람이나 현재 경영하고 있는 사람 및 관리실무자에게 필요한 법률을 체계적으로 알려줌으로써 성공적인 기업 경영자의 비전을 제시해준다. 또한 관련 법률서식과 서식작성 예문도 함께 소개하였다. 신국판 / 466쪽 / 14,000원

교통사고 생활법률의 기본지식
박정무 · 전병찬 공저

교통사고 관련 법률문제를 몰라 당황한 나머지 억울하게 피해를 보는 사람들이 많은 점을 고려하여 사고당사자가 쉽게 응용할 수 있도록 단계별 해결책을 제시함과 동시에 사고유형별 Q&A를 통하여 상세한 법률자문 역할을 하였다.
신국판 / 480쪽 / 14,000원

소송서식 생활법률의 기본지식
김대환 지음

일상생활과 밀접한 소송서식을 중심으로 소장작성부터 판결을 받을 때까지 그 절차마다 법원에 제출하는 순위에 따라 그 서식작성요령을 서식마다 항목별로 자세하게 설명하였다. 실제 "소장 작성례"를 예시하고 주요 항목마다 번호를 붙여 그에 따른 작성요령을 소장말미에 기재함으로써 독자 스스로 소송을 하는 데 실질적인 도움이 되도록 하였다.
신국판 / 480쪽 / 14,000원

호적 · 가사소송 생활법률의 기본지식
정주수 지음

모든 국민은 호적신고에 따라 그 신분관계의 발생 · 변경 · 소멸의 효력이 발생한다. 이 책은 개명, 성 · 본 창설, 취적절차 및 법원의 허가 및 판결에 의한 호적정정절차, 친권 · 후견절

차, 실종선고 · 부재선고절차에 이르기까지 상세한 해설과 함께 신고서식 작성요령과 구비할 서류 및 재판절차에 대하여 자세히 설명하였다. 신국판 / 516쪽 / 14,000원

상속과 세금 생활법률의 기본지식
박동섭 지음

지금 우리 주위에 상속을 둘러싸고 형제간, 부모자식간에 다툼이 갈등이 있는 경우를 심심치 않게 본다. 이럴 때 상속재산분할, 상속회복청구, 유류분반환청구, 상속세부과처분취소 등 상속관련 사건들을 해결하는 데 도움이 되도록 상속법과 상속세법을 상세하게 함께 수록. 신국판 / 480쪽 / 14,000원

명 상

명상으로 얻는 깨달음
달라이 라마 지음 · 지창영 옮김

티베트의 정신적 지도자이자 실질적 지도자인 달라이 라마의 수많은 가르침 가운데 현대인에게 필요해지고 있는 인내에 대해 문답형으로 풀어놓았다. 달라이 라마와 함께 풀어보는 인내에 대한 이야기. 국판 / 320쪽 / 9,000원

처 세

성공적인 삶을 추구하는 여성들에게 우먼파워
조안 커너 · 모이라 레이너 공저, 지창영 옮김

사회의 여성을 향한 냉대와 편견의 벽을 깨뜨리고 성공적인 삶을 이루려는 여성들이 갖추어야 할 자세 및 삶의 이정표 제시!!
신국판 / 352쪽 / 8,800원

聽 이익이 되는 말 話 손해가 되는 말
우메시마 미요 지음 · 정성호 옮김

상호 교류감이 있는 대화가 인생과 비즈니스를 성공으로 이끈다. 직장이나 집안에서 언제나 주고받는 일상의 화제를 모아 실음으로써 대화의 참의미를 깨닫고 비즈니스를 성공적으로 이끌기 위한 대화술을 키우는 방법 제시!!
신국판 / 304쪽 / 9,000원

성공하는 사람들의 화술테크닉
민영욱 지음

개인간의 사적인 대화에서부터 대중을 위한 공적인 강연에 이르기까지 어떻게 말하고 어떻게 스피치를 할 것인가에 관한 지침서. 자신의 경험을 바탕으로 한 이론을 통해 화술이 부족해서 사회에 적응하지 못하는 사람들에게 길라잡이가 된다.
신국판 / 320쪽 / 9,500원

부자들의 생활습관 가난한 사람들의 생활습관
다케우치 야스오 지음 · 홍영의 옮김

경제학의 발상을 기본으로 하여 사람들이 살아가면서 생활에서 생각해 볼 수 있는 이익을 보는 생활습관과 손해를 보는 생활습관을 수록, 독자 자신에게 맞는 생활습관의 기본 전략을 설계할 수 있도록 제시. 신국판 / 320쪽 / 9,800원

어 학

2진법 영어
이상도 지음

영어학습의 대혁명!!
2진법 영어의 비결을 통해서 기존 영어학습 방법의 단점을 말끔히 해소시켜 주는 최초로 공개되는 고효율 영어학습 방법. 적은 시간을 투자하여 영어의 모든 것을 획기적으로 향상시킬 수 있는 비법을 제시한다. 4 · 6배판 변형 / 328쪽 / 13,000원

한 방으로 끝내는 영어
고제윤 지음

일상생활에서의 이야기를 바탕으로 하는 영어강의로 영어문법은 재미없고 지루하다고 생각하는 이 땅의 모든 사람들의 상식을 깨면서 학습 효과를 높이기 위한 공부방법을 제시하는 새로운 영어학습서.
이 책으로 영어문법을 마스터하여 영어의 벽을 뛰어넘도록 하자. 신국판 / 316쪽 / 9,800원

한 방으로 끝내는 영단어
김승엽 지음 · 김수경 · 카렌다 감수

일상생활에서 우리가 무심코 던지는 영어 한마디가 당신의 영어수준을 드러낸다는 사실을 깨닫게 하는 영어 실용서. 풍부한 예문을 통해 참영어를 배우겠다는 사람, 무역업이나 관광 안내업에 종사하는 사람, 영어권 나라로 이민을 가려는 사람들에게 많은 도움을 줄 것이다. 4 · 6배판 변형 / 236쪽 / 9,800원

기초영어회화 (김수경)　　　　**영어회화 3000 (강규형)**
당근영어의 영어회화